图 5-41　重复原则在演示文稿制作中的运用

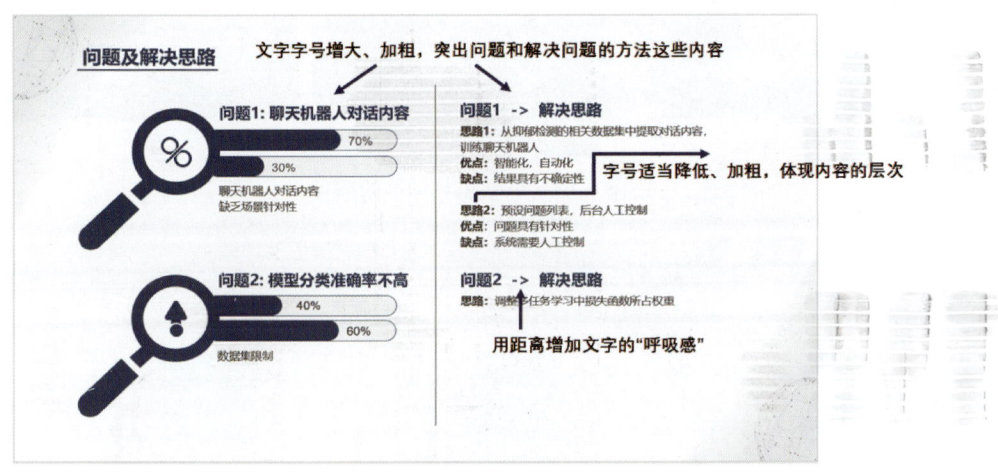

图 5-43　对比原则在演示文稿制作中的运用

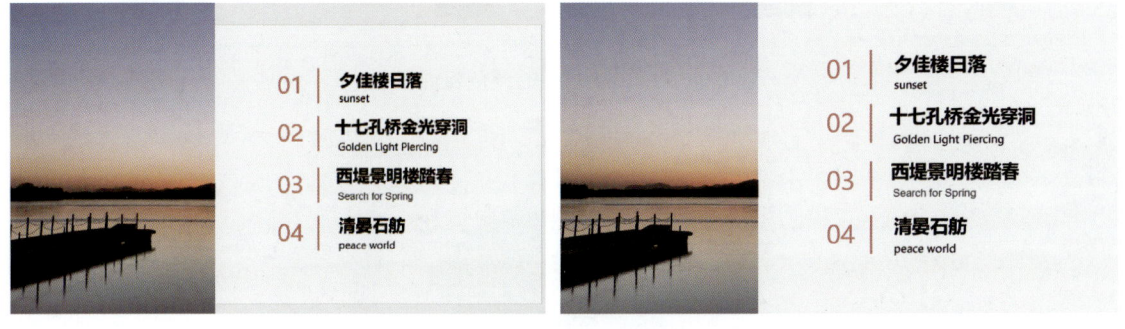

图 5-45　色块在版面左右分割中的运用

图 5-46　色块在版面一分为六分割中的运用

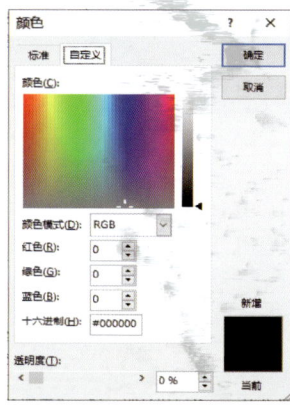

　　　　a)　　　　　　　　　　　b)　　　　　　　　　　　c)

图 6-12　不同量化标准的图像

a) 量化位数为 1 的黑白图　b) 量化位数为 8 的灰度图　c) 量化位数为 24 的真彩色图

图 6-13　RGB 模型的调色板展示

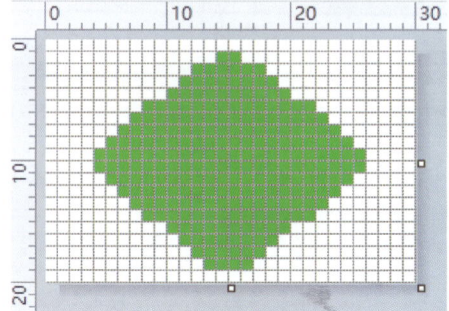

图 6-16　游程长度编码示例

全国高等教育自学考试指定教材

计算机应用基础

(2023年版)

(含：计算机应用基础自学考试大纲)

全国高等教育自学考试指导委员会　组编

主编　姚　琳

机械工业出版社

本书是全国高等教育自学考试非计算机专业公共基础课程的指定教材，按照全国高等教育自学考试指导委员会最新制定的《计算机应用基础自学考试大纲》编写。

本书共分为7章，第1章介绍计算机基础知识；第2章介绍Windows 10操作系统的基本功能和使用方法；第3章介绍Word 2016文字处理的基本功能和使用方法；第4章介绍Excel 2016电子表格制作的基本功能和使用方法；第5章介绍PowerPoint 2016演示文稿设计的基本功能和使用方法；第6章介绍多媒体技术的基本知识和常见应用；第7章介绍计算机网络基本知识和互联网基本应用。每一章的内容均知识结构完整，理论与实践相结合，便于读者自学。

计算机应用基础突出实践、重在应用，为了便于读者在自学中切实掌握相应的应用技术，本书设计了一系列的同步练习实践实验任务，并进行了立体化资源建设。书中重要的应用技能和同步练习均通过视频予以详细的操作演示和讲解。

本书还可以作为高等教育各类同等水平学习的教材，供考生自学或者培训班教学使用，同时也是一本实用的办公及网络应用的参考书。

图书在版编目（CIP）数据

计算机应用基础/全国高等教育自学考试指导委员会组编；姚琳主编．—北京：机械工业出版社，2023.10（2025.2重印）

全国高等教育自学考试指定教材

ISBN 978-7-111-73954-8

Ⅰ.①计… Ⅱ.①全… ②姚… Ⅲ.①电子计算机-高等教育-自学考试-教材 Ⅳ.①TP3

中国国家版本馆CIP数据核字（2023）第177869号

机械工业出版社（北京市百万庄大街22号 邮政编码100037）
策划编辑：何文军　　　　　　　责任编辑：何文军　时　颂
责任校对：丁梦卓　李　婷　　　责任印制：刘　媛
涿州市京南印刷厂印刷
2025年2月第1版第6次印刷
184mm×260mm·17.25印张·1插页·423千字
标准书号：ISBN 978-7-111-73954-8
定价：59.00元

电话服务　　　　　　　　　　　网络服务
客服电话：010-88361066　　　　机　工　官　网：www.cmpbook.com
　　　　　010-88379833　　　　机　工　官　博：weibo.com/cmp1952
　　　　　010-68326294　　　　金　书　网：www.golden-book.com
封底无防伪标均为盗版　　　　　机工教育服务网：www.cmpedu.com

组 编 前 言

21世纪是一个变幻难测的世纪，是一个催人奋进的时代。科学技术飞速发展，知识更替日新月异。希望、困惑、机遇、挑战，随时随地都有可能出现在每一个社会成员的生活之中。抓住机遇，寻求发展，迎接挑战，适应变化的制胜法宝就是学习——依靠自己学习、终生学习。

作为我国高等教育组成部分的自学考试，其职责就是在高等教育这个水平上倡导自学、鼓励自学、帮助自学、推动自学，为每一个自学者铺就成才之路。组织编写供读者学习的教材就是履行这个职责的重要环节。毫无疑问，这种教材应当适合自学，应当有利于学习者掌握和了解新知识、新信息，有利于学习者增强创新意识，培养实践能力，形成自学能力，也有利于学习者学以致用，解决实际工作中所遇到的问题。具有如此特点的书，我们虽然沿用了"教材"这个概念，但它与那种仅供教师讲、学生听，教师不讲、学生不懂，以"教"为中心的教科书相比，已经在内容安排、编写体例、行文风格等方面都大不相同了。希望读者对此有所了解，以便从一开始就树立起依靠自己学习的坚定信念，不断探索适合自己的学习方法，充分利用自己已有的知识基础和实际工作经验，最大限度地发挥自己的潜能，达到学习的目标。

欢迎读者提出意见和建议。

祝每一位读者自学成功。

全国高等教育自学考试指导委员会
2022年8月

目　录

组编前言

计算机应用基础自学考试大纲

大纲前言

Ⅰ. 课程性质与课程目标 ………………… 3
Ⅱ. 考核目标 ……………………………… 4
Ⅲ. 课程内容与考核要求 ………………… 5
Ⅳ. 关于大纲的说明与考核实施要求 …… 13
Ⅴ. 参考样卷 …………………………… 15
Ⅵ. 样卷参考答案 ……………………… 18
后记 …………………………………… 20

计算机应用基础

编者的话

第1章　计算机基础 ……………………… 23
1.1　认识计算机 ……………………… 23
1.2　数制之间的转换 ………………… 30
1.3　计算机的工作原理 ……………… 36
1.4　计算机的硬件系统 ……………… 39
1.5　计算机的软件系统 ……………… 45
1.6　计算机新进展 …………………… 49
本章小结 ………………………………… 52

第2章　Windows 10 操作系统 ………… 53
2.1　操作系统基本知识 ……………… 53
2.2　Windows 10 概述 ………………… 57
2.3　Windows 10 基本操作 …………… 63
2.4　Windows 10 控制面板 …………… 76
2.5　个性化设置 Windows 10 ………… 81
2.6　Windows 10 常用附件 …………… 84
本章小结 ………………………………… 86
同步练习 ………………………………… 86

第3章　Word 2016 文字处理 …………… 88
3.1　Word 2016 基础 ………………… 88
3.2　Word 2016 排版技术 …………… 99
3.3　Word 2016 表格制作 …………… 107
3.4　Word 2016 图文混排 …………… 112
3.5　Word 2016 高级应用 …………… 119
本章小结 ………………………………… 128
同步练习 ………………………………… 128

第4章　Excel 2016 电子表格 …………… 131
4.1　Excel 2016 基础 ………………… 131
4.2　Excel 2016 基本操作 …………… 135
4.3　Excel 2016 公式和函数的运用 … 154
4.4　Excel 2016 图表的应用 ………… 164

4.5　Excel 2016 数据管理 …………… 170
本章小结 ………………………………… 179
同步练习 ………………………………… 179

第5章　PowerPoint 2016 演示文稿 …… 182
5.1　PowerPoint 2016 的工作界面 … 182
5.2　PowerPoint 2016 演示文稿的创建和
　　　格式化 …………………………… 184
5.3　PowerPoint 2016 演示文稿的制作 … 188
5.4　PowerPoint 2016 幻灯片的效果设计 … 193
5.5　PowerPoint 2016 演示文稿的使用 … 198
5.6　PowerPoint 2016 演示文稿的设计原则 … 201
本章小结 ………………………………… 205
同步练习 ………………………………… 205

第6章　多媒体技术基础 ………………… 208
6.1　多媒体技术概述 ………………… 208
6.2　计算机中的数值表示 …………… 211
6.3　文本表示与应用 ………………… 213
6.4　数字音频与应用 ………………… 218
6.5　数字图像与应用 ………………… 221
6.6　数字视频与应用 ………………… 226
6.7　数据压缩技术及压缩软件的使用 …… 228
本章小结 ………………………………… 231
同步练习 ………………………………… 231

第7章　计算机网络 ……………………… 233
7.1　计算机网络基础 ………………… 233
7.2　Internet 基础 …………………… 242
7.3　网络安全技术 …………………… 262
本章小结 ………………………………… 268
同步练习 ………………………………… 268

后记 …………………………………… 269

全国高等教育自学考试

计算机应用基础
自学考试大纲

全国高等教育自学考试指导委员会　制定

大纲前言

为了适应社会主义现代化建设事业的需要，鼓励自学成才，我国在20世纪80年代初建立了高等教育自学考试制度。高等教育自学考试是个人自学，社会助学和国家考试相结合的一种高等教育形式。应考者通过规定的专业考试课程并经思想品德鉴定达到毕业要求的，可获得毕业证书；国家承认学历并按照规定享有与普通高等学校毕业生同等的有关待遇。经过40多年的发展，高等教育自学考试为国家培养造就了大批专门人才。

课程自学考试大纲是规范自学者学习范围，要求和考试标准的文件。它是按照专业考试计划的要求，具体指导个人自学、社会助学、国家考试及编写教材的依据。

随着经济社会的快速发展，新的法律法规不断出台，科技成果不断涌现，原大纲中有些内容过时、知识陈旧。为更新教育观念，深化教学内容方式、考试制度、质量评价制度改革，使自学考试更好地提高人才培养的质量，各专业委员会按照专业考试计划的要求，对原课程自学考试大纲组织了修订或重编。

修订后的大纲，在层次上，本科参照一般普通高校本科水平，专科参照一般普通高校专科或高职院校的水平；在内容上，及时反映学科的发展变化，增补了自然科学和社会科学近年来研究的成果，对明显陈旧的内容进行了删减，以更好地指导应考者学习使用。

全国高等教育自学考试指导委员会
2023年5月

Ⅰ．课程性质与课程目标

一、课程性质和特点

计算机应用基础是高等教育自学考试经管、文史、法律、外语、医药、土建、电子商务、电子政务、文秘等非计算机专业的公共基础课,是这些专业学生学习计算机基础知识,掌握计算机基本技能所必修的一门基础课程。计算机应用能力已经成为当今社会各个领域劳动者必不可少的一项基本技能。本课程的设置目的是普及计算机基础知识,使非计算机专业学生通过自学、助学和实践环节,熟悉计算机的软、硬件组成;熟练掌握操作系统的基本操作;熟练应用办公自动化软件处理日常办公事务;熟悉文字、声音、图形和图像等各类媒体在日常生产生活中的应用;熟练使用互联网工具进行信息检索和通信交流;掌握信息安全常识,树立信息安全意识,并能正确应用信息安全产品,为今后的生活、学习、工作打下坚实的计算机应用基础。理论与实践相结合、在线立体化资源辅助自学是本课程及配套教材的主要特点。

二、课程目标

通过本课程的自学和实践,使考生达成以下学习目标:

1. 培养信息素养。通过课程学习,使考生理解在现代信息社会中,计算机应用在工作、生活、学习和娱乐等方面的巨大作用与价值。

2. 熟悉计算机基础知识。包括计算机发展历史、工作特点、类型划分、未来趋势等。了解计算机特别是微型计算机的基本硬件组成和各部分的功能;了解计算机软件的作用和分类;熟悉评价微型计算机性能的各种指标;了解数制和二进制的意义,掌握不同进制的相互转换等。

3. 了解操作系统的作用和功能,熟悉 Windows 10 操作系统的基本特点和功能,熟练掌握 Windows 10 操作系统的基本操作,能够通过 Windows 10 操作系统进行文件、软件、硬件等资源和设备的管理。

4. 熟练使用 Word 2016 应用软件进行文本的编辑、排版、表格制作和打印等基本操作,熟悉 Word 2016 中的邮件合并、分节设置样式、导航、自动生成目录和审阅等高级应用。

5. 熟练使用 Excel 2016 应用软件进行电子表格处理,利用 Excel 2016 提供的各种功能实现汇总、分析、计算、图表绘制和打印输出等对数据的加工管理过程。

6. 熟练使用 PowerPoint 2016 应用软件进行演示文稿的制作和放映,掌握演示文稿中添加文字、声音、图形、图像和动画等多媒体元素的方法,利用 PowerPoint 2016 提供的各种工具,制作精炼、美观的演示文稿,能够使做出的演示文稿信息表达清楚,令人印象深刻。

7. 了解多媒体的基本概念,以及文字、声音、图形、图像和视频等媒体形式的特点和应用。

8. 熟悉计算机网络基本原理和技术,熟练掌握各种常见的互联网应用,如网页浏览、信息搜索、电子邮件和简单的网页制作等,利用互联网实现信息和资源的共享。掌握保障计算机网络安全的原理和方法,熟练使用 Windows 安全中心等工具保护计算机不受病毒、木马、黑客等不安全因素的侵害。

三、与相关课程的联系和区别

本课程是非计算机专业学习计算机基础知识和基本技能的基础课程，不需要其他先导课程的知识铺垫。通过本课程的学习，考生将会对计算机基础知识、操作系统及办公自动化软件的使用、多媒体及计算机网络基础等有一个全面了解和掌握，可以为后续课程学习打下良好的基础。

四、课程的重点和难点

本课程的重点内容包括：计算机硬件结构、不同进制的转换计算；Windows 10 操作系统中对文件及文件夹的基本操作；Word 2016 中的字体设置和段落排版；Excel 2016 单元格引用、公式函数的应用和图表绘制；PowerPoint 2016 动画设置及母版应用；多媒体文件特点及应用；计算机网络基础知识及 TCP/IP 协议。

本课程的次重点内容包括：计算机发展过程；Windows 10 操作系统的设置及控制面板的应用；Word 2016 图文混排及表格应用；Excel 2016 数据处理；PowerPoint 2016 演示文稿的格式化；多媒体压缩技术；Internet 的典型应用。

本课程的一般掌握内容包括：计算机发展趋势与应用热点；Windows 10 操作系统的个性化设置及附件；Word 2016 邮件合并等高级应用；Excel 2016 单元格格式化及页面设置；PowerPoint 2016 样式及模板的应用；多媒体的形式及特点；网络信息安全。

本课程的难点主要在于熟练掌握各种计算机软件丰富的应用功能，比如 Word 2016 的高级应用，Excel 2016 中单元格的不同引用方式，公式及函数应用，PowerPoint 2016 中幻灯片母版的编辑制作，使用 HTML 制作网页等。

Ⅱ．考核目标

本大纲在考核目标中，按照识记、领会、简单应用和综合应用 4 个层次规定其应达到的能力层次要求。4 个能力层次是递升的关系，后者应建立在前者的基础上。各能力层次的含义是：

识记（Ⅰ）：要求考生能够识别和记忆本课程中有关计算机的发展历史、软硬件构成、信息表达方法、性能评价指标和未来趋势等概念性内容；Windows 10 操作系统及 Word、Excel 和 PowerPoint 等办公自动化应用软件的基本功能；多媒体的基本概念、媒体分类及特点；计算机网络基本知识和互联网应用概念等，并能够根据考核的不同要求，做出正确的表述、选择和判断。

领会（Ⅱ）：要求考生能够领悟计算机软硬件工作的基本过程；Windows 10 操作系统桌面、窗口、控制面板和资源管理器等主要部件的具体作用；Word、Excel、PowerPoint 应用软件的主要菜单和命令的含义；多媒体表示及压缩等工具的使用方法；浏览器、电子信箱和互联网应用工具的使用方法；计算机网络安全的含义等。在此基础上根据考核的要求，做出正确的推断、描述和解释。

简单应用（Ⅲ）：要求考生根据已知的计算机软硬件知识，评价微型计算机性能的优劣；Windows 10 操作系统的个性化及提高工作效率的设置，利用操作系统管理个人计算机中的文件和设备；利用 Word、Excel 和 PowerPoint 应用软件的某种具体功能解决文本、表格和演示文稿处理过程中的细节问题；能够进行各类媒体文件存储的计算，辨析各类媒体文件的重要技术指标；能够熟练地进行网页浏览、信息搜索和电子邮件收发等互联网操作；使用 Windows 安全中心保障计算机使用安全。

综合应用（Ⅳ）：要求考生在面对具体、实际的办公自动化问题时，能够选取适当的应用软件，综合利用软件提供的各种功能，完整地实现文字处理、数据汇总、信息演示和制作网页等任务。

Ⅲ．课程内容与考核要求

第1章　计算机基础

一、学习目的与要求

本章的学习目的是要求考生了解计算机的起源及发展历史、目前计算机的应用领域、未来计算机的发展方向；熟悉微型计算机的硬件构成及其功能，计算机使用二进制的意义，计算机软件的作用、分类；掌握数制之间的转换；掌握计算机硬件的主要性能指标。

二、课程内容

1. 认识计算机
2. 数制之间的转换
3. 计算机的工作原理
4. 计算机的硬件系统
5. 计算机的软件系统
6. 计算机新进展

三、考核知识点与考核要求

1. 认识计算机

识记：计算机发展历程；电子计算机发展所经历的4个阶段；未来计算机的类型。

领会：按照计算机规模对计算机的分类。

2. 数制之间的转换

识记：二进制的优势；二进制的信息表示。

领会：数制的定义；常用数制；信息的存储单位。

简单应用：二进制数、八进制数、十进制数和十六进制数的表示。

综合应用：十进制与二进制间的转换；二进制与八进制或十六进制数间的转换。

3. 计算机的工作原理

识记：计算机设计模型的演变。

领会：冯·诺依曼体系结构计算机的组成。

简单应用：冯·诺依曼体系结构计算机的工作步骤。

4. 计算机的硬件系统

识记：衡量微型计算机的主要性能指标；存储器的容量。

领会：中央处理器CPU的组成和作用；存储器的分类方法；常用的输入、输出设备。

简单应用：常见微型计算机硬件的组成部分。

5. 计算机的软件系统

识记：常见系统软件与应用软件的含义与实例。

领会：语言处理系统的作用和分类；高级语言的编译或解释过程；数据库系统的作用和分类。

6. 计算机新进展

识记：人工智能、云计算、大数据、物联网和区块链的概念与应用。

四、本章重点、难点

本章的重点是冯·诺依曼"程序存储"计算机的组成结构，计算机具体的工作步骤，计算机的基本硬件组成及各部分的功能；难点是不同数制相互转换。

第 2 章　Windows 10 操作系统

一、学习目的与要求

本章的学习目的是认识和掌握操作系统的基本概念、作用、组成和分类，以及 Windows 10 操作系统的基本特征、基本操作和应用。通过学习，要求考生了解操作系统的基本功能和作用，熟悉 Windows 10 的桌面和窗口的构成，能够使用 Windows 10 进行文件、磁盘、显示属性的查看与设置等操作，掌握 Windows 10 的文件管理方法，能够通过控制面板实现对 Windows 10 的帐户管理、设备管理、磁盘管理、打印管理和基本的网络设置。

二、课程内容

1. 操作系统基本知识
2. Windows 10 概述
3. Windows 10 基本操作
4. Windows 10 控制面板
5. 个性化设置 Windows 10
6. Windows 10 常用附件

三、考核知识点与考核要求

1. 操作系统基本知识

识记：操作系统的概念；操作系统的发展阶段；操作系统的功能；操作系统的分类；典型的操作系统。

2. Windows 10 概述

识记：Windows 10 的基本概念；Windows 10 的主要版本；Windows 10 的硬件基本要求。

领会：Windows 10 的桌面构成；Windows 10 的窗口构成；对话框的构成与基本操作。

简单应用：Windows 10 操作系统基本信息的查看；Windows 10 帮助信息的查看。

3. Windows 10 基本操作

识记：开始菜单；任务栏；文件及文件夹的命名规则；常见文件类型；文件夹；库；菜单及菜单项。

领会：文件的相对路径及绝对路径；剪贴板；回收站；创建快捷方式。

简单应用：Windows 10 桌面设置；开始菜单的设置；任务栏的设置；快捷方式及快捷方式的创建方法；文件及文件夹的复制、移动、重命名、删除、查找及属性设置等操作；输入法管理；资源管理器的基本操作与应用。

4. Windows 10 控制面板

领会：控制面板的作用；控制面板的显示界面；控制面板与设置面板之间的关联与应用。

简单应用：控制面板的帐户管理；控制面板的网络和 Internet 管理；控制面板的硬件和

声音管理；控制面板的程序管理。

5. 个性化设置 Windows 10

简单应用：系统帐户的设置；个性化操作界面的设置；高效工作模式的设定。

6. Windows 10 常用附件

简单应用：记事本、写字板、画图工具、截图工具和步骤记录器等。

四、本章重点、难点

本章的重点是对 Windows 10 操作系统基本设置以及利用操作系统提供的程序及工具，实现操作系统的文件管理、设备管理、帐户管理和硬件管理等功能。本章的难点在于对 Windows 10 提供的诸多系统工具操作细节的熟练掌握。

第 3 章　Word 2016 文字处理

一、学习目的与要求

本章的学习目的是熟悉 Word 2016 文字处理软件的功能和特点，培养运用 Word 2016 进行文档编辑、排版、页面设置、表格制作和图形绘制的能力。通过学习，要求了解 Word 2016 的主界面组成以及各个功能区的主要功能；掌握 Word 2016 对文档的基本操作；熟练掌握运用 Word 2016 进行文档编辑、排版、表格制作、图文混排和打印的方法与技巧；掌握 Word 2016 的目录生成、邮件合并、审阅和导航等高级应用。

二、课程内容

1. Word 2016 基础
2. Word 2016 排版技术
3. Word 2016 表格制作
4. Word 2016 图文混排
5. Word 2016 高级应用

三、考核知识点与考核要求

1. Word 2016 基础

识记：Word 2016 的主要功能特点；Word 2016 的文件类型；Word 2016 主界面的组成；Word 2016 选项卡及工具选项卡；Word 2016 的启动和退出。

领会：Word 2016 的基本编辑及相应功能快捷键的应用；文档 5 种视图方式各自的特点与应用；Word 2016 新增"告诉我您想要做什么"列表框和"协作"工具栏的功能。

简单应用：通过 Word 2016 的"选项"功能个性化设置 Word 的显示；文档的保存及保护。

2. Word 2016 排版技术

领会：文本选定、修改及删除等操作；字体格式的设置；段落格式的设置；首字下沉设置；分栏排版；页面设置；水印的设置。

简单应用：文本、格式的查找及替换；项目编号和项目符号的设置；页眉页脚的设置；文档的常规打印设置。

综合应用：包含字体、段落、页面和分节等编辑单位在内的文档基本排版方法的综合应用。

3. Word 2016 表格制作

识记：Word 中建立表格的方法。

领会：表格工具栏的使用；表格常用的编辑方法；表格样式的应用。

简单应用：表格与文本的相互转换；表格的制作与格式化。

4. Word 2016 图文混排

识记：图形、图片、艺术字、文本框及 SmartArt 等对象；墨迹公式工具。

领会：图形的绘制、组合、叠放顺序调整等方法；图片的插入与编辑；文本框的使用方法；艺术字的使用方法。

简单应用：图文混排的方法；公式工具栏的应用以及公式的输入与编辑方法。

5. Word 2016 高级应用

简单应用：同一文档中多组页眉页脚的设计方法；目录的自动生成；邮件合并功能的应用。

综合应用：Word 2016 在长文档编辑中导航功能、修订、批注和审阅功能等高效排版技术的综合应用。

四、本章重点、难点

本章的重点是在 Word 2016 中，以字体、段落、页面和节为单位的基本编辑方法，以及图文混排的编辑方法。本章的难点是在长文档编辑中，目录生成、页眉页脚、分节设置和邮件合并等高级编辑功能的灵活运用。

第 4 章　Excel 2016 电子表格

一、学习目的与要求

本章的学习目的是认识 Excel 2016 的功能和特点，培养运用 Excel 2016 进行电子表格的数据组织、计算和统计分析的能力。在本章学习中，要求熟悉 Excel 2016 工作表的创建、格式设置、数据的输入与编辑；熟练掌握地址引用规则、利用公式和常用函数进行数据的计算；图表的建立与编辑；能够利用 Excel 2016 进行数据排序、筛选、分类汇总和创建数据透视表/数据透视图等，实现简单的数据管理功能。

二、课程内容

1. Excel 2016 基础
2. Excel 2016 基本操作
3. Excel 2016 公式和函数的运用
4. Excel 2016 图表的应用
5. Excel 2016 数据管理

三、考核知识点与考核要求

1. Excel 2016 基础

识记：Excel 2016 工作界面；工作簿；工作表；单元格。

领会：Excel 2016 在数据计算、分析、统计和管理中的功能特点。

简单应用：工作簿的创建、保存与退出；工作表的创建、复制、移动、删除和重命名等。

2. Excel 2016 基本操作

识记：数据类型；数据序列；填充柄。

领会：移动或复制单元格内容；自动填充数据序列；工作表的格式化；条件格式的设置；数据的有效性；自定义数据序列。

简单应用：工作表的基本操作；单元格的基本操作；单元格及选定区域的命名；Excel 2016 的样式、模板、页面及打印设置。

3. Excel 2016 公式和函数的运用

识记：Excel 公式及函数的格式；单元格地址；Excel 常用运算符。

领会：相对（地址）引用、绝对（地址）引用与混合（地址）引用方式在公式及函数编辑中的应用；R1C1 格式单元格地址的引用；跨工作表的地址引用；公式及函数应用中的出错信息识别；函数的嵌套使用。

综合应用：公式及函数在数据计算及分析中的应用。

4. Excel 2016 图表的应用

识记：图表的类型；图表的构成要素；迷你图。

领会：不同图表类型的转换。

简单应用：图表的创建及美化编辑。

5. Excel 2016 数据管理

识记：数据清单及相关概念；数据透视表及透视图。

简单应用：数据排序；数据筛选及高级筛选；分类汇总。

综合应用：数据综合性计算、统计、分析及应用。

四、本章重点、难点

本章的重点是 Excel 2016 的公式及常用函数在数据计算分析中的应用，图表的创建及编辑。难点是灵活的地址引用形式在公式中的运用、数据管理中高级筛选、数据透视表和数据透视图的应用。

第 5 章　PowerPoint 2016 演示文稿

一、学习目的与要求

本章的学习目的是要求考生了解 PowerPoint 2016 应用软件的功能，能够制作、美化、放映、导出和打印演示文稿，在演示文稿中制作动画；掌握演示文稿的设计原则。

二、课程内容

1. PowerPoint 2016 的工作界面
2. PowerPoint 2016 演示文稿的创建和格式化
3. PowerPoint 2016 演示文稿的制作
4. PowerPoint 2016 幻灯片的效果设计
5. PowerPoint 2016 演示文稿的使用
6. PowerPoint 2016 演示文稿的设计原则

三、考核知识点与考核要求

1. PowerPoint 2016 的工作界面

识记：PowerPoint 2016 各选项卡的功能；工作界面布局。

综合应用：正确使用普通视图、幻灯片浏览视图和大纲视图。

2. PowerPoint 2016 演示文稿的创建和格式化

识记：主题；模板。

领会：幻灯片母版；幻灯片版式。

简单应用：编辑、创建、使用自定义模板。

综合应用：应用模板或主题创建演示文稿；应用幻灯片版式插入幻灯片。

3. PowerPoint 2016 演示文稿的制作

识记：SmartArt 图形；自定义图形。

简单应用：应用"节"管理幻灯片。

综合应用：在演示文稿中添加文本、表格、图表、图片、视频、音频、超链接等；设置幻灯片上的各种元素。

4. PowerPoint 2016 幻灯片的效果设计

简单应用：动画刷的使用。

综合应用：动画的设置；幻灯片切换效果的设置。

5. PowerPoint 2016 演示文稿的使用

简单应用：观众自行浏览和展台放映方式；幻灯片的排练计时；导出演示文稿；打印演示文稿。

综合应用：演讲者放映幻灯片及放映控制。

6. PowerPoint 2016 演示文稿的设计原则

领会：对齐原则；重复原则；对比原则；扁平化原则。

四、本章重点、难点

本章的重点是利用 PowerPoint 2016 进行演示文稿的制作，各种素材的添加和使用，动画的制作和放映。本章的难点是利用演示文稿制作的设计原则，综合使用各种工具和素材，设计出美观生动、吸引观众的演示文稿作品。

第 6 章　多媒体技术基础

一、学习目的与要求

本章的学习目的是要求考生了解媒体的常见形式、多媒体的概念及其特点，了解图像、声音和视频文件的常见格式及其在现代社会活动中的应用，了解数据压缩思想；熟悉计算机中的数值表示；掌握西文、中文、声音、图像、视频等信息在计算机中的表示方法；掌握游程编码压缩算法以及数据压缩常用软件的应用。

二、课程内容

1. 多媒体技术概述
2. 计算机中的数值表示
3. 文本表示与应用
4. 数字音频与应用
5. 数字图像与应用
6. 数字视频与应用
7. 数据压缩技术及压缩软件的使用

三、考核知识点与考核要求

1. 多媒体技术概述

识记：媒体的常见形式；多媒体的概念；多媒体的特点。

2. 计算机中的数值表示

领会：有符号整数的补码表示；实数的浮点表示。

3. 文本表示与应用

识记：汉字输入码、交换码、机内码、字形码；Unicode 编码。

领会：ASCII 码；UTF-8 编码。

简单应用：PDF 文件及其创建、浏览。

4. 数字音频与应用

识记：声音信号的数字化过程；常见数字音频格式；计算机语音处理的应用。

简单应用：量化标准与编码；数字音频的存储计算。

5. 数字图像与应用

识记：数字图像的存储原理；图像的数字化过程；常见数字图像格式；数字图像的应用场景。

领会：彩色图像的 RGB 颜色模型。

简单应用：像素深度与数字图像的量化标准；数字图像的存储计算；数字图像处理软件的应用。

6. 数字视频与应用

识记：数字视频的基本概念；常见的数字视频文件格式；数字视频处理的应用。

简单应用：视频的分辨率指标；数字视频的存储计算。

7. 数据压缩技术及压缩软件的使用

识记：数据压缩与解压缩的基本概念。

简单应用：WinRAR 软件的应用。

四、本章重点、难点

本章的重点是各种媒体数据在计算机中如何数字化的思想，包括数值、文本、音频、图像等；以及音频、图像、视频文件的常见格式、常用软件和这些媒体在现代社会生活中的应用场景。本章的难点是各种媒体数据的数字化表示方法。

第 7 章　计算机网络

一、学习目的与要求

本章学习目的是要求考生了解计算机网络及 Internet 的起源、发展和作用，熟悉计算机网络设备；掌握不同的角度下计算机网络的分类，掌握 TCP/IP 协议和域名系统；能够熟练利用各种工具进行信息浏览、电子邮件收发、简单的网页制作等基本操作；熟悉计算机网络安全的概念和常识，能够利用 Windows 安全中心工具进行互联网安全的防护。

二、课程内容

1. 计算机网络基础
2. Internet 基础
3. 网络安全技术

三、考核知识点与考核要求

1. 计算机网络基础

识记：计算机网络的产生和发展；计算机网络设备的应用。

领会：计算机网络按地域范围分类；按传输介质分类；按拓扑结构分类。

综合应用：计算机网络的拓扑结构。

2. Internet 基础

识记：Internet 的 3 个发展阶段；网络软件体系结构；互联网的基本应用；电子商务的特点；搜索引擎工作步骤。

领会：TCP/IP 协议的 4 层结构；域名系统；FTP 文件传输的处理过程。

简单应用：浏览 Internet；IP 地址表示方法。

综合应用：查看本地 IP 地址；浏览器的使用方法；利用 Web 邮箱收发电子邮件；HTML 网页制作。

3. 网络安全技术

识记：计算机网络安全因素；计算机病毒的概念与防范。

领会：身份认证技术、数据加密技术、防火墙技术及虚拟专用网技术的定义与应用。

综合应用：个人计算机网络安全的防护措施；利用 Windows 安全中心对计算机进行实时保护。

四、本章重点、难点

本章的重点是计算机网络的基础知识，包括体系结构、软硬件组成、拓扑结构、TCP/IP 协议等；Internet 网络信息浏览和电子邮件的使用；计算机网络安全的防护措施。本章的难点是 TCP/IP 协议各层的功能、IP 地址的组成与分类。

实践环节

一、实践方式

本课程的实践环节采用上机实践的方式，考生可以利用助学机构提供的计算机实践环境，也可以利用个人计算机进行实践练习。所使用的计算机设备应能支持 Windows 10 操作系统、Office 2016 办公自动化软件，能够接入互联网。

二、目的和要求

本课程的实践目的是通过上机实验，让考生能够熟悉计算机硬件的构成；熟练掌握 Windows 10 操作系统的基本操作；熟练使用 Word 2016 进行文档的编辑和处理；熟练使用 Excel 2016 进行电子表格和数据处理；熟练使用 PowerPoint 2016 进行演示文稿的制作和播放；使用图像处理软件进行图像处理；熟练掌握网页浏览、电子邮件收发、简单网页制作以及 Windows 安全中心的使用。

考生完成本课程的实践环节后，能够根据实验要求完成相应的操作，制作并打印出文档、电子表格、演示文稿等文件，写出实验报告。

三、实验内容

实验一：微型计算机的各部件识别

实验内容和要求：能够针对给定的微型计算机，从外到内识别显示器、主机箱、键盘、鼠标、主板、CPU 和内存等设备。对于给定的计算机，浏览其安装的各种常用软件，了解这些软件的功能，能够指出这些软件分别属于哪种软件类型。

实验二：Windows 10 操作系统的基本操作

实验内容和要求：了解 Windows 10 操作系统的安装与部署；掌握 Windows 10 操作系统的桌面、窗口的构成和基本操作；熟悉软件的安装与卸载；熟练掌握文件和文件夹的新建、复制、移动、删除、查找、创建快捷方式、重命名和设置文件属性等操作；能够个性化设置 Windows 10 操作系统，并利用控制面板实现帐户设置、设备管理、磁盘管理和打印机管理等功能。

实验三：Word 2016 文档编辑和排版

实验内容和要求：能够根据指定的素材完成下列文档编辑排版及打印功能：文档文件的新建、保存；文字的录入及文字、段落格式和页面的格式设置；能够在文档中的指定位置插入图片并进行图文混排，能够利用绘图功能绘制图形；能够通过自动制表或手工制表的方法，建立表格并对表中内容进行调整和设置。能够利用邮件合并功能批量生成请柬、通知和商业信函等；能够根据需要完成打印设置，打印出合格的文档。

实验四：Excel 2016 电子表格制作及数据管理

实验内容和要求：能够根据指定的素材完成电子表格的制作操作和数据管理：表格创建、数据输入和单元格设置；工作表和工作簿的基本管理；编辑公式或利用函数实现对表格中数据的求和、求平均值、求最大值/最小值、乘法和除法等基本运算，利用函数实现条件查询；条件格式设置；能够利用表格数据实现 Excel 2016 中各类图形统计；能够对工作表中的数据进行排序、筛选（高级筛选）、分类汇总和数据透视表等数据管理工作。

实验五：PowerPoint 2016 演示文稿的制作

实验内容和要求：根据给定的素材，完成：演示文稿的制作；设置演示动画及其时序；播放演示文稿；导出和打印演示文稿。

实验六：多媒体技术的应用

实验内容和要求：根据给定的素材，完成数字图像的格式转换；像素点颜色信息提取；位图文件大小计算；使用压缩软件进行数据的压缩和解压缩。

实验七：互联网的应用

实验内容和要求：识别网卡、网线和路由器等计算机网络设备；熟悉常用的互联网网站及其功能；熟练使用浏览器工具进行网页的浏览、搜索引擎和电子商务等日常应用；掌握电子邮箱的使用方法；使用 HTML 创建个人网页；通过 Windows 安全中心，对计算机进行实时保护。

四、与课程考试的关系

计算机应用基础是一门基于计算机系统的，操作实践性和应用性很强的课程。本课程所涉及的知识都是可以通过具体的上机实验任务进行实践及验证的。课程实验可以加深考生对相应知识的理解，并达到学以致用的目的。本课程的实验环节需在相应章节的理论知识学习完成之后进行，所有的实验均需在考试之前完成。

Ⅳ. 关于大纲的说明与考核实施要求

一、自学考试大纲的目的和作用

课程自学考试大纲是根据专业自学考试计划的要求，结合自学考试的特点制定。其目的是对个人自学、社会助学和国家考试命题进行指导和规定。

课程自考大纲明确了课程自学内容及其深广度，规定出课程自学考试的范围和标准，是编写自学考试教材的依据，是社会助学的依据，是个人自学的依据，也是进行国家考试命题的依据。

二、课程自学考试大纲与教材的关系

课程自学考试大纲是进行学习和考核的依据，教材是学习掌握课程知识的基本内容与范围，教材的内容是大纲所规定的课程知识和内容的扩展与发挥。课程内容在教材中可以体现一定的深度或难度，但在大纲中对考核的要求一定要适当。

大纲与教材所体现的课程内容应基本一致；大纲里面的课程内容和考核知识点，教材里一般也要有。反过来教材里有的内容，大纲里就不一定体现。（注：如果教材是推荐选用的，其中有的内容与大纲要求不一致的地方，应以大纲规定为准）

三、关于自学教材

《计算机应用基础》，全国高等教育自学考试指导委员会组编，姚琳主编，机械工业出版社出版，2023年版。

四、关于考核内容及考核要求的说明

1. 课程中各章的内容均由若干知识点组成，在自学考试命题中知识点就是考核点。由此，课程自学考试大纲中所规定的考核内容是以分解为考核知识点的形式给出的。因各知识点在课程中的地位、作用以及知识自身的特点不同，自学考试将对各知识点按四个认知层次确定其考核要求（认知层次的具体描述请参看Ⅱ．考核目标）。

2. 按照重要性程度不同，考核内容分重点内容和一般内容。为有效地指导个人自学社会助学，本大纲已指明了课程的重点和难点，在各章的"本章重点、难点"中也指明了本章内容的重点和难点。在课程试卷中重点内容所占分值一般不少于60%。

本课程4学分，其中包含实践环节2学分。

五、关于自学方法的指导

计算机应用基础作为自学考试非计算机专业的公共基础课，内容广泛，应用性强，对于考生知识的灵活运用和计算机实际操作能力有着比较高的要求，要取得较好的学习效果，请注意以下事项：

1. 在学习本课程教材之前应仔细阅读本大纲的第Ⅰ部分，了解本课程的性质、特点和目标，熟知本课程的基本要求和与相关课程的关系，使接下来的学习紧紧围绕本课程的基本要求进行。

2. 在学习每一章内容之前，先认真了解本自学考试大纲对该章知识点的考核要求，做到在学习时心中有数。

3. 本课程采用理论与实践相结合的方式进行各章内容讲解。在各章知识的学习过程中，注意将理论知识学习与具体实践案例相结合，边学习边上机实践。在每章内容学习完成后，能够梳理出解决该章同步练习任务的步骤和方法，并且主动在日常计算机的使用中，应用学到的方法和技巧。

4. 学会使用网络世界中丰富的学习资源。本课程的重点是操作系统、办公自动化软件、多媒体及互联网等计算机常见工具的学习和使用。许多知识的引申、拓展以及实际操作过程中遇到的问题和使用技巧等，在互联网上都有相关的解释和介绍。考生若在学习过程中遇到问题，可以利用搜索工具查询相关解答和提示，并通过上机操作进行验证。

5. 在自学过程中应有良好的计划和组织。比如，可以制订"行动计划表"来监控管理自己的学习进展；在阅读课本时做好读书笔记，如有需要重点注意的内容，可以用彩笔来标注，如红色代表重点；绿色代表需要深入研究的领域；黄色代表可以运用在工作之中等。

六、考试指导

在考试过程中应做到卷面整洁，书写工整，段落与间距合理，卷面赏心悦目有助于教师评分，因为书写不清楚会导致不必要的丢分。回答试卷所提出的问题，不要答非所问，避免超过问题的范围。

正确处理对失败的惧怕，要正面思考。如果可能，请教已经通过该科目考试的人，问他们一些问题。考试前合理膳食，保持旺盛精力，保持冷静。考试之前，根据考试大纲的要求将课程内容总结为"记忆线索"，当阅读考卷时，一旦有了思路就快速记下。按自己的步调进行答卷。为每个考题或部分分配合理时间，并按此时间安排进行。

七、对社会助学的要求

1. 要熟知考试大纲对本课程总的要求和各章的知识点，准确理解对各知识点要求达到的认知层次和考核要求，并在辅导过程中帮助考生掌握这些要求，不要随意增删内容和提高或降低要求。

2. 要结合典型任务，计算机操作系统和办公自动化软件的功能和操作方法，引导学生独立思考，掌握解决应用问题的思路和技巧，鼓励学生在日常工作学习中主动运用所学知识，比如安装和配置个人计算机软硬件，利用办公自动化软件进行应用文档的创建和排版、制作电子表格记录生活账目等数据，使用 PPT 制作开题报告、个人简历等演示文稿等。帮助考生真正在实践中掌握知识，提高解决实际问题的能力，达到考核要求。

3. 在助学过程中，要培养良好的学风，提高自学能力。引导考生在学习过程中自己提出并解决问题，不要机械地告诉考生答案。注意培养解决问题的一般能力，不要为应付考试进行猜题、押题。

4. 助学单位在安排课程辅导时，授课时间建议不少于 90 课时。

5. 助学单位应为考生提供相应的上机操作条件，供考生在实际操作过程中理解、消化课程知识，提高计算机应用能力。

八、关于考试命题的若干规定

1. 考试方式为闭卷、笔试，考试时间为 150 分钟。考试时只允许携带笔、橡皮和尺子，涂写部分、画图部分必须使用 2B 铅笔，书写部分必须使用黑色字迹签字笔。

2. 本大纲各章所规定的基本要求、知识点及知识点下的知识细目，都属于考核的内容。考试命题既要覆盖到章，又要避免面面俱到。要注意突出课程的重点，加大重点内容的覆盖度。

3. 不应命制超出大纲中考核知识点范围的题目，考核目标不得高于大纲中所规定的相应的最高能力层次要求。命题应着重考核自学者对基本概念、基本知识和基本理论是否了解或掌握，对基本方法是否会用或熟练。不应命制与基本要求不符的偏题或怪题。

4. 因为本课程的主要内容为计算机软硬件的基本应用，所以考核目标更多地集中在对于应用能力的考核中。本课程在试卷中对不同能力层次要求的分数比例大致为：识记占 20%，领会占 20%，简单应用占 30%，综合应用占 30%。

5. 要合理安排试题的难易程度，试题的难度可分为：易、较易、较难和难四个等级。每份试卷中不同难度试题的分数比例一般为：2∶4∶3∶1。

必须注意试题的难易程度与能力层次有一定的联系，但二者不是等同的概念，在各个能力层次都有不同难度的试题。

6. 课程考试命题的主要题型一般有单项选择题、填空题、简答题和综合应用题等。

Ⅴ．参考样卷

一、单项选择题（本大题共 20 小题，每小题 1 分，共 20 分。在每小题列出的备选项中只有一项是最符合题目要求的，请将其选出）

1. CPU 是计算机的核心部件，它由（　　）。
    A. 运算器和内存储器组成　　　　B. 运算器和控制器组成

C. 控制器和内存储器组成　　　　D. 控制器和外存储器组成
2. 微型计算机的内存容量通常是指（　　）。
　　A. 内置硬盘容量　　　　　　　　B. 只读存储器容量
　　C. 高速缓冲存储器容量　　　　　D. 随机存取存储器容量
3. 下列关于十进制小数转换成二进制的法则，正确的是（　　）。
　　A. 小数部分除2取余，自上而下　　B. 小数部分除2取余，自下而上
　　C. 小数部分乘2取整，自上而下　　D. 小数部分乘2取整，自下而上
4. 按照计算机用途的不同，计算机可以划分为（　　）。
　　A. 通用计算机与专用计算机　　　B. 电子计算机与光计算机
　　C. 模拟计算机和数字计算机　　　D. 微型计算机和大型计算机
5. 在 Windows 10 中，下列文件名不正确的是（　　）。
　　A. ty＞xm. txt　　B. 23ty. txt　　C. _23ty. txt　　D. （23）ty. txt
6. 在 Windows 10 资源管理器中，选择全部文件的快捷键是（　　）。
　　A. Shift + A　　B. Ctrl + A　　C. Alt + A　　D. Enter + A
7. 在 Word 2016 的文本选择区双击鼠标左键，选中的文本范围是（　　）。
　　A. 一个词语　　B. 一行文字　　C. 一段文字　　D. 全文
8. Word 2016 提供的手写公式自动识别智能工具是（　　）。
　　A. 公式编辑器　　B. 公式工具　　C. 智能公式　　D. 墨迹公式
9. 在 Word 2016 中，提供字数统计功能，但不能统计（　　）。
　　A. 段落数　　B. 行数　　C. 分节数　　D. 页数
10. 若 Excel 2016 某单元格显示为"#VALUE!"，造成这一结果的原因是（　　）。
　　A. 公式错误　　　　　　　　　　B. 所引用的单元格被删除
　　C. 除数为0错误　　　　　　　　D. 列宽不够
11. 若 Excel 2016 某单元格内的数值为"1.20E+03"，下列与其等价的是（　　）。
　　A. 1200　　B. 1.2000　　C. 1.2003　　D. 1.728
12. 在 Excel 2016 工作表中，选中一个单元格后按 Del 键，删除的是（　　）。
　　A. 该单元格中的数据和格式　　　B. 该单元格，并右侧的单元格左移
　　C. 该单元格中的格式　　　　　　D. 该单元格中的数据
13. 在 Excel 2016 工作表的某单元格内输入公式：=3＞2+5，运算的结果是（　　）。
　　A. TRUE　　B. FALSE　　C. 6　　D. 0
14. 在 PowerPoint 2016 中，演示文稿默认的文件扩展名是（　　）。
　　A. ppt　　B. pptx　　C. potx　　D. ppsx
15. 下列有关 PowerPoint 中模板和母版的叙述中，不正确的是（　　）。
　　A. 模板中的主题可以被更改
　　B. 占位符只能通过幻灯片母版加入到版式中，在新建幻灯片时生效
　　C. 幻灯片母版修改后，演示文稿中已有的幻灯片会基于新母版自动更新
　　D. 模板包含了主题和版式的预定义，甚至可以包含演示文稿内容的预定义
16. 将一段声音信号利用 PCM（脉冲编码调制）数字化为二进制数据的过程不包括（　　）。
　　A. 采样　　B. 量化　　C. 编码　　D. 压缩

17. 若大写字母"R"的 ASCII 码值为 52H，则小写字母"p"的 ASCII 码值是（　　）。
　　A. 64H　　　　B. 69H　　　　C. 70H　　　　D. 71H
18. TCP/IP 协议包括：①FTP；②HTTP；③TCP；④UDP；⑤IP；⑥ARP；⑦RARP；⑧DNS，下列都属于传输层协议的是（　　）。
　　A. ①②　　　　B. ③④　　　　C. ⑤⑥　　　　D. ⑦⑧
19. 某 abc 网站的服务器域名为 www.abc.com，其中主页在该服务器中的路径为/index5.html，则主页所在网页的 URL 为（　　）。
　　A. http://www.abc.com/index5.html　　B. http://index5.html/www.abc.com
　　C. http://index5.html　　D. http://www.abc.com
20. 用一条中央主电缆将节点依次线性连接的布局方式称为（　　）。
　　A. 网状拓扑　　B. 星型拓扑　　C. 环型拓扑　　D. 总线型拓扑

二、填空题（本大题共 9 小题，每小题 2 分，共 18 分）

21. 将二进制数 10010010 转换成十进制数_____。
22. 微型计算机属于第 4 代计算机，其采用的基本电子器件是_____。
23. 在 Windows 10 中，将分布在不同存储位置的文件索引信息整合在一起，形成的特殊虚拟文件夹，称为_____。
24. Word 2016 的页面水印分为文字水印和_____水印两种形式。
25. 在"段落"对话框中，段落缩进的特殊格式包括首行缩进和_____。
26. Excel 2016 提供的迷你图包括折线迷你图、柱形迷你图和_____等。
27. 在 PowerPoint 2016 中，从第一页幻灯片开始放映的快捷键是_____。
28. 若某种颜色在 RGB 模型中的红色取值为 255，绿色取值为 113，蓝色取值为 1，则该颜色的十六进制表示为_____。
29. IPv6 由_____位二进制组成，几乎可不受限制地提供网络地址。

三、简答题（本大题共 7 小题，每小题 6 分，共 42 分）

30. 计算机外部设备有多种，如键盘，写出其他 3 种输入设备。
31. 在 Windows 10 中对文件或文件夹重新命名有多种途径，写出其中 2 种。
32. Word 2016 提供了 5 种视图方式，写出其中 3 种的名称。
33. 在 Excel 2016 中，将 A3:C3 单元格中的数据设置为题 33 图所示的格式，写出其设置的步骤。

	A	B	C
3	¥20.000	¥9.000	¥7.000

题 33 图

34. 简述 PowerPoint 2016 中占位符的功能及其创建方法。
35. 人工智能技术在人脸识别、文字识别、图像识别等图像领域有着广泛的应用，例如人脸识别技术在考勤和闸机系统中应用已非常成熟。列举 3 个图像识别领域的人工智能应用实例。
36. IPv4 地址可分为：A、B、C、D 和 E 共 5 类，不同类型网络的首字节有不同的规定。写出 B 类和 C 类 IP 地址首字节的取值范围（采用十进制）。
　　（1）B 类 IP 地址首字节从_____到_____。
　　（2）C 类 IP 地址首字节从_____到_____。

四、综合应用题（本大题共 2 小题，每小题 10 分，共 20 分）

37. 在 Word 2016 中，有如题 37 图 a 所示的文本（文本共有 4 行，以"－"作为每行文本中不同内容之间的分隔符）：

书名-出版社-出版年月
旧唐书-中华书局-1975 年 2 月
文心雕龙-上海古籍出版社-1985 年 1 月
计算机应用基础-机械工业出版社-2023 年 10 月

a）

书名	出版社	出版年月
旧唐书	中华书局	1975 年 2 月
文心雕龙	上海古籍出版社	1985 年 1 月
计算机应用基础	机械工业出版社	2023 年 10 月

b）

题 37 图
a）文本样式 b）表格样式

写出利用 Word 的"将文字转换成表格"功能，将该文本转换为题 37 图 b 所示的表格，所需的操作步骤。（在文字转换为表格的过程中，字体、字号和对齐方式无变化）

38. 制作一个以中国美术馆为主题的网页。要求网页标题为"中国美术馆"；网页内容的一级标题为"正在展出"，二级标题为"展览预告"；设置文字"全国书法临帖作品展"超链接到网址"www.namoc.org"。按照网页的具体要求将以下不完整代码补充完整。

<html>
<head>
(1) _____
(2) _____
<body>
(3) _____
(4) _____
(5) _____
(6) _____
</html>

VI. 样卷参考答案

一、单项选择题

1. B   2. D   3. C   4. A   5. A
6. B   7. C   8. D   9. C   10. A
11. A 12. D 13. B 14. B 15. C
16. D 17. C 18. B 19. A 20. D

二、填空题

21. 146
22. 大规模集成电路 或者 超大规模集成电路
23. 库
24. 图片
25. 悬挂缩进

26. 盈亏迷你图
27. F5
28. FF7101
29. 128

三、简答题

30. 键盘、鼠标、麦克风、扫描仪、摄像头、数字化仪、手写板、光笔、游戏杆和语音输入装置等。

31. 通过快捷菜单重命名；通过文件资源管理器重命名；通过鼠标两次单击要重命名的文件或文件夹。

32. 阅读视图、页面视图、大纲视图、Web 版式视图和草稿。

33. （1）选中 A3：C3 单元格。
（2）在"开始"选项卡"数字"功能组内通过按钮设置，或者打开"设置单元格格式"对话框进行设置。
（3）设置数字格式为"会计专用"，设置货币符号为"￥中文"，设置小数位数为"3"，或者单击"增加小数位数"按钮，使小数位数为 3 位。

34. 占位符是幻灯片版式上的虚线容器，用于标识在该位置插入文本、表格、图表等内容，体现了幻灯片的布局设计。
占位符只能通过幻灯片母版设置到幻灯片版式中。打开"幻灯片母版"选项卡，单击"插入占位符"按钮，从下拉列表中选择所需占位符后将其插入在幻灯片中。

35. 拍照识别身份证；拍照识别银行卡；拍照识别各种票据；拍照识图；搜索引擎中的图片搜索；车牌识别；医学影像识别等。

36. （1）B 类 IP 地址首字节从____128____到____191____。
（2）C 类 IP 地址首字节从____192____到____223____。

四、综合应用题

37. （1）选中要转换为表格的文本。
（2）单击"插入"选项卡"表格"功能组"表格"按钮，在弹出的下拉列表中选择"文本转换成表格"。
（3）在"将文字转换成表格"对话框的"表格尺寸"区域，确认"行数"为"4"，"列数"为"3"，"文字分隔位置"区域选中"其他字符"，值为"－"。
（4）单击"将文字转换成表格"对话框的"确定"按钮，完成文字向表格的转换。

38. （1）< title >中国美术馆</title >
（2）</head >
（3）< h1 >正在展出</h1 >
（4）< h2 >展览预告</h2 >
（5）< a href = "www.namoc.org" >全国书法临帖作品展</a >
（6）</body >

后　　记

　　《计算机应用基础自学考试大纲》是根据《高等教育自学考试专业基本规范（2021年)》的要求，由全国高等教育自学考试指导委员会电子、电工与信息类专业委员会组织制定的。

　　全国考委电子、电工与信息类专业委员会对本大纲组织审稿，根据审稿会意见由编者做了修改，最后由全国考委电子、电工与信息类专业委员会定稿。

　　本大纲由北京科技大学姚琳教授担任主编，北京邮电大学樊玲、昆明理工大学潘晟旻、北京科技大学宋晏参加编写；参加审稿并提出修改意见的有国防科技大学熊岳山教授、北京理工大学陈朔鹰副教授。

　　对参与本大纲编写和审稿的各位专家表示感谢。

全国高等教育自学考试指导委员会
电子、电工与信息类专业委员会
2023 年 5 月

全国高等教育自学考试指定教材

计算机应用基础

全国高等教育自学考试指导委员会　组编

编者的话

本书是根据全国高等教育自学考试指导委员会最新制定的《计算机应用基础自学考试大纲》编写的自学考试教材。

党的二十大报告提出，必须坚持科技是第一生产力、人才是第一资源、创新是第一动力。在科技创新密集活跃的 21 世纪，经济社会发展呈现出网络化、数字化和智能化的核心特征，社会发展对人才的信息素养提出了更高的要求。熟练掌握网络时代的计算机应用技能，已经是社会发展对合格劳动者的一项基本需求。

本书在介绍计算机系统结构和工作原理的基础上，结合网络时代人们日常工作需要，以 Windows 10 操作系统和 Microsoft Office 2016 为主，系统介绍了操作系统、文字处理软件 Word、电子表格处理软件 Excel 和演示文稿处理软件 PowerPoint 的基本功能和使用方法，并介绍了多媒体技术基础和计算机网络应用知识。

计算机应用基础重在实践与应用，为了便于考生在学习中切实提高计算机应用能力，有效检验自身的学习效果，本书进行了随书视频等立体化资源建设。书中重要的操作过程，以及书后的同步练习，均通过视频进行了详细的操作演示和深入讲解。

本书共分为 7 章，第 1 章介绍计算机软、硬件知识和数字化信息表示；第 2 章介绍 Windows 10 操作系统的基本使用；第 3 章介绍 Word 2016 的文字处理基本功能和使用方法；第 4 章介绍 Excel 2016 电子表格数据处理的基本功能和使用方法；第 5 章介绍 PowerPoint 2016 演示文稿制作的基本功能和使用方法；第 6 章介绍多媒体技术基本知识和应用方法；第 7 章介绍网络的基本知识和互联网的基本应用。每一章的内容组织均与自考大纲要求相吻合，注重理论与实践相结合，侧重实践应用，体系结构完整。

本书由北京科技大学姚琳教授担任主编，具体编写分工如下：第 1 章和第 7 章由樊玲编写；第 2 章、第 3 章和第 4 章由潘晟旻编写；第 5 章和第 6 章由宋晏编写。全书由姚琳负责统稿。

因编写时间仓促，尽管书稿经过了反复修改，书中实验经过了逐一测试验证，但难免有疏漏和不足之处，恳请广大读者批评指正。

编者

2023 年 5 月

第 1 章　计算机基础

学习目标：

1. 了解计算机的起源及发展历史，计算机的分类，未来计算机的发展方向。
2. 了解计算机使用二进制的意义，掌握不同数制的表示方法和相互转换。
3. 熟悉微型计算机的硬件构成及其功能，掌握计算机硬件的主要性能指标。
4. 熟悉计算机软件的作用、分类。

1.1　认识计算机

电子计算机（Electronic computer），简称计算机，俗称电脑，是一种现代化智能电子设备，可按照预先设定的程序，自动进行高速数值运算和逻辑判断，并具备存储记忆功能。一台完整的计算机系统由硬件系统（Hardware system）和软件系统（Software system）所组成，没有安装任何软件系统的计算机称为裸机。

计算机对人类的生产活动和社会活动产生了极其重要的影响，以强大的生命力飞速发展。它的应用领域从最初的军事科研应用扩展到社会的各个领域，已形成了规模巨大的计算机产业，带动了全球范围的技术进步，由此引发了深刻的社会变革。现在计算机已遍及学校、企事业单位，进入寻常百姓家，成为信息社会中必不可少的工具，是人类进入信息时代的重要标志之一。

1.1.1　计算机的发展历程

从数学产生之日起，人类便不断寻求能方便进行计算以及加速计算的工具。因此，计算和计算工具息息相关。从古到今，由简单的石块、贝壳计数，到唐代的算盘，再到欧洲的手摇计算器。之后又相继出现了计算尺，直到电子计算机的诞生。电子计算机是人类计算技术的继承和发展，是计算工具发展至今的具体形式。随着计算机应用领域的不断扩大，计算机已经成为现代人类社会生活不可缺少的基本工具。

1. 手动计算工具

手动计算工具是世界历史中出现时间最早、使用时间最长、功能最单一的一类计算器具，其特点是计算过程主要依赖手动，没有明确的输入和输出装置。例如，中国的算筹与算盘、俄罗斯的算盘及欧洲的杰特计算筹码，如图 1-1 所示。虽然这些计算工具表面看形状各异，实际却遵循着相似的原理，即通过离散的计算单元（如筹棒、算珠、筹码）在空间中的不同位置，表示离散的数的值，通过有规则地移动这些计算单元，表示和改变数值，从而获得计算结果。这些工具虽然原始，但却是算法思想的摇篮。

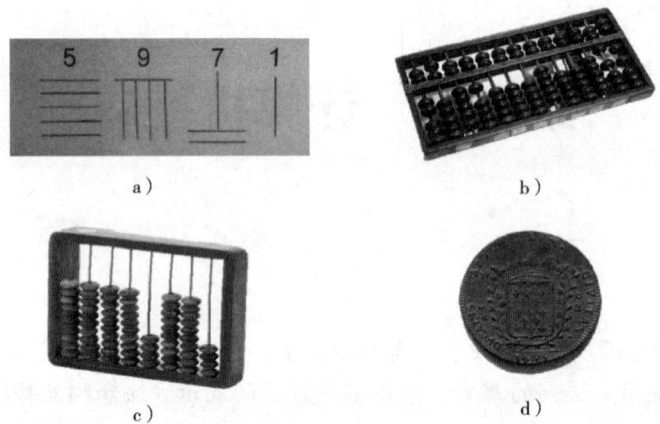

图 1-1　手动计算工具
a) 中国算筹　b) 中国算盘　c) 俄罗斯算盘　d) 欧洲杰特计算筹码

2. 机械计算器

从 17 世纪初机械计算构想的产生到 20 世纪 70 年代，机械计算器走过了两个半世纪的历程，随后因电子计算器和个人计算机的普及而逐步退出历史舞台，见证了人类的计算方式从手动走向自动的艰难过程。

机械计算器利用齿轮转动进行计数、模拟运算过程。例如中国古代的记里鼓车，车有上下两层，每层各有手执木槌的木制机械人，如图 1-2 所示。下层木人每行一里敲鼓一下，上层机械人每行十里敲打铃铛一次。记里鼓车的齿轮传动结构多被后世机械计算器所沿用，被视为最早的机械计数装置。

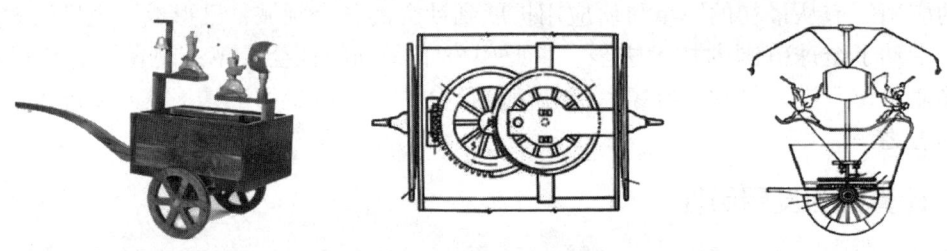

图 1-2　记里鼓车及其原理图

韦伯加法器基于传统的齿轮结构和运动方式，将齿轮的转动角度转换为数字，通过齿轮间的相互拨动，实现自动进位，如图 1-3a 所示。但是韦伯加法器只能进行加减法运算，乘除法运算则需要通过纸笔辅助完成。

莱布尼茨计算器的阶梯鼓轮互动模型是世界上第一台能直接进行四则运算的机械计算器。莱布尼茨阶梯鼓轮是一个圆柱体，表面有九个长度递增的齿，如图 1-3b 所示。每当小齿轮转动一圈，阶梯鼓轮可根据它与小齿轮啮合的齿数，分别转动不同的角度，可连续重复地做加减法。在转动手柄的过程中，使这种重复加减法转变为乘除法运算。

奥德涅尔在人类积累了两个多世纪的计算器创新经验的基础上，经过长期的思考和大量的实验，改进了托马斯四则计算器，发明"奥德涅尔轮"结构。奥德涅尔计算器是现代意义上的第一台手摇计算器，如图 1-3c 所示。

图 1-3 欧洲机械计算器

a）韦伯加法器　b）莱布尼茨阶梯鼓轮　c）奥德涅尔计算器

3. 电子计算机

1946 年，世界上第一台现代通用计算机 ENIAC 在美国宾夕法尼亚大学诞生，如图 1-4 所示。ENIAC，全称为 "Electronic Numerical Integrator And Computer"，即电子数字积分计算机。它是一台完全的电子计算机，可编程并解决各种计算问题。

图 1-4　ENIAC 计算机

ENIAC 占地面积约 170 平方米，它包含了约 18000 个电子管，每秒可进行 5000 次加法运算。这在当时是了不起的进步，标志着一个人类计算机新时代的开始，科学计算的大门从此被打开了。

在 ENIAC 诞生后的 70 多年中，计算机所采用的基本电子元器件经历了电子管、晶体管、集成电路、大规模和超大规模集成电路 4 个发展阶段，通常称为计算机发展进程中的 4 个阶段，见表 1-1。

表 1-1　计算机发展进程中的 4 个阶段

阶段	年份	电子器件
第一代	1946—1955	电子管
第二代	1956—1963	晶体管
第三代	1964—1971	集成电路
第四代	1972—至今	大规模和超大规模集成电路

第一代（1946—1955）是电子管时代。第一代计算机的基础电子器件采用电子管，造价昂贵，几乎没有什么软件配置。编制程序使用机器语言，主要用于科学计算和军事方面。具有体积大、耗电多、运算速度低、存储容量小和可靠性差的特点。代表机型为 1952 年由计算机之父冯·诺依曼设计的名为 EDVAC 的计算机。冯·诺依曼"程序存储方式"的设想首次在 EDVAC 上得到了圆满体现。

第二代（1956—1963）是晶体管时代。第二代计算机的基础电子器件采用晶体管，内存储器普遍使用磁芯存储器，其性能比第一代计算机提高了数十倍，速度一般可达每秒 10 万次，有的甚至高达每秒几百万次。同时，软件配置开始出现，一些高级程序设计语言相继问世，并开始采用监控程序。除科学计算与军事应用外，开始了数据处理、工程设计、过程控制等应用。第二代计算机另一个重要特点是存储器的革命。1951 年，哈佛大学计算机实验室的华人留学生王安发明了磁芯存储器。该技术改变了继电器存储器的工作方式以及存储器和处理器的连接方法，缩小了存储器体积，为第二代计算机的发展奠定了基础。

第三代（1964—1971）是集成电路时代。第三代计算机的基础电子器件主要采用集成电路。集成电路是在一块几平方毫米的芯片上集成很多个电子元件，使计算机的体积和耗电量有了显著减小，计算速度显著提高，存储容量大幅度增加。同时，计算机的软件技术也有了较大的发展，出现了操作系统和编译系统，以及更多的高级程序设计语言。

第四代（1972—至今）是大规模和超大规模集成电路时代。第四代计算机的基础电子器件采用大规模、超大规模集成电路，内存储器使用集成度更高的半导体存储器，计算速度高达每秒几百万次至百亿亿次。在这个时期，计算机体系结构有了较大发展，并行处理、多机系统、计算机网络等都已进入实用阶段。软件方面更加丰富，出现了网络操作系统和分布式操作系统以及各种应用软件，其应用范围更加广泛，几乎渗透了人类社会的各个领域。

在计算机 4 个时代的发展进程中，计算机的性能越来越高，主要表现在：生产成本越来越低，体积越来越小，运算速度越来越快，耗电越来越少，存储容量越来越大，可靠性越来越高，软件配置越来越丰富，以及应用范围越来越广泛。

目前计算机技术的发展主要朝着下面 4 个方向发展。

（1）巨型化

巨型化是指研制速度更快、存储量更大以及功能更强大的巨型计算机，主要应用于天文、气象、地质、核反应、航天飞机和卫星轨道计算等尖端科学技术领域和国防事业领域，它标志一个国家计算机技术的发展水平。目前运算速度为每秒几百亿次到百亿亿次的超级计算机已经投入运行，并正在研制更高速的超级机。

（2）微型化

微型化是指计算机更加小巧灵便、价廉物美、功能更强，计算机微型化已成为计算机发展的一个重要方向。利用微电子技术和超大规模集成电路技术，将计算机的体积进一步缩小，价格进一步降低，性能进一步提高。各种笔记本电脑和平板电脑的大量面世，是计算机微型化的一个标志。

（3）智能化

智能化使计算机具有模拟人的感觉和思维过程的能力，使计算机成为智能计算机。这也是目前正在研制的新一代计算机要实现的目标。智能化的研究包括模式识别、图像识别、自然语言的生成和理解、博弈、定理自动证明、自动程序设计、专家系统、学习系统和智能机器人等。目前，已研制出多种具有人类部分智能的机器人。

（4）网络化

网络化是计算机发展的又一个重要趋势，从单机走向联网是计算机应用发展的必然结果。计算机网络化，是指用现代通信技术和计算机技术把分布在不同地点的计算机互联起来，组成一个规模大、功能强、可以互相通信的网络结构，使网络中的软件、硬件和数据等资源能被网络上的用户共享。大到世界范围的广域网，小到实验室内部的局域网，计算机网络已经普及到世界的各个角落。

1.1.2 计算机的分类

计算机分类有多种方法。按照计算机规模分类，可分为超级计算机、大型计算机、小型计算机和微型计算机。

1. 超级计算机

超级计算机（巨型计算机）是相对于大型计算机而言的一种运算速度更高、存储容量更大、功能更完善的计算机。作为高性能计算技术产品，超级计算机具有很强的计算和处理数据的能力，主要特点为高速度和大容量，配有多种外部和外围设备及丰富的、高功能的软件系统。

超级计算机，被称为"国之重器"，属于战略高技术领域，是世界各国竞相角逐的科技制高点，也是一个国家科技实力的重要标志之一。2010年，全球超级计算机500强榜单发布，中国"天河一号"摘得头名，如图1-5所示，意味着中国成为世界上第二个能够自主研制千兆次超级计算机的国家。在2022年全球超级计算机500强榜单上，中国超算"神威·太湖之光"排名前十，如图1-6所示。"神威·太湖之光"超级计算机安装了40960个中国自主研发的神威26010众核处理器，该众核处理器采用64位自主神威指令系统，峰值性能3168万亿次每秒，核心工作频率1.5GHz。截至2023年6月，"神威·太湖之光"和"天河二号"位于全球超级计算机500强榜单前十，中国超级计算机在500强中的总数位居世界第二。

图1-5 天河一号

图 1-6 神威·太湖之光

2. 大型计算机

大型计算机是在微型计算机出现之前最主要的计算模式，大型计算机主机经历了批处理阶段、分时处理阶段，进入了分散处理与集中管理的阶段。大型计算机并非仅通过每秒运算次数来衡量其性能，还需综合判断其可靠性、安全性、向后兼容性和输入输出系统的高效性。

大型计算机可同时运行多操作系统，因此大型计算机不像是一台计算机，而更像是多台虚拟机。一台大型计算机主机可以替代多台普通的服务器，是虚拟化的先驱，同时主机还拥有强大的容错能力。

3. 小型计算机

小型计算机是相对于大型计算机定义的，小型计算机的软件、硬件系统规模比较小，价格低、可靠性高、操作灵活方便，便于维护和使用。

小型计算机和超大规模集成电路技术的发展为微型计算机的诞生创造了条件。在小型计算机应用领域，微型计算机与小型计算机相辅相成，得到广泛的应用。为了提高小型计算机的性价比，不少厂家利用超大规模集成电路技术实现小型计算机的微型化。

4. 微型计算机

微型计算机，也称为个人计算机（personal computer，PC），由微处理器、内存、输入和输出设备、系统总线等组成，其特点是体积小、灵活性大、价格便宜和使用方便。核心器件微处理器，是用一片或少数几片大规模集成电路组成的中央处理器。

微型计算机从结构形式上可分为台式计算机和便携式计算机。台式计算机的主机、显示器等设备相对独立，一般放置在工作台上。便携式计算机体积小，便于携带。常见的便携式计算机从外表看像一个"笔记本"，因此也常被称为"笔记本电脑"。平板电脑也是一种方便携带的微型计算机，以触摸屏作为基本的输入输出设备，具有笔输入识别、语音识别和手势识别等能力。

1.1.3 未来的计算机

计算机技术是世界上发展最快的科学技术之一,产品不断升级换代。未来的计算机技术将向超高速、超小型、并行计算、智能化的方向发展。尽管受到物理极限的约束,采用硅芯片的计算机的核心部件性能仍会持续增长。超高速计算机将采用并行处理技术,使计算机系统同时执行多条指令或同时对多个数据进行处理,这是改进计算机结构、提高计算机运行速度的关键技术。

计算机将具备更多的智能成分,感知能力、一定的思考与判断能力及一定的自然语言能力。除了提供自然的输入手段(如语音输入、手写输入)外,让人能产生身临其境感觉的各种交互设备已经出现,虚拟现实技术(Virtual Reality,VR)是这一领域发展的集中体现。

传统的磁存储、光盘存储容量继续攀升,新的海量存储技术趋于成熟,新型的存储器每立方厘米存储容量可达 10 太字节(Terabyte,TB)。以一本 30 万字的中文电子书,按照 UTF-8 编码计算,1TB 可存储约 120 万本。信息的永久存储也将成为现实,千年存储器正在研制中,这样的存储器可以抗干扰、抗高温、防震、防水和防腐蚀。

硅芯片技术的高速发展同时也意味着硅技术越来越接近其物理极限,为此,世界各国的研究人员正在加紧研究开发新型计算机,计算机从体系结构的变革到器件与技术革命都要产生一次量的乃至质的飞跃。新型的量子计算机、光计算机、生物计算机等或将会遍布人类生活的各个领域。

1. 量子计算机

量子计算机是一种全新的基于量子理论的计算机,遵循量子力学规律进行高速数学和逻辑运算、存储及处理量子信息的物理装置。

经典计算机的基本信息单位为比特,运算对象是各种比特序列。量子计算机的基本信息单位是量子比特,运算对象是量子比特序列。所不同的是,量子比特序列不但可以处于各种正交态的叠加态上,还可以处于纠缠态上,一个量子位可以是"0"或"1",也可以既存储"0"又存储"1"。这些特殊的量子态,不仅提供了量子并行计算的可能,而且还将带来许多奇妙的性质。与经典计算机不同,量子计算机可以做任意的"幺正变换",在得到输出态后,进行测量得出计算结果。因此,量子计算对经典计算作了极大的扩充。量子计算机的另一重要用途是模拟量子系统,这项工作也是经典计算机无法胜任的。

2016 年中国首次在实现十光子纠缠操纵的基础上,利用高品质量子点单光子源构建了世界首台单光子量子计算机。2018 年首款国产量子计算机控制系统"OriginQ Quantum AIO"在合肥诞生。2019 年 IBM 宣布推出世界上第一台商用的集成量子计算系统"IBM Q System One"。2021 年合肥本源量子科技公司,发布具有自主知识产权的量子计算机操作系统"本源司南"。

迄今为止,世界上还没有真正意义上的量子计算机。但是,世界各地的许多实验室正在以巨大的热情追寻着这个梦想。如何实现量子计算,现有方案并不少,问题是在实验上实现对微观量子态的操纵确实存在很大的困难。目前已经提出的方案主要利用了原子和光腔相互作用、冷阱束缚离子、电子或核自旋共振、量子点操纵、超导量子干涉等。

2. 光计算机

光计算机即全光数字计算机，由光代替电子或电流，实现高速处理大容量信息的计算机。光计算机采用光束代替电子进行计算和存储；它以不同波长的光代表不同的数据，以大量的透镜、棱镜和反射镜将数据从一个芯片传送到另一个芯片。与电子计算机相比，光计算机的"无导线计算机"信息传递平行通道密度极大。光的并行、高速，天然地决定了光计算机的并行处理能力很强，具有超高速运算速度。超高速电子计算机只能在低温下工作，而光计算机在室温下即可开展工作。光计算机还具有与人脑相似的容错性。系统中某一元件损坏或出错时，并不影响最终的计算结果。目前光计算机尚处于研制阶段。

3. 生物计算机

生物计算机也称仿生计算机，主要原材料是生物工程技术产生的蛋白质分子，并以此作为生物芯片来替代半导体硅片，利用有机化合物存储数据。信息以波的形式传播，当波沿着蛋白质分子链传播时，会引起蛋白质分子链中单键、双键结构顺序的变化。运算速度要比当今最新一代计算机快 10 万倍，它具有很强的抗电磁干扰能力，并能彻底消除电路间的干扰。能量消耗仅相当于普通计算机的十亿分之一，且具有巨大的存储能力。生物计算机具有生物体的一些特点，如能发挥生物本身的调节机能，自动修复芯片上发生的故障，还能模仿人脑的机制等。生物计算机虽然已经取得了突破性进展，但目前还处在理论研究和应用探索阶段。

1.2 数制之间的转换

计算机所处理的信息必须经过信息数字化处理，也就是说日常使用的数据、文字符号和图形等各种信息都必须经过编码以后，才能成为计算机中可识别的和处理的数字信号。因此，计算机采用哪种数字系统，如何表示数据，将直接影响计算机的性能和结构。

1.2.1 数制

在生产实践和日常生活中，有多种表示数的方法，这些数的表示规则称为数制，其中按照进位方式计数的数制叫作进位计数制。例如，常用的十进制；钟表计时使用的 1 小时等于 60 分钟的六十进制；计算机中使用的二进制等。

1. 进位计数制的定义

用数字符号排列，由低位向高位进位计数的方法称作进位计数制。一种进位计数制包含基数、位权和数码按位权展开表达式。

（1）基数

一种计数制所使用的数字符号的个数称为该数制的基数（radix），用 R 表示。

- 十进制（Decimal）：任意一个十进制数可用 0、1、2、3、4、5、6、7、8、9 共 10 个数字符号表示，基数 $R=10$。
- 二进制（Binary）：任意一个二进制数可用 0、1 共 2 个数字符号表示，其基数 $R=2$。
- 八进制（Octal）：任意一个八进制数可用 0、1、2、3、4、5、6、7 共 8 个数字符号表示，基数 $R=8$。

● 十六进制（Hexadecimal）：任意一个十六进制数可用 0、1、2、3、4、5、6、7、8、9、A、B、C、D、E、F 共 16 个数字符号表示，基数 $R=16$。

为区分不同进制的数，约定对于任意 R 进制的数 N，记作 $(N)_R$。如 $(1010)_2$、$(703)_8$、$(AE05)_{16}$ 分别表示二进制数 1010、八进制数 703 和十六进制数 AE05。不用括号及下标的数，默认为十进制数，如 256。人们也习惯在一个数后面加上字母 D（十进制）、B（二进制）、O（八进制）和 H（十六进制）来表示其前面的数是哪种进制，如 1010B 表示二进制数 1010，AE05H 表示十六进制数 AE05。

对于任意一个数，可用不同的进制来表示。例如，十进制数 106，可以用二进制表示为 $(1101010)_2$，也可以用八进制表示为 $(152)_8$，它们所代表的数值都是一样的。

（2）位权

任何一个 R 进制的数都是由一串数码表示的，其中每一位数码所表示的实际值的大小，等于该数码本身的值乘以一个与它所在位置有关的常数，这个常数就称为位权。位权用基数 R 的 i 次幂表示。对于 R 进制，小数点左第 1 位的位权为 R^0，小数点左第 2 位的位权为 R^1，小数点右第 1 位的位权为 R^{-1}，小数点右第 2 位的位权为 R^{-2}，以此类推。显然对于任一 R 进制数，都是其最右边数码的位权最小，最左边数码的位权最大。

（3）数码按位权展开

任意 R 进制数的值都可表示为：各数码本身的值与其所在位置位权的乘积之和。例如

● 十进制数 1010 按位权展开式为

$$1010 = 1 \times 10^3 + 0 \times 10^2 + 1 \times 10^1 + 0 \times 10^0$$

● 二进制数 1010 按位权展开式为

$$(1010)_2 = 1 \times 2^3 + 0 \times 2^2 + 1 \times 2^1 + 0 \times 2^0$$

● 八进制数 1010 按位权展开式为

$$(1010)_8 = 1 \times 8^3 + 0 \times 8^2 + 1 \times 8^1 + 0 \times 8^0$$

● 十六进制数 1010 按位权展开式为

$$(1010)_{16} = 1 \times 16^3 + 0 \times 16^2 + 1 \times 16^1 + 0 \times 16^0$$

2. 常用的进位计数制

任意 R 进制计数制，基数为 R，每位数码满 R 向高位进一，即"逢 R 进一"。

（1）十进制

十进制基数为 10，运算规律逢十进一，位权为 10^i，其中 i 为自然数。

人类自发采用的进位制中，十进制是使用最为普遍的一种。数值本身是一个数学上的抽象概念。成语"屈指可数"某种意义上来说描述了一个简单计数的场景，而原始人类在需要计数的时候，首先想到的就是利用天然的算筹——手指来进行计数。经过长期的演化，系统简便、功能全面的十进制计数法成为人类文化中主流的计数方法。盘中放了十个苹果，通过数苹果抽象出来"十"这一数值，它在人类的脑海中就以"10"这一十进制编码的形式存放和显示，而不是其他的形式。从这一角度来说，十进制编码几乎就是数值本身。

（2）二进制

二进制基数为 2，运算规律是逢二进一，位权为 2^i，其中 i 为整数。二进制数的加法和乘法基本运算法则各有 3 条，见表 1-2。

表 1-2　二进制数的加法和乘法基本运算法则

a) 二进制数加法运算法则	b) 二进制数乘法运算法则
$0+0=0$	$0 \times 0 = 0$
$0+1=1+0=1$	$0 \times 1 = 1 \times 0 = 0$
$1+1=10$（有进位）	$1 \times 1 = 1$

（3）八进制

八进制基数为8，运算规律是逢八进一，位权为8^i，其中i为自然数。

（4）十六进制

十六进制基数为16，运算规律是逢十六进一，位权为16^i，其中i为自然数。

二进制、八进制、十六进制和十进制都是计算机中常见的数制，所以在一定数值范围内直接写出它们之间的对应表示，也会经常遇到。表1-3列出了0~16这17个十进制数与其他3种数制的对应关系。

表 1-3　各数制之间对应关系

十进制	二进制	八进制	十六进制
0	0	0	0
1	1	1	1
2	10	2	2
3	11	3	3
4	100	4	4
5	101	5	5
6	110	6	6
7	111	7	7
8	1000	10	8
9	1001	11	9
10	1010	12	A
11	1011	13	B
12	1100	14	C
13	1101	15	D
14	1110	16	E
15	1111	17	F
16	10000	20	10

1.2.2　各类数制之间的转换

1. 非十进制转换成十进制

二进制整数转换为十进制，通常采用按权求和法，把二进制数按位权形式展开多项式和的形式，求其最后的和，就是其对应的十进制数。

例如将非十进制转换成十进制：

（1）二进制数 1011.11 转换为十进制数。

$$(1011.11)_2 = 1\times2^3 + 0\times2^2 + 1\times2^1 + 1\times2^0 + 1\times2^{-1} + 1\times2^{-2} = 11.75$$

（2）八进制数 1010 转换为十进制数。

$$(1010)_8 = 1\times8^3 + 0\times8^2 + 1\times8^1 + 0\times8^0 = 520$$

（3）十六进制数 BAD 转换为十进制数。

$$(BAD)_{16} = 11\times16^2 + 10\times16^1 + 13\times16^0 = 2989$$

2. 十进制转换成二进制

十进制数转换成二进制数，须将整数部分和小数部分分别转换。

（1）整数转换：除 2 取余法

规则：用 2 去除给出的十进制数的整数部分，取其余数作为转换后的二进制数据的整数部分最低位数字；再用 2 去除所得的商，取其余数作为转换后的二进制数据的高一位数字；重复执行第二个操作，一直到商为 0 结束，逆序排列余数即可得到。

（2）小数转换：乘 2 取整法

规则：用 2 去乘给出的十进制数的小数部分，取乘积的整数部分作为转换后二进制小数点后第一位数字；再用 2 去乘上一步乘积的小数部分，然后取新乘积的整数部分作为转换后二进制小数的低一位数字；重复第二个操作，一直到乘积为 0，或已得到要求精度数位为止，顺序排列余数即可得到。

例如，将十进制数 106.625 转换为二进制数，精确到小数点后 3 位。

首先通过除 2 取余法将十进制整数部分 106 转换为二进制。

```
2 | 106  … 0
2 | 53   … 1
2 | 26   … 0
2 | 13   … 1
2 | 6    … 0
2 | 3    … 1
2 | 1    … 1
    0
```

所以 $106 = (1101010)_2$。

再通过乘 2 取整法将十进制小数部分 0.625 转换为二进制。

$$0.625 \times 2 = 1.25 \quad \cdots \quad 1$$
$$0.25 \times 2 = 0.5 \quad \cdots \quad 0$$
$$0.5 \times 2 = 1 \quad \cdots \quad 1$$

所以 $0.625 = (0.101)_2$。

综合整数与小数部分，$106.625 = (1101010.101)_2$。

上述将十进制数转换成二进制数的方法，同样适用于十进制与八进制、十进制与十六进制之间的转换，只是使用的基数不同。

3. 二进制与八进制或十六进制数间的转换

用二进制数编码，存在这样一个规律：n 位二进制数最多能表示 2^n 种状态，分别对应 0，1，2，3，…，2^{n-1}。可见，用 3 位二进制数就可对应表示 1 位八进制数。同样用 4 位二进制数就可对应表示 1 位十六进制数。对应关系见表 1-3。

（1）二进制数转换成八进制数

将一个二进制数转换成八进制数，规则如下：

将整数部分从右向左按每 3 位一组划分，不足 3 位的组以 0 补足，再用一个等值的八进制数字替换即可。将小数部分从左向右按每 3 位一组划分，不足 3 位的组以 0 补足，再用一个等值的八进制数字替换即可。

例如，将二进制数 10101011.1011 转换成八进制数。

$$\underbrace{010}_{2}\ \underbrace{101}_{5}\ \underbrace{011}_{3}.\ \underbrace{101}_{5}\ \underbrace{100}_{4}$$

综上所述，$(10101011.1011)_2 = (253.54)_8$。

（2）八进制数转换成二进制数

将八进制数转换成二进制数，其方法与二进制数转换成八进制数相反，即将每一位八进制数用等值的 3 位二进制数表示即可。

例如，将八进制数 477.563 转换成二进制数。

$$\underbrace{4}_{100}\ \underbrace{7}_{111}\ \underbrace{7}_{111}.\ \underbrace{5}_{101}\ \underbrace{6}_{110}\ \underbrace{3}_{011}$$

综上所述，$(477.563)_8 = (100111111.101110011)_2$。

（3）二进制数转换成十六进制数

将一个二进制数转换成十六进制数，规则如下：

将整数部分从右向左按每 4 位一组划分，不足 4 位的组以 0 补足，再用一个等值的十六进制数字替换即可。将小数部分从左向右按每 4 位一组划分，不足 4 位的组以 0 补足，再用一个等值的十六进制数字替换即可。

例如，将二进制数 10101011.0011 转换成十六进制数。

$$\underbrace{1010}_{A}\ \underbrace{1011}_{B}.\ \underbrace{0011}_{3}$$

综上所述，$(10101011.0011)_2 = (AB.3)_{16}$。

（4）十六进制数转换成二进制数

将十六进制数转换成二进制数，其方法与二进制数转换成十六进制数相反，即将每一位十六进制数用等值的 4 位二进制数表示即可。

例如，将十六进制数 4AF.5C 转换成二进制数。

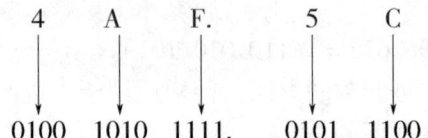

综上所述，(4AF.5C)$_{16}$ = (10010101111.010111)$_2$。

十进制转换成八进制或十六进制，通常可以借助二进制作为桥梁完成。

1.2.3 计算机与二进制

计算机最常见的二进制系统只有两个数——"0"和"1"。不论指令还是数据，若要存入计算机中，都必须采用二进制编码形式。即便是多媒体信息，如声音、图形等，也必须转换成二进制编码的形式，才能存入计算机。为什么计算机不使用人们都非常熟悉的十进制，而选用看起来更麻烦的二进制来存储数据呢？

1. 二进制的优势

计算机选取二进制来存储数据，是因为二进制具有以下优势：

（1）易于物理实现

因为具有两种稳定状态的物理器件是很多的，如门电路的导通与截止、电压的高与低，而它们恰好对应表示"1"和"0"两个符号。假如采用十进制，就需要制造具有十种稳定状态的物理电路，那就非常困难了。

（2）运算简单

数学推导证明，对 R 进制的算术求和、求积规则各有 $\dfrac{R(R+1)}{2}$ 种。如采用十进制，就有 55 种求和与求积的运算规则；而二进制仅各有 3 种，因而简化了运算器等物理器件的设计。

（3）可靠性高

由于电压的高低、电流的有无等都是质的变化，两种状态分明，所以二进制码的传递抗干扰能力强，鉴别信息的可靠性高。

（4）通用性强

二进制码不仅成功地运用于数值信息编码，而且适用于各种非数值信息的数字化编码。特别是仅有的二个符号"0"和"1"正好与逻辑命题的两个值"真"与"假"相对应，从而为计算机实现逻辑运算和逻辑判断提供了方便。计算机存储器中存储的都是"0"和"1"组成的信息，但它们分别代表各自不同的含义，有的表示机器指令，有的表示二进制数据，有的表示英文字母，有的则表示汉字，还有的可能是色彩和声音。存储在计算机中的信息采用了各自不同的编码方案，就是同一类型的信息也可以采用不同的编码形式。

2. 二进制的信息表示

最简单的数字系统，就只剩下"0"一个数字符号了，但是只有一个数字符号"0"的数字系统，几乎什么工作都无法完成。信息是多种多样的，如文字、数字、图像、声音乃至各种仪器输出的电信号等。各种各样的信息都可以在计算机内存储和处理，而机内表示它们的方法只有一个，就是采用基于符号"0"和"1"的数字化信息编码。虽然计算机内部均用二进制数来表示各种信息，但计算机与外部交往仍采用人们熟悉和便于阅读的形式，如十进制数据、文字显示以及图形描述等。计算机外部的信息，需要经某种转换变为二进制编码信息后，才能被计算机主机所接收；同样，计算机内部信息也必须经转换后才能恢复信息的"本来面目"。这种转换通常是由计算机的输入输出设备来实现的，有时还需要软件来参与这种转换过程。

例如最常用的键盘，就是人与计算机交换信息的外部设备，它主要用于人与机器之间传递字符数据。当一个程序要求用户在键盘上输入一个十进制数"10"时,这个数值信息怎样传递给程序呢?

1)用户在键盘上先后按下"1"和"0"两个键。

2)键盘的编码电路依次接收到这两个键的状态变化,并先后产生对应于"1"和"0"对应的字符数据,送往内存。

3)键盘接口程序一方面将接收到的字符数据回送给显示器(这样,当用户敲入"1"时,显示器屏幕上就显示出"1"),另一方面将它们依次传给有关程序。

4)程序根据数据类型的定义,将这两个字符数据转换成相应十进制数的二进制表示(00001010)。

3. 信息的存储单位

在计算机内部,信息采用二进制的形式进行存储、运算、处理和传输。信息的基本存储的单位有:位(bit,b)、字节(Byte,B)和字(Word),如图1-7所示。

(1)位

位是计算机中最小的信息单位,1个二进制代码称为一位,记为 bit,简记为 b。

(2)字节

字节是计算机中最小基本存储单位。以 8 位二进制代码为一个字节,记为 Byte,简记为 B。各种信息在计算机中存储、处理至少需要一个字节。

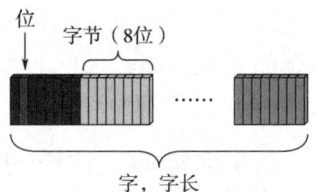

图1-7 信息存储单位

(3)字

计算机在存储、传送或操作时,作为一个单元的一组二进制码称为字。一个字中的二进制位的位数称为字长,字的长度是不固定的。

在计算机各种存储介质(例如内存、硬盘和光盘等)的存储容量表示中,常用的存储单位不是位、字节和字,而是千字节(KiloByte,KB)、兆字节(MegaByte,MB)、吉字节(GigaByte,GB)、太字节(TeraByte,TB),拍字节(PetaByte,PB)等基于字节换算的存储单位。存储单位之间的换算关系是:

1KB = 1024B = 2^{10}B

1MB = 1024KB = 2^{10}KB = 2^{20}B

1GB = 1024MB = 2^{10}MB = 2^{20}KB = 2^{30}B

1TB = 1024GB = 2^{10}GB = 2^{20}MB = 2^{30}KB = 2^{40}B

1PB = 1024TB = 2^{10}TB = 2^{20}GB = 2^{30}MB = 2^{40}KB = 2^{50}B

1.3 计算机的工作原理

1946 年,美籍匈牙利科学家冯·诺依曼,如图 1-8 所示,提出了程序存储式电子数字自动计算机的方案,并确定了计算机体系结构的 5 个基本部件:运算器(Arithmetic Unit)、控制器(Control Unit)、存储器(Memory)、输入设备(Input Device)和输出设备(Output Device)。这种结构的计算机称为冯·诺依曼结构计算机,从

图1-8 冯·诺依曼

第一代计算机到第四代计算机,一直没有突破这种冯·诺依曼的体系结构。

冯·诺依曼体系结构的计算机可根据预定的安排,自动进行数据的快速计算和加工处理。预定的安排通过一连串指令(操作者的命令)来表达,这个指令序列就称为程序。一个指令规定计算机执行一个基本操作。一个程序规定计算机完成一个完整的任务。一种计算机所能识别的一组不同指令的集合,称为该种计算机的指令集合或指令系统。

冯·诺依曼的思想可概括为3点:

(1) 采用二进制形式表示数据和指令

指令是人对计算机发出的用来完成一个最基本操作的工作命令,是由计算机硬件来执行的。指令和数据在代码的外形上并无区别,都是由1和0组成的代码序列,只是各自约定的含义不同。采用二进制,使信息数字化容易实现,并可以用二值逻辑元件进行表示和处理。

(2) 采用存储程序方式

"存储程序"是冯·诺依曼思想的核心内容。程序是为解决某一实际问题而写出的有序的指令的集合,设计及书写程序的过程称为程序设计。存储程序方式意味着事先编制程序并将程序(包含指令和数据)存入主存储器中,计算机在运行程序时就能自动地、连续地从存储器中依次取出指令并执行。计算机的工作体现为执行程序,计算机功能的扩展很大程度上体现为所存程序的扩展。可以这样概括冯·诺依曼型计算机的特点:"存储程序并按地址顺序执行。"

(3) 冯·诺依曼计算机硬件的组成

硬件指肉眼看得见的机器部件,是计算机工作的物质基础。冯·诺依曼计算机的5个基本硬件包括:运算器、控制器、存储器、输入设备和输出设备,其体系结构如图1-9所示。

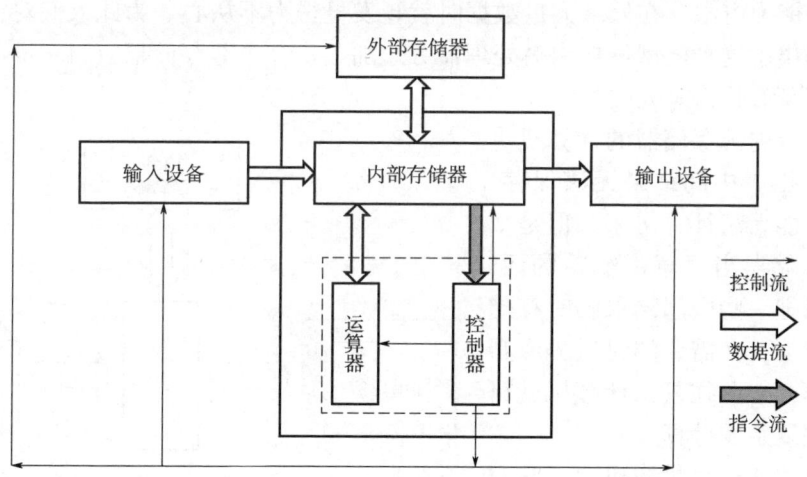

图1-9 冯·诺依曼体系结构

运算器是计算机的核心部件,对信息进行加工和处理,其速度几乎决定了计算机的计算速度。运算器由算术逻辑单元、累加器、状态寄存器、通用寄存器组等组成。算术逻辑运算单元的基本功能为四则运算、逻辑操作和移位求补等操作。计算机运行时,运算器的操作和操作种类由控制器决定。运算器处理的数据来自存储器;处理后的结果数据通常送回存储器,或暂时寄存在运算器中。

控制器是计算机的指挥系统,可控制计算机的全部动作。控制器一般由指令寄存器、指令译码器、时序节拍发生器、程序计数器和操作控制电路等组成,基本功能就是从存储器中取指令、分析指令和执行指令等操作。

通常将运算器和控制器合称为中央处理器(Central Processing Unit,CPU),它是整个计算机的核心部件,是计算机的"大脑"。

存储器是计算机的记忆装置,其基本功能是存储二进制形式的数据和程序,所以存储器应该具备存数据和取数据的功能。存数据是指往存储器里"写入"数据;取数据则是指从存储器里"读出"数据。读/写操作统称为对存储器的访问。

输入设备是从计算机外部向内部传送信息的装置。其功能是将数据、程序及其他信息,从人们熟悉的形式转换为计算机能够识别和处理的形式输入到计算机内部。

输出设备是将计算机的处理结果传送到计算机外部供计算机用户使用的装置。其功能是将计算机内部二进制形式的数据信息转换成人们所需要的或其他设备能接受和识别的信息形式。

按照冯·诺依曼存储程序的原理,CPU从内存中取出指令送到指令寄存器中,同时使程序计数器指向下一条指令的地址。将保存在指令寄存器中的指令进行译码,判断该条指令将要完成操作,产生完成该操作的控制信号,并完成该指令的相应操作。

在最初设计计算机时采用这样一个模型:通过输入设备把需要处理的信息输入计算机,计算机通过中央处理器把信息加工后,再通过输出设备把处理后的结果告诉给人们,如图1-10所示。

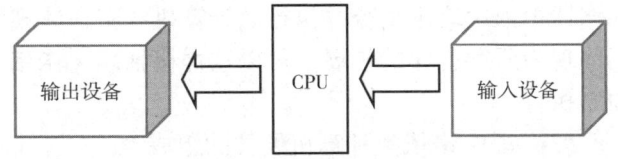

图1-10 计算机设计模型演变(一)

随着计算机的使用,人们发现上述模型的计算机能力有限,在处理大量数据时就越发显得力不从心。为此人们对计算机模型进行了改进,提出了这种模型:在中央处理器旁边加了一个内部存储器(Memory),如图1-11所示。这种模型有什么好处呢?

让一个没有内部存储器的计算机进行复杂运算,由于中间结果无法保存,最终结果很可能无法计算出来。但是如果增加内部存储器当"草稿纸"的话,计算机就可以把一些中间结果临时存储到内部存储器上,在需要的时候提取帮助下一步运算,如此往复,计算机就可以完成很多很复杂的计算。

内部存储器在计算机主机内,它直接与运算器、控制器交换信息,容量虽

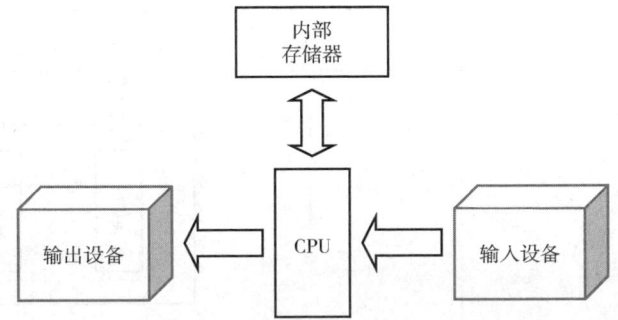

图1-11 计算机设计模型演变(二)

小,但存取速度快,一般只存放正在运行的程序和待处理的数据。但是内部存储器存在易失性,断电之后,内部存储器中存储的数据也都会消失。为了扩大内部存储器的容量并长期存储数据,引入了外部存储器(Storage),如图1-12所示。外部存储器作为内部存储器的延伸和后援、间接和联系,用来存放一些系统必须使用,但又不急于使用的程序和数据,不过外部存储器中保存的程序和数据都必须调入内部存储器方可执行。外部存储器存取速度慢,但存储容量大,可以长时间地保存大量信息。

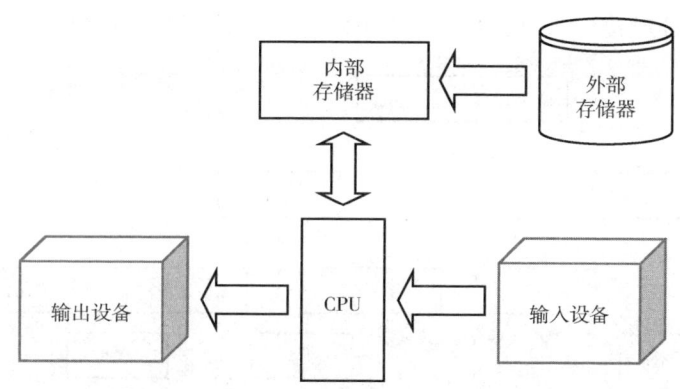

图 1-12　计算机设计模型演变（三）

按照冯·诺依曼存储程序的原理，计算机具体工作步骤如下：

第一步：将程序和数据通过输入设备送入内存储器。

第二步：启动运行后，计算机从内存储器中取出程序指令送到控制器去识别，并分析该指令要做什么事。

第三步：控制器根据指令的含义发出相应的命令，如加法、减法。然后根据指令的计算需求从存储器获取数据，送往运算器进行运算，再把运算结果送回指定的存储器单元中。

第四步：当运算任务完成后，根据指令将结果通过输出设备输出。

1.4　计算机的硬件系统

硬件（Hardware）是计算机硬件的简称，是指计算机系统中由电子、机械和光电元件等组成的各种物理装置的总称。这些物理装置按系统结构的要求构成一个有机整体，为计算机软件运行提供物质基础。

1.4.1　认识计算机硬件

微型计算机硬件的组成部分包括：主机和外部设备，如图 1-13 所示。主机是微型计算机的核心部分，微型计算机的主要性能指标主要是由主机决定。传统的主机只包括 CPU 和内部存储器（内存）。外部设备是指输入设备、输出设备和外部存储器，外部设备是计算机系统中的重要组成部分，起到信息传输、转入和存储的作用。

从外观上来看，微型计算机由主机箱和外部设备组成。主机箱是指计算机硬件系统中用于放置主板及其他主要部件的容器。通常包括主板、CPU、存储器、硬盘、总线、输入/输出设备和输入/输出接口，如 USB 控制器、显卡、网卡和声卡等。

下面分别介绍微型计算机的主要硬件设备。

1. 主板

主板（Mainboard），是位于主机箱底部的一块大型印刷电路板，是主机内其他部件（如 CPU、内存等）的载体，也是输入、输出设备与主机交互的桥梁，如图 1-14 所示。主板对于微型计算机就好像房子的结构对于房子一样重要。一块好的主板，不但速度快、耐用，更有利于系统的扩充与升级。主板包括：CPU 插槽、内存插槽、总线扩展槽、芯片组、BIOS

芯片、硬盘接口、外设接口、电源接口、CMOS 电池、控制指示接口。

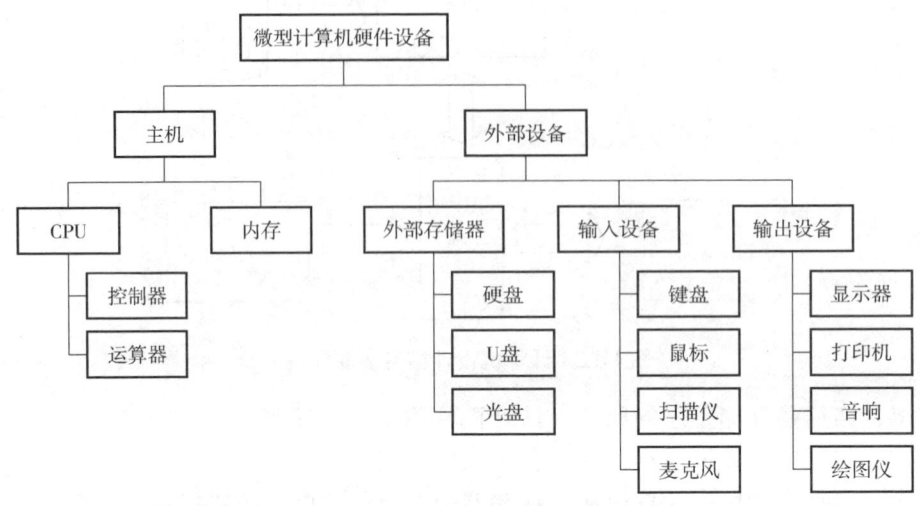

图 1-13　微型计算机硬件设备组成

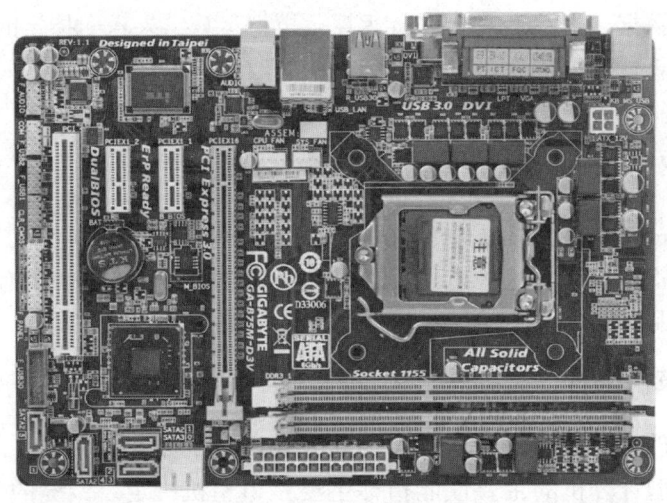

图 1-14　主板示意图

2. 中央处理器

中央处理器是计算机的控制中心，完成计算机的所有指令及数据的运行，安装在主板上，如图 1-15 所示。由于 CPU 被集成在一个半导体芯片上，故又称为微处理器。CPU 由运算器和控制器构成。在计算机体系结构中，CPU 是对计算机的所有硬件资源（如存储器、输入输出设备）进行控制调配、执行通用运算的核心硬件单元。CPU 是计算机的运算和控制核心。计算机系统中所有软件层的操作，最终都将通过指令集映射为 CPU 的操作。

图 1-15　中央处理器示意图

3. 存储器

存储器是计算机的记忆部件，用来存放数据、程序和计算结果。微型计算机的存储器分为 3 种，即高速缓冲存储器、内部存储器和外部存储器。

（1）高速缓冲存储器

高速缓冲存储器（Cache），容量较小，通常被集成在 CPU 内部或附近，它与运算和控制部件距离较近，工作过程完全由硬件电路控制，因此数据的存取速度很快，一般速度高出内存数倍。在计算机运行过程中，高速缓冲存储器用来存放当前正在执行的程序（段）或正在处理的数据。

（2）内部存储器

内部存储器，简称内存，又叫主存储器，由半导体芯片构成。内存容量小，速度快，与 CPU 直接连接。它是计算机运算过程中主要使用的存储器，是计算机主机的一个部分。内存容量从几 G 字节到几十 G 字节，如 4GB、8GB 和 16GB 等。

内存包括只读存储器（Read Only Memory，ROM）和随机存取存储器（Random Access Memory，RAM）两部分，如图 1-16 所示。"ROM"中存放着计算机运行必要的程序，关机后不会丢失。"ROM"在计算机工作时只能读出（取），不能写入（存）。"RAM"提供系统程序和用户程序的运行空间，关机后存储的内容自动消失。

图 1-16　内部存储器示意图

（3）外部存储器

外部存储器简称外存，也称为辅助存储器，由磁性材料或反光材料制成，可长久存放大量的程序和数据。外存容量大，价格低，存取速度慢，用于存放暂时不用的或需长期保存的程序和数据，作为主存储器的后援存储器。外存不能直接与 CPU 或输入输出设备进行数据交换，只能和内存交换数据。常见的外存有光盘、U 盘、硬盘和移动硬盘等。其中 U 盘又称为闪存盘，如图 1-17a 所示，是一种使用 USB

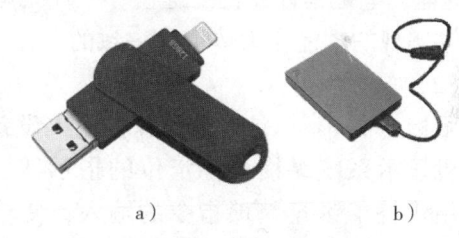

图 1-17　U 盘和移动硬盘
a）U 盘　b）移动硬盘

接口的无需物理驱动器的微型高容量移动存储产品，通过 USB 接口与计算机连接，实现即插即用。移动硬盘，如图 1-17b 所示，其特点是容量大，单位存储成本低、速度快、兼容性好、即插即用，并具有良好的抗震性能。

4. 总线

总线（Bus）是计算机各种功能部件之间传送信息的公共通信干线，它是由导线组成的传输线束，按照计算机所传输的信息种类，总线划分为数据总线、地址总线和控制总线，分别用来传输数据、地址和控制信号。总线是一种内部结构，它是 CPU、内存、输入输出设备传递信息的公用通道，主机的各个部件通过总线相连接，外部设备通过相应的接口电路再与总线相连接，从而形成了计算机硬件系统。

5. I/O 接口

接口是指设备与计算机或与其他设备连接的端口，是一组电气连接和信号交换标准。CPU 与外部设备、存储器的连接和数据交换都需要通过接口设备来实现。CPU 与外部设备的接口称为输入/输出接口（Input/Output interface），与存储器的接口称为存储器接口。习惯上提到的接口特指 I/O 接口。这些 I/O 接口一般制作成电路板的形式，通常把它们称为适配器，显示适配器简称显卡，网络适配器简称网卡等。

系统中所选接口的标准和种类，直接影响着系统连接外设的能力和与外设间信息交换的速度。从其传送信息的方式上，可分为串行接口和并行接口。主板上提供 COM1 和 COM2 两个串行接口；LPT1 和 LPT2 两个并行接口；以及多种总线类型接口，如 PCI 和 AGP 等；供插入相应的功能卡，如显卡、声卡和网卡等。

6. 输入设备

输入设备用于向计算机输入程序和数据，它将数据从人们习惯的形式转换成计算机的内部二进制代码放在内存中。常见的输入设备有键盘、鼠标、扫描仪、麦克风等。

（1）键盘

键盘（Keyboard）是人机对话的最基本的设备，用户用它来输入数据、命令和程序，常见键盘如图 1-18 所示。键盘内部有专门的控制电路，当按下键盘的某一个按键时，键盘内部控制电路就会产生一个相应的二进制代码，并将此代码输入到计算机内部。键盘分为普通

图 1-18　常见键盘

104 键盘、笔记本计算机的键盘、人体工程学键盘和适合上网的 Internet 键盘，不过各种键盘能够实现的功能在大体上是一致的。

（2）鼠标

鼠标（Mouse）是一种计算机输入设备，是计算机显示系统纵横坐标定位的指示器。鼠标的使用代替了键盘繁琐指令的输入，使计算机的操作更简单直观。常用的鼠标有机械式鼠标和光电式鼠标两种，两者在控制鼠标指针移动的原理上有所不同。机械式鼠标可在任何光滑的表面上，通过内部橡胶球的滚动，带动两侧的转轮，改变光标的位置，如图 1-19a 所示。光

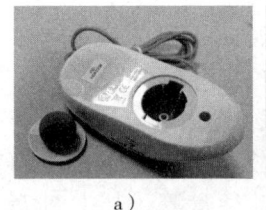 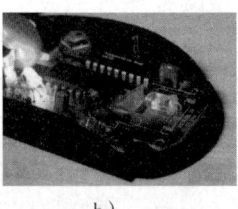

a)　　　　　　　　b)

图 1-19　常见鼠标
a) 机械式鼠标　b) 光电式鼠标

电式鼠标通过光的反射来确定鼠标的位置，内部有红外线的发射和接收装置，如图 1-19b 所示。最早的光电式鼠标需要在预先印制的鼠标垫表面上才能检测到鼠标的运动，现在的光电式鼠标能适应大多数物体表面。但如果在透明的表面（如玻璃镜面）上使用光电式鼠标，就不能检测到鼠标的运动。鼠标的分辨率单位是 DPI（Dot Per Inch），指鼠标每移动一英寸，鼠标指针在屏幕上移动的点数。通常情况下，传统机械式鼠标的扫描精度都在 200DPI 以下，而光电式鼠标则能达到 5000 DPI 甚至 12000DPI，因此光电式鼠标在目前使用更为普遍。

(3) 扫描仪

扫描仪，可将纸上的图像输入到计算机，以便于在计算机内进行处理，如图 1-20 所示。扫描分辨率（Scan resolution）指扫描对象每英寸可被表示成的点数。扫描分辨率是衡量扫描仪性能的重要指标，通常使用 DPI 作为扫描仪的解析度单位，数值越高表示分辨率越高。一般扫描仪的分辨率在 300DPI 到 2400DPI 之间。

图 1-20　扫描仪

7. 输出设备

输出设备用来将计算机处理结果从存储器中输出，将计算机内的二进制形式的数据转换成人们习惯的文字、图形和声音等形式。常见的输出设备有显示器、打印机、绘图仪等。

(1) 显示器

显示器，是计算机系统最重要的也是必不可少的输出设备，是实现人机对话的重要工具，如图 1-21 所示。显示器可以显示键盘输入的信息，也可以将计算机处理的结果或一些提示信息以文字或图形的形式显示出来。目前显示器主要是液晶显示器（Liquid Crystal Display，LCD）。

LCD 显示器是平面超薄的显示设备，它由一定数量的彩色或黑白像素组成，放置于光源或者反射面前方。液晶显示器功耗很低，它的主要原理是以电流刺激液晶分子产生点、线、面配合背部灯管构成画面。

图 1-21　LCD 显示器

显示器的主要技术参数如下：

- 屏幕尺寸：显示器对角线尺寸。常见主要有 15、17、19、20 和 24 英寸等规格。
- 点距：屏幕上像素点间的距离。现有的规格 0.20、0.25、0.26、0.28 和 0.31 毫米等。
- 显示分辨率：横纵方向上的像素点。常见的显示分辨率为 1920×1080，2560×1440，4096×2160 等。屏幕尺寸一样的情况下，分辨率越高，显示效果就越精细和细腻。
- 刷新频率：每秒钟屏幕画面更新的次数。从六十赫兹到几百赫兹不等，刷新频率越高，屏幕上图像闪烁感就越小，稳定性也就越高。

(2) 打印机

打印机是计算机系统另一重要输出设备。它提供了将计算机中的文字、图形等信息输出到纸张上的功能。目前，常见的打印机可分为针式打印机、喷墨打印机和激光打印机，如图 1-22 所示。

针式打印机，通过打印头中的 24 根针击打色带，从而形成字体，如图 1-22a 所示。针式打印机的特点是：打印速度慢、效果较差、噪声大，但使用的成本低。喷墨打印机常采用连续式喷墨技术，如图 1-22b 所示。喷墨打印机的特点是：打印速度较慢、效果一般、噪声小，打印机价格低，但墨盒的价格高，所以使用的成本较高。激光打印机是将激光扫描技术和电子照相技术相结合的打印输出设备，如图 1-22c 所示。激光打印机的基本工作原理是由计算机传来的二进制数据信息，通过视频控制器转换成视频信号，再由视频接口/控制系统把视频信号转换为激光驱动信号，由激光扫描系统产生载有字符信息的激光束，最后由电子照相系统使激光束成像并转印到纸上。激光打印机的特点是：打印速度快、效果好、噪声低，而且使用成本低，但打印机价格较贵。

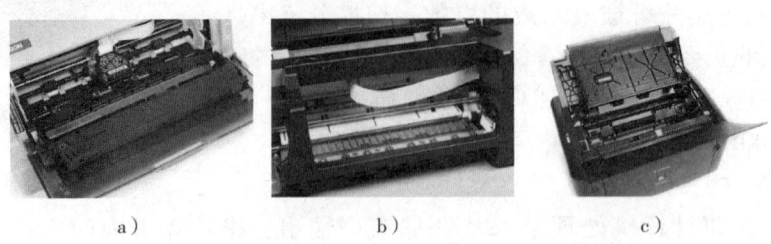

图 1-22　常见打印机
a）针式打印机　b）喷墨打印机　c）激光打印机

1.4.2　计算机的性能指标

一台微型计算机功能的强弱或性能的好坏，不是由某项指标来决定的，而是由它的系统结构、指令系统、硬件组成和软件配置等多方面的因素综合决定的。一般用以下几个指标来评价计算机的性能。

1. 运算速度

运算速度是衡量计算机性能的一项重要指标。通常所说的计算机运算速度，是指每秒钟所能执行的指令条数，一般用"百万条指令/秒"（Million Instruction Per Second，MIPS）来描述。同一台计算机，执行不同的运算所需时间可能不同，因而对运算速度的描述常采用不同的方法。常用的有 CPU 时钟频率（主频）、每秒平均执行指令数（IPS）等。微型计算机一般采用主频来描述运算速度，例如，Pentium/133 的主频为 133MHz，Pentium Ⅲ/800 的主频为 800MHz，Pentium Ⅳ1.5G 的主频为 1536MHz，酷睿双核 i3 主频提高到 3100MHz，酷睿四核 i7 主频在 3500MHz。一般说来，主频越高，运算速度就越快。

2. 字长

微型计算机可以处理任意大小的数字，但数字越大，微型计算机处理的时间就越长。微型计算机在一次操作中能处理的最大数字由字长确定。字长的长度并不固定，对于不同的 CPU，字长的长度也不同。字长是 CPU 的主要技术指标之一，通常微型计算机的字长为 16 位（早期）、32 位和 64 位等。字长越大，其数据转移越快，允许访问的内存越多。32 位计算机的 CPU 一次最多能处理 32 位数据，目前常见的微型计算机大部分字长为 64 位。

3. 内部存储器的容量

计算机的内存容量通常是指随机存取存储器（RAM）的容量，它的大小反映了计算机即时存储信息的能力。内存容量的上限一般由 CPU 地址总线的宽度决定。随着操作系统的升级，应用软件的不断丰富，计算机内存容量的需求也不断提高。目前，运行 Windows 7 需要 512MB 以上的内存容量，运行 Windows 10 以后的版本则需要 1GB 以上内存。

4. 外部存储器的容量

外部存储器容量通常是指硬盘容量（包括内置硬盘和移动硬盘）。外部存储器容量越大，可存储的信息就越多，可安装的应用软件就越丰富。目前，硬盘的常见容量有 500GB、

1TB、2TB、4TB 等，硬盘技术还在继续向前发展，更大容量的硬盘还将不断推出。

5. 可靠性

计算机系统的可靠性指标通常用"平均无故障时间"（Mean Time Between Failure，MTBF）和"平均维修时间"（Mean Time To Repair，MTTR）来衡量。MTBF 是指系统两次故障之间平均正常运行时间；MTTR 是指从故障出现到排除故障恢复正常运行所需要的全部时间。可靠性评价方法是通过建立可靠性模型和收集大量现场数据，利用概率统计、集合论、矩阵代数等数学分析方法获得系统故障的概率分布，进而得到可靠性指标的平均值和标准偏差。

1.5 计算机的软件系统

计算机软件（Computer Software，CS），简称软件，是指计算机系统中的程序及其文档。其中，程序是计算任务的处理对象和处理规则的描述，必须安装以后才能工作；文档是为了便于了解程序所需的阐明性资料，一般不需要安装就可提供浏览功能。

计算机软件都是用各种计算机语言（也叫程序设计语言）编写的。最底层的叫"机器语言"，它由一些"0"和"1"组成，可以被计算机直接理解，但人就很难理解。上面一层叫"汇编语言"，它只能由计算机的汇编程序翻译成机器语言程序后才能执行。汇编语言虽然可被人理解，但是常用的编程语言是更上一层的高级语言，比如 BASIC、C、Java 和 Python 等。这些语言编写的程序一般都能在不同类型计算机上运行，但必须先由一个叫作编译器或者是解释器的软件将高级语言程序翻译成特定的机器语言程序。

由于机器语言程序是由一些"0"和"1"组成的，它又被称为二进制代码。汇编语言和高级语言程序也被称为源码。在实际工作中，一般来讲，编程人员必须要有源码才能理解和修改一个程序，很多软件厂家只出售二进制代码。现在国际上开始流行一种趋势，即将软件的源码公开，供全世界的编程人员共享，这叫"开放源码运动"，简称"开源"。

计算机软件总体分为系统软件和应用软件两大类，如图 1-23 所示。

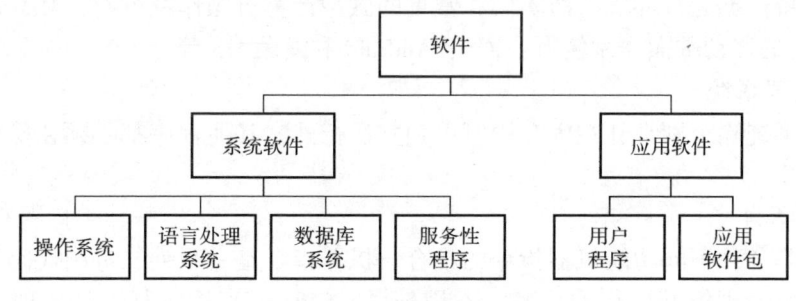

图 1-23　计算机软件分类

1.5.1　系统软件

系统软件负责管理计算机系统中各种独立的硬件，使得它们可以协调工作。系统软件使得计算机使用者和其他软件将计算机当作一个整体而不需要顾及到底层每个硬件是如何工作的。一般来讲，系统软件包括操作系统和一系列基本的工具，如 Windows、Linux 和 UNIX

等，还包括操作系统的补丁程序及硬件驱动程序、编译器、数据库管理、文件系统管理和用户身份验证等方面的工具。

1. 操作系统

操作系统（Operating System，OS）是管理计算机硬件与软件资源的计算机程序。操作系统需要管理与配置内存、决定系统资源供需的优先次序、控制输入设备与输出设备和管理文件系统等基本事务。操作系统也提供一个让用户与系统交互的操作界面。操作系统是直接运行在"裸机"上的最基本的系统软件，任何其他软件都必须在操作系统的支持下才能运行，如图1-24所示。操作系统使计算机系统所有资源最大限度地发挥作用，提供了各种形式的用户界面，使用户有一个好的工作环境，为其他软件的开发提供必要的服务和相应的接口。

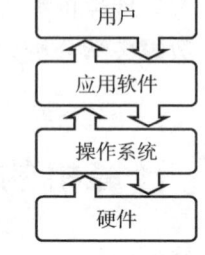

图1-24 操作系统与计算机硬件、软件的层次关系

最初的计算机没有操作系统，人们通过各种按钮来控制计算机，后来出现了汇编语言，操作人员通过有孔的纸带将程序输入计算机进行编译。这些将语言内置的计算机只能由制作人员自己编写程序来运行，不利于程序、设备的共享。为了解决这种问题，就出现了操作系统，这样就很好实现了程序的共用，以及对计算机硬件资源的管理。

操作系统对于计算机可以说是十分重要的，从使用者角度来说，操作系统可以对计算机系统的各项资源板块开展调度工作，其中包括软硬件设备、数据信息等，运用计算机操作系统可以减少人工资源分配的工作强度，使用者对于计算的操作干预程度减少，计算机的智能化工作效率就可以得到很大的提升。其次在资源管理方面，如果由多个用户共同来管理一个计算机系统，那么可能就会有冲突矛盾存在于两个使用者的信息共享当中。为了更加合理地分配计算机的各个资源板块，协调计算机系统的各个组成部分，就需要充分发挥计算机操作系统的职能，对各个资源板块的使用效率和使用程度进行一个最优的调整，使得各个用户的需求都能够得到满足。最后，操作系统在计算机程序的辅助下，可以抽象处理计算机系统资源提供的各项基础职能，以可视化的手段来向使用者展示操作系统功能，减低计算机的使用难度。操作系统依据运行环境有所不同，常见的微型计算机操作系统有：Microsoft Windows、Linux等，常见的移动端操作系统有：iOS、Android和鸿蒙OS等。

2. 语言处理系统

语言处理系统除个别常驻在内存中可以独立运行外，其他程序都必须在操作系统的支持下运行。

（1）机器语言

机器语言是各种不同功能机器指令的集合。机器指令是一系列二进制代码，所以机器语言是计算机能直接理解并执行的语言，不用翻译，CPU可直接执行，是各种计算机语言中运行最快的一种语言。

为了实现程序控制，一条机器指令一般由两部分组成：一部分代码指明计算机应该完成什么任务，如加、减、乘、除等，称为操作码；另一部分则要指出参与操作的数据来自何方，操作结果将去向何处，即指明操作数的地址，称为地址码。机器语言的优点是占有内存少，执行速度快。缺点是面向具体机器，通用性差。直接采用机器语言编制程序，不但编写困难，还要求程序编制者必须深入了解硬件结构。早期的计算机都是使用机器语言来工作的。

（2）汇编语言

机器语言编写的程序既难记，又难懂，同时容易出错。后来，人们提出用某种符号来代替机器语言中难记的指令，如用 SUB（减法）、ADD（加法）等有实际意义的符号来代表对应的操作码。用地址符号代替地址码。用一些简单的英语缩写词、字母和数字符号来代替机器指令，使每条指令都具有明显的特征，便于使用和记忆。这种语言就是汇编语言。

汇编语言是由一组与机器语言指令一一对应的符号指令和简单语法组成的。汇编语言源程序必须经汇编程序翻译成计算机能够识别处理的二进制目标代码程序，再经过连接，形成可执行程序才能运行。汇编语言和机器语言一样，与计算机的硬件密切相关，因此称为"面向机器的语言"。相对于机器语言来说，汇编语言易于为人们所理解，但计算机却不能直接识别汇编语言。

例如，汇编程序为 MASM.EXE，连接程序 LINK.EXE，从汇编语言源程序到可执行文件的转换过程如图 1-25 所示。

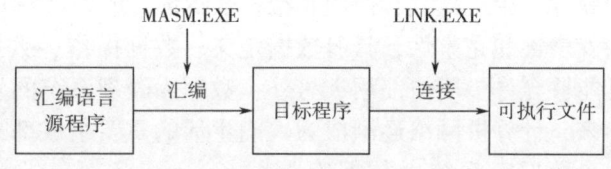

图 1-25　从汇编语言源程序到可执行文件的转换过程

（3）高级语言

高级语言接近日常用语，对机器依赖性低，是适用于各种机器的计算机语言。高级语言已经克服了低级语言在编程与阅读上的不便，与自然语言和数学语言比较接近，编程时不必熟悉指令系统，具有较强的通用性，高级语言又可分为面向过程的语言与面向对象的语言。目前，高级语言已开发出数十种，如 BASIC 语言、C 语言、Java 语言、C++语言和 Python 语言等。

高级语言由语句组成，每一条语句对应着一组机器指令，高级语言不能直接执行，必须经过翻译程序（编译程序或解释程序），译成机器语言才能执行。语言处理系统用于把人们编制的高级语言源程序转换成机器能够解释的机器语言。这个转换过程有两种：解释和编译。

解释程序对高级语言程序逐句解释执行，如图 1-26a 所示。这种方法的特点是程序设计的灵活性大，但程序的运行效率较低。如 Java 语言需先编译为 Java 字节码，再通过 Java 解释器对 Java 字节码进行解释执行。

编译程序把高级语言所写的程序作为一个整体进行处理，编译后与目标程序库连接，形成一个完整的可执行程序，如图 1-26b 所示。这种方法的缺点是编译和连接相对费时，但可执行程序的运行效率较高。C++/C、Delphi 语言等都采用这种编译方法。

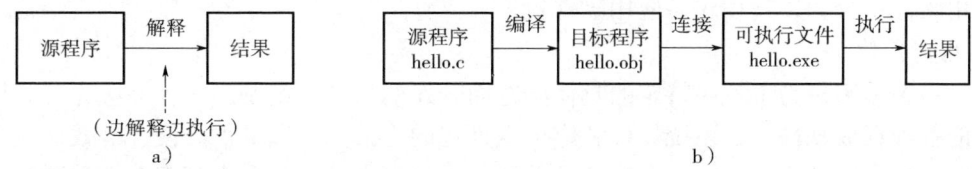

图 1-26　高级语言
a）解释程序示意图　b）编译程序示意图

解释程序和编译程序的区别在于：解释程序在执行程序时，一边将高级语言源程序解释成机器语言，一边执行程序，即边解释边执行；而编译程序首先生成目标程序，把源程序的每一条语句都编译成机器语言，并保存成二进制文件，这样可以直接以机器语言来运行整个程序，执行速度更快。

3. 数据库系统

在信息社会里，社会和生产活动产生更多信息，以至于人工管理难以应付，人们希望借助计算机对信息进行搜集、存储、处理和使用。数据库系统（Database System，DBS）就是在这种需求背景下产生和发展的。

数据库（Database，DB）是指按照一定数据模型存储的数据集合。如学生的成绩信息、工厂仓库物资的信息和医院的病例等都可以分别组成数据库。

数据库管理系统（Database Management System，DBMS）是一种操纵和管理数据库的大型软件，用于建立、使用和维护数据库。它对数据库进行统一的管理和控制，以保证数据库的安全性和完整性，具有数据定义、数据操作、数据存储与管理、数据维护和通信等功能，且能够允许多用户使用。另外，数据库管理系统的发展与计算机技术发展密切相关。而且近年来，计算机网络逐渐成为人们生活的重要组成部分。

数据库系统由数据库、数据库管理系统及相应的应用程序组成，如图1-27所示。数据库不但能存储大量的数据，更重要的是能迅速、自动对数据进行增删、检索、修改、统计、排序和数据挖掘等操作，为人们提供有用的信息。这是传统的文件系统无法做到的。

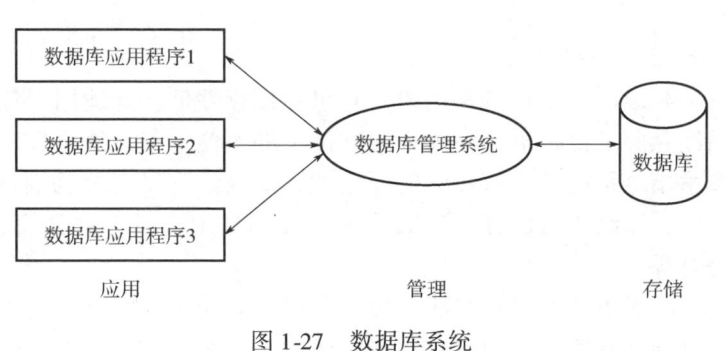

图1-27　数据库系统

1.5.2　应用软件

应用软件（Application Software）是为了某种特定的用途而被开发的软件，是用户可以使用的各种程序设计语言，以及用各种程序设计语言编制的应用程序的集合。应用软件是为满足用户不同领域、不同问题的应用需求而提供的软件。它可以拓宽计算机系统的应用领域，放大硬件的功能。它可以是一个特定的程序，比如一个图像浏览器，也可以是一组功能联系紧密，可以互相协作的程序的集合，比如微软的 Office 软件，也可以是一个由众多独立程序组成的庞大的软件系统，比如人事管理系统等。

应用软件可分为用户程序与应用软件包。

1. 用户程序

用户程序是用户为了解决特定的具体问题而开发的软件。编制用户程序应充分利用计算机系统的各种现成软件，在系统软件和应用软件包的支持下可以更加方便、有效地研制用户专用程序，如火车站或汽车站的票务管理系统、人事管理部门的人事管理系统和财务部门的财务管理系统等。

2. 应用软件包

应用软件包是为实现某种特殊功能而精心设计的、结构严密的独立系统，是一套满足同类应用的许多用户所需要的软件。

（1）信息管理类软件

常见的信息管理类软件，如 ERP（Enterprise Resource Planning）系统。ERP 是一种主要面向制造行业进行物质资源、资金资源和信息资源集成一体化管理的企业信息管理系统。ERP 是一个以管理会计为核心，可以提供跨地区、跨部门、甚至跨公司整合实时信息的企业管理软件，可对企业物资、人力、财务和信息等资源进行一体化管理。作为当今国际上的一个企业管理模式，它在体现企业管理理论的同时，也提供了企业信息化集成的最佳解决方案。

（2）辅助设计类软件

常见的辅助设计类软件，如 AutoCAD（Autodesk Computer Aided Design），AutoCAD 是一款自动计算机辅助设计软件，用于二维绘图、详细绘制、设计文档和基本三维设计。AutoCAD 具有良好的用户界面，通过交互菜单或命令行方式便可进行各种操作。它的多文档设计环境，让非计算机专业人员也能很快学会使用。AutoCAD 具有广泛的适应性，它可以在各种操作系统支持的微型计算机和工作站上运行。

（3）文档处理类软件

常见的文档处理类软件，如 Microsoft Office 和 WPS Office。Microsoft Office 是微软公司开发的一套基于 Windows 操作系统的办公软件套装。常用组件有文字处理软件 Word，可进行数字和预算运算的电子数据表格程序 Excel，用于演示文稿制作和幻灯片放映的办公软件 PowerPoint，以及个人信息管理程序和电子邮件通信软件 Outlook。除了以上最常用的几种组件，Microsoft Office 组件和服务还包括：关系型数据库管理系统 Access，用于 Mac 的个人信息管理程序和通信软件 Entourage，出版应用软件 Publisher 等。WPS Office 是由北京金山办公软件股份有限公司自主研发的一款办公软件套装，可实现文字、表格、演示等多种功能。内存占用低、运行速度快、强大插件平台支持，并全面兼容 Microsoft Office 格式。

（4）即时通信软件

常见的即时通信软件，如微信。微信是一款支持 Android 以及 iOS 等移动操作系统的即时通信软件，其面对智能手机用户。用户可以透过客户端与好友分享文字、图片以及贴图，并支持分组聊天和语音、视讯对讲功能，广播（一对多）消息，照片/视讯共享，位置共享，消息交流联系，微信支付，理财通，游戏等服务。

1.6 计算机新进展

计算机技术的发展已经成为国家综合国力竞争的重要组成部分和推动科技进步的重要力量。目前计算机新的应用领域有人工智能、云计算、大数据、物联网和区块链等。

1.6.1 人工智能

人工智能（Artificial Intelligence，AI）是计算机学科的一个分支，被认为是二十一世纪三大尖端技术之一。人工智能是研究使计算机来模拟人的某些思维过程和智能行为（如学习、推理、思考和规划等）的学科，主要包括计算机实现智能的原理、制造类似于人脑智能的计算机，使计算机能实现更高层次的应用。

人工智能涉及计算机科学、心理学、哲学和语言学等学科，可以说几乎包含自然科学和社会科学的所有学科，其范围已远远超出了计算机科学的范畴，人工智能与思维科学的关系是实践和理论的关系，人工智能是处于思维科学的技术应用层次，是它的一个应用分支。具体研究范畴包括：自然语言处理、智能搜索、机器学习和深度学习等。

自然语言处理（Natural Language Processing，NLP）是指利用人类交流所使用的自然语言与机器进行交互通信的技术。自然语言处理的相关研究始于人类对机器翻译的探索，通过人为的对自然语言的处理，使得计算机对处理后的结果可读并理解。主要应用于机器翻译、舆情监测、自动摘要、观点提取、文本分类、问题回答、文本语义对比和语音识别等。

机器学习（Machine Learning，ML）是研究怎样使用计算机模拟或实现人类学习活动的科学，是人工智能中最具智能特征、最前沿的研究领域之一。传统机器学习主要是探索模拟人的学习机制，研究方向主要包括决策树、随机森林、神经网络和贝叶斯学习等。目前机器学习集中在大数据环境下的研究，注重从巨量数据中获取隐藏的有效的可理解的知识。主要应用于数据分析、数据挖掘和模式识别等。

深度学习（Deep Learning，DL）是机器学习的一种，其概念源于人工神经网络的研究。深度学习是学习样本数据的内在规律和表示层次，最终目标是让机器能够像人一样具有分析能力和学习能力，能够识别文字、图像和声音等数据。深度学习通过组合低层特征形成更加抽象的高层特征表示，以发现数据的分布式特征表示以及属性。研究深度学习的动机在于建立模拟人脑分析学习的神经网络，模仿人脑机制来解释数据。例如解释图像、声音和文本等。

1.6.2 云计算

云计算（Cloud Computing）是分布式计算的一种，指的是通过网络"云"将巨大的数据计算处理程序分解成无数个小程序，通过多部服务器组成的系统进行处理和分析这些小程序得到结果并返回给用户。从广义上说，云计算是与信息技术、软件、互联网相关的一种服务。从狭义上讲，云计算就是一种提供资源的网络，使用者可以随时获取"云"上的资源，按需求量使用，并且可以看成是无限扩展的。"云"就像自来水厂一样，用户可以随时接水，并且不限量，按照自己家的用水量，付费给自来水厂就可以。

云计算把许多计算资源集合起来，通过软件实现自动化管理，只需要很少的人参与，就能快速提供资源服务。现阶段所说的云服务已经不单单是一种分布式计算，而是分布式计算、效用计算、负载均衡、并行计算、网络存储和虚拟化等计算机技术混合演进并跃升的结果。云计算不是一种全新的网络技术，而是一种全新的网络应用概念。其核心概念就是以互联网为中心，在网站上提供快速且安全的云计算服务与数据存储服务，让每一个使用互联网的人都可以使用网络上的庞大计算资源与数据，如图1-28所示。

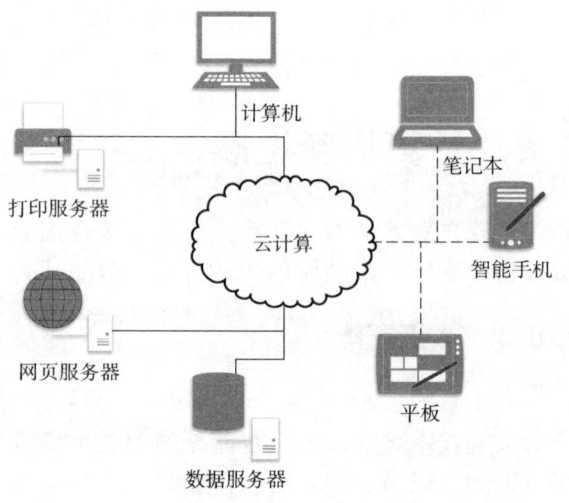

图1-28 云计算模拟图

1.6.3 大数据

大数据（Big Data），指的是所涉及的数据量规模巨大到无法通过主流软件工具，在合理时间内达到撷取、管理、处理，并整理成为帮助企业经营决策更积极目的的资讯。现在的社会是一个高速发展的社会，人们之间的交流越来越密切，生活也越来越方便，大数据就是这个高科技时代的产物。

大数据具有4V特征：规模性（Volume）、高速性（Velocity）、多样性（Variety）、价值性（Value）。

规模性是指随着信息化技术的高速发展，数据开始爆发性增长。大数据中的数据不再以几个GB或几个TB为单位来衡量，而是以PB、EB或ZB为计量单位。由于数据来源于不同的应用系统和不同的设备，决定了大数据形式的多样性。大数据中有70%~85%是如图片、音频、视频、网络日志、链接信息等非结构化和半结构化的数据。另外，数据之间关联性强，频繁交互。如游客在旅游途中上传的照片和日志，就与游客的位置、行程等信息有很强的关联性。高速性是大数据区分于传统数据挖掘最显著的特征。大数据技术要求对数据进行实时分析而非批量分析，因此大数据对处理数据的响应速度有更严格的要求。

大数据背后潜藏的价值巨大。从大量不相关的各种类型的数据中，挖掘出对未来趋势与模式预测分析有价值的数据，并通过机器学习方法、人工智能方法或数据挖掘方法深度分析，运用于农业、金融、医疗等各个领域，以期创造更大的价值。

大数据分析常和云计算联系到一起，因为实时的大型数据集分析需要向数十、数百甚至数千的计算机分配工作。从技术上看，大数据与云计算的关系就像一枚硬币的正反面一样密不可分。大数据必然无法用单台计算机进行处理，必须采用分布式架构。它的特色在于对海量数据进行分布式数据挖掘，依托云计算的分布式处理、分布式数据库和云存储、虚拟化技术。适用于大数据的技术，包括大规模并行处理数据库、数据挖掘、分布式文件系统、分布式数据库、云计算平台、互联网和可扩展的存储系统。

1.6.4 物联网

物联网（Internet of Things，IoT），即"万物相连的互联网"，是在互联网基础上延伸和扩展，将各种信息传感设备与网络结合起来形成的一个巨大网络，实现任何时间、任何地点、人、机、物的互联互通。物联网可通过信息传感器、射频识别技术、全球定位系统、红外感应器、激光扫描器等各种装置与技术，实时采集任何需要监控、连接、互动的物体或过程，采集声、光、热、电、力学、化学、生物、位置等各种需要的信息，通过各类可能的网络接入，实现物与物、物与人的泛在连接，实现对物体和过程的智能化感知、识别和管理，如图1-29所示。物联网是一个基

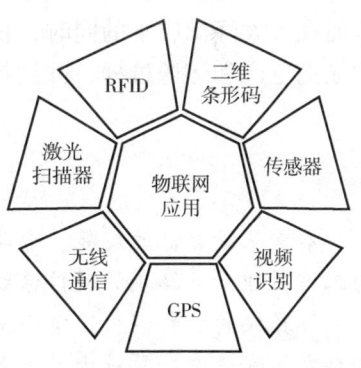

图1-29 物联网技术

于互联网、传统电信网等的信息承载体，它让所有能够被独立寻址的普通物理对象形成互联互通的网络。

随着物联网的提出和发展，计算机技术又一次掀起信息技术的革命。物联网的核心和基

础仍然是互联网,是在互联网基础上的延伸和扩展的网络;物联网用户端延伸和扩展到了任何物体与物体之间,使物体之间可进行信息交换和通信。从通信对象和过程来看,物与物、人与物之间的信息交互是物联网的核心。物联网的基本特征可概括为整体感知、可靠传输和智能处理。

- 整体感知——可以利用射频识别、二维码、智能传感器等感知设备获取物体的各类信息。
- 可靠传输——通过对互联网、无线网络的融合,将物体的信息实时、准确地传送,以便信息交流、分享。
- 智能处理——使用各种智能技术,对感知和传送到的数据、信息进行分析处理,实现监测与控制的智能化。

1.6.5 区块链

区块链(Blockchain),是一种按照时间顺序将数据区块相连的链式数据结构,以密码学方式保证安全性的分布式账本。区块链是新一代信息技术的重要组成部分,是分布式网络、加密技术和智能合约等多种技术集成的新型数据库软件。相比于传统的网络,区块链具有两大核心特点:一是数据难以篡改;二是去中心化。

区块链技术基于协商一致的规范和协议,不依赖第三方管理机构或硬件设施。服务器在区块链系统中被称为节点,它们为整个区块链系统提供存储空间与算力支持。通过分布式核算和存储,各个节点实现了信息自我验证、传递和管理。所有节点能够在系统内自动安全地验证、交换数据,不需要任何人为的干预。

当一个新的交易请求进入网络时,这个请求会被广播到网络中的所有节点,而节点都会对这个请求进行验证和确认。在确认无误后,节点就会将这个交易打包成区块并添加到区块链上。区块链每一个节点都保存着整个账本的完整副本,因此即使有一个节点出现了问题,其他节点也能够验证并纠正。如果要修改区块链中的信息,必须征得半数以上节点的同意并修改所有节点中的信息,因此篡改区块链中的信息是一件极其困难的事。

将区块链技术应用在金融行业中,能够省去第三方中介环节,实现点对点的直接对接,从而在大大降低成本的同时,快速完成交易支付。在物流行业中,可以降低物流成本,追溯物品的生产和运送过程,并且提高供应链管理的效率。

本 章 小 结

本章从计算机的发展、分类介绍了计算机的基础知识,并详细介绍了进制计算与计算机的工作原理,计算机的硬件系统和软件系统,以及计算机最新进展。

计算机的发展经历了电子管、晶体管、中小规模集成电路、大规模和超大规模集成电路四个发展阶段。计算机由运算器、存储器、控制器、输入设备和输出设备5大部件组成,采用二进制形式表示数据和指令,用"存储程序"方式的存取指令并执行。计算机在硬件系统与软件系统的共同工作下,进行数值计算、逻辑计算,具有存储记忆功能,能够按照程序运行,并可以自动、高速处理海量数据。

第 2 章　Windows 10 操作系统

学习目标：

1. 了解操作系统的基本概念、作用、组成和分类。
2. 掌握 Windows 10 的桌面和窗口等图形界面的基本构成。
3. 熟悉 Windows 10 的桌面、任务栏、窗口的基本操作。
4. 掌握 Windows 10 的文件管理基本方法。
5. 能够通过控制面板实现对 Windows 10 进行帐户管理、设备管理、磁盘管理。
6. 了解 Windows 10 的个性化设置方法、常用管理工具和附件。

建议学时：

4 学时。

教师导读：

1. 本章从操作系统的概念、操作系统的分类、操作系统的主要功能以及典型操作系统等几个方面进行了操作系统基本知识的介绍。并详细介绍了 Windows 10 操作系统的界面、基本操作、控制面板、个性化设置功能、常用管理工具及附件。旨在让考生理解操作系统以及学会对 Windows 10 操作系统的基本应用和管理。

2. 教学可以采用理论知识快速概览，然后通过 Windows 10 操作系统操作应用实践，进一步深化学生对操作系统功能及作用理解的理论与实践相结合的教学方式。在实践中认识操作系统的五项主要管理功能，并养成良好的操作系统使用习惯。

3. 本章学习之后，考生应完成同步练习以巩固所学。

2.1　操作系统基本知识

作为整个计算机系统资源和活动的"大管家"，操作系统是至关重要的。个人计算机、服务器、智能手机，甚至智能手表、网络电视、自动化控制设备、人造卫星都安装有操作系统。在信息化社会，人们的日常也离不开操作系统。无论通过微信聊天、利用 APP 购物还是使用导航软件规划出行路线等，都离不开操作系统的支撑。本章将介绍有关操作系统的基本知识，并站在使用者的角度，通过 Windows 10 来认识操作系统、了解操作系统、使用操作系统。

2.1.1　操作系统的概念

1. 何谓操作系统

操作系统是用于管理计算机中各种软、硬件资源，支持并控制其他软件运行，并为用户提供人机交互操作界面的系统软件。操作系统工作在裸机之上，是介于硬件和应用软件之间的。

计算机诞生之初是没有操作系统的。彼时的计算机要靠人工控制硬件资源、读入程序和数据才能工作。随着计算机复杂度和任务执行难度的提升，人工控制方式阻碍了计算机的执行效率，于是人们便通过编写"操作系统"，用软件掌控计算机，将人从复杂的控制中解脱出来。现代计算机系统中，操作系统架起了计算机与用户及应用软件之间的桥梁，它为用户提供了清晰、简洁和友好的界面以及便捷的命令，以实现对计算机的控制。大量的应用软件，例如办公软件、多媒体设计软件、娱乐软件等也都是工作在操作系统之上的，离开操作系统这些软件都没有办法独立工作。

2. 操作系统的发展阶段

操作系统是为简化用户对硬件设备的操作而设计的。日益复杂的硬件设备和快速膨胀的控制需求促使操作系统不断演化发展。操作系统的发展经历了以下阶段：

（1）人工操作阶段

从第一台电子计算机 ENIAC 诞生到 20 世纪 50 年代中期，计算机均采用单一操作员、单一控制端的方式运行。这种人工操作方式，用户独占计算机，CPU 由于等待人工操作而大部分时间处于空转状态，计算机利用效率极低。

（2）单道批处理阶段

20 世纪 50 年代开始，为了解决人工操作阶段计算机利用效率低的问题，人们将要执行的作业事先输入到磁带中，由专门的监督程序控制运行一个个作业，以减少 CPU 空闲时间，这就是批处理系统。这个时期，计算机内存中只能存放一道作业，所以称为单道批处理系统。

（3）多道批处理阶段

时至 20 世纪 60 年代，为了更加充分地利用系统资源，在批处理系统中采用多道程序设计技术，就形成了多道批处理系统。在该阶段，操作系统可以将几道程序同时调入内存，并让它们交替运行，CPU 可以在外部设备读写一个作业的同时，执行另一个作业，进一步提高了执行效率。

（4）分时操作系统

从人工操作阶段到批处理阶段，在程序运行期间计算机资源都是被单一用户独占的。而 20 世纪 70 年代开始出现的分时技术，允许将 CPU 的运行时间分成很短的时间片，轮流分配给多个终端用户。由于计算机速度很快，作业运行轮转得很快，每个用户都感觉独占一台计算机。分时操作系统可以让多个终端用户共享一台计算机系统资源，更加充分地提高了系统资源的利用率。UNIX 系统就是最为流行的分时操作系统。

（5）实时操作系统

20 世纪 70 年代中后期，计算机技术运用于工业控制领域后，计算机必须能够及时响应生产现场或用户的实时要求，并以足够快的速度进行处理，这便催生了实时操作系统。实时操作系统要求计算机必须在限定的时间内完成对于外来信息的处理，并在被控对象允许的时间范围内做出响应。机器人动作控制、无人驾驶、冶金过程控制、导弹防御系统……越来越多的对于时间敏感的应用都依赖实时操作系统。

（6）现代操作系统

在计算机应用无处不在的今天，网络信息化处理和移动智能设备应用促进了操作系统的进一步发展。从 20 世纪 80 年代至今，操作系统领域逐渐形成了微机操作系统、网络操作系统、分布式操作系统、嵌入式操作系统、多媒体操作系统等综合应用的发展格局。操作系统已经遍布电视机顶盒、移动通信设备、数字影像设备、车载系统等，可以说，只要存在智能芯片并具有一定计算能力的设备，就离不开操作系统的支持。

2.1.2 操作系统的功能

有了现代操作系统，用户就可以通过简单便捷的方式实现对计算机的控制和使用，计算机系统中的各类资源在操作系统的有效组织和管理下，也能够更加高效地为用户提供服务。因此，便捷性和有效性是操作系统最主要的工作目标。

从资源管理的角度来看，作为计算机系统软、硬件资源的主控者，操作系统主要有 CPU 管理、存储管理、设备管理、文件管理和用户接口管理五种管理功能。操作系统的功能结构如图 2-1 所示。

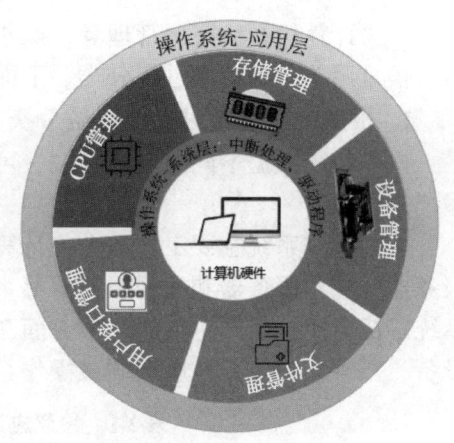

图 2-1　操作系统功能结构

1. CPU 管理

CPU 管理即操作系统将 CPU 分配给不同的用户和应用。进程（Process）是 CPU 进行资源分配的单位，所以 CPU 管理也就是进程管理。所谓进程，是具有独立功能的程序在一个数据集合上运行的过程，它是系统进行资源分配和调度的一个独立单位。操作系统会按照一定的策略将 CPU 分配给内存中等待运行的程序，确保每个程序都有机会使用 CPU；避免某些程序因为被其他程序阻止或等待输入输出等原因始终陷入阻塞；通过优先级保证优先级别高的程序率先运行。

2. 存储管理

操作系统对内存和外存都能够进行管理。操作系统可以采取分隔保护的方式，不让一个程序访问另外一个程序所占用的内存空间；也可以通过虚拟内存技术，将物理内存扩展到磁盘、光盘等外部存储介质上，从而使得对内存空间需求大于物理内存的程序得以运行。

3. 设备管理

设备管理的任务是管理输入输出设备和外部存储设备，使用户能够方便地使用和共享所有设备。当程序运行需要用到外设时，按照外部设备的类型和一定的策略把外设分配给该运行程序；按照程序运行的要求启动设备，控制设备工作，实现数据的输入输出；I/O 结束后会负责回收设备。

4. 文件管理

计算机系统中的各种信息资源都必须存储在外部存储设备上。现代计算机系统中，为了便于管理，将程序、数据及各种信息资源都组织成文件，以文件为基本单位进行读写、检索、共享、保护，用户无须知道这些数据存放在外设中的具体位置，只要通过文件名就可实现对文件的基本操作。文件管理的任务就是对文件进行组织、管理，向用户提供按文件名进行操作的界面和编程接口。

5. 用户接口管理

用户接口分为命令接口、程序接口和图形化接口，是用户与计算机进行交流交互的主要渠道，也是操作系统的主要管理功能之一。用户通过键盘输入命令，或者以命令文件的方式将要处理的任务交由操作系统，这样的交互方式即为命令接口；利用操作系统内置的具有特定功能的子程序来完成某些特定的功能，这样的交互方式就是程序接口，也可以称为 API 接口；通过窗体、菜单等基于图形的方式进行操作系统服务调用，是目前最为普遍的接口形式，即图形化接口。目前绝大多数操作系统都为用户提供了直观易用的图形用户界面。

2.1.3 操作系统的分类

作为计算机系统资源管理者，操作系统伴随着软硬件技术的革新而不断发展，其种类繁多，很难用单一的标准进行分类。下面介绍几种常见的操作系统分类标准：

1. 根据应用领域对操作系统分类

操作系统根据不同的应用领域，可以分为桌面操作系统、服务器操作系统和嵌入式操作系统。

桌面操作系统主要工作在个人计算机上。服务器操作系统主要用在服务器上，例如 Web 服务器、应用服务器和数据服务器等。嵌入式操作系统主要运行在嵌入式系统之中，嵌入式系统广泛应用在生产生活的各个方面，例如智能手机、掌上计算机、智能电器、汽车、工业设备、军事装备等。各应用领域操作系统的典型代表见表 2-1。

表 2-1 按照应用领域分类的操作系统及典型代表

操作系统按照应用领域的分类	典型的操作系统
桌面操作系统	mac OS、Windows、统信 UOS、中标麒麟
服务器操作系统	Windows Server、UNIX、CentOS、EulerOS
嵌入式操作系统	Windows CE、iOS、鸿蒙、Android

2. 根据所支持的用户数和任务数对操作系统分类

操作系统按照同一时间可供使用用户的多少，以及同一时间可以运行应用程序（每个应用程序称为一个任务）的多少，可以分为：

（1）单用户单任务操作系统，如 MS DOS、CP/M 等。

（2）单用户多任务操作系统，如 Windows 7、Windows 10、OS/2 等。

（3）多用户多任务操作系统，如 Windows Server、Linux、UNIX 等。

3. 根据字长对操作系统分类

操作系统的字长可以分为 8 位、16 位、32 位、64 位、128 位。早期的操作系统一般只支持 8 位和 16 位字长，现代的操作系统如 Linux 和 Windows 10 都支持 32 位和 64 位字长。字长越长，则意味着操作系统的内存管理和数据处理等能力越强，当然对应的 CPU 架构也越复杂。

2.1.4 典型操作系统

虽然操作系统数目众多，分类庞杂，但是对于计算机用户而言，常用的操作系统还是有限的。操作系统领域呈现少数典型操作系统占据绝大部分应用市场的局面。下面介绍几种典型的操作系统。

1. Windows 操作系统

Windows 操作系统是微软公司开发的基于图形用户界面的多任务操作系统。用户在 Windows 系统中可以通过点击鼠标完成各种复杂的操作，具有很好的易用性。Windows 操作系统拥有普通 PC 版本、服务器版本（Windows Server）、手机版本（Windows Phone）和嵌入式版本（Windows CE）等子系列，是全球应用最广泛的操作系统之一。

2. Linux 操作系统

Linux 操作系统是一种开放源代码的，与 UNIX 操作系统完全兼容的多用户、多任务操作系统。Linux 操作系统的内核程序最初是由芬兰赫尔辛基大学计算机系学生 Linus Torvalds 开发的，其目的是为了更好地在 Intel 处理器上运行程序。Linux 操作系统 1991 年首次推出，以 GNU 通用公共许可证发布，其内核源代码可以自由传播。

Linux 能运行主要的 UNIX 工具软件、应用程序和网络协议。Linux 继承了 UNIX 以网络为核心的设计思想，是一个性能稳定的多用户网络操作系统。因其开源特性，目前存在着非常多的基于 Linux 内核的操作系统，这些系统广泛安装在各种计算机硬件设备之中。从手机、路由器、视频游戏控制台到个人电子计算机、大型计算机、超级计算机，都安装有大量的 Linux 操作系统。目前大多数国产操作系统，例如统信 UOS、中标麒麟和深度 Deepin 等，都是基于 Linux 内核发行的。

3. UNIX 操作系统

UNIX 操作系统是一款强大的多用户、多任务操作系统。该操作系统支持多种处理器架构，属于分时操作系统，最早由 Ken Thompson、Dennis Ritchie 和 Douglas McIlroy 于 1969 年在 AT&T 的贝尔实验室开发。UNIX 拥有强大的网络功能，作为互联网基石的 TCP/IP 协议就是在 UNIX 系统上开发和发展起来的。UNIX 是历史上影响最大、最成功的操作系统之一。

4. Android 操作系统

安卓（Android）是一款基于 Linux 内核的自由及开放源代码的操作系统，该操作系统最初由 Andy Rubin 开发，主要支持手机，逐渐扩展到平板计算机及其他领域，如电视、数码相机、游戏机和智能手表等。Android 系统的自由度、开源特性以及兼容性深受全球开发者和用户喜爱，其在操作系统应用市场占据着统治地位，拥有约 70% 的市场占有率。

2.2 Windows 10 概述

Windows 10 是一款拥有众多使用者的桌面操作系统。通过对 Windows 10 操作系统的学习，用户将深化对操作系统管理功能的认识。

2.2.1 初识 Windows 10 操作系统

Windows 10 是微软公司开发的跨平台及设备应用的操作系统。Windows 10 于 2015 年 7 月发布正式版，适用基于 X86、X64、ARM 架构的 PC 和平板计算机。Windows 10 在易用性和安全性方面有了极大的提升，除了针对云服务、智能移动设备、自然人机交互等新技术进行融合外，还对固态硬盘、生物识别、高分辨率屏幕等硬件进行了优化完善与支持。

每一代 Windows 系统都会针对不同市场、根据功能特性不同划分出多个版本，Windows

10 主要的版本有 7 个，分别为：

- 家庭版（Windows 10 Home）：适用于普通个人用户；
- 专业版（Windows 10 Professional）：适用于 IT 从业爱好者；
- 企业版（Windows 10 Enterprise）：适用于中大型企业、远程和移动办公及云计算应用；
- 教育版（Windows 10 Education）：适用于各级院校、教育系统应用；
- 移动版（Windows 10 Mobile）：适用于智能手机、平板计算机等小尺寸触屏移动设备；
- 移动企业版（Windows 10 Mobile Enterprise）：适用于使用智能手机和小尺寸平板办公的企业用户；
- 物联网核心版（Windows 10 IoT Core）：适用于树莓派等中小型物联网设备。

在个人计算机上安装 Windows 10 的基本硬件及网络环境要求如下：

- 处理器：主频 1GHz 及以上；
- 内存：1GB（32 位操作系统）或 2GB（64 位操作系统）；
- 硬盘空间：16GB（32 位操作系统）或 32GB（64 位操作系统）；
- 显卡：支持 DirectX 9 或更高版本；
- 显示器：800×600；
- 互联网连接：需要连接互联网进行更新和下载，以及利用某些功能。

2.2.2 Windows 10 图形用户界面的构成

Windows 10 作为一款以图形用户界面（Graphical User Interface，GUI）为基础的操作系统，其 GUI 界面主要是通过桌面、窗口、对话框的形式呈现给用户的。直观、高效的 GUI 界面使得 Windows 10 易学易用。

1. 桌面

桌面是 Windows 操作系统和用户之间的桥梁，Windows 中几乎所有的操作都是在桌面上完成的。当 Windows 安装完成之后，首先映入用户眼帘的便是它的桌面。Windows 桌面包括桌面背景、桌面图标和任务栏三个部分。Windows 10 的桌面如图 2-2 所示。

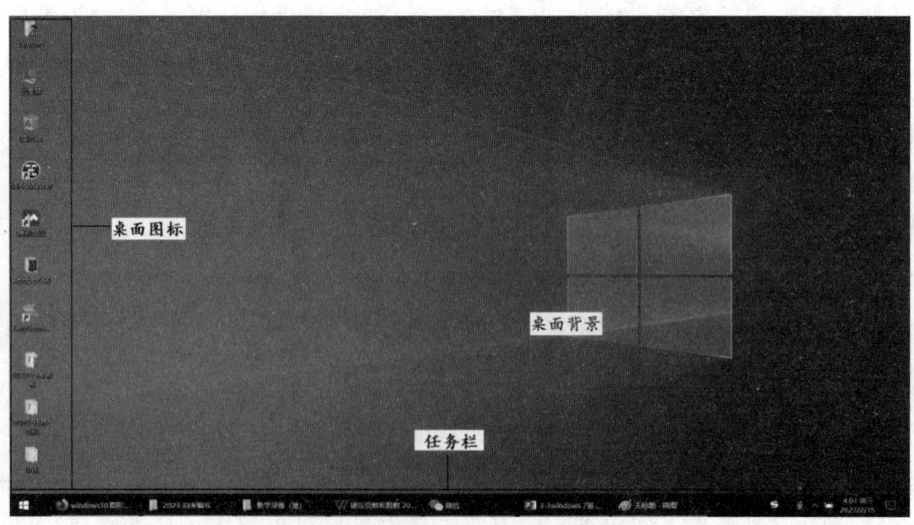

图 2-2　Windows 10 的桌面

（1）桌面背景

桌面背景位于可视桌面上其他所有组件的后面，桌面背景是图形用户界面的活动组件。在 Windows 10 中，用户可以根据需要设置桌面背景，以体现 Windows 桌面简洁、美观、个性化的特质。在 Windows 10 的桌面上单击鼠标右键，在弹出的快捷菜单上选择"个性化"选项，即可设置桌面背景，如图 2-3 所示。

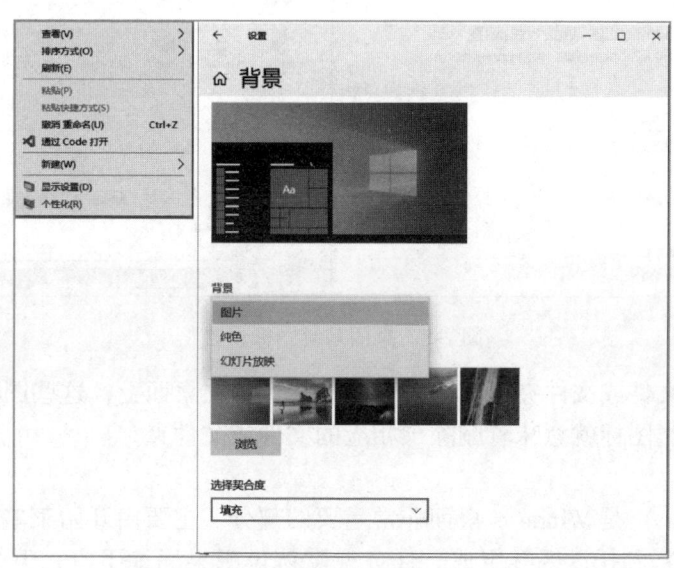

图 2-3　桌面背景设置

在 Windows 10 中，桌面背景可以设置为图片、纯色、幻灯片放映。桌面背景的"幻灯片放映"方式是指定一个存放图片的文件夹作为相册，然后设置图片切换频率的时间长度、选择有序或者无序方式，对相册中的图片进行轮播，作为桌面的背景图片。

（2）桌面图标

在 Windows 10 操作系统中，所有的文件、文件夹和应用程序等都由相应的图标表示。桌面图标一般是由文字和图片组成，文字说明图标的名称或功能，图片是它的标识符。新安装的系统桌面中只有一个"回收站"图标。用户双击桌面上的图标，可以快速地打开相应的文件、文件夹或者应用程序。Windows 10 的桌面图标分为三类，分别是系统图标、快捷方式图标、文件及文件夹图标，如图 2-4 所示。

系统图标是 Windows 为系统常用工具而设置的图标，有"此电脑""回收站""用户的文件""控制面板"和"网络"等，用户可以根据需要，选择在桌面上显示或者隐藏这些图标。在桌面快捷菜单中，单击"个性化"选项，切换至"主题"窗口，单击"桌面图标设置"选项，即可打开"桌面图标设置"窗口，进行系统图标设置，如图 2-5 所示。

图 2-4　桌面图标的三种类型

快捷方式图标是 Windows 提供的一种快速启动程序、打开文件或文件夹的链接图标。快捷方式图标的共同特点是左下角都有一个小箭头。可以通过在应用程序、文件、文件夹上单击鼠标右键，选择"发送到"→"桌面快捷方式"

的方法，快速创建快捷方式。快捷方式图标仅仅是快速打开应用程序、文件或文件夹的一种链接方式，单纯删除桌面的快捷方式图标并不会对其链接的程序、文件或文件夹造成影响。

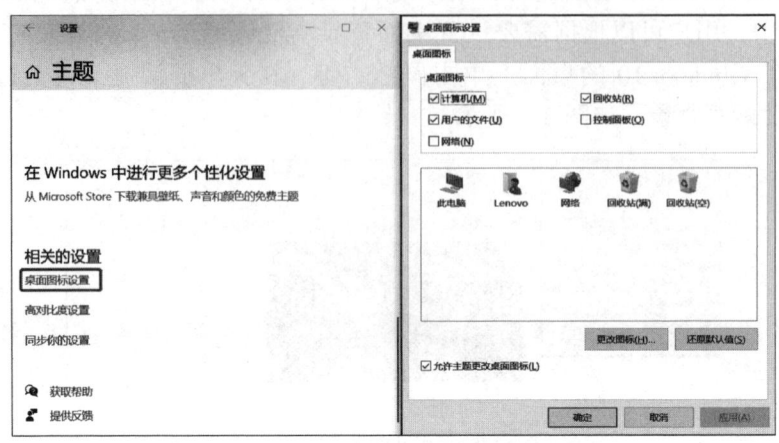

图 2-5　桌面系统图标设置

存放在桌面的文件或文件夹也会以图标的形式显示在桌面上，这些图标代表文件或文件夹的实体，删除这类图标就意味着删除了相应的文件或文件夹。

（3）任务栏

任务栏（taskbar）是 Windows 桌面非常重要的部分，主要由开始菜单、应用程序区、语言选项带（可解锁）和托盘区等组成。任务栏默认位于桌面最下方，但是通过在任务栏空白处拖曳鼠标，可以将任务栏放置在屏幕上、下、左、右任意边缘。Windows 10 任务栏的最右侧有"显示桌面"的功能，在此处单击鼠标，可以快速隐藏当前所有打开的任务而显示桌面。Windows 10 任务栏还新增了"Cortana"搜索、任务视图和操作中心等按钮。用户可以通过"Alt + Tab"快捷键快速在任务栏中打开的不同任务之间进行切换。

Windows 10 中的任务栏功能灵活而强大，用户在任务栏空白处单击鼠标右键，即可对任务栏上显示的内容、任务显示方式、任务栏自身的特性进行个性化的定制。任务栏设置菜单如图 2-6 所示。

2. 窗口

窗口是 Windows 的基本操作对象，是程序的主要工作界面。Windows 的窗口可以分为两种类型，一种是文件夹窗口，另一种是应用程序窗口。

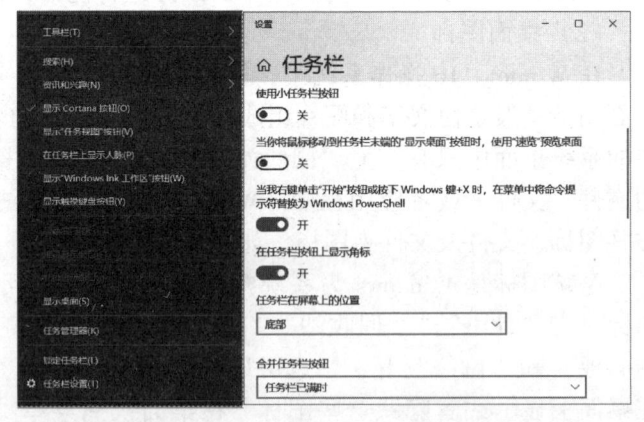

图 2-6　任务栏设置菜单及任务栏设置窗口

（1）文件夹窗口

该类窗口是某个文件夹面向用户的操作平台。用户可通过文件夹窗口对相应的文件夹的内容实施各种可能的操作。

（2）应用程序窗口

该类窗口是一个正在执行的应用程序面向用户的操作平台。用户可通过程序窗口对相应的应用程序实施各种可能的操作。

例如双击 Windows 10 桌面"此电脑"图标，在打开的窗口中选择一个文件夹，此时打开的就是文件夹窗口，如图 2-7a 所示；单击"开始菜单→Windows 附件→画图"，打开的就是"画图"应用程序窗口，如图 2-7b 所示。

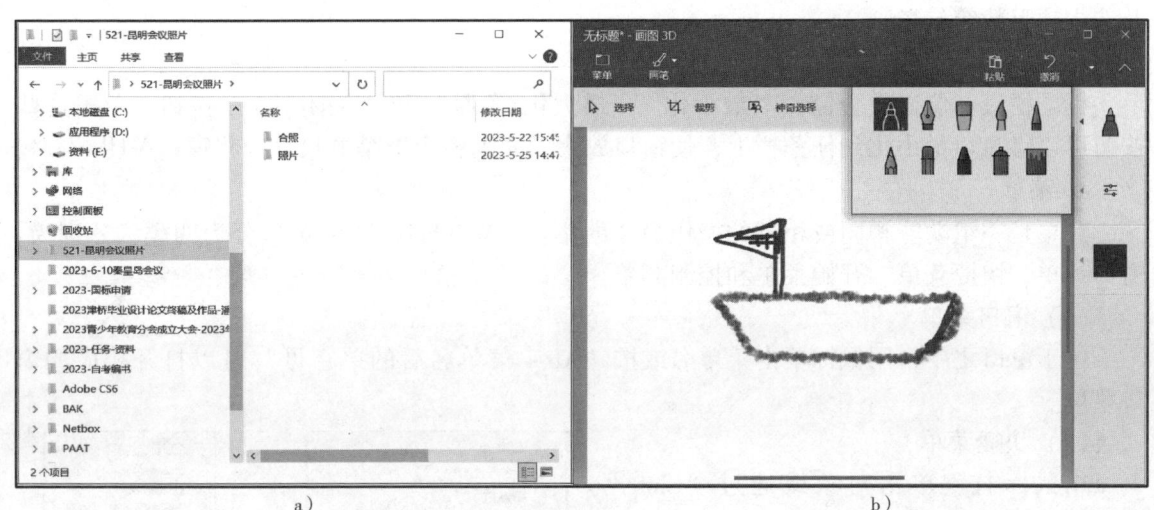

图 2-7　文件夹窗口和应用程序窗口
a）文件夹窗口　b）应用程序窗口

Windows 10 各类窗口的组成部分不尽相同，但是通常都具有以下组成部分：

（1）标题栏

标题栏位于窗口顶部，用于显示窗口的名称，如"此电脑"，名称左侧通常会有相应的图标。如果打开的是文件夹窗口，则会在标题栏中显示当前定位到的文件夹的名称。如果打开的是记事本或 Microsoft Word 这样的程序，标题栏中除了显示程序名称外，还会显示当前在该程序中打开的文件的名称。

（2）菜单栏

菜单栏位于标题栏下方，菜单栏中通常包含程序提供的所有可操作的命令，是程序与用户之间进行交互的最主要且全面的方式。如"此电脑"窗口中有"文件""计算机"等文字的一行就是菜单栏（Windows 10 部分窗口的菜单栏是通过选项卡/功能区的形式呈现的）。

（3）工具栏

工具栏位于菜单栏下方，其中列出若干小图标，每个图标都与菜单栏中的某个命令相对应，通过单击图标可以执行对应的命令，这样可以节省用户在菜单中查找命令的时间。

（4）内容显示区

内容显示区是位于工具栏下方的大面积区域。该区域用于显示窗口中的主体内容。不同程序窗口中的内容各不相同。例如，"此电脑"窗口中显示了指定地址下的文件及文件夹资源。

（5）滚动条

滚动条分为水平滚动条和垂直滚动条，有些窗口只包含垂直滚动条。滚动条不一定会出现在窗口中，是否显示滚动条由窗口尺寸及窗口中所含内容的多少而定。使用鼠标拖动滚动条可以查看窗口中未显示在屏幕上的内容。

(6) 状态栏

状态栏位于窗口底部，用于显示当前窗口的工作状态等信息。例如，记事本程序窗口的状态栏中会显示插入点的当前位置；"此电脑"窗口的状态栏中可以显示当前地址下项目数及选中项目数等信息。

(7) 窗口状态控制按钮

标题栏最右侧通常会包含"最小化""最大化/还原"和"关闭"3个按钮，单击这些按钮可以将窗口最小化到任务栏上，使窗口放大到充满整个屏幕的尺寸或将窗口关闭。

3. 菜单

菜单是一组功能相同或相近的操作命令的集合。Windows 10 的菜单分为四类，分别为：窗口菜单、快捷菜单、开始菜单和控制菜单。

(1) 窗口菜单

位于窗口之中，用鼠标单击菜单名或按"Alt + 菜单名后的单字母"可以打开相应的窗口菜单。

(2) 快捷菜单

用鼠标右键单击对象或通过"Shift + F10"快捷键，可打开快捷菜单。例如桌面快捷菜单，如图 2-8a 所示。

(3) 开始菜单

单击"开始"按钮或通过"Ctrl + Esc"快捷键，可以打开系统的开始菜单。

(4) 控制菜单

单击窗口标题栏左上角"控制"菜单图标或通过"Alt + Space"快捷键，可以打开窗口的控制菜单。

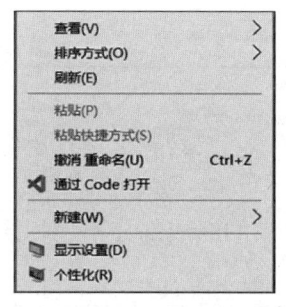 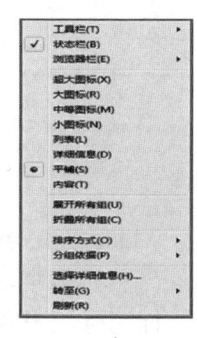

a)　　　　　　　　　b)

图 2-8 菜单列表

a) 桌面快捷菜单　b) 带有各种标记的菜单

通常情况下，菜单中的每一项都对应一个命令，单击即可实现相应的操作。另外，在菜单项中通常还包括一些标记，如单选标记、复选标记、箭头标记、省略号标记和字母标记，如图 2-8b 所示。

常见的 Windows 菜单项标记含义如下：

1) 变灰色的菜单命令表示当前不可用；

2) 带有"..."标记的菜单项，表示执行该菜单项将显示对话框；

3) 带有"√"标记的菜单项，表示该项被选中处于生效状态。在 Windows 中菜单项前面带有"√"符号的一组菜单项，也代表可复选（多选）的意思。

4) 带有"●"的菜单项，表示该菜单项所在的菜单组为单选，且该菜单项被选中处于生效状态；

5) 带有"▶"的菜单项为级联菜单，即该菜单项下还包含有子菜单。

4. 对话框

对话框是 Windows 提供信息或者要求用户提供信息的界面，是操作系统中人机交互的基本工具。用户可以在对话框中完成输入信息、阅读提示信息、设置选项等操作。对话框的主要组件有选项卡、文本框、列表框、下拉列表框、复选框、单选按钮、命令按钮、微调器和滑尺等。通常使用鼠标选取对话框中的组件，也可以使用键盘进行对话框设置。典型的 Windows 自定义格式对话框如图 2-9 所示。

对话框也是一种特殊的窗口，与文件夹及应用程序窗口不同的是，对话框不能被最大化、最小化，其大小是不能改变的。

2.3 Windows 10 基本操作

作为图形用户界面的操作系统，Windows 10 为用户提供了方便、直观和友好的基本操作方式，这些基本操作主要集中在桌面、窗口以及资源管理器等位置。通过这些基本操作，可以满足用户对操作系统和程序、文件资源的日常管理需求。

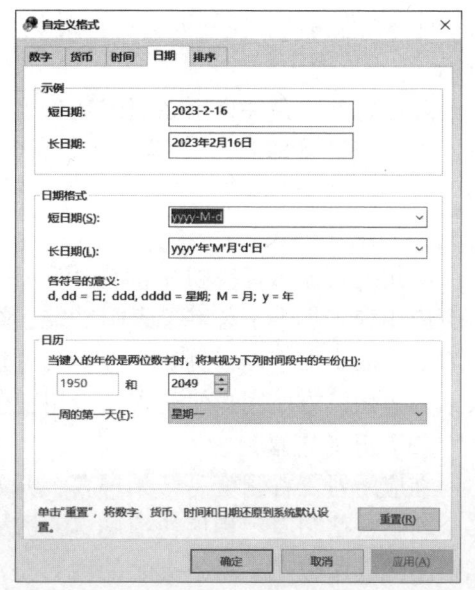

图 2-9 自定义格式对话框

2.3.1 桌面的基本操作

桌面的主要构成元素——桌面图标、开始菜单和任务栏等，均可根据用户的使用习惯进行设置和管理，下面介绍有关桌面的基本操作。

1. 开始菜单的使用

开始菜单是用户使用 Windows 10 的重要入口。单击任务栏最左侧的"开始"按钮，即可弹出开始菜单，如图 2-10 所示。

开始菜单主要的组成部分及其基本操作介绍如下：

（1）固定项目列表

鼠标悬停在固定项目列表或者单击"展开按钮"，均可展开固定项目。固定项目部分项目是可以选择在开始菜单中显示或隐藏的，其中"用户"和"电源"项不能选择隐藏。图 2-10 中的固定项目为 Windows 10 的默认设置，从上到下依次为：

• 用户：内含"更改帐户设置""锁定"和"注销"3 项命令，用于管理帐户、锁定帐户或注销帐户。

图 2-10 Windows 10 的开始菜单

• 文档：快速进入系统的"文档"文件夹。
• 图片：快速打开系统的"图片"文件夹。
• 设置：快速打开"Windows 设置"对话框。
• 电源：内含"睡眠""关机"和"重启"3 个命令。这是用户重启操作系统、关机或者令计算机保持低功耗开机状态的操作渠道，如图 2-11 所示。

除此之外，允许显示在固定项目列表中的项目还有"文件资源管理器""下载""音乐""视频""网络"和"个人文件夹"。

(2) 应用列表

应用列表显示计算机中的应用程序。Windows 10 所有应用列表提供了首字母索引功能，单击每组应用列表上方的索引字母，例如"A"就可切换到应用列表索引界面，方便用户快速查找应用程序。

(3) 开始屏幕

在应用列表右侧就是开始屏幕，开始屏幕中包含多个动态磁贴和应用程序快捷图标，方便用户快速启动常用的应用程序。动态磁贴的内容是活动的，例如当地的天气信息、日期和时间、同步的相册及邮件等。用户可以将应用列表中的应用程序添加到开始屏幕中，并对其分组，方法是在应用列表相应项目上单击鼠标右键，选择"固定到'开始'屏幕"，如图 2-12 所示。

图 2-11 开始菜单的电源命令选项

图 2-12 添加项目到"开始"屏幕中（固定到"开始"屏幕）

2. 桌面图标的基本操作

图标通常代表着文件、文件夹或程序，可以由用户自行添加或创建，也可以根据用户的需要进行排列、更改或删除等操作。

(1) 查看和排列桌面图标

Windows 10 为了方便用户管理桌面，提供了桌面图标的查看和排列管理功能，这些功能可以通过右击桌面后弹出的快捷菜单进行直观便捷的管理。例如，可以按照"名称""大小""项目类型""修改日期"4 种方式排列桌面图标，如图 2-13a 所示；可以显示/隐藏桌面图标等，如图 2-13b 所示。

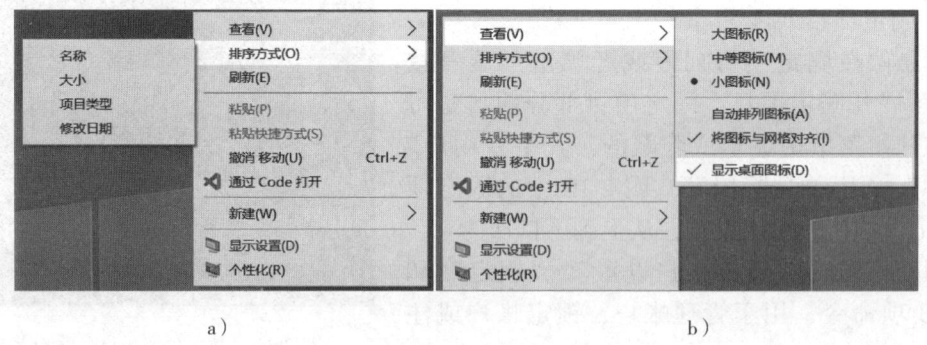

图 2-13 桌面图标的排序与查看管理
a) 排列桌面图标 b) 查看桌面图标

(2) 更改桌面图标

Windows 10 操作系统提供了丰富多样的图标样式，根据需要可以对默认的桌面图标进行修改，更改桌面图标的操作方法为：在桌面单击右键，在快捷菜单中选择"个性化"，在个性化窗口的"主题"选项界面中选择"桌面图标设置"，然后选择要更改的图标，单击"更改图标"按钮，在弹出的"更改图标"对话框中选择要更改的图标。操作过程如图 2-14 所示。

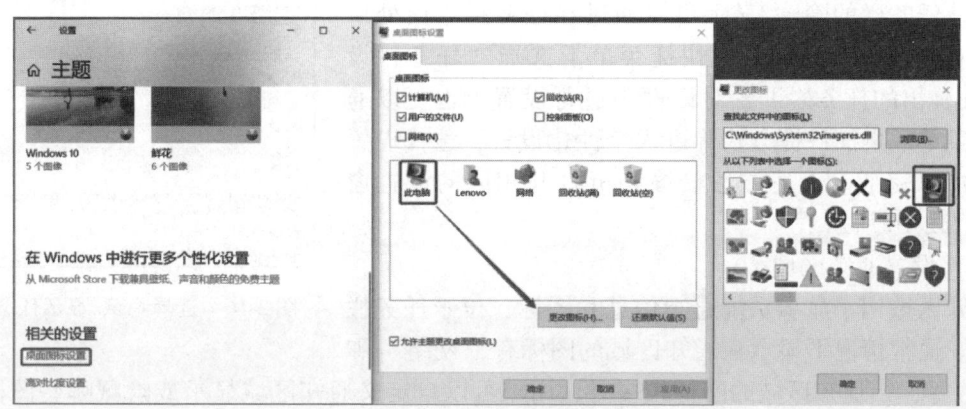

图 2-14　更改桌面图标

（3）删除桌面图标

如果桌面上的图标比较多或比较杂乱，可以将不需要的图标删除。在图标上单击鼠标右键，选择"删除"命令项即可删除相应的图标。系统图标删除后可以在个性化设置中恢复；删除快捷方式图标并不影响其所指向的资源；删除文件夹图标就意味着删除了其对应的资源。系统图标删除后并不出现在回收站中，而快捷方式图标及文件夹图标删除后会在回收站中，可以还原。

3. 任务栏的基本操作

任务栏具有不被覆盖的特点，用户可根据实际需要进行自定义设置，如调整位置、大小、添加图标到快速启动栏、隐藏通知区域图标和设置时间、日期等。

（1）调整任务栏的位置和大小

默认情况下，任务栏以一个长方形显示在桌面底部，根据需要可以调整任务栏的位置和大小，但在调整任务栏的位置和大小前，需要先取消锁定任务栏，只需右击任务栏空白位置，在弹出的快捷菜单中取消"锁定任务栏"复选项即可，如图 2-15 所示。

- 调整任务栏位置

取消锁定任务栏后，在任务栏的空白位置按住鼠标左键，拖曳鼠标至桌面四周边界后，释放鼠标左键即可移动任务栏到指定位置。也可以在图 2-15 所示菜单中，选择"任务栏设置"，在弹出的任务栏设置对话框中，选择"任务栏在屏幕上的位置"来调整任务栏位置。

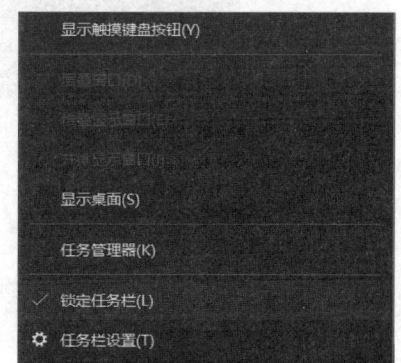

图 2-15　取消"锁定任务栏"

- 调整任务栏大小

取消锁定任务栏后，将鼠标指向任务栏的上边缘，当鼠标指针变为垂直双箭头形状时，单击并拖曳鼠标，拖动到合适的位置后释放鼠标左键即可调整任务栏的大小。

(2) 任务栏的隐藏/显示设置

Windows 10 为用户提供了在桌面模式和在平板模式下隐藏任务栏的选项，以提高在不同设备上全屏显示时的视觉体验。任务栏的隐藏/显示可以通过在任务栏空白处单击鼠标右键，弹出的任务栏快捷菜单上选择"任务栏设置"，在弹出的任务栏设置对话框中进行设置。也可以通过开始菜单、桌面快捷方式等进入个性化设置，选择设置任务栏加以完成。上述方法最终均可打开相同的设置窗口，如图 2-16 所示。

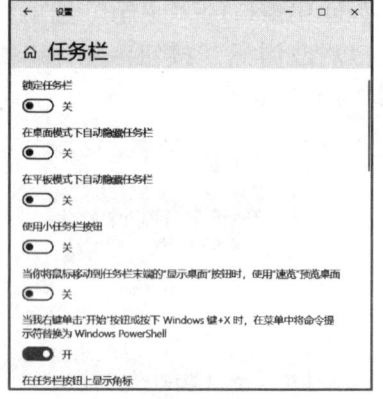

图 2-16　选择隐藏/显示任务栏

(3) 设置通知区域

通知区域用于显示系统通知信息和图标，位于任务栏的右侧。通常情况下显示在通知区域的图标有"网络"和"音量"等，当通知区域的图标较多时，用户可以自定义通知区域显示或隐藏哪些图标。上述操作可以通过单击"通知区域"按钮，展开通知区域，然后单击右上角的"管理通知"，启动管理通知对话框后加以设置。操作过程如图 2-17 所示。

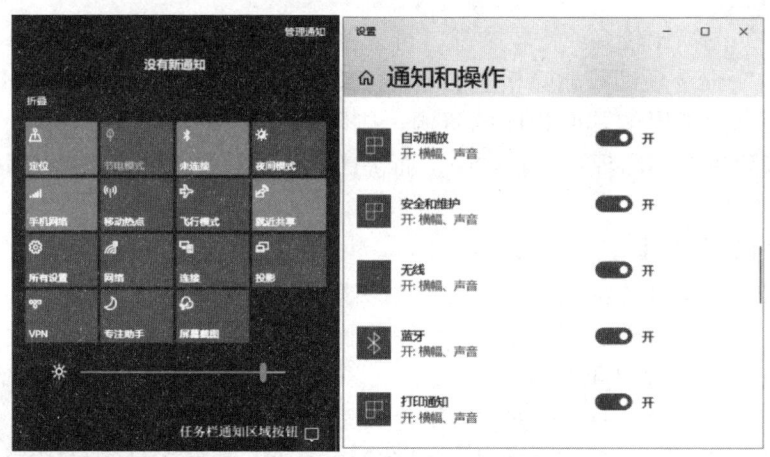

图 2-17　设置通知区域图标

4. 获取系统帮助

Windows 10 操作系统为用户提供了获取帮助和支持的功能，与之前 Windows 版本的本地帮助与支持不同，Windows 10 的帮助和支持很大程度依赖互联网。在 Windows 10 中获取帮助和支持的方法有下面几种。

(1) 快捷键 F1

快捷键 F1 是 Windows 操作系统传统的获取帮助的渠道。在 Windows 10 桌面、窗口及打开的应用程序中按下 F1 键，并不能直接看到对应的帮助信息，而是会调用用户当前的默认浏览器打开 Bing 搜索页面，以获取相应的帮助信息。

(2) 询问 Cortana

Cortana 是 Windows 10 内置的智能语音助手，它具有多种基于 Bing 的搜索功能，用户可以通过语音询问 Cortana，从而获取帮助信息。

除此之外，Windows 10 还可以在任务栏的搜索框中输入关键词，以及在许多应用窗口中点击"获取帮助"获得来自网页、本地文档、应用、设置，甚至联系人工客服等多种渠道的帮助信息，某些搜索关键词还会激发 Cortana 人工智能加入帮助。

2.3.2 窗口的基本操作

在 Windows 操作系统中，对文件或文件夹等对象的操作大多数都是通过窗口进行的，因此，合理地设置窗口可以帮助用户更加灵活地进行操作。

1. 打开窗口

打开窗口就是打开文件夹或执行应用程序。打开窗口的方法有：
- 双击应用程序或者文件夹、快捷方式图标；
- 单击图标后，按回车键；
- 在图标上单击鼠标右键，在弹出的快捷菜单中选择"打开"命令项；
- 在"开始"菜单中选择相应的项目，单击鼠标。

2. 最小化、最大化及还原窗口

允许进行最小化、最大化及还原操作的窗口，右上角具有相应的按钮，其外观如图 2-18 所示。

单击"最小化"按钮，可以令窗口不在桌面上显示，而是以按钮的形式缩放到任务栏上；单击"最大化"按钮，可以令窗口布满桌面；此时最大化按钮切换为

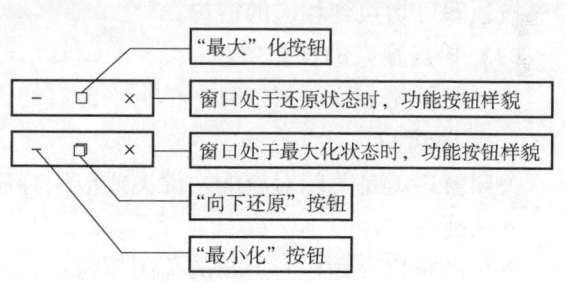

图 2-18　窗口的最小化、最大化及还原按钮

"向下还原"按钮，单击"向下还原"按钮可以将窗口还原为初始的大小。

3. 缩放窗口

打开窗口后，将鼠标指针移动到窗口的边框或顶点上，鼠标指针变为双向箭头形状，单击并向窗口内部或外部拖动鼠标指针，拖动到适合的尺寸后，释放鼠标左键即可改变窗口大小。

4. 移动窗口

将鼠标指针移动到窗口的标题栏上，按下鼠标左键并拖曳鼠标到合适的位置后，释放鼠标左键即可移动窗口。

5. 排列窗口

在桌面打开的所有窗口可以按照层叠、堆叠和并排显示的方式进行排列。窗口排列的操作方法是：在任务栏的空白位置单击鼠标右键，在弹出的快捷菜单中选择窗口排列方式。

6. 切换窗口

在 Windows 操作系统中，每打开一个窗口都将在任务栏中显示相应的任务按钮，可以同时打开多个窗口，但只能在其中一个窗口中进行操作，这个窗口称为当前窗口或活动窗口。切换窗口就是将非活动窗口变成活动窗口，切换的方法有：

（1）快捷键"Alt + Tab"

使用快捷键"Alt + Tab"时，屏幕中间会出现一个矩形区域，显示所有打开的应用程序

及文件夹，此时按住 Alt 键不放，反复敲击 Tab 键，这些打开的窗口图标就会轮流突出显示。松开 Alt 键，当前突出显示的窗口就会成为活动窗口。如图 2-19 所示。

图 2-19　用 "Alt + Tab" 键切换窗口

（2）快捷键 "Alt + Esc"

使用快捷键 "Alt + Esc" 的方法与使用快捷键 "Alt + Tab" 相同，区别在于使用快捷键 "Alt + Esc" 时，不会出现如图 2-19 所示的矩形框，而是直接在各个窗口之间进行切换。

（3）在程序按钮区切换

程序按钮区位于任务栏，每一个运行的程序均会在程序按钮区呈现一个任务按钮。单击程序按钮即可切换到相应的窗口。

（4）单击窗口的任意位置

在桌面可见非活动窗口时，单击该窗口的任意部位，均可将该窗口切换为活动窗口。

7. 关闭窗口

关闭窗口就是关闭对应的文件夹或应用程序。关闭窗口的方法有：

- 快捷键 "Alt + F4"；
- 单击窗口标题栏右上角的关闭按钮；
- 双击窗口左上角，即标题栏最左侧；
- 单击控制菜单按钮或者在标题栏上右击鼠标，在弹出的控制菜单上选择 "关闭"。

2.3.3　文件管理基本操作

文件是计算机系统中数据组织的基本单位。文件管理是 Windows 操作系统的一项重要功能。文件管理功能主要包括浏览、新建、重命名、移动、复制、删除和属性设置等。

1. 文件管理中的基本概念

（1）文件名和文件类型

文件名是文件的标识，Windows 是通过文件名来识别和管理文件的。各种操作系统的文件命名规则不尽相同，Windows 10 操作系统中，文件名的命名规则为：

- 支持长文件名；
- 文件名中不能含有 9 种特殊字符，即 "\" "/" ":" "*" "?" """ "<" ">" "|"；
- 文件名不区分大小写，"a" 和 "A" 在文件名中被视为相同字符。

为管理和控制文件方便，操作系统常将文件分为若干类型，并在文件命名时通过在文件名后加 ". 扩展名" 的形式标记文件类型，例如 "new. txt"。文件扩展名（Filename Extension）是 Windows 操作系统用来标记文件类型的一种机制。扩展名虽然可以缺省，但几乎每个文件名都带有扩展名。如果没有扩展名，那么操作系统就无法辨别这个文件属于什么类型，也就无法判断使用什么软件处理此文件。Windows 系统中文件常用的扩展名及对应的文件类型见表 2-2。

表 2-2　常用文件扩展名及其文件类型

扩展名	文件类型	扩展名	文件类型
exe	可执行程序	doc、docx	Word 文档
sys	系统文件	xls、xlsx	Excel 电子表格文件
zip、rar	压缩文件	ppt、pptx	PowerPoint 演示文稿文件
txt	文本文档	mdb、accdb	Access 数据库文件
pdf	便携式文档	bmp、png、jpg	图像文件
htm、html	网页文件	mp3、wav、mid	音频文件
wps	金山文档	mp4、mpg、mpeg	视频文件

　　Windows 操作系统可以隐藏已知文件类型（即操作系统当前可以识别的文件）的扩展名，隐藏或者显示已知文件类型扩展名，可以通过在文件资源管理器窗口中选择"查看"选项卡，然后在对应功能区选择"选项"按钮，在弹出的"文件夹选项"对话框中选择"查看"选项卡，在"隐藏已知文件类型的扩展名"复选项前选择隐藏或者显示。如图 2-20 所示。

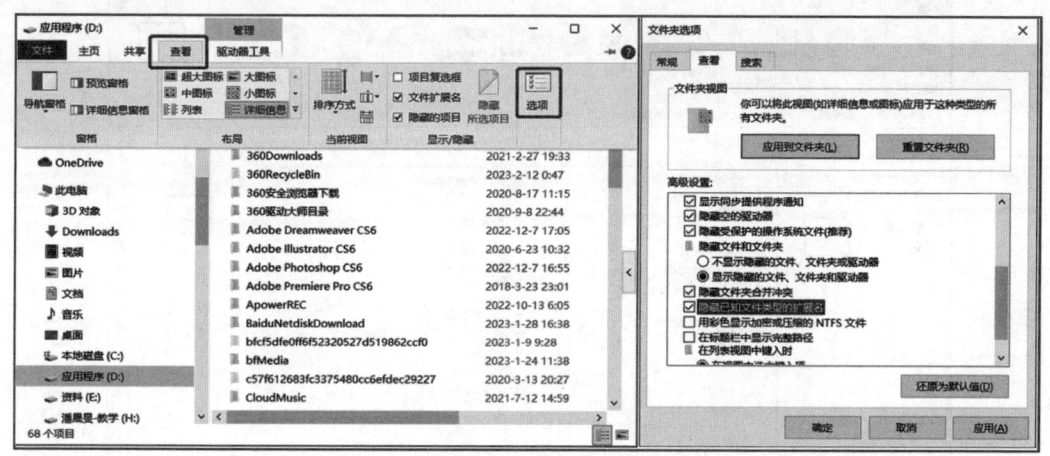

图 2-20　显示或隐藏已知文件类型的扩展名

（2）文件路径

Windows 采用树型目录管理文件夹及文件，同一文件夹下的文件不允许重名。树型目录有利于文件分类管理，提高了检索文件的速度，方便用户进行存取控制。Windows 系统采用文件路径来描述文件在目录树中的位置。文件路径在书写时，可分为绝对路径和相对路径两种形式：

• 绝对路径

绝对路径是指从树型目录结构顶部的根目录开始到达目标目录或文件的路径，即完整描述目标目录或文件位置的路径。在 Windows 系统中，绝对路径往往从盘符开始书写，例如"C:\windows\system32\cmd.exe"。绝对路径书写时也可以省略盘符，形如"\windows\system32\cmd.exe"，此时无论当前路径是什么，都会自动地从当前盘的根目录开始查找指定的目标。在绝对路径的表示中，第一个"\"代表顶层的根目录，后面的"\"是各级子目录之间的分隔符。

- 相对路径

相对路径是从当前目录开始的路径。例如，当前目录为"C:\windows"，那么要描述"C:\windows\system32\cmd.exe"就可以用相对路径"system32\cmd.exe"。事实上，前述目标文件的相对路径严格的写法应为".\system32\cmd.exe"，其中"."表示当前目录，在通常情况下可以省略。在相对路径中，".."代表上一层目录，也叫父目录。若当前目录为"C:\program files\common files"，在此目录下用相对路径描述"C:\windows\system32\cmd.exe"，需表示为"..\..\windows\system32\cmd.exe"。

2. 文件资源管理器

文件资源管理器是 Windows 10 组织和管理文件及文件夹的重要工具。利用它所提供的功能，用户可以快速完成对计算机系统中的文件及文件夹资源的查看、定位和管理。可以通过"Win+E"快捷键；单击"开始"按钮，在开始菜单的"Windows 系统"项目中单击"文件资源管理器"；右击"开始"按钮，选择"文件资源管理器"等方式打开文件资源管理器，如图2-21所示。

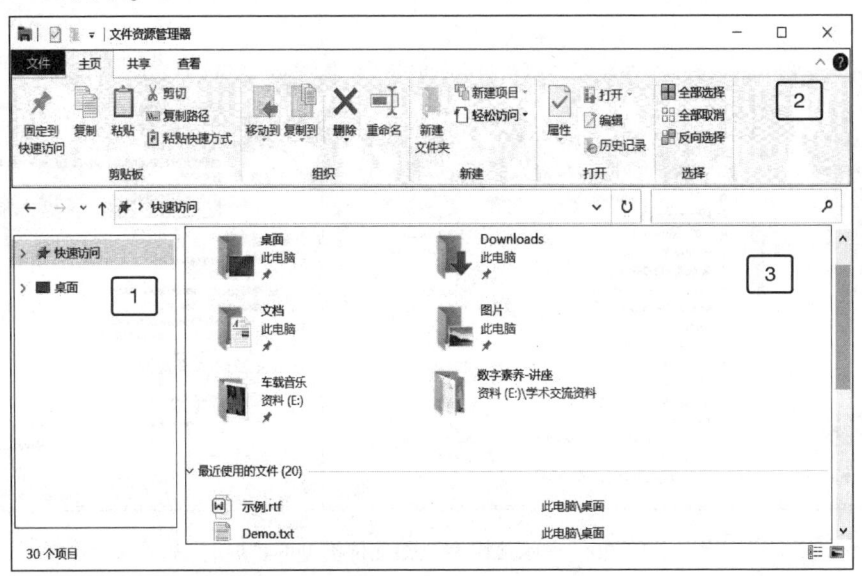

图2-21 文件资源管理器

文件资源管理器界面按照功能，总体可以分为3个区域：

（1）导航窗格区

导航窗格区以树型目录的形式提供了系统文件资源的总览。在导航窗格内，可以快速访问文档、图片库、本地及云端的存储资源。还可以在导航窗格内自定义快速访问资源。

（2）文件资源管理器功能区

文件资源管理器的功能区包含4个选项卡，每个选项卡均具有不同的命令功能组。4个选项卡及所包含的主要任务功能如下：

- "文件"选项卡

该选项卡中含有一组菜单，主要用于打开另一个文件资源管理器窗口、为用户定制打开命令窗口、更改或配置有关文件管理器的行为方式等。
- "主页"选项卡

该选项卡提供的功能是进行文件及文件夹操作的"主战场"。创建、打开、选择、复制、移动、重命名、删除文件及文件夹等操作均可在此完成。
- "共享"选项卡

该选项卡的对应功能区提供了不同的共享文件和文件夹方式。例如可以通过电子邮件发送文件、压缩一个文件夹以占用较少的空间、打印或传真文件、与其他用户或网络共享等。
- "查看"选项卡

该选项卡所含的功能允许用户更改 Windows 显示文件和文件夹的方式。例如：添加其他窗格以显示文件的预览或详细信息、将文件和文件夹的布局从图标更改为列表、对文件夹的内容进行排序、隐藏选定的文件夹或文件等。

（3）内容浏览区

该区域呈现选定目录中的内容。若导航窗格中选定了"快速访问"，则该区域会显示如图 2-21 所示的"常用文件夹"和"最近使用的文件"。

3. 文件及文件夹的基本操作

（1）选定文件和文件夹

如果准备对文件和文件夹进行操作，首先应选定文件和文件夹，其操作方式有如下 5 种。
- 选择单个文件或文件夹

将鼠标指针指向文件或文件夹图标，单击鼠标左键即可选择单个文件或文件夹。
- 选择连续的多个文件或文件夹

选择连续多个文件或文件夹中的第一个对象，然后将鼠标指针指向最后一个对象，按住 Shift 键的同时单击鼠标左键即可选择连续的多个文件或文件夹。
- 选择一组相邻的文件或文件夹

选择多个相邻的文件或文件夹，将鼠标指针移动到要选定范围的一角，按住鼠标左键不放进行拖动，出现一个浅蓝色半透明的矩形框。当矩形框框选住所有文件或文件夹后，释放鼠标左键，即可选中矩形框内的所有文件及文件夹。
- 选择不连续的多个文件或文件夹

选择多个文件或文件夹中的任意一个对象，按住 Ctrl 键的同时依次单击其他准备选择的文件或文件夹图标，这样即可选择不连续的多个文件或文件夹。
- 选择全部文件或文件夹

在文件资源管理器中单击"主页"选项卡，在"选择"功能组选中"全部选择"按钮，或者用"Ctrl + A"快捷键，均可选中当前窗口中的全部文件及文件夹。在"选择"功能组中还有"全部取消"和"反向选择"按钮，为用户提供了灵活多样的文件及文件夹的选择方式。

（2）新建库、文件夹和文件

在桌面或者文件资源管理器的空白处单击鼠标右键，然后选择快捷菜单中的"新建"命令，在其子菜单中选择"文件夹"命令即可创建文件夹，选择其他选项即可创建相应类型的文件。例如选择"文本文档"，则会创建一个文本文件（档）。

通过文件资源管理器的"主页"选项卡中的"新建"功能组，不但可以新建文件及文件夹，还可以新建"库"。

在 Windows 10 中，库是一种特殊的文件夹，它是虚拟的。库可以将分布在硬盘上不同位置的文件整合起来。在库中存储的是这些文件的索引信息，而并没有改变这些文件的原始存储路径。例如可以将分布在 C 盘、D 盘和 E 盘等不同位置的歌曲文件整合到名为"音乐"的库中。这样可以在不改动文件存放位置的情况下集中管理，提高了工作效率。在文件资源管理器中，库默认是隐藏的，可以在导航窗格区空白处单击鼠标右键，在快捷菜单中选择"显示库"，进行库的显示，如图 2-22a 所示。

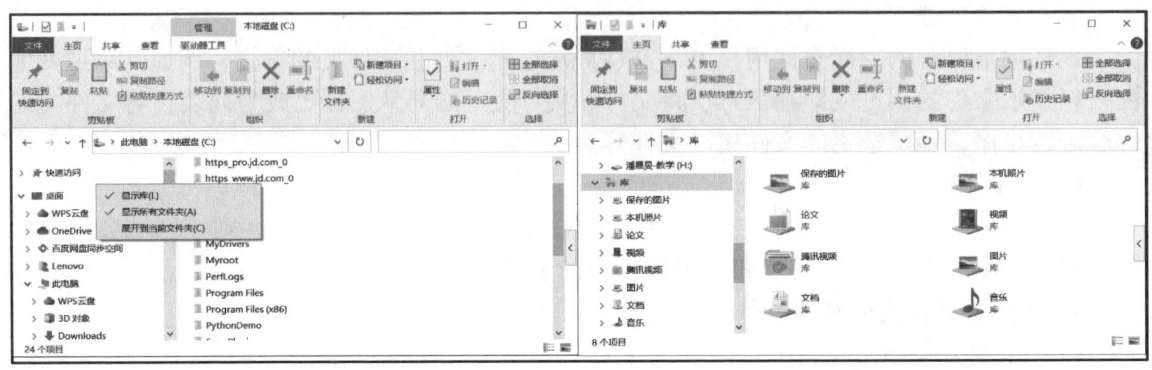

图 2-22 库的显示设置及打开后的窗口
a) 设置显示库 b) 打开后的库窗口

Windows 10 默认创建有 4 个库，分别是"文档""视频""音乐"和"图片"，如图 2-22b 所示。用户可以根据需要，创建新的库，创建方法同文件夹的创建。

当文件资源管理器左侧导航窗格选择了库，则"主页"选项卡"新建"功能组的"新建项目"下拉框中选择新建的就是库，如图 2-23a 所示；而导航窗格中若选择了磁盘或者文件夹，则"新建项目"下拉框中则是各类要创建的文件类型，如图 2-23b 所示。

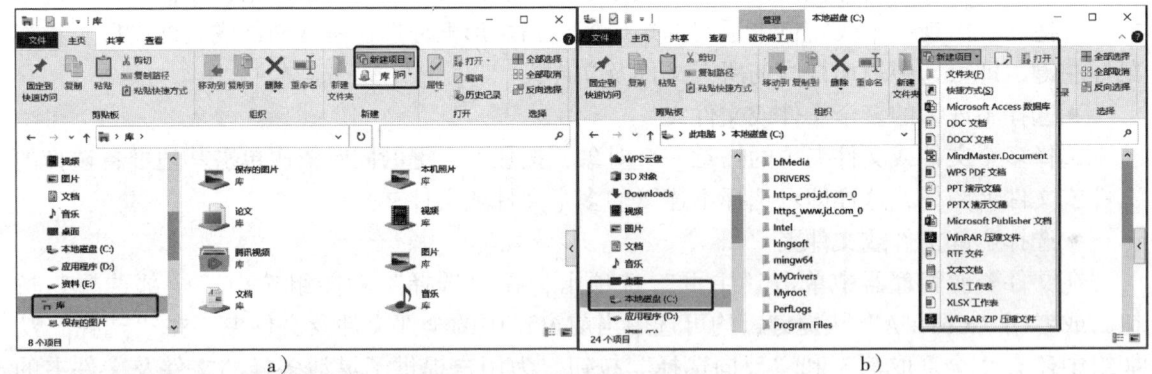

图 2-23 创建库及创建文件
a) 选择创建库 b) 选择创建各类文件

(3) 重命名文件或文件夹

文件及文件夹重命名的方式有如下 3 种：
- 通过快捷菜单重命名

在要重命名的文件或文件夹图标上单击鼠标右键，在快捷菜单上选择"重命名"。

● 通过文件资源管理器重命名

在文件资源管理器中，先选中要重命名的文件或文件夹，然后单击"主页"选项卡，在"组织"功能组选择"重命名"命令按钮。

● 利用鼠标快速重命名

先通过鼠标指针选中要重命名的文件或文件夹，然后再单击鼠标左键（即两次单击），此时文件名或文件夹名处于可编辑状态，即可进行重命名，如图 2-24 所示。

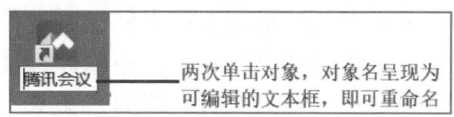

图 2-24　快速重命名

（4）复制和移动文件或文件夹

复制文件和文件夹是指在某个新的存储位置为所选文件或文件夹创建备份，原位置的文件或文件夹仍然保留。移动文件和文件夹指将文件或文件夹由当前位置移动至其他位置，原位置的文件或文件夹不保留。

复制文件或文件夹的操作方法有：

● 拖曳法

若要复制的文件或文件夹与复制的目标位置位于不同的磁盘下，用鼠标选择要复制的文件或文件夹，将文件或文件夹拖曳到目标位置，松开鼠标即可完成复制；若要复制的文件或文件夹与复制的目标位置位于同一磁盘下，则需按住 Ctrl 键，同时拖曳鼠标才可完成复制。

● 剪贴板法

用鼠标选择要复制的对象，使用快捷键"Ctrl + C"将选中的对象复制到剪贴板中，选择目标位置后，使用快捷键"Ctrl + V"完成复制。

剪贴板（ClipBoard）是内存中的一块区域，其空间大小是可变的。剪贴板是 Windows 系统中一个非常有用的工具，用来临时存放信息，用于在各种应用程序之间传递和共享信息。剪切或复制时，选中的对象自动保存在剪贴板中，可以被粘贴无数次，直到再次剪贴或复制另外的信息为止。剪贴板信息在停电、退出 Windows 或有意清除时，存储的信息将被清空。在 Windows 10 系统中，可以通过快捷键"Win + V"打开剪贴板并查看其中存放的内容。

注意，因为同一文件夹下文件及文件夹不能重名，若复制的位置与复制目标位置相同，则 Windows 系统会自动为新复制的文件或文件夹重命名，以确保不会发生重名的冲突。

移动文件或文件夹同样有两种方法：

● 拖曳法

若要移动的文件或文件夹与移动的目标位置位于同一磁盘下，用鼠标选择要移动的文件或文件夹，将文件或文件夹拖曳到目标位置，松开鼠标即可完成移动；若要移动的文件或文件夹与移动的目标位置位于不同的磁盘下，则需按住 Shift 键同时拖曳鼠标方可完成移动。

● 剪贴板法

用鼠标选择要移动的对象，使用快捷键"Ctrl + X"将选中的对象移动到剪贴板中，选择目标位置后，使用快捷键"Ctrl + V"完成移动。

通过文件资源管理器，同样可以完成与拖曳法及剪贴板法等效的复制与移动操作。在"主页"选项卡的"组织"功能组完成的复制和移动操作等同于拖曳法；在"主页"选项卡的"剪贴板"功能组完成的复制和移动操作等同于剪贴板法。

(5) 删除及恢复文件或文件夹

删除文件或文件夹的操作方法有：
- 选中要删除的对象，按 Delete 键；
- 在要删除对象上单击鼠标右键，用快捷菜单中的"删除"命令；
- 选中要删除的对象，用鼠标将其拖曳到桌面或文件资源管理器的"回收站"中；
- 利用文件资源管理器的"主页"选项卡的"组织"功能组，单击删除按钮进行删除。

上述方法在删除时，系统会弹出删除确认对话框，单击"确定"按钮后，删除的对象被移入"回收站"，若清空回收站，这些对象将被彻底删除，也可以在回收站中选择"还原"，撤销相应的删除，还原的对象将在原存储位置被恢复。

回收站是硬盘上一个用于临时存放用户删除文件的空间。从硬盘删除任何项目时，Windows 将该项目放在回收站中。从 U 盘以及移动硬盘等移动介质删除的项目将被永久删除，不能移动到回收站。在桌面或者文件资源管理器中双击"回收站"图标，可以打开回收站，查看或者清空、还原选中的对象。鼠标右击回收站图标，选择快捷菜单中的"属性"命令，可以查看并调节回收站的空间大小，如图 2-25 所示。

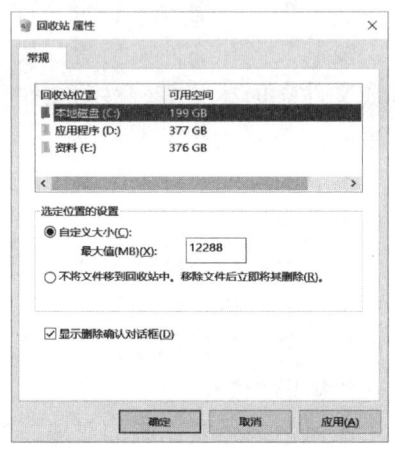

回收站是硬盘上的空间，所以关机、断电之后，回收站中存储的删除对象不会清空。在删除文件或文件夹时，如果同时按下 Shift 键，系统将弹出永久删除对话框，单击"确定"按钮，文件或文件夹将不进入回收站，被永久删除。文件资源管理器中的"删除"按钮，也可

图 2-25　回收站属性对话框

以选择是否进行永久删除以及是否显示回收确认（即是否显示确认删除的对话框）。

(6) 搜索文件和文件夹

在 Windows 系统中搜索文件及文件夹时，经常用到通配符。通配符有两个，分别是星号"*"和问号"?"，"*"代表一个或者任意多个字符，而"?"代表任意 1 个字符。例如搜索 C 盘下的所有 MP3 格式文件，可以输入"*.mp3"。

搜索的方法有：
- 鼠标右击"开始"按钮，选择"搜索"命令；
- 在文件资源管理器的"搜索框"内搜索。

搜索时，可以在文件资源管理器"搜索"选项卡"优化"功能组内设置"修改日期""大小""类型"等条件，以缩小搜索范围，提高搜索效率。设置搜索条件的功能按钮如图 2-26 所示。

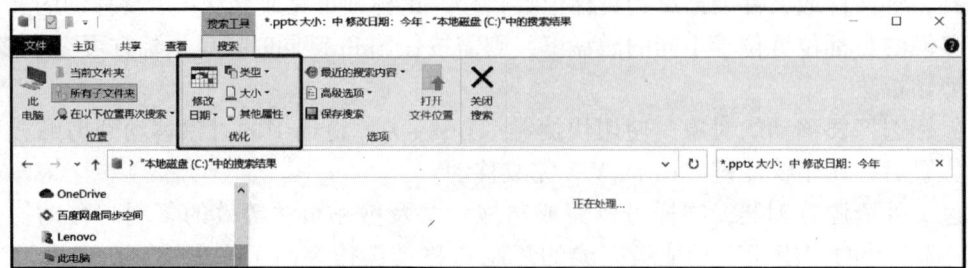

图 2-26　设置搜索条件

(7) 修改文件或文件夹属性

在 Windows 10 中，文件具有"只读"和"隐藏"两种属性。修改文件或文件夹属性的方法为：选中要修改属性的文件或文件夹，单击鼠标右键，在快捷菜单中选择"属性"命令，在属性对话框中选择要设定的属性，单击"确定"按钮。

通过文件资源管理器的"主页"选项卡，选择"属性"命令，同样可以打开选中对象的属性对话框进行属性的查看及修改。

(8) 文件或文件夹的显示/隐藏

如果不希望某些文件或文件夹被其他人看见，可以将其属性设置为"隐藏"。隐藏文件或文件夹的操作方法有：

• 将文件或文件夹的属性设为"隐藏"

设置方法与修改文件或文件夹属性方法相同。

• 通过文件资源管理器设置隐藏

在文件资源管理器中，选择"查看"选项卡，在"显示/隐藏"功能组，通过"隐藏所选项目"命令按钮，设置所选对象为"隐藏"或"不隐藏"。如图 2-27 所示。

图 2-27 文件资源管理器隐藏设置

用户可以根据需要，设置是否对设置为"隐藏"属性的文件或文件夹进行显示。方法为：在文件资源管理器"查看"选项卡的功能区内，单击"选项"命令按钮，在打开的"文件夹选项"对话框内，设置"隐藏文件和文件夹"中的单选按钮，确定隐藏或者显示相关的对象。如图 2-28 所示。

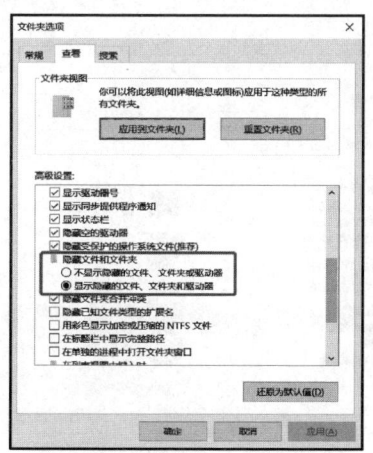

图 2-28 显示或隐藏设置过"隐藏"属性的对象

2.4 Windows 10 控制面板

控制面板（Control Panel）是 Windows 管理和维护计算机系统的重要工具。Windows 10 已经将传统控制面板的许多功能移至"设置"应用程序中，但控制面板仍具有允许用户查看并操作基本系统设置的丰富功能，例如添加/删除软件，控制用户帐户，更改辅助功能选项等。

2.4.1 控制面板的基本操作

Windows 10 可以通过多种渠道打开控制面板，较为常用的方法是：

1）单击"开始"按钮，选择开始菜单中"Windows 系统"，再选择命令组中的"控制面板"。

2）单击"开始"按钮，选择"设置"，在"设置"对话框中的搜索框内输入"控制面板"后打开控制面板，如图 2-29 所示。

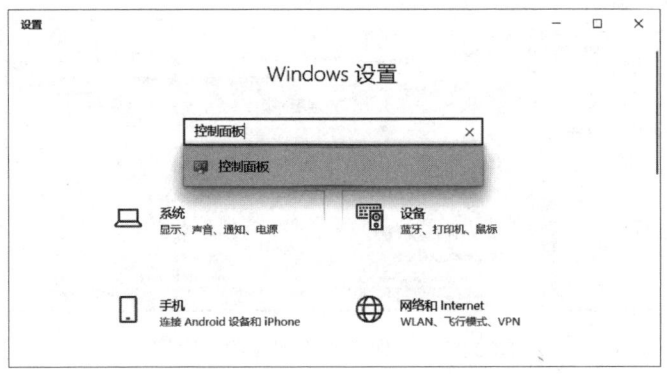

图 2-29　在"设置"对话框中打开控制面板

控制面板默认的显示方式为"类别"，显示了"系统和安全""用户帐户""网络和 Internet""外观和个性化""时钟和区域""硬件和声音""程序"和"轻松使用"八个类别，如图 2-30 所示。

图 2-30　控制面板工作界面

除了按照类别查看以外，控制面板还提供了"大图标"和"小图标"的查看方式，用户可以点选图 2-30 所示控制面板窗口右上角的"查看方式"下拉菜单切换查看方式。

下面分别就控制面板的用户帐户管理、设备管理和磁盘管理功能展开详细介绍。网络和 Internet 管理功能也是控制面板提供的一项重要管理功能，此功能将在本书第 7 章进行详细的介绍。

2.4.2 用户帐户管理

Windows 10 可以设置多个帐户，每个帐户拥有独立的帐户名称和密码，并分配有不同的权限。控制面板的"用户帐户"功能可以对用户帐户的用户名、密码、类型、图片、控制设置等进行有效的管理。值得注意的是，Windows 10 的部分控制面板管理功能与"设置"工具的管理功能是一致的，在控制面板中对这些功能进行设置时，就会转到"设置"窗口中完成。

1. 更改当前帐户名称/密码/帐户类型

在控制面板中，选择"用户帐户"下方的"更改帐户类型"，切换至"管理帐户"窗口界面，用鼠标单击选择要管理的帐户，在切换出现的"更改帐户"窗口界面，即可完成对该帐户的名称、密码和帐户类型的修改，如图 2-31 所示。

在控制面板中更改帐户类型时，有两种帐户类型供选择，分别是"管理员"和"标准帐户"。

2. 在"设置"中更改帐户信息

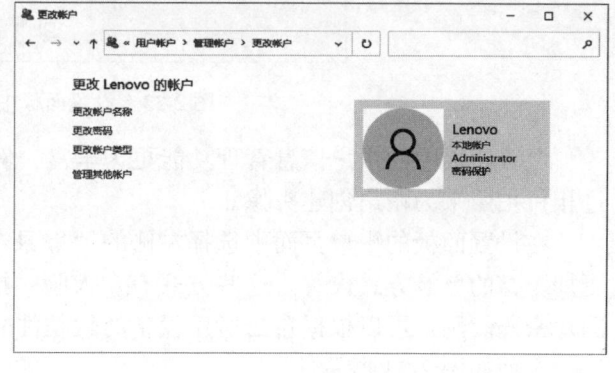

图 2-31　在控制面板中更改帐户信息

Windows 10 在控制面板中，提供了跳转到设置面板的链接，以进一步进行相关功能的设置。帐户信息的更改，也可以在设置面板中完成。选择控制面板中的"用户帐户"，单击"用户帐户"界面中的"用户帐户"，即可呈现"在电脑设置中更改我的帐户信息"链接，如图 2-32 所示。

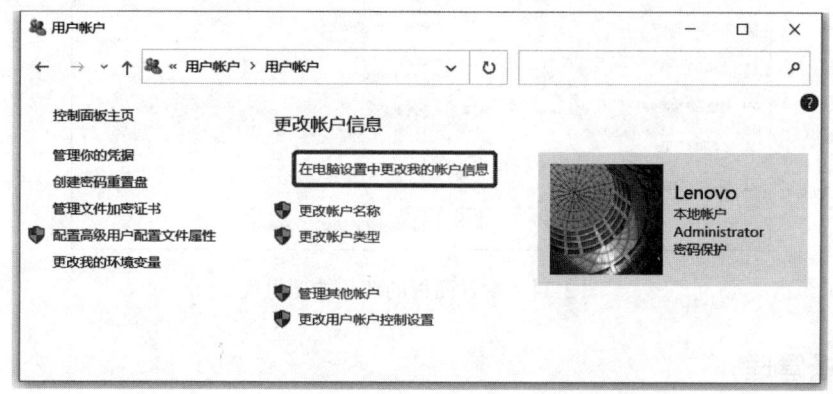

图 2-32　控制面板中提供的向设置面板的跳转链接

单击图 2-32 所示的跳转链接，就可以打开设置面板，进一步设置帐户的相关信息，如图 2-33 所示。

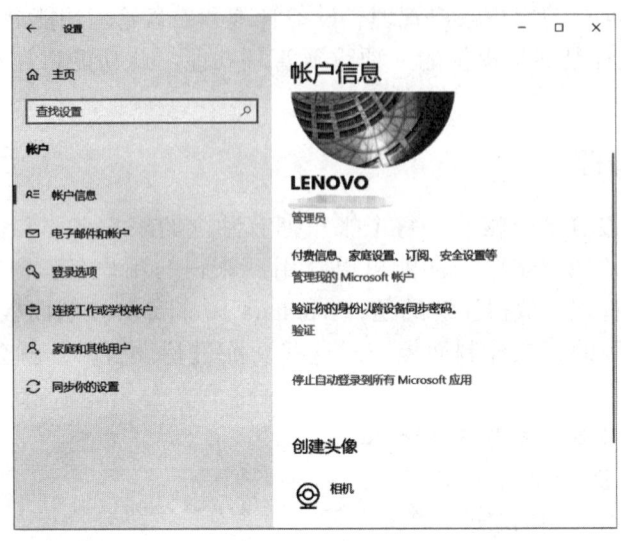

图 2-33　设置面板中的帐户信息

设置面板中的帐户信息管理功能更为丰富，例如在具有摄像头的计算机中，可以直接通过相机拍照来为帐户创建头像。

在设置面板的帐户页面中选择左侧的"登录选项"，打开登录选项设置页面，可以进行更加丰富的登录方式设置。这些方式有：人脸、指纹、PIN、安全密钥（物理设备）、密码、图片密码。用户可以根据自己所用设备的软硬件配置自由选择运用哪些登录验证方式。登录选项页面如图 2-34 所示。

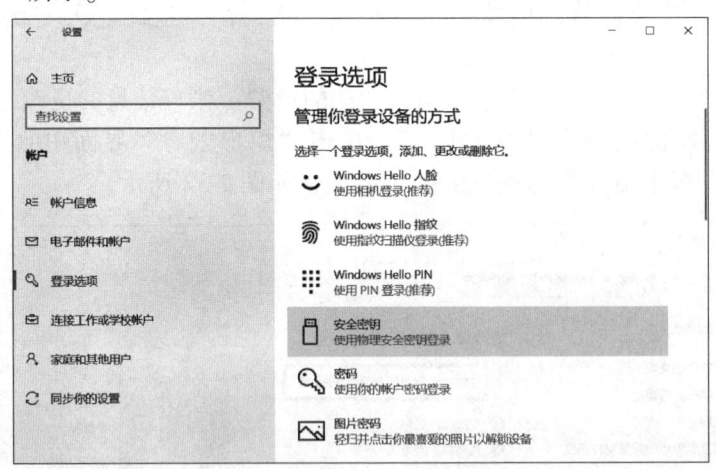

图 2-34　设置面板的登录选项页面

2.4.3　设备管理

控制面板通过设备管理器管理计算机系统硬件。使用设备管理器可以确定计算机上已安装的设备、更新设备的驱动程序软件、查看硬件是否正常工作以及修改硬件设置等。

1. 打开设备管理器

在控制面板的"类别"查看界面，单击"硬件和声音"，在"硬件和声音"界面中单击"设备管理器"即可打开设备管理器。如图 2-35 所示。

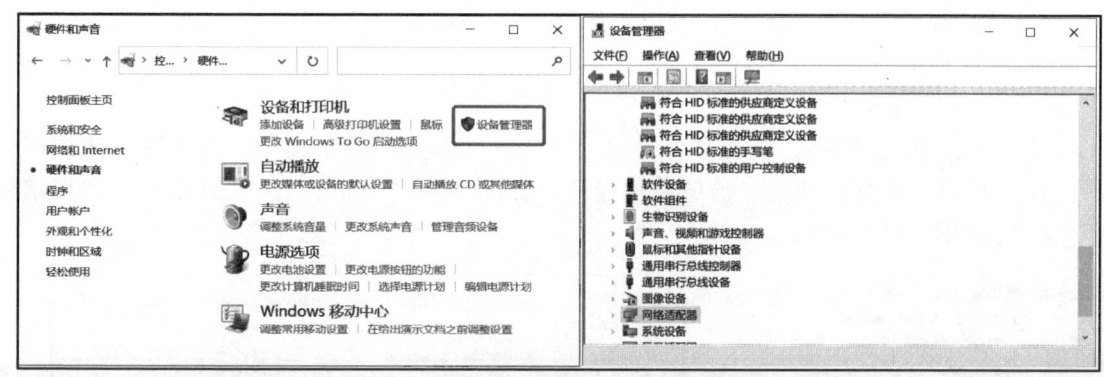

图 2-35　在控制面板中打开设备管理器

通过设备管理器可以查看当前计算机中安装了哪些硬件设备，并且可以对具体设备的属性信息进行查看。在"设备管理器"窗口中选择"查看"菜单，可选择硬件设备的排列方式。鼠标右键单击设备，在弹出的快捷菜单中选择"属性"，即可查看设备的常规、驱动程序、资源等信息。设备属性窗口如图 2-36 所示。

2. 设备的驱动程序管理

驱动程序是一种允许计算机与硬件设备之间进行通信的软件。驱动程序相当于硬件的接口，操作系统只有通过这个接口，才能控制硬件设备的工作，假如某设备的驱动程序未能正确安装，便不能正常工作。设备管理器提供了完备的驱动程序管理功能。

在"设备管理器"窗口中选择某一硬件设备，然后单击鼠标右键，在弹出的快捷菜单中选择"更新驱动程序软件"命令项。根据系统提示选择相应的安装驱动程序的方式后逐步进行相应选择即可完成驱动程序的安装或者更新。

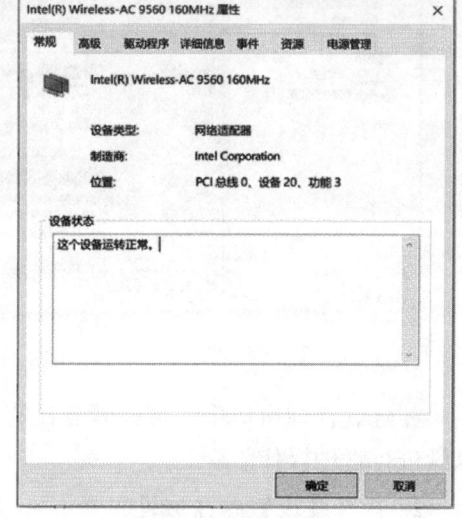

图 2-36　设备属性窗口

也可以将硬件的驱动程序从计算机中删除。删除硬件驱动程序的操作方法为：打开"设备管理器"窗口，选择需要删除的硬件设备，选择"操作"菜单，在下拉菜单中选择"卸载设备"命令项，在弹出的"卸载设备"对话框中选择"删除此设备的驱动程序软件。"复选框，单击"卸载"按钮即可删除该设备的驱动程序，同时可以将该设备从计算机中移除。卸载设备对话框如图 2-37 所示。

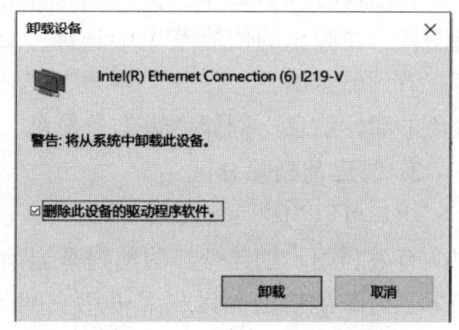

图 2-37　卸载设备对话框

2.4.4 磁盘管理

控制面板提供了丰富的硬件管理工具，磁盘管理工具就是其中的一种。磁盘管理工具可以管理计算机的磁盘、卷和分区，可以对磁盘进行格式化、整理碎片、压缩磁盘空间等操作，以提高计算机的使用效率。

1. 打开磁盘管理工具

打开控制面板，选择查看方式为"小图标"。选择"管理工具"，再选择"计算机管理"。在打开的"计算机管理"窗口左侧选择"存储"→"磁盘管理"，就打开了"磁盘管理"窗口，如图 2-38 所示。

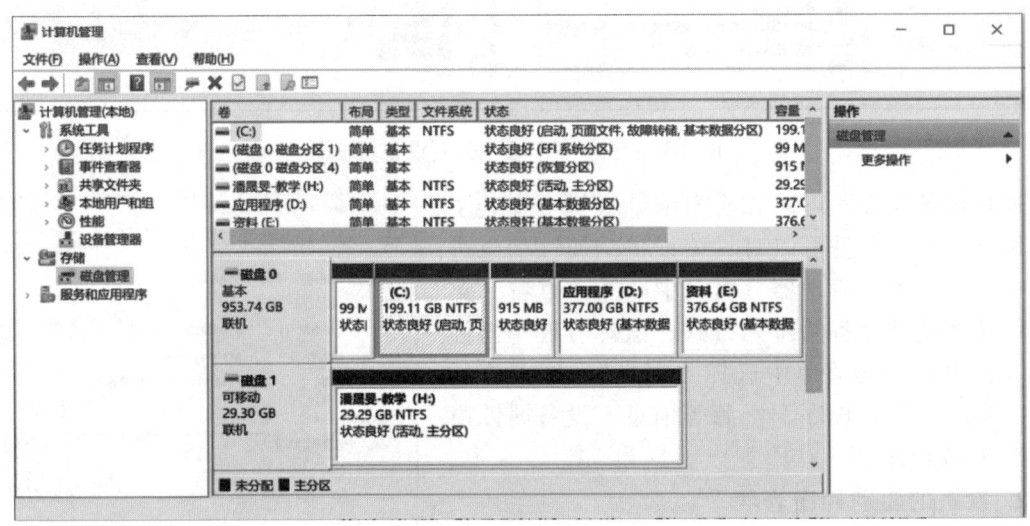

图 2-38 "磁盘管理"窗口

在磁盘管理窗口中，可以看到计算机的磁盘、分区、格式、状态、容量等信息，并可对磁盘进行管理操作。

2. 查看及设置磁盘属性

磁盘的属性通常包括磁盘类型、文件系统、空间大小、卷标信息等常规信息，以及磁盘查错、碎片整理等处理程序和磁盘的硬件信息等。

在磁盘管理窗口中，鼠标右键单击要查看属性的磁盘图标，在弹出的快捷菜单中选择"属性"菜单项，即可查看到磁盘属性。在其"常规"选项卡中，可以设置磁盘的卷标信息，例如"数据备份盘"，如图 2-39 所示。

3. 创建及删除分区

用户可以为磁盘创建合理的分区，以实现对磁盘空间的有效利用。创建分区的前提是当前磁盘有可用空间。如果当前磁盘均已分区，无可用空间，可以先对某一磁盘分区进行压缩，以增加可用空间。方法为：在磁盘管

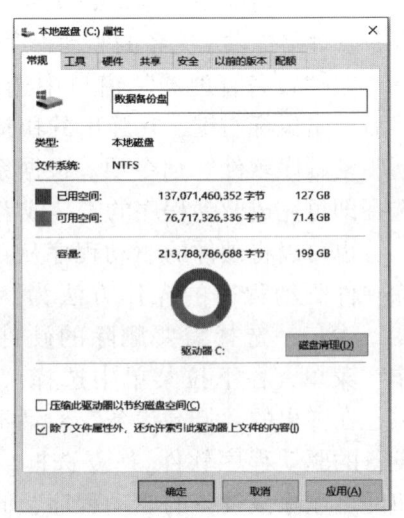

图 2-39 磁盘属性对话框

理器窗口中，右击要压缩的分区，在快捷菜单中选择压缩，如图 2-40a 所示。然后在可用空间上右击鼠标，在快捷菜单中选择"新建简单卷"命令，如图 2-40b 所示。

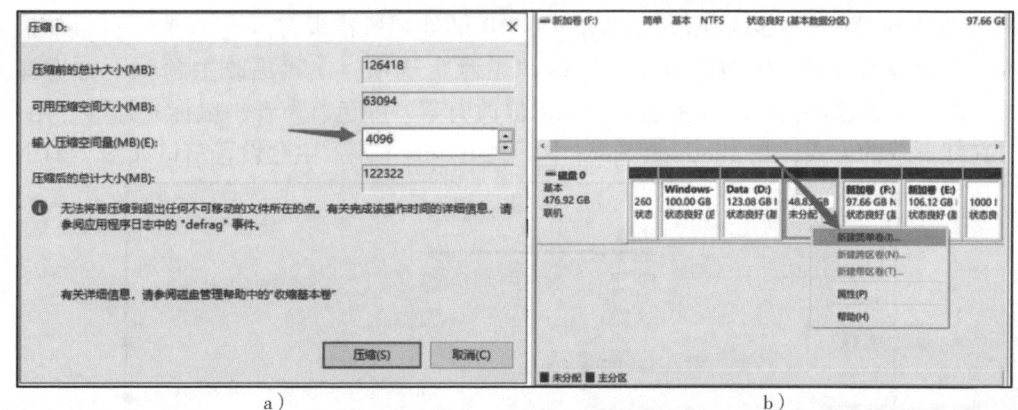

图 2-40　压缩卷及新建简单卷窗口
a）压缩卷窗口　b）新建简单卷窗口

在"新建简单卷"命令执行中，用户可以根据向导，填写分区的容量，为新建的分区分配驱动器号，驱动器号可在字母 A～Z 之间选择，但不能与现有分区的驱动器号重复。Windows 10 在安装时会为每个磁盘分区自动分配驱动器号，默认从"C"开始，"A"和"B"预留给曾经广泛使用的软盘驱动器。

现有的分区也可以删除，在"磁盘管理"窗口中，右击要删除的分区，在弹出的快捷菜单中选择"删除卷"即可删除分区，删除后的分区空间重新成为可用空间供用户重新调整、创建新的分区。注意删除分区前要备份分区内的重要数据以防丢失。

4. 磁盘查错及优化

在磁盘属性对话框中，选择"工具"选项卡，可以对磁盘进行查错和优化。查错是指检查相应分区（驱动器）中的文件系统错误，若检查发现错误，用户可以选择是否利用该工具进行力所能及的修复。

磁盘优化包括了磁盘清理和整理磁盘碎片。磁盘清理可以将磁盘上无用的临时文件、应用软件的缓存文件、回收站的删除文件等清除，以释放磁盘空间。磁盘长期读写会产生许多不连续的结构杂乱的"磁盘碎片"，影响磁盘的读写效率，磁盘碎片整理程序可以对"磁盘碎片"进行整理，使其整合为连续的可用磁盘空间。

2.5　个性化设置 Windows 10

Windows 10 为用户提供了丰富的个性化设置功能，目的是为用户创造更加个性化的使用体验。

2.5.1　个性化设置桌面

桌面的个性化设置，集中体现在通过桌面快捷菜单的"个性化"命令可以进入的个性化设置窗口里。该窗口也可以通过单击开始菜单中的"设置"命令，打开"设置"窗口，然后选择"个性化"进入。

1. 设置主题

主题是背景图片、窗口颜色、声音、鼠标光标的组合。它为用户提供了完整的图形界面外观搭配协调的模版，可以快速完成 Windows 10 的外观风格设置。

在个性化设置窗口左侧的面板中，选择"主题"选项，在"更改主题"下方选择主题。用户还可以根据自己的喜好，在主题的基础上修改背景、颜色、声音、鼠标光标等。用户还可以通过在线下载的方式，在 Microsoft Store 中下载更多的主题。主题设置窗口如图 2-41 所示。

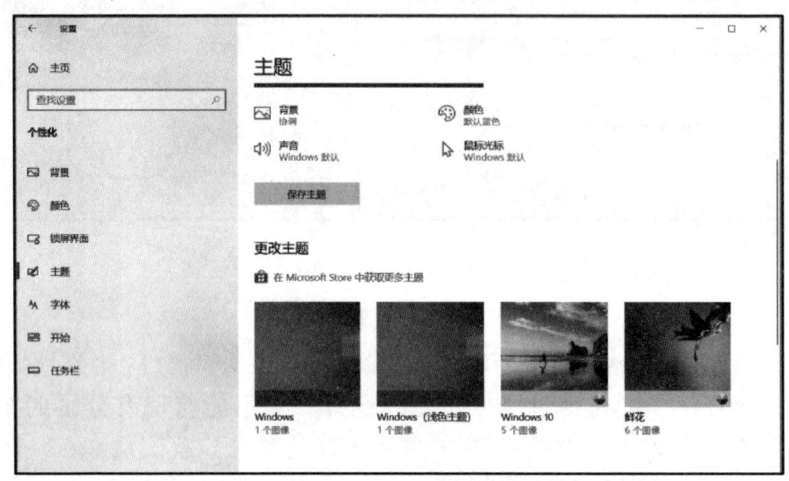

图 2-41 "主题设置"窗口

2. 设置锁屏

锁屏功能主要是为了保护用户的隐私和计算机系统的安全，还可以在不关机的情况下节能，锁屏所用的图片被称为锁屏界面。Windows 10 提供的个性化锁屏设置有：

1）在锁屏界面添加天气详情等快速状态的应用。

2）设置启动锁屏的时间。

3）设置屏幕保护程序。

2.5.2 个性化设置任务栏及开始菜单

任务栏和开始菜单是操作 Windows 的重要入口，个性化设置任务栏和开始菜单，将使得 Windows 10 更加符合用户的使用习惯。任务栏和开始菜单的个性化设置集中在个性化设置窗口的"开始"和"任务栏"选项中。

1. 个性化设置任务栏

任务栏的个性化设置主要是通过几组开关滑块控件实现的，这些开关滑块可供用户选择任务栏的锁定/隐藏方式、选择哪些图标出现在任务栏上、选择显示哪些系统图标等。其工作界面如图 2-42 所示。

2. 个性化设置开始菜单

与个性化设置任务栏类似，开始菜单的个性化设置也是通过一系列的开关滑块实现的。因为大量的应用程序都集中在开始菜单中，为提高应用效率，选择性显示是有必要的。值得注意的是，个性化设置开始菜单的开关中，包含一项使用全屏"开始"屏幕，该项功能更加适合于平板设备使用。

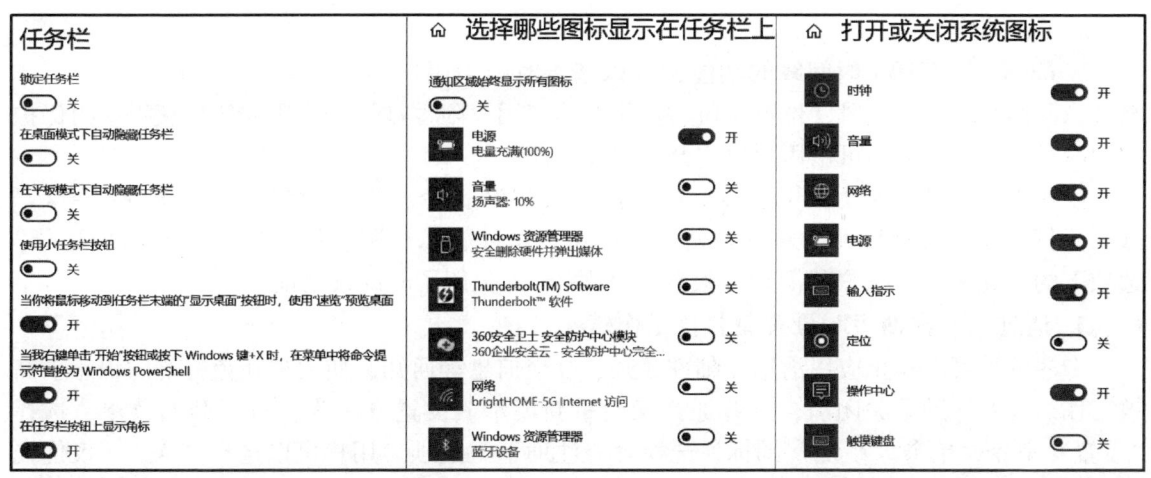

图 2-42　任务栏个性化设置开关

2.5.3　高效工作模式的设置

Windows 10 为夜间工作场景、专注工作场景等提供了个性化设置功能，以提高用户的工作效率，为用户提供一个舒适健康的用机环境。

1. "护眼"模式设置

在 Windows 10 中，增加了"夜间模式"，开启该模式后可以减少屏幕蓝光，在夜晚等光线较暗环境中可以一定程度上减少眼疲劳。设置方法有：

（1）单击任务管理器右侧"通知"图标，打开"通知栏"，在"通知栏"中单击"夜间模式"按钮。此按钮是开关按钮，可以在开启与关闭夜间模式之间切换，如图 2-43 所示。

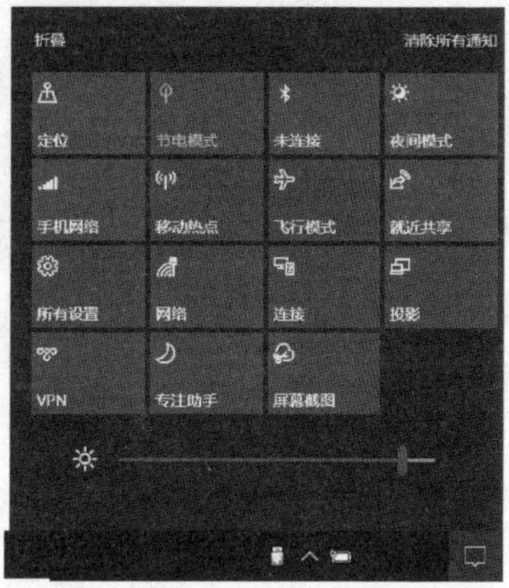

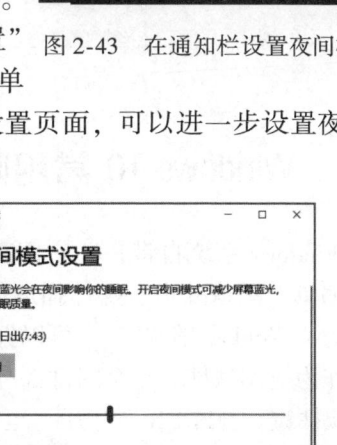

图 2-43　在通知栏设置夜间模式

（2）右击桌面空白处，在快捷菜单中选择"显示设置"命令，打开"显示设置"窗口，单击"夜间模式"选项。单击"夜间模式"下方的"夜间模式设置"，打开夜间模式设置页面，可以进一步设置夜间模式强度和夜间模式开启计划，如图 2-44 所示。

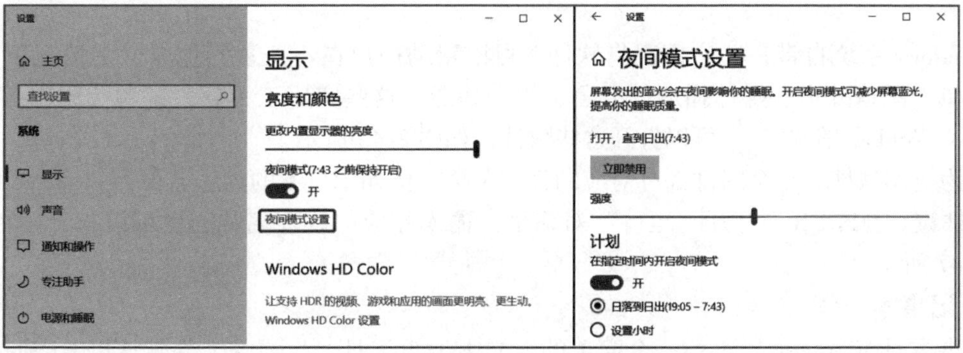

图 2-44　夜间模式设置页面

2. 隐私设置

Windows 10 新增了时间线的功能，可以基于时间为用户创建任务视图跟踪用户的工作轨迹，同时系统的麦克风、位置定位、摄像头等使用权限也被许多应用程序所获得。为保护用户隐私，上述功能均可由用户决定开放或者关闭。

隐私设置的方法为：在开始菜单中选择"设置"命令，进入设置窗口，选择"隐私"选项，打开隐私设置界面，通过系列开关按钮，设置隐私权限。例如将"活动历史记录"选项下的"显示这些帐户的活动"设置为"关"，即关闭了时间线功能。

3. 通过"专注助手"设置免打扰工作模式

专注助手可以禁止应用消息、邮件通知、社交信息等通知，使用户在免打扰的状态下高效工作。当专注助手关闭后，这些通知又会重新展示。设置方法为：打开开始菜单，选择"设置"命令，单击"系统"图标，选择"专注助手"选项。用户可以选择"关""仅优先通知""仅限闹钟"三种模式，并且在"自动规则"下，可以设置何种情况下自动开启"专注助手"。专注助手设置页面如图 2-45 所示。

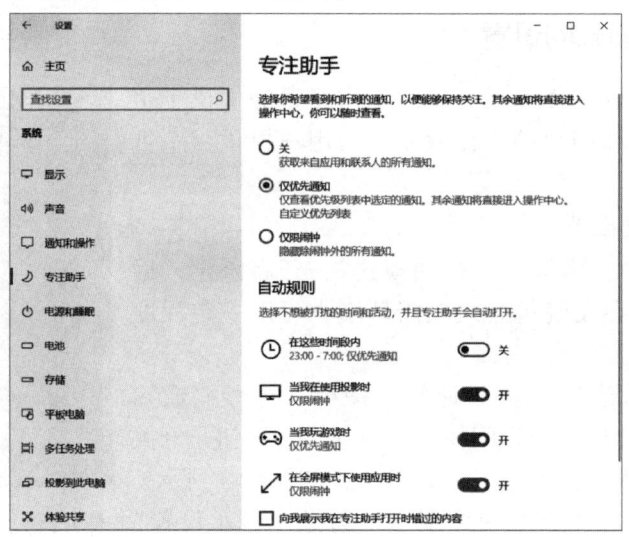

图 2-45　"专注助手"设置页面

2.6　Windows 10 常用附件

Windows 系统自带一些实用工具软件，可以帮助用户在不安装其他软件的情况下，完成文字编辑、图像处理、媒体播放等办公、娱乐功能，这些实用工具软件统称为附件。在开始菜单的"Windows 附件"中可以打开这些附件，如图 2-46 所示。

作为应用软件，每个附件都有对应的程序名称，例如记事本的程序名称为"notepad.exe"，通过快捷键"Win+R"打开"运行"对话框，输入相应的程序名称，也可以打开附件程序。如图 2-47 所示。

1. 记事本

记事本是 Windows 提供的一个简单的纯文本编辑工具，生成的文件默认以 txt 为扩展名，没有格式标签或样式，记事本对应的程序名为"notepad.exe"。

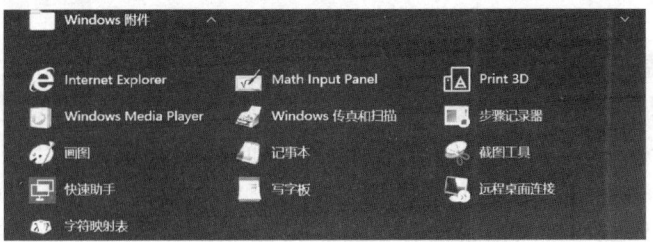

图 2-46　Windows 10 开始菜单中的附件

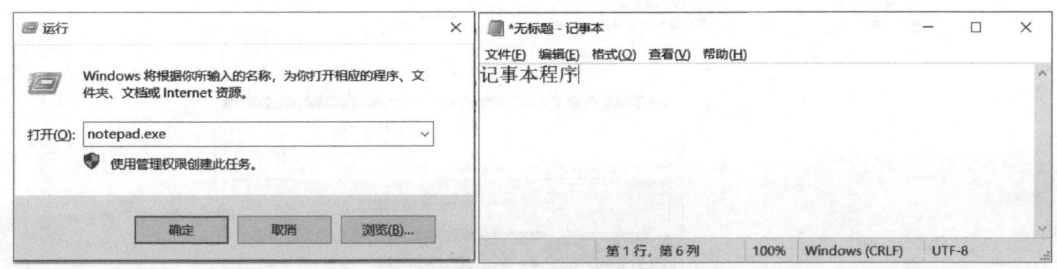

图 2-47　用命令的方式打开附件

2. 写字板

写字板也是一种文本编辑器，相比记事本，写字板有着更加丰富的格式控制功能，可以设置字体格式、段落格式、插入图片、绘图等对象，还具有增强打印预览和缩放等功能。写字板文件默认以 rtf 为扩展名，也可以另存为与 Microsoft Office 兼容的 docx 文件。写字板对应的程序名为"write.exe"。

3. 画图工具

画图工具是 Windows 操作系统经典的图像创建及修改工具，可以通过铅笔、刷子、色彩填充、橡皮擦等工具进行图像绘制或修改现有图像。画图支持 bmp、jpg 和 png 等多种常用的图像格式。画图工具对应的程序名为"mspaint.exe"。

4. 截图工具

截图是获取 Windows 系统中图形界面的常用手段，虽然 Windows 提供了 PrtSc、"Alt + PrtSc"等截屏键和截取当前窗口的快捷键，但附件提供的截图工具给用户以更多的截图模式供选择，并在截图之后可以对截取的图像进行文字标注、高亮标记等编辑处理。截图工具对应的程序名为"SnippingTool.exe"。截图工具工作界面如图 2-48 所示。

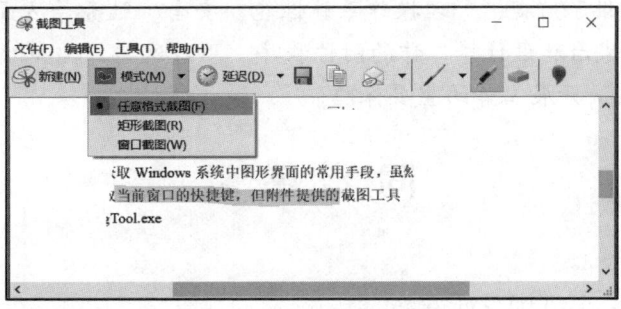

图 2-48　"截图工具"工作界面

5. 步骤记录器

步骤记录器就是可以记录用户使用计算机时的操作步骤，最终可保存为文字形式或图文并茂形式，这对于制作软件使用教程、记录某一任务的操作过程是非常实用的。步骤记录器对应的文件名为"psr.exe"单击步骤记录器工作界面的"开始记录"按钮，即可开启录制，单击"停止记录"，用户在录制期间的动作及截图就将生成记录文档。记录文档默认保存为mht文件，并以zip压缩文件的形式保存下来，可以解压后用浏览器打开并浏览。步骤记录器工作界面如图2-49所示。

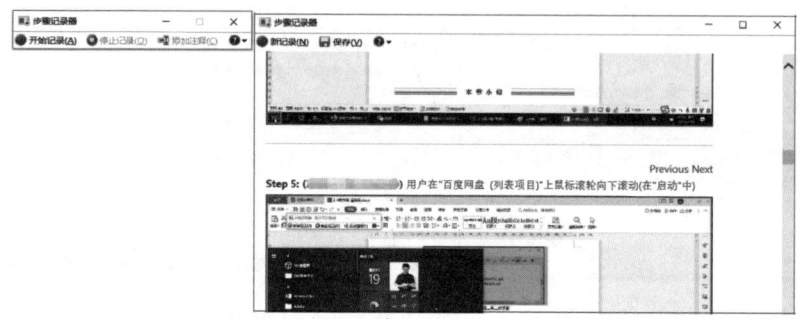

图 2-49 "步骤记录器"工作界面

本 章 小 结

本章介绍了操作系统的基本概念、发展概况、分类依据及操作系统的主要功能。从用户使用的角度介绍了 Windows 10 操作系统的使用和常规设置方法。

操作系统是管理和控制计算机系统软、硬件资源，并为用户提供操作界面和编程接口的系统软件。操作系统的发展总是以满足计算机系统资源管理和高效利用为目标。

操作系统的功能包括用户控制界面、文件管理、设备管理、内存管理和 CPU 管理 5 个部分，此外，当今的操作系统通常还具备基本的网络管理和系统安全管理功能。

Windows 10 操作系统拥有丰富的图形用户界面元素，并提供了个性化设置桌面、任务栏和开始菜单等图形界面对象的功能。提供了"文件资源管理器"，供用户实现对文件资源的管理。Windows 10 的控制面板和设置面板提供了设置和管理系统安全、用户帐户、硬件资源、网络资源等功能。

Windows 10 还提供了监视、管理操作系统性能、安全、服务等方面的一系列管理工具，以及协助用户办公、娱乐和设计等工作的附件程序。用好这些工具和附件程序，也是充分利用 Windows 10 操作系统开展工作的重要保障。

同 步 练 习

【实验题目1】

实验名称：Windows 10 的桌面设置。

实验目的：认识 Windows 10 的桌面组成，掌握 Windows 10 的桌面设置（含任务栏设置）的基本方法。

实验内容：按如下要求完成桌面及任务栏设置。

（1）设置 Windows 10 的桌面背景为"纯色"，填充色为"金色"。

（2）设置 Windows 10 的屏幕保护为"变幻线"，等待时间为 10 分钟，并预览效果。

（3）设置桌面显示"计算机""回收站""控制面板"系统图标，将桌面图标按照"项目类型"进行排列。

（4）将任务栏设置为"在桌面模式下自动隐藏"，并关闭任务栏中的"时钟"和"网络"图标。

【实验题目 2】

实验名称：文件及文件夹操作。

实验目的：掌握文件与文件夹的新建、复制、移动、删除、重命名、属性修改与快捷方式创建的操作。

实验内容：按如下要求完成文件及文件夹操作。

（1）在 C 盘下新建名为"Test"的文件夹，在该文件夹下建立 TA、TB 两个子文件夹。

（2）在 C:\Test 文件夹下新建名称为"海洋保护.txt"的文本文件；在 C:\Test\TA 文件夹下建立名为"长城.BMP"的位图文件。

（3）将"海洋保护.txt"文件移动到 TB 文件夹中，然后将 TB 文件夹复制到桌面。

（4）将 TA 文件夹中的"长城.BMP"文件重命名为"新长城.BMP"，并将其文件属性改为隐藏。

（5）删除 Test 文件夹中的 TB 文件夹，并为"新长城.BMP"创建桌面快捷方式。

第 3 章　Word 2016 文字处理

学习目标：

1. 熟悉 Word 2016 的功能和特点。
2. 了解 Word 2016 的主界面组成以及各个功能区的主要功能。
3. 掌握 Word 2016 对文档的新建、保存，对文字的插入、选择、查找与替换、复制、剪切、粘贴、撤销、重复和恢复等基本操作。
4. 熟练掌握运用 Word 2016 进行文字、段落编辑、图文混合排版及文档打印的方法和技巧。
5. 掌握 Word 2016 中的文字与表格相互转换以及表格的相关处理。
6. 掌握 Word 2016 的目录生成、邮件合并、审阅和导航等部分高级功能。

建议学时：

6 学时。

教师导读：

1. 本章介绍了 Word 2016 的基本概念和使用 Word 进行文档编辑、排版、页面设置、表格制作、图文混排和长文档处理等方面的基本操作。旨在让考生熟悉 Word 2016 的基本功能，能够通过 Word 2016 进行文档的字体、段落和页面级别的排版，能够进行长文档编辑的综合运用。
2. 教学可以采用理论知识脉络结合实例操作的方式，让学生在实践中掌握 Word 文档编辑和排版技术。在实践中体会 Word 2016 在字表处理中对提高办公效率的重要作用，并将在 Word 2016 中学习的"选项卡→功能组"式的操作习惯迁移到其他 Office 2016 组件的应用之中。
3. 本章学习之后，考生应完成同步练习以巩固所学。

3.1　Word 2016 基础

Word 2016 是 Microsoft Office 办公套装软件的组件之一，是一款具有丰富功能、易学易用的文字处理软件。Word 2016 可以用于文件、信函、论文和书刊等文档的排版，也可用于月报、销售清单等表格的制作。为人们在办公和生活中的文档处理、发布和打印提供了极大的方便。

3.1.1 认识 Word 2016

认识 Word 2016 的启动、关闭、应用程序窗口的构成以及选项卡的功能等，是进一步熟练使用 Word 2016 进行文档处理的前提，本节将以领略的方式介绍 Word 2016 的基本操作及特征。

1. 启动 Word 2016

作为在 Windows 操作系统下运行的应用程序，启动 Word 2016 的方式主要有如下形式：

1）单击"开始"按钮，在开始菜单中执行"Word 2016"命令。

2）在"文件资源管理器"中寻找带有 图标的文件（扩展名为 docx 或者 doc 的文件，即 Word 文档），双击该文件。

3）在桌面或其他想创建 Word 文档的位置，单击鼠标右键，选择快捷菜单中的"新建"→"DOC 文档"或"DOCX 文档"命令，创建一个新的 Word 文档，然后双击该文档图标。

启动 Word 2016 后，打开的 Word 主界面窗口以及窗口组成说明，如图 3-1 所示。

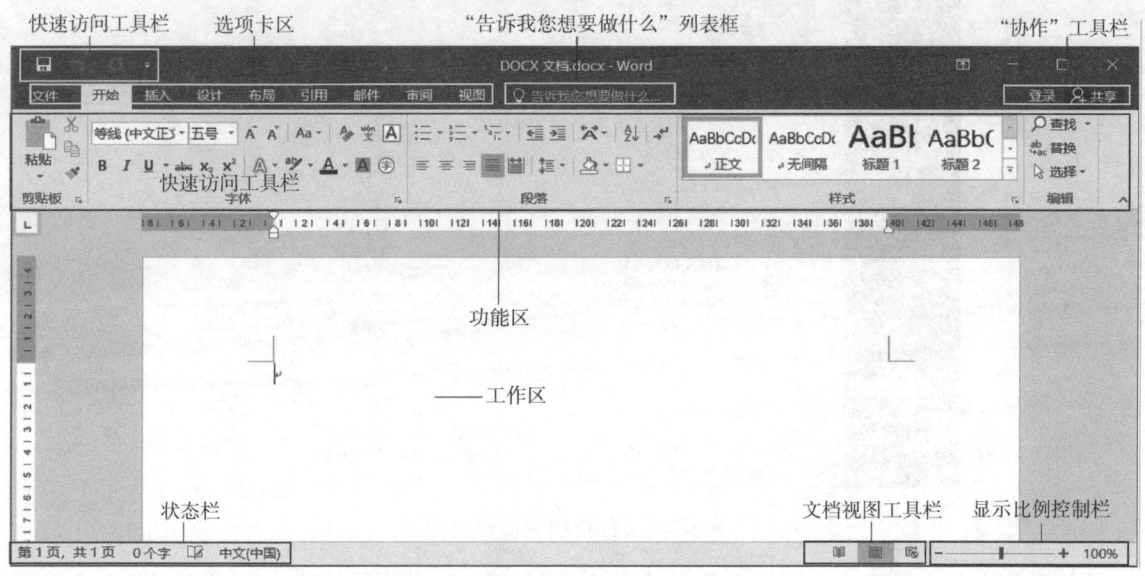

图 3-1　Word 2016 窗口外观及说明

2. Word 2016 窗口的组成

Word 2016 的窗口由标题栏、快速访问工具栏、选项卡区、功能区、工作区、状态栏、文档视图工具栏和显示比例控制栏等部分组成。Word 窗口作为 Windows 应用程序窗口，其窗口的组成部分与 Windows 窗口有许多共同之处，在第 2 章已详细介绍，本章仅介绍 Word 窗口特有的组成部分。

（1）快速访问工具栏

该工具栏用于快速启动 Word 文档编辑中常用的命令，其默认有"保存""撤销键入"和"重复键入"3 个按钮，用户可以根据需要，在工具栏右侧单击下拉按钮，选择更多的命令加入该工具栏。快速访问工具栏如图 3-2 所示。

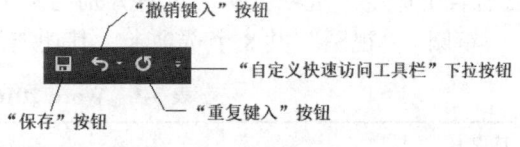

图 3-2　快速访问工具栏

(2) 选项卡区及功能区

在 Word 2016 中，以选项卡区取代了传统的菜单和工具栏。而功能区是与选项卡区上下文相关的。当某一个选项卡被选中，其名称就与对应的功能组融为一体。选项卡区及功能组提供了 Word 几乎所有的操作功能。

Word 2016 的选项卡按照工作特性，可以分为 3 种类型，分别为文件选项卡、选项卡和工具选项卡。

- 文件选项卡

不同于其他类别选项卡，文件选项卡没有对应的功能区。该选项卡为用户提供了一组文件操作的命令。单击"文件"选项卡，界面将切换至文件选项卡命令窗口，如图 3-3 所示。

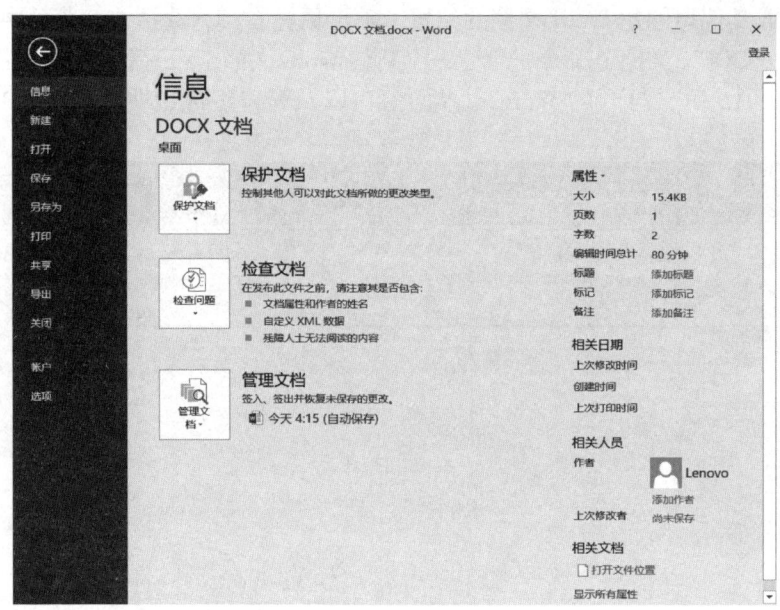

图 3-3　文件选项卡命令窗口

文件选项卡命令窗口可以纵向划分为 3 个显示区。左侧显示区为"新建""打开""保存""另存为""打印""选项"等第一级命令，中间显示区为第一级命令被选中后出现的第二级命令，而右侧显示区则呈现了与当前操作文档相关的文件名、用户、属性等文档属性信息。

- 选项卡

选项卡被选中时，就会显示与其对应的功能区，功能区内含有若干功能组，每个功能组又含有若干命令。选项卡从左至右分别为"开始""插入""设计""布局""引用""邮件""审阅""视图"共 8 个选项卡。其功能简介见表 3-1。

表 3-1　Word 2016 选项卡功能一览表

选项卡	主要功能
开始	含有文字、剪贴板、字体、段落、样式、编辑等功能组，具有文字编辑和排版格式设置等功能
插入	含有页面、表格、插图、批注、页眉和页脚、符号等功能组，具有在文档中插入各种元素的功能

(续)

选项卡	主要功能
设计	含有文档格式和页面背景两个功能组，具有帮助用户设置文档页面样式和页面背景的功能
布局	含有页面设置、稿纸、段落、排列等功能组，具有帮助用户设置文档页面参数、段落格式、各类元素布局的功能
引用	含有目录、脚注、引文与书目、题注等功能组，具有实现在文档中插入目录、引文、题注等索引功能
邮件	含有创建、开始邮件合并、编写和插入域、预览结果、完成等功能组，其功能为实现邮件合并
审阅	含有校对、见解、语言、中文简繁转换、批注、修订、更改、比较和保护等功能组，具有对文档审阅、校对和修订等功能
视图	含有视图、显示、显示比例、窗口和宏等功能组，具有设置窗口的查看方式和操作对象显示比例等功能

- 工具选项卡

当用户选中图片、图形、表格、艺术字、文本框、页眉和页脚等 Word 元素时，在主选项卡的右侧便会自动出现相应元素的工具选项卡。例如"图片工具""绘图工具""表格工具""页眉和页脚工具"等选项卡，这些工具选项卡为不同的 Word 元素编辑和排版提供了具有针对性的操作命令。例如，当选中一张图片时，出现的"图片工具"选项卡及其功能组，如图 3-4 所示。

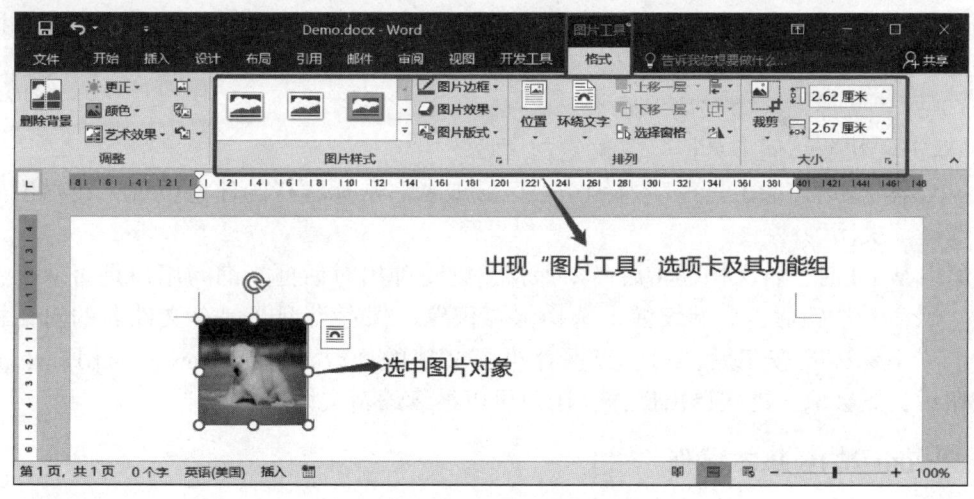

图 3-4 "图片工具"选项卡及其功能组

（3）工作区

工作区是对 Word 文档进行文字输入、编辑和排版的主要区域。该区域的上方是水平标尺，左侧是垂直标尺，下方为状态栏。

（4）文档视图工具栏

所谓的"视图"，是指用户查看文档的方式。Word 2016 提供了 5 种视图方式，分别为：阅读视图、页面视图、大纲视图、Web 版式视图和草稿。这些视图可以在"视图"选项卡对应的功能组内进行切换，而文档视图工具栏则为用户提供了更加便捷的视图切换方式。在该工具栏中，仅提供了 Word 2016 的 5 种视图方式中最为常用的 3 种，分别为：阅读视图、页面视图和 Web 版式视图，如图 3-5 所示。

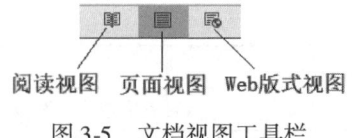

图 3-5　文档视图工具栏

（5）显示比例控制栏

显示比例控制栏用于改变正在编辑的文档的显示比例。该控制栏由缩放滑块和缩放比例按钮构成，单击缩放比例按钮会弹出"显示比例"对话框，如图 3-6 所示。

（6）"告诉我您想要做什么"列表框

该列表框是 Word 2016 新增的功能，类似于一个搜索引擎，可以帮助用户快速定位要查找的命令菜单或对话框。用户可以输入要查找的命令名称，也可以用该列表框提供的下拉列表选择命令名称，Word 2016 会帮助用户直接定位到该命令的菜单或者对话框中。

（7）"协作"工具栏

该工具栏也是 Word 2016 新增的功能，用于多用户同时处理文档。该工具栏具有"登录"和"共享"两个命令按钮，分别用于登录 Word 帐户和将本地文档上传至云存储器中。

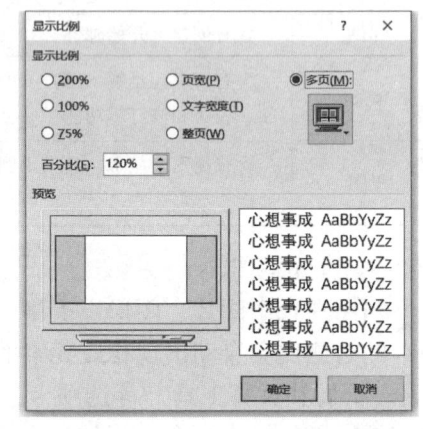

图 3-6　"显示比例"对话框

3. 退出 Word 2016

Word 2016 具有多种退出方式，除了作为应用程序窗口通用的单击窗口"关闭"按钮和用快捷键"Alt + F4"关闭窗口外，常用的退出方式还有如下几种：

1）选择"文件"→"关闭"命令。

2）双击"快速访问工具栏"左侧空白区域。

3）单击"快速访问工具栏"左侧空白区域或者右击标题栏的任意位置，在弹出的命令菜单中选择"关闭"。

在退出 Word 时，若文档编辑后尚未保存，则将弹出对话框，询问用户是否保存，当用户单击"保存"按钮后，会继续弹出选择保存位置、保存类型及保存文件名的对话框；当用户单击"不保存"按钮后，则放弃保存当前文档的修改，退出 Word；当用户单击"取消"按钮后，则会取消这次退出操作，用户可以继续编辑文档。

3.1.2　Word 2016 基本操作

在一个新建的 Word 文档中或者是打开一个已经存在的文档，如何选定文本、对文本进行插入、删除、复制、移动、查找和替换等，以及如何对文档进行保存，均属于 Word 文档处理的基本操作。

1. 创建新文档

启动 Word 2016 以后，窗口右侧就会列出常用的内置 Word 文档模板图标，单击某个图标就会创建一个 Word 新文档，并暂时命名为"文档1"。若新建的文档内容为空白，对应默认的磁盘文件名为 doc1.docx。如果在编辑文档过程中还需另外创建一个或多个新文档，可以用以下方法实现：

1)选择"文件"→"新建"命令。
2)用快捷键"Alt + F"打开"文件"选项卡,单击"新建"命令,或者按 N 键。
3)用快捷键"Ctrl + N"。

2. 打开已存在的文档

对于已存在的 Word 文档,除了在"文件资源管理器"中查找并双击打开的常规办法以外,还可以利用 Word 2016 的打开对话框实现 Word 文档的打开,具体方法有两种:

1)选择"文件"菜单,单击"打开"命令(或者按快捷键"Ctrl + O"),然后在"文件"选项卡的"打开"窗口中进一步单击"浏览"按钮查找要打开的文件,实现打开文件。

2)按快捷键"Ctrl + F12",直接弹出"打开"对话框,然后查找要打开的文件,实现打开。

在"文件"选项卡的"打开"窗口中,还可以方便地选择"最近"文档列表中所列出的文档,快速打开最近使用过的文档,如图 3-7 所示。

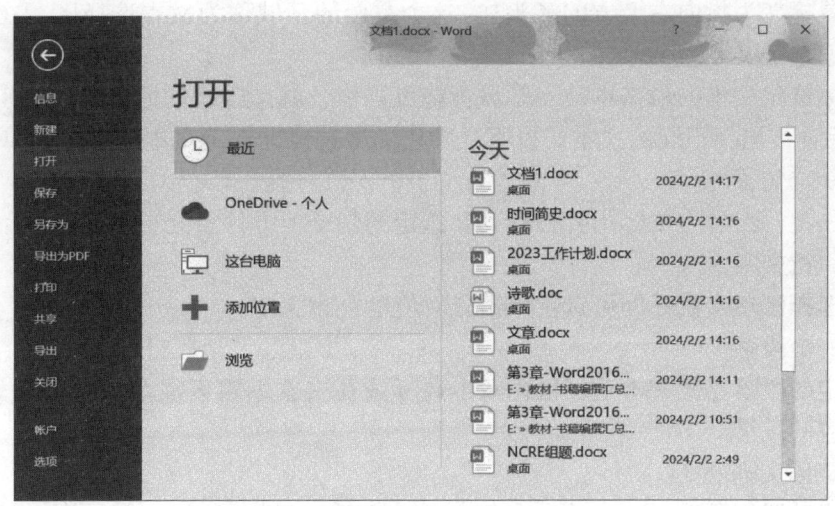

图 3-7 "文件"选项卡"打开"窗口

3. 文本的基本编辑

(1)输入文本

新建空白文档后,首先要输入文本。在工作区内闪烁的黑色竖线"|",被称为插入点,它表明了输入的文本将要出现的位置。在插入点处,可以直接输入中、英文字符,或使用中文输入法中的软键盘来输入其他特殊符号;也可以通过"插入"选项卡中的"符号"按钮来插入符号、公式和编号。在向文档中输入内容时,表 3-2 所示的快捷键能够帮助用户切换输入法状态以及快速输入一些特定的符号与对象。

表 3-2 输入中常用的快捷键

快捷键	功能	快捷键	功能
Ctrl + .	中英文标点符号切换	Ctrl + Alt + .	输入省略号(……)
Ctrl + Shift	所有输入法间切换	Ctrl + Alt + T	输入商标符号(™)
Shift + Alt + D	插入系统当前日期	Ctrl + Alt + C	输入商标符号(©)
Shift + Alt + T	插入系统当前时间	Ctrl + Alt + R	输入注册符号(®)

(2) 插入文本以外的对象

选择"插入"选项卡，使用其"插图"等不同功能组中的命令按钮可以在文档中插入剪贴画、图片、自选图形、文本框、艺术字、表格、页眉和页脚、书签、公式及符号等对象。

(3) 插入脚注和尾注等引用

选择"引用"选项卡，可以插入脚注、尾注、题注、索引和目录等引用。脚注插入的位置可以是"页面底端"，即在紧接着页面下边距的上方；也可以是"文字下方"，即在当前页面文字最后一行的下面。

(4) 选定文本

在文本被编辑前首先要选定文本。在 Word 中，选定文本的方法很多，当一块文本被选定后，将会以文字加灰色底纹的方式显示。

在文档中，鼠标呈现"|"形的区域是文档编辑区，当鼠标指针移动到文本编辑区左侧空白区时，鼠标变为指向右上方的箭头⇗，这个空白的区域称为文本选择区，在文本选择区可以实现快速选定文本。

使用鼠标选定文本的最基本技术是鼠标拖曳操作，就是通过鼠标拖曳和 Ctrl 键、Shift 键及 Alt 键的配合，选择不同的文本。以下是常用的通过鼠标选定文本的方法。

- 选定一个句子

按住 Ctrl 键，然后将鼠标指针移动到要选定的句子上方任意处单击鼠标。

- 选定一行文本

在文本选择区单击鼠标即可选定单击处对应的一行文字。

- 选定一个段落

在要选定的段落左侧文本选择区内双击鼠标或在文本编辑区段落上方任意处三击鼠标，均可选定对应的段落。

- 选定矩形文本块

将鼠标指针置于要选择文本的一个角，同时按下 Alt 键和鼠标左键，拖曳鼠标到文本块的对角，释放鼠标左键即可。

- 选定不连续的文本块

在选定一段文本后，按住 Ctrl 键的同时通过拖曳鼠标选定不相连的另外若干文本块。

- 选定大段文本

对于跨页甚至占用多页的大段文本，用鼠标拖曳选定很容易失误，可将插入点定位到要选定文档的初始位置，在选定的结尾处按下 Shift 键后再单击鼠标左键，即可选定。

- 选定全文

在文档左侧文本选择区上三击鼠标即可选定全文。

用键盘选定文本时，需将插入点移动到所选文本区的开始处，然后使用快捷键完成文本的选定，相应的选定快捷键见表 3-3。

表 3-3 选定文本的常用快捷键

快捷键	功能
Shift + →	选定插入点右侧的一个字符或一个汉字
Shift + ←	选定插入点左侧的一个字符或一个汉字

(续)

快捷键	功能
Shift + ↑	选定到上一行同一位置之间的所有文本
Shift + ↓	选定到下一行同一位置之间的所有文本
Shift + Home	从插入点选定到所在行的开头
Shift + End	从插入点选定到所在行的结尾
Shift + Page Up	选定上一屏
Shift + Page Down	选定下一屏
Ctrl + Shift + Home	选定从插入点到文档开头的所有文本
Ctrl + Shift + End	选定从插入点到文档结尾的所有文本
Ctrl + A	选定全文

(5) 文本的常规操作

文本的基本编辑包括文本的插入、改写、删除、复制和移动等常规操作。

• 插入/改写文本

文本的插入是一项基本操作，但是在 Word 中，要注意确定当前的编辑状态是处于"插入"状态还是处于"改写"状态。在 Word 2016 的状态栏上单击鼠标右键，在"自定义状态栏"的快捷菜单中，选择"改写"项，即可在状态栏上显示当前文档的"插入"/"改写"状态。如图 3-8 所示。

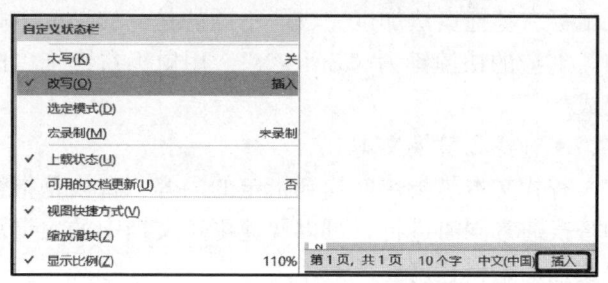

图 3-8 状态栏显示改写状态

当文档处于"插入"状态时，新文本插入到插入点右侧，新文本右侧的文本逐一向右移动。当文档处于"改写"状态时，新文本插入到插入点右侧，新文本将逐一覆盖其右侧的文本，起到修改文本的作用。文档的"插入"和"改写"状态可以通过用鼠标单击状态栏上的插入状态文字进行切换，也可以通过 Insert 键进行切换，对于部分将 Insert 键与其他键合并在一个按键上的计算机，例如部分笔记本计算机，可以通过快捷键"Fn + Insert"进行切换。

• 删除文本

Delete 键用于删除插入点右侧的字符，而 Backspace 用于删除插入点左侧的字符。如果选定了特定的文本，选定后按 Delete 键或者 Backspace 键可将其删除。

• 复制文本

复制文本就是将选定的文本复制到目标位置，被复制的文本仍然存在原处的过程。复制文本可以通过剪贴板复制、快捷菜单复制、鼠标拖曳及鼠标右键拖曳四种方法实现。

通过剪贴板复制文本的过程：选定要复制的文本后，单击"开始"选项卡，在"剪贴板"功能组选择"复制"命令，或用快捷键"Ctrl + C"将选定文本的副本存入剪贴板。将插入点移到拟要复制的目标位置（这个位置也可以在另一个文档中），单击"剪贴板"功能组的"粘贴"命令，或用快捷键"Ctrl + V"，将剪贴板中的文本副本粘贴到目标位置，即完成了文本的复制。

通过快捷菜单复制文本的过程：选定要复制的文本后，单击鼠标右键，在快捷菜单中选择"复制"，将插入点移动到目标位置，单击鼠标右键，选择"粘贴"，完成复制。

通过鼠标拖曳复制文本的过程：选定文本，将鼠标指针移动到选定文本区，此时鼠标指针变为指向左上角的空心箭头，按住 Ctrl 键，再按住鼠标左键，此时鼠标指针下方增加了虚框矩形和实框带"+"的图标，将鼠标指针拖曳到目标位置，松开鼠标左键后，再松开 Ctrl 键，即完成了文本的复制。

通过鼠标右键拖曳复制文本的过程：选定文本，将鼠标指针移动到选定文本区，按住鼠标右键将鼠标指针移动到目标位置，松开鼠标右键，出现如图3-9所示快捷菜单，单击快捷菜单中的"复制到此位置"即可完成文本的复制。

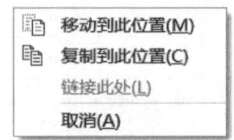

图3-9　鼠标拖曳选定文本的快捷菜单

- 移动文本

移动文本就是将文本从一个位置移动到另一个位置。与复制文本类似，移动文本也可以通过剪贴板法、快捷菜单法、鼠标拖曳法及鼠标右键拖曳法加以完成。不同的是，移动文本是通过"剪切"→"粘贴"完成的，"剪切"对应的快捷键为"Ctrl + X"。用鼠标右键拖曳时，选择快捷菜单中的"移动到此位置"完成。

- 查找和替换文本

查找文本是指快速找到指定的内容，替换是指快速将找到的文本替换为新的文本，查找和替换通常同时进行，可以快速更正文档中的大量重复性错误或进行大量的重复性操作，加快文档的编辑速度。

选择"开始"选项卡，在"编辑"功能组中单击"查找"或"替换"命令按钮，都可以打开"查找和替换"对话框，如图3-10所示。使用"查找和替换"对话框，除可查找和替换文档中的一处或多处文本外，还可以对格式、段落标记、分页符、任意字母、任意数字等一些特殊字符进行查找和替换。查找和替换分为一般的查找和替换及高级的查找和替换。

一般的查找和替换过程：先在"查找内容"文本框中输入要查找的文本（如"电脑"），然后在"替换为"文本框中输入替换后的文本（如"计算机"），并单击"查找"或"替换"按钮即可。若替换后的文本是带格式的，可在"格式"按钮的下拉列表框中选择相应的命令来完成。

图3-10　"查找和替换"对话框

高级的查找和替换过程：先在"查找内容"文本框中输入要查找的文本和格式，或使用"特殊字符"按钮输入特殊字符（段落标记、任意数字、任意字母等），然后在"替换为"文本框中输入替换后的文本和格式，最后单击"替换"或"全部替换"按钮就能完成一处替换或全部替换操作。

Word 2016 查找和替换功能有许多灵活的应用，例如若不限定格式查找某一词汇，"替换为"文本框为"空"，且不限定格式，则将实现对查找区域内该词汇的删除；若不限定格式查找某一词汇，"替换为"文本框为"空"，但是设置了特定的格式，则将实现对查找区域内该词汇设置特定的格式；若"查找内容"和"替换为"文本框均为"空"，但均设置了格式，则将实现对查找区域内查找的格式替换为特定的格式，比如将所有蓝色的文本替换为红色的文本。

4. 保存及保护文档

新建文档或对文档进行修改后都需要及时进行保存，将文档以文件的形式存储到存储介质（硬盘或移动盘）上，便于今后使用。

（1）新建文档的保存

保存新建文档时，单击快速工具访问栏上的"保存"按钮，或者执行"文件"选项卡的"保存"命令，或者用快捷键"Ctrl + S"，均可转至"另存为"命令界面，如图 3-11 所示。

Word 2016 新增了 OneDrive 云存储空间的保存位置。如果要将文档保存在本地计算机，则可选择"这台电脑"，进一步选取最近使用过的文件夹，或者单击"浏览"，选择新的保存位置。在

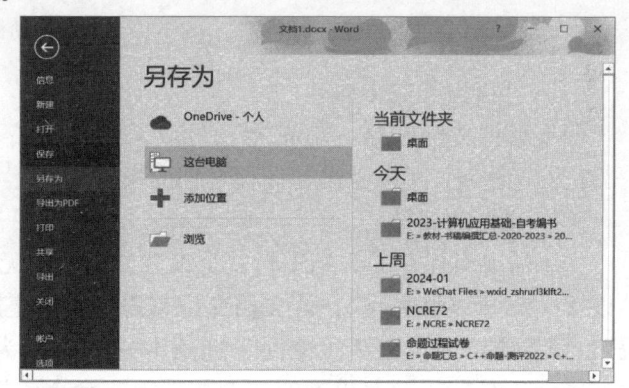

图 3-11　"另存为"命令界面

弹出的"另存为"对话框中，可以对保存位置、文件名和保存类型进行设置，如图 3-12 所示。

值得一提的是，选择如图 3-12 所示的"保存类型"，可以将 Word 文档保存为 docx（Word 文档）、doc（Word 97-2003 文档）、docm（启用宏的 Word 文档）、dotx（Word 模板）、dotm（启用宏的 Word 模板）、txt（纯文本）、mht（单个文件网页）、html（网页）、rtf 和 pdf 等诸多文档类型。

（2）已有文档的保存

文档经过一次保存后，以后对文档的编辑修改，只需直接单击快速工具栏上的"保存"按钮，对文档的最新修改将会自动

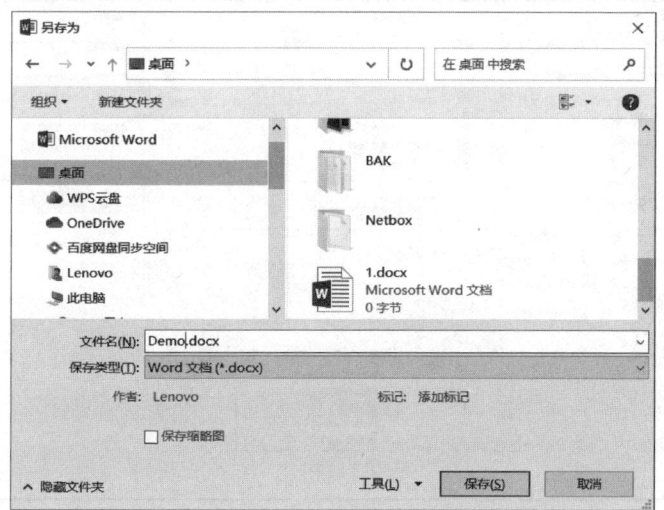

图 3-12　"另存为"对话框

以最近一次保存位置、文件名和保存类型自动保存。为防止文档在突发情况下丢失数据，可以设置文档自动保存，设置方法为：在"文件"选项卡中选择"选项"命令，在弹出的"Word 选项"对话框中选择"保存"选项。启用"保存自动恢复信息时间间隔"复选框，并在其后的文本框内设置自动保存的间隔时间，如图3-13所示。

图 3-13　设置自动保存

（3）另存为其他文档

如果想将文档另存一份副本，可以采用"另存为"的方法。单击"文件"选项卡的"另存为"命令，其余操作与保存文档的操作相同。

（4）文档的保护

如果需要对保存的文档进行安全设置，不希望无权限的人员查看文档内容，则可以给文档设置"打开权限密码"，若文档允许查看，但禁止修改，则可以为文档设置"修改权限密码"。设置方法为：选择"文件"选项卡的"另存为"命令，在打开的"另存为"对话框中选择"工具"下拉菜单下的"常规选项"命令，打开如图 3-14 所示的"常规选项"对话框，进而设置上述的两项密码。注意设置密码后，单击"确定"按钮，会弹出"确认密码"对话框，对密码进行再次确认。如图 3-14 所示。

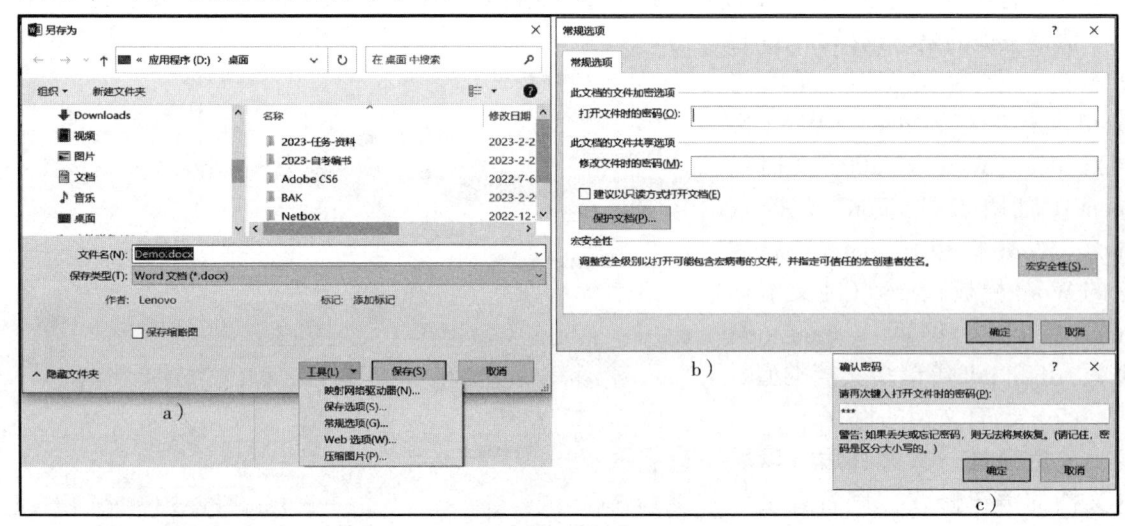

图 3-14　文档保护中的密码设置

a)"另存为"对话框的"工具"选项　b) 常规选项对话框　c) 确认密码对话框

3.2 Word 2016 排版技术

文档经过录入及基本编辑后，通常经过排版才能形成图文并茂的实用文稿。Word 2016 提供了丰富的排版功能，主要包括文字、段落的排版以及版面设置等。

3.2.1 文字格式设置

一篇文档的排版，最基本的操作就是文字格式设置。文字格式是指文档中文字的显示特性，包括字体、字号、字形、字体颜色、效果、下划线、着重号、字符间距和字体效果等。

设置文字格式主要有两种方法，一种是通过"开始"选项卡中的"字体"功能组中的命令；另一种是在文本编辑区内单击鼠标右键，在快捷菜单中选择"字体"命令，打开字体对话框来设置文字的格式。单击"开始"选项卡"字体"功能组右下角的对话框启动按钮 也可以打开字体对话框。同理，任何带有对话框启动按钮的功能组，当单击此按钮时，都可以启动该功能组对应的对话框。

1. 设置字体、字号、字形及颜色

（1）用"开始"选项卡"字体"功能组设置文字格式

选择要设置格式的文本，用"开始"选项卡"字体"功能组内的"字体"列表框 来设置字体，单击列表框右侧的下拉按钮，即可选择字体。单击"字号"列表框 右端的下拉列表按钮，即可在字号列表中设置字号。单击"字体颜色"按钮 右端的下拉按钮，即可展开颜色列表，单击选择所需的字体颜色。

同理，可以用"字体"功能组内的其他命令按钮设置字体的加粗、倾斜等字形，以及下划线、上标、下标等文字效果。

（2）用"字体"对话框设置文字格式

选定要设置的文本后，单击鼠标右键，在打开的快捷菜单中选择"字体"命令，就可以打开如图 3-15 所示的"字体"对话框。

该对话框由"字体"选项卡和"高级"选项卡组成。在"字体"选项卡内，可以设置中文字体、西文字体、字体颜色、字号、字形、下划线线型和颜色、着重号等文字格式；在"高级"选项卡中，可以设置字符间距、使用文档网格等。

2. 字符间距、字宽度和水平位置设置

选定要调整的文本后，单击鼠标右键，在快捷菜单中选择"字体"命令，打开"字体"对话框，在"高级"选项卡中即可调整字符间距、字宽度和水平位置，如图 3-16 所示。

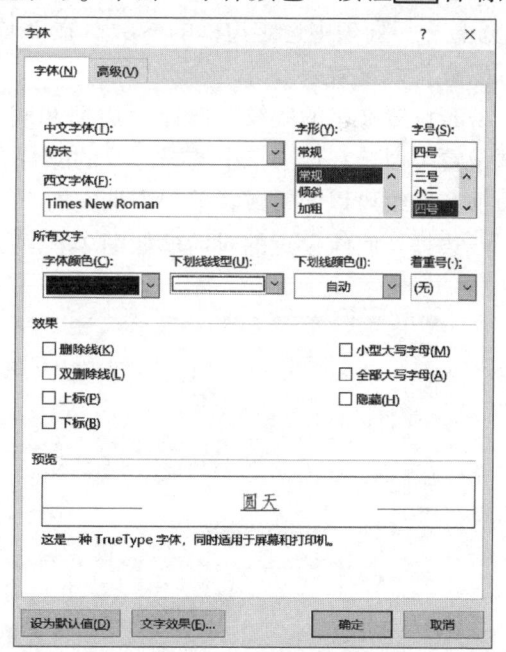

图 3-15 "字体"对话框

"字符间距"的"缩放"可以将文字在水平方向上扩展或压缩。100%是标准缩放比例,小于100%时文字变窄,大于100%则文字变宽。"间距"和"位置"均可通过"磅值"进行调整,其中"位置"是指文字相对于水平基线提升或降低显示的位置。

3. 文字效果设置

文字的效果就是修改文字的填充方式,例如为文字加边框、底纹、阴影、映像、发光等效果。

(1) 边框和底纹

设置文字的边框和底纹主要是在"边框和底纹"对话框中完成。打开"边框和底纹"可以通过两个渠道:一是通过"开始"选项卡的"段落"功能组,单击"边框"按钮 右侧的下拉按钮,在弹出的下拉列表中选择"边框和底纹"命令;二是通过"设计"选项卡的"页面背景"功能组内的"页面边框"按钮。

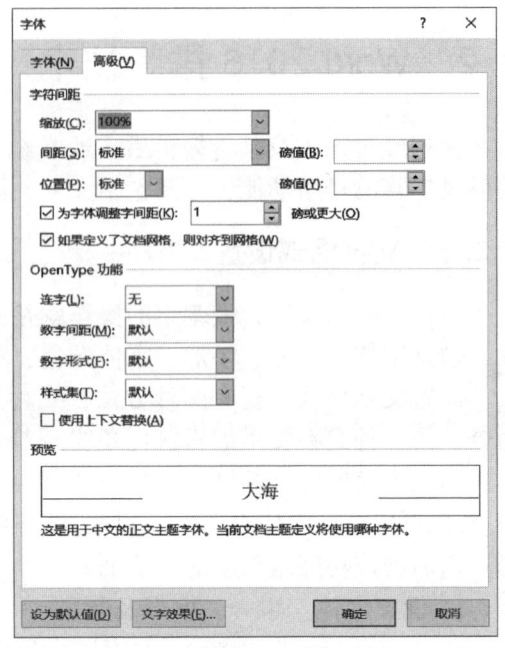

图 3-16 "字体"对话框"高级"选项卡

在打开的"边框和底纹"对话框内选择"边框"选项卡,在"设置""样式""颜色""宽度"等列表中选定边框的参数。在"应用于"列表框内选定"文字"项。在预览框内可以查看设置效果。

若设置文字的底纹,选择"边框和底纹"对话框的"底纹"选项卡,其操作方式与边框设置类似,在选项卡中选择底纹的颜色和图案,在"应用于"列表框中选择"文字"项。边框和底纹可以同时或者单独添加在文字之上。

边框及底纹设置的对话框如图 3-17 所示。

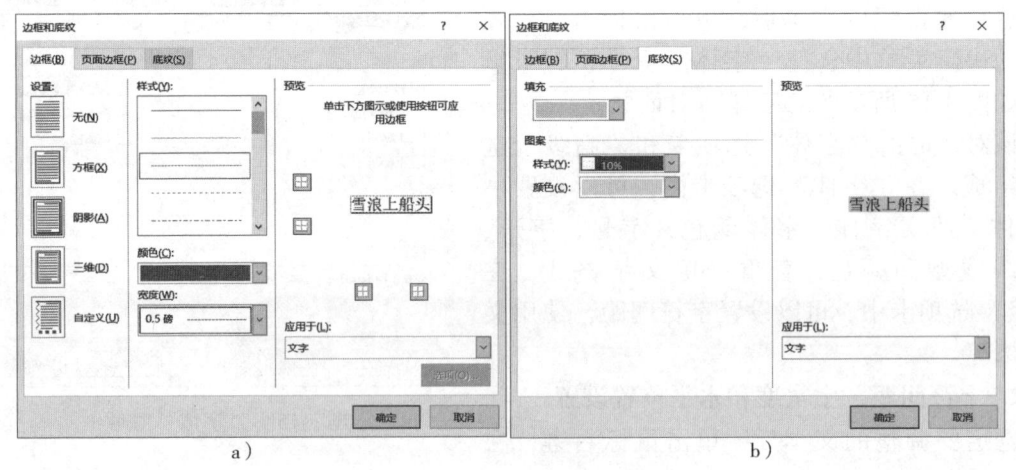

a) b)

图 3-17 文字边框和底纹设置
a) 文字边框设置 b) 文字底纹设置

（2）文字艺术效果

单击"开始"选项卡"字体"功能组的"文本效果和版式"按钮，打开"文本效果和版式"列表，如图3-18所示。

在"字体"对话框中选择"文字效果"按钮，打开"设置文字效果格式"命令列表，也可以设置文字的艺术效果。

（3）格式的复制和清除

对一处文字设置的格式可以复制给另一处的文字。使用"开始"选项卡"剪贴板"中的"格式刷"按钮可以实现对格式的设置。复制格式的方法为，选定已设置格式的文字，单击格式刷，此时鼠标指针变为刷子的形状，将鼠标指针移到要复制格式的文本开始处拖曳鼠标直至复制格式的文本结尾处放开鼠标，即完成格式的复制。此方法只可复制一次字体格式，若想多次复制相同的格式，则可双击"格式刷"按钮，此时格式刷就可以使用多次，直至再次单击"格式刷"按钮一次。

图3-18　"文本效果和版式"列表

对于设置的字体格式不满意，也可以清除格式。清除格式的方法为，在"开始"选项卡的"样式"功能组选择其他按钮，打开"样式"列表框，选择"清除格式"命令，即可清除所选文本的所有格式和样式。

3.2.2　段落格式设置

段落格式是文本以段落为单位所具有的特性。段落格式包括段落中行的缩进、段落之间的距离、段落的换行与分页、对齐方式和行间距等。这些操作集中在"段落"功能组或"段落"对话框中。

1. 段落对齐方式设置

Word 2016提供了5种段落对齐方式，分别是：左对齐、居中对齐、右对齐、两端对齐和分散对齐。段落对齐方式的设置主要通过两种渠道：

1）选中要设置对齐方式的段落，单击"开始"选项卡"段落"功能组的段落对齐按钮进行设置，如图3-19所示。

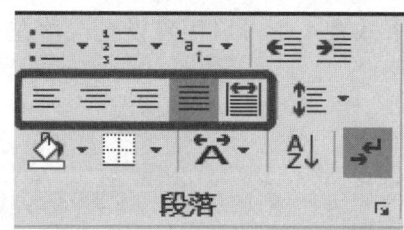

图3-19　"段落"功能组的段落对齐按钮

2）选中要设置对齐方式的段落，然后通过"段落"对话框设置段落的对齐方式。"段落"对话框的打开方式与"字体"对话框打开方式相同，均可通过文本编辑区的快捷菜单或者"段落"功能组右下角的对话框启动按钮打开，"段落"对话框中的段落对齐方式选择如图 3-20 所示。

段落的对齐也可以使用快捷键进行设置：

1）Crtl + E：选定的段落居中对齐。

2）Ctrl + R：选定的段落右对齐。

3）Ctrl + L：选定的段落左对齐。

4）Ctrl + J：选定的段落两端对齐。

5）Ctrl + Shift + J：选定的段落分散对齐。

2. 段落缩进方式设置

Word 2016 的段落的缩进包括 4 种：左缩进、右缩进、首行缩进和悬挂缩进。每种缩进的具体意义如下：

1）左缩进：段落在页面左侧的缩进距离。

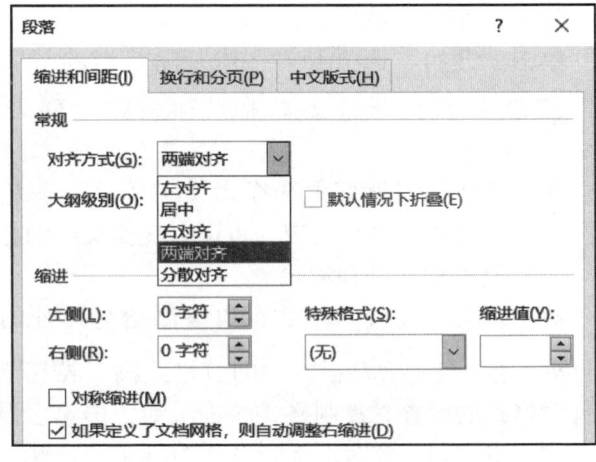

图 3-20 "段落"对话框中的段落对齐方式下拉菜单

2）右缩进：段落在页面右侧的缩进距离。

3）首行缩进：段落中第一行第一个字符的缩进距离。

4）悬挂缩进：除首行外其他行第一个字符的缩进距离。

段落缩进设置可以通过两种方式完成：

（1）通过"段落"对话框设置段落缩进

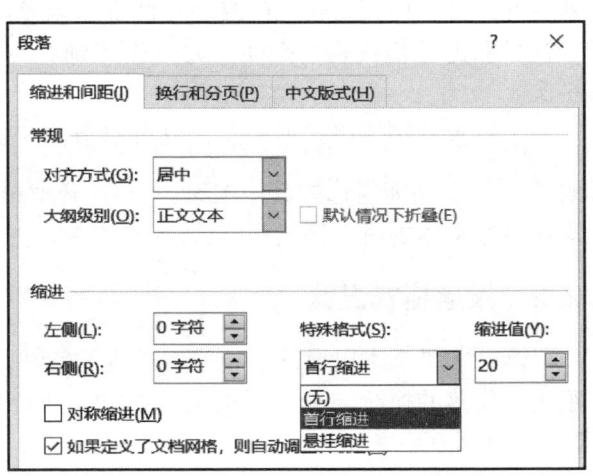

图 3-21 "段落"对话框中段落缩进设置

在"段落"对话框的"缩进"选项组中设置缩进方式及缩进值，如图 3-21 所示。

（2）通过"水平标尺"设置段落缩进

在页面视图、Web 版视图和草稿视图下，Word 2016 的文本编辑区上方可以显示一个水平标尺，水平标尺两端及上、下共有 4 个可以用来设置段落左/右（边界）缩进、首行缩进和悬挂缩进标记，如图 3-22 所示。

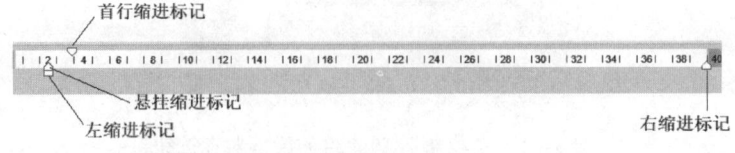

图 3-22 水平标尺的缩进标记

用鼠标拖曳图 3-22 中的缩进标记，可以快速设置相应的段落缩进，在拖曳标记的同时按住 Alt 键，可以在标尺上显示缩进的数值，以便精准控制缩进量。

3. 段落间距和行间距设置

段落间距可根据需要进行设置，单位为"行"，即段落前后和其他段落相距多少行；段落中行与行之间的可以设置为单倍行距、1.5 倍行距、2 倍行距和多倍行距，也可以设置为固定的（磅）值。段落间距和行间距都在"段落"对话框中进行设置，如图 3-23 所示。

4. 项目符号和编号设置

项目符号主要用于无序文档，而编号主要用于有序文档。通过使用项目符号和编号，可以使文档的条理性更加清楚。

项目符号和编号通常用于文档中几个连续的段落，为文档添加项目符号或编号的操作方法为：选定段落，选择"开始"选项卡"段落"功能组中的

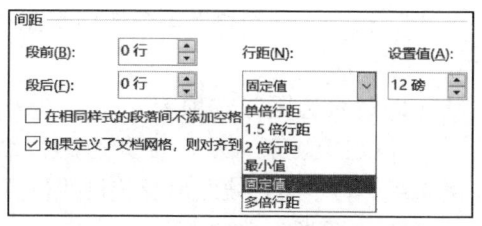

图 3-23　段落间距及行间距设置

"项目符号"按钮 或"编号"按钮 右侧的下拉菜单按钮，在下拉菜单中选择需要的符号。如果项目符号或编号的列表框内没有需要的符号或编号，可以单击"定义新项目符号"或者"定义新编号格式"按钮，在打开的对话框中选定或者设置需要的项目符号或编号。

5. 段落边框和底纹设置

段落边框和底纹的设置方法与文字的边框及底纹设置方法一致，不同之处在于在"边框和底纹"对话框的"应用于"列表框中选择"段落"项。

3.2.3　版面设置

用 Word 2016 创建文档时，就开启了名为 Normal 的默认模板，此模板以 A4 纸张大小为基准，版面设置可以满足大部分文档的打印需求。对于其他型号的纸张及特殊的版面需求，则需要用户自行设置页边距、每页行数、每行字数、页眉、页脚和分栏等版面格式。

1. 页面设置

页面是版面布局的基本单位，其内容可包括文本、图形、图片、表格、文本框等对象。一个文档的内容可被放在多个页面上，页面的构成如图 3-24 所示。通常情况下，页眉置于上边距中，页脚置于下边距中。

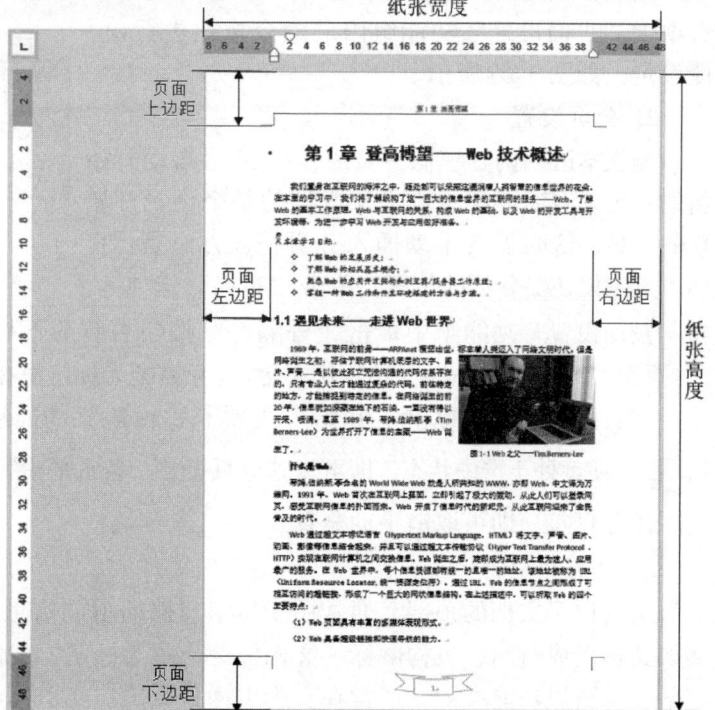

图 3-24　纸张的大小及页面边距

文档正文在文本区内进行编辑，文本区的宽度等于纸张的宽度减去左/右页边距，文本区的

高度等于纸张的高度减去上/下页边距。

页面设置的方法为，单击"布局"选项卡，在"页面设置"功能组单击对话框启动按钮，打开"页面设置"对话框，如图3-25所示。

"页面设置"对话框由"页边距""纸张""版式"和"文档网格"4个选项卡组成，其设置功能分别为：

（1）"页边距"选项卡

可设定上、下、左、右页边距，纸张的方向（横向/纵向），装订线距离及装订线位置等。

（2）"纸张"选项卡

可设定纸张的大小。既可以选择标准的纸张大小，也可以自定义纸张的高度和宽度。

（3）"版式"选项卡

可设定页眉和页脚的编排方式以及文本的垂直对齐方式等。

（4）"文档网格"选项卡

可设定每页的行数及每行的字数，也可设定分栏的数量等。

当然，上述的页面设置，也可以通过"布局"选项卡"页面设置"功能组内的命令按钮进行快捷设定，如图3-26所示。

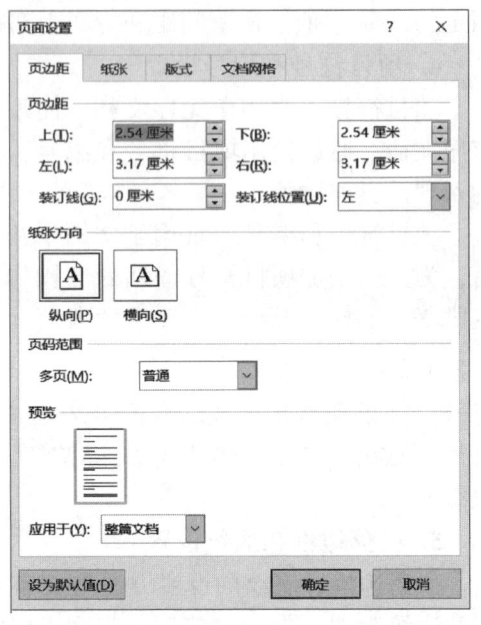

图 3-25　"页面设置"对话框

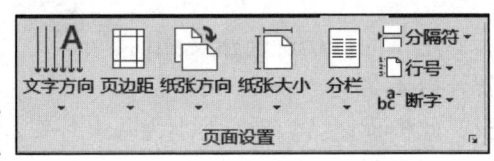

图 3-26　"页面设置"功能组

2. 分页设置

当文本区的内容填满一页时，Word会自动开始新的一页。有时要根据需求从文档的某个位置开始新的一页，这时需要手动插入分页符，方法是：将插入点定位在要分页的位置，单击"布局"选项卡，在"页面设置"功能组中单击"分隔符"按钮右侧的下拉箭头，从弹出的下拉列表中选择"分页符"；使用快捷键"Ctrl+回车键"，只需把光标定位在分页的位置，即可完成分页。

在页面视图下，单击"开始"选项卡"段落"功能组中的"显示/隐藏编辑标记"按钮，使其处于选中状态，即可见到分页符是一条水平虚线"｜————分页符————"，删除该分页符，即可取消手动分页。

3. 页眉和页脚

页眉位于文档的顶部，通常用于显示文档的附加信息，可以在页眉中插入文本或图形，例如文档生成时间、机构徽标、文档标题、章节标题、文件名和作者姓名等。页脚位于文档底部，与页眉功能类似，通常在页脚中插入页码、文档页数、日期和时间等附加信息。

（1）插入页眉和页脚

页眉和页脚的设置方式相同，以插入页眉为例，其操作方法是：单击"插入"选项卡，在"页眉和页脚"功能组中单击"页眉"按钮，从弹出列表中选择"空白"页眉，这时将显示页眉编辑区域,单击"在此处键入"占位符,输入页眉内容,然后单击"关闭"功能组中的"关闭页眉和页脚"按钮,即可完成页眉的设置。

(2) 建立奇偶页不同的页面和页脚

通常文档各个页面页眉或页脚的内容是相同的。Word 2016 允许设置奇偶页不同的页眉或页脚。其操作方法为:单击"插入"选项卡"页眉和页脚"功能组的"奇偶页不同"复选框,这样就可以分别设置奇偶页的页眉或页脚的内容了。

(3) 删除页眉和页脚

执行"插入"选项卡"页眉和页脚"功能组的"页眉"命令,在弹出的列表中单击"删除页眉"命令即可删除页眉。同理页脚的删除方法也相同。另外在编辑页眉或者页脚内容时,直接删除其内容也可以删除页眉或页脚。

4. 分栏

为便于阅读和规划栏目,Word 可以对文档进行分栏。分栏操作可以按照以下步骤完成:

1)若要对整个文档分栏,则将插入点放置在文档编辑区的任意位置;若要对部分段落分栏,则选中这些要分栏的段落。

2)在"布局"选项卡的"页面设置"功能组单击"分栏"按钮,在弹出的分栏下拉菜单中选择分栏项即可。以将文档某一段落分为两栏为例,其分栏下拉菜单选择情况及分栏设置效果如图 3-27 所示。

图 3-27 分栏下拉菜单及分栏设置效果
a) 分栏下拉菜单　b) 分栏设置效果

3)若需自定义分栏效果,则可以在分栏下拉菜单中选择"更多分栏"按钮,在打开的"分栏"对话框中进行分栏的设置,如图 3-28 所示。

在"分栏"对话框中,可以设定栏数、是否有分隔线、栏宽、间距、分栏应用范围等参数,以实现自定义的分栏设置。

5. 水印

水印是页面背景的一种形式,分为"文字水印"和"图片水印"两种形式。水印用于标识文档的状态,例如"绝密""严禁复制"和"内部资料"等。水印在页面视图和打印文档中可见。可以为文档插入预设的水印,也可以插入自定义

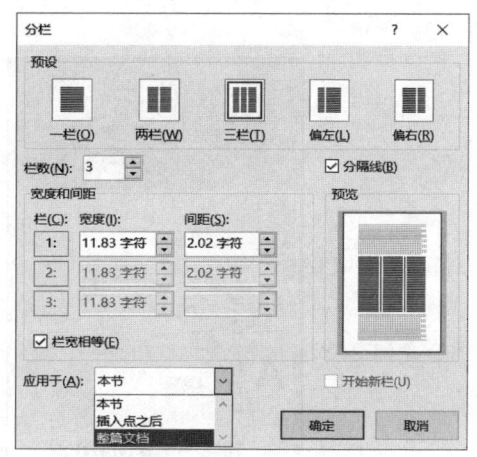

图 3-28 "分栏"对话框

文本或图片作为水印。

在"设计"选项卡"页面背景"功能组内单击"水印"按钮,在弹出的下拉列表中选择需要的水印样式;如果事先已经设置了水印,可以单击列表中的"删除水印"选项进行删除;如果要自定义水印,则单击"自定义水印"按钮,从弹出的"水印"对话框中进行设置,如图3-29a所示。"水印"对话框及水印设置效果如图3-29b所示。

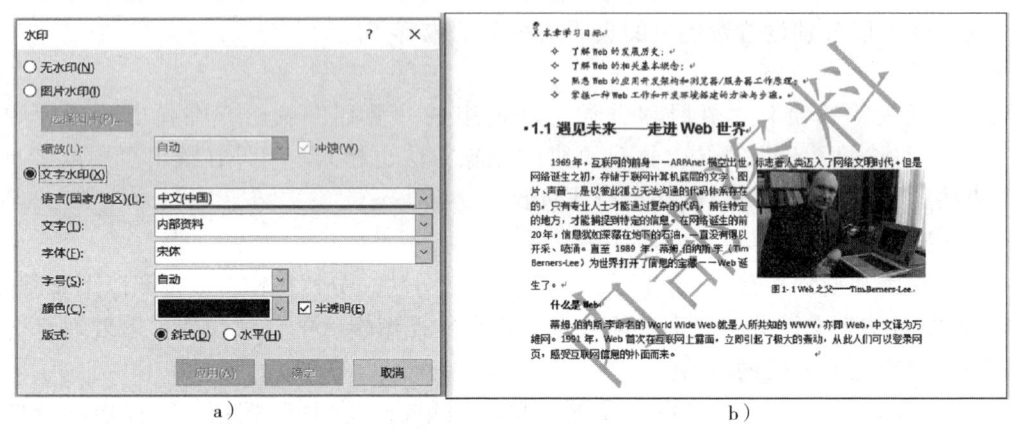

图3-29 "水印"对话框及水印设置效果
a)"水印"对话框 b)水印设置效果

6. 首字下沉

在一些文档中,用每段的首字下沉来替代首行缩进,可以使内容更加醒目。使用"插入"选项卡"文本"功能组的"首字下沉"按钮即可完成首字下沉效果的设置或者取消首字下沉。

Word 2016首字下沉下拉列表中提供了"无""下沉"和"悬挂"3种可选格式,选择"无"可以取消插入点所在段落已经设置的首字下沉效果。若选择了"下沉"或者"悬挂",即可完成首字下沉的设置。"首字下沉"下拉菜单如图3-30所示。

如需设置首字下沉效果,则单击"首字下沉选项"按钮,在弹出的"首字下沉"对话框中则可以进一步设置"字体""下沉行数"和"距正文"等参数。"首字下沉"对话框如图3-31所示。

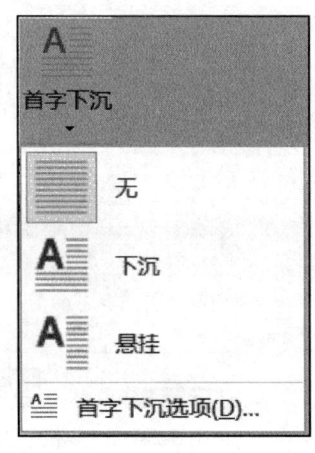
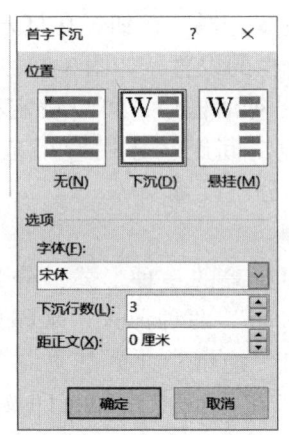

图3-30 "首字下沉"下拉菜单　　图3-31 "首字下沉"对话框

3.2.4 文档打印

当文档完成排版,就可以打印输出了。在打印文档前,最好先进行打印预览,预览时如果发现不满意的地方,还可以继续进行编辑排版。文档打印是通过"打印"命令实现的。

1. 打印预览

单击"文件"选项卡,选择"打印"命令,此时打印预览效果便会呈现在"打印"窗口的右侧,如图 3-32 所示。

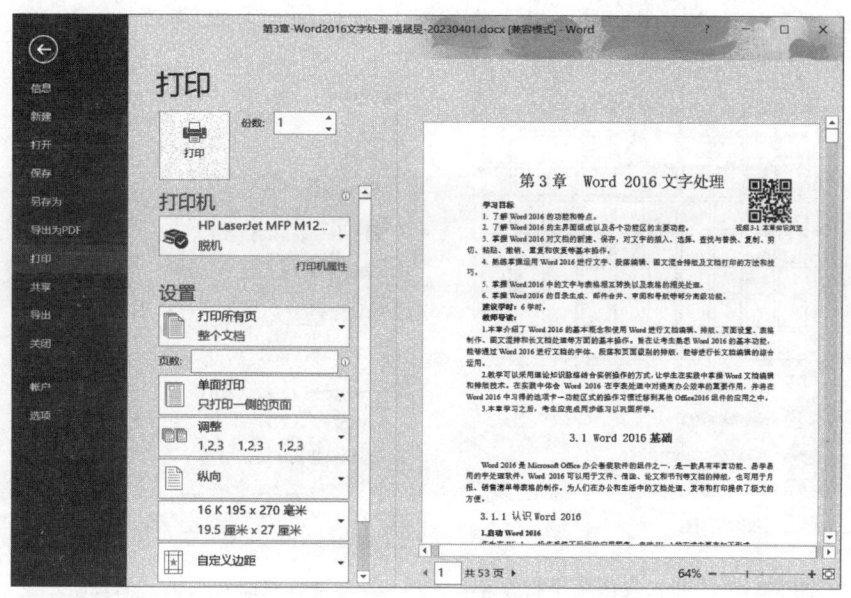

图 3-32 "打印"窗口面板

2. 打印文档

如果通过预览满意打印效果,就可以进行文档的打印了。要打印文档,只需单击"打印"窗口面板上的"打印"按钮即可。若需打印几份,则可以在"打印"按钮右侧"份数"文本框内输入要打印的份数值,若要打印选定的页面,则可单击"打印所有页"按钮右侧的下拉箭头,再选择"自定义打印范围"来设置要打印的页码或页码范围。

3.3 Word 2016 表格制作

表格是一种简明扼要的信息表示形式。在文档中,常用表格表示诸如成绩分析表、人员信息表等具有行和列属性的信息。Word 2016 提供了丰富的表格处理功能,不仅可以快速创建及编辑表格,还能实现文本与表格之间的相互转换,使得表格的制作与排版简单易行。

3.3.1 表格的创建

在 Word 2016 中创建表格的方法很多,下面介绍最常用的方法。

1. 采用"插入表格"图形框创建表格

单击"插入"选项卡"表格"功能组中"表格"命令按钮,在弹出的下拉列表上部的

"插入表格"图形框内,拖曳鼠标确定要创建的表格的行数和列数,单击鼠标即可自动创建表格,如图 3-33 所示。注意:此种方法适合于创建行数小于或等于 8 行,列数小于或等于 10 列的,规模较小的表格。

2. 采用"插入表格"命令创建表格

对于较大的表格,可以通过"插入表格"命令的方式进行,通过对话框确定表格的行数和列数。具体方法是:单击"插入"选项卡"表格"功能组中的"表格"按钮,在弹出的下拉列表上选择"插入表格"命令,在弹出的"插入表格"对话框中输入所需要的行数和列数,单击"确定"按钮即可。"插入表格"对话框如图 3-34 所示。

 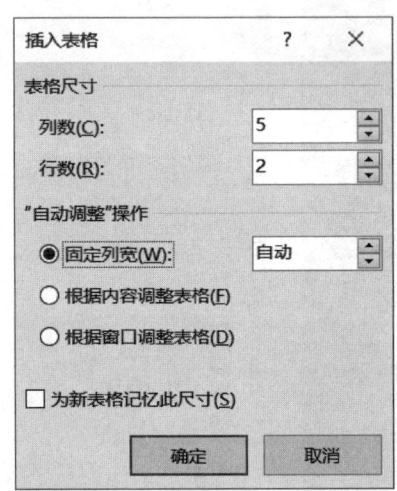

图 3-33　"插入表格"下拉菜单　　图 3-34　"插入表格"对话框

若从图 3-33 所示的"插入表格"下拉菜单中选择"快速表格"命令,还可从子菜单中直接插入带格式的表格,只需更改其中的数据内容即可快速创建表格。

3. 手工绘制表格

对于复杂的表格,可以通过绘制表格的方法实现。操作方法为:在图 3-33 所示的"插入表格"下拉菜单中,单击"绘制表格"命令,即可开始绘制表格。此时鼠标指针变为铅笔的形状,并且命令选项卡自动切换至"表格工具",在其"设计"和"布局"选项卡的功能组内完成表格的绘制。"表格工具"→"设计"与"布局"选项卡功能区如图 3-35a、b 所示。

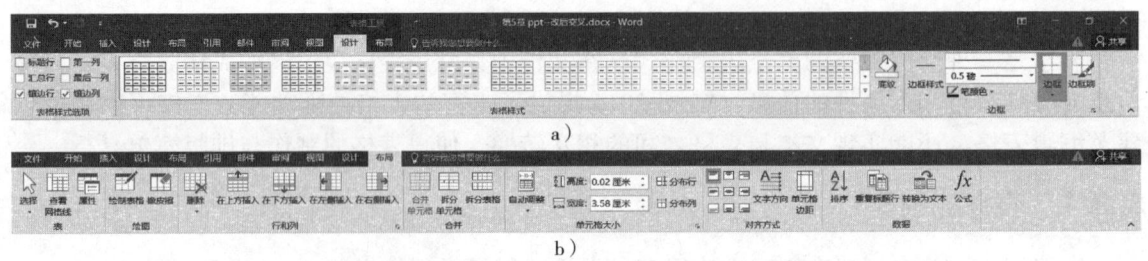

图 3-35　"表格工具"选项卡的功能区
a)"表格工具"→"设计"选项卡功能区　b)"表格工具"→"布局"选项卡功能区

拖曳鼠标的笔状指针，出现绘制表格的外框虚线，到指定位置松开鼠标左键，即可绘制出表格的外框线。在表格的外框线内继续横向和纵向拖曳笔形鼠标指针，即可绘制出表格的内框线，也可在单元格内拖曳鼠标绘制斜线。在"表格工具"→"设计"选项卡的功能区内，可以设置线型和线条的粗细、设置笔的颜色、表格底纹等，为复杂表格设计提供丰富的功能。

4. 将文本转换为表格

Word 支持将文本转换为表格，用户可以将使用特定分隔符的文本转换为表格，从而实现创建表格的同时完成内容的输入。具体操作步骤如下：

1）选定用制表符或者逗号、段落标记、空格等其他符号分隔的文本。

2）单击"插入"选项卡"表格"功能组的"表格"命令按钮，在打开的"插入表格"列表框内选择"文本转换成表格"命令，打开"将文字转换成表格"对话框，如图 3-36 所示。

3）确认"将文字转换成表格"对话框内呈现的列数、行数、文字分隔位置是否正确，若有误可以修改。若无误，单击"确定"按钮即可完成将选定的文本转换为表格。

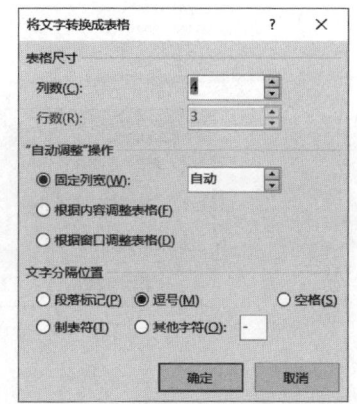

图 3-36　"将文字转换成表格"对话框

3.3.2　表格的编辑及美化

创建表格只是得到了表格初步的样式和外观，创建后可通过对表格进行编辑，以得到最终满足应用需求的表格。表格的编辑操作主要包括表格数据的输入，行、列的增加和删除，单元格的插入、删除、合并和拆分，表头斜线的制作等。

1. 输入表格数据

创建表格后，只需用鼠标单击单元格，就可以进行数据的输入了，输入的数据不仅限于数字，还可以是文字、图片和符号等。输入数据时，可使用 Tab 键，以便快速地在单元格之间移动插入点并快速输入。

2. 增加和删除行与列

（1）快捷方法插入行

单击表格最右侧框线外侧，按回车键，在当前行的下方插入一行；将插入点定位在最后一行的最后一列单元格中，按 Tab 键追加一行。

（2）用"表格工具"→"布局"选项卡插入行和列

选定单元格、行或列，选定的行数或列数与要插入的行数或列数相同。通过选择"表格工具"→"布局"选项卡的"行和列"功能组内的功能按钮实现行或列的插入。例如，选定区域含有两行，此时单击"在下方插入"按钮，则会在表格选定区域下方插入两行。"行和列"功能组如图 3-37 所示。

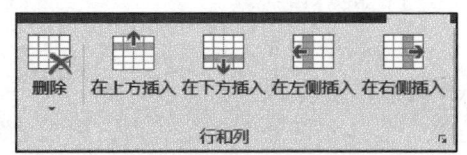

图 3-37　"行和列"功能组

行和列的删除，只需单击图 3-37 所示的"删除"按钮，在弹出的菜单中进一步选择不同范围的删除命令，例如"删除行"即可。

(3) 采用快捷菜单增加和删除行或列

将插入点定位到表格中的任意单元格，或者选中与要插入或删除的行数或列数相同的区域，单击鼠标右键，在弹出的快捷菜单中选择"插入"，在弹出的子菜单中选择插入行或者列的具体命令。此操作与使用图 3-37 所示的"行和列"功能组按钮实现效果相同。

若选择了快捷菜单中的"删除单元格"命令，则会弹出"删除单元格"对话框，选择不同的删除选项可以实现不同的删除行、列的效果。

"插入"子菜单和"删除单元格"对话框分别如图 3-38a、b 所示。

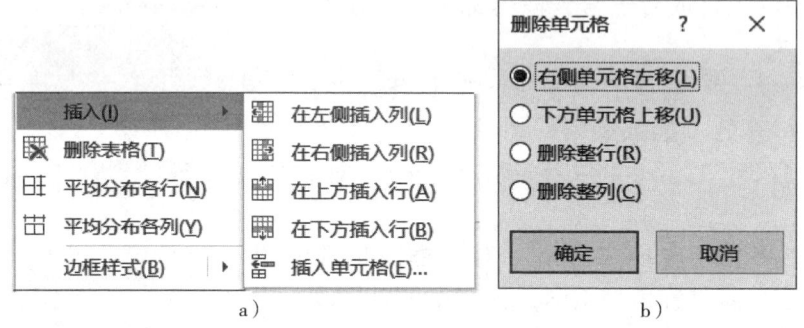

图 3-38 "插入"子菜单和"删除单元格"对话框
a) "插入"子菜单 b) "删除单元格"对话框

3. 单元格操作

单元格的操作主要包括单元格的插入、删除、合并和拆分等。

(1) 插入单元格

选定要插入单元格的邻近单元格，右击鼠标，从弹出的快捷菜单中选择"插入"，在弹出的子菜单中选择"插入单元格"，如图 3-38a 所示。在弹出的"插入单元格"对话框中选择"活动单元格右移"或"活动单元格下移"。选择"活动单元格右移"，单元格将会向右移动，表中插入单元格的行将多出一个单元格；选择"活动单元格下移"实际上是增加了一行。

(2) 删除单元格

选定需要删除的单元格，右击鼠标，从快捷菜单中选择"删除单元格"即可。

(3) 合并单元格

根据表格需要，将相邻的两个或多个单元格合并为一个单元格，要合并单元格，首先要选定需要合并的单元格，右击鼠标，从快捷菜单中选择"合并单元格"命令即可。

(4) 拆分单元格

根据表格需要，将一个单元格拆分成若干个单元格，要拆分单元格，只需右击单元格，从快捷菜单中选择"拆分单元格"命令，在"拆分单元格"对话框中输入行数和列数，就是将一个单元格分作几行几列，单击确定即可。

注意：单元格的合并与拆分，也可以通过"表格工具"→"布局"选项卡的"合并"功能组按钮来实现。

4. 行高、列宽、表格边框、底纹等属性设置

"表格属性"对话框为用户提供修改行高、列宽、表格底纹、表格边框等多项属性的渠道。打开"表格属性"对话框，可以通过如下两种方法：

1）在 Word 表格任意单元格内单击鼠标右键，在快捷菜单中选择"表格属性"。

2）将插入点置于表格任意单元格内，选择"表格工具"选项卡的"布局"子选项卡中的"表"功能组，单击其中的"属性"按钮。

"表格属性"对话框如图 3-39 所示。

注意：表格的边框和底纹设置，与文字及段落的边框和底纹设置方法相同，只是"应用于"的范围选定为"表格"。具体表格属性的设定操作非常直观，此处不再赘述。

对表格行高和列宽的调整，也可以采取拖曳鼠标的方式。将鼠标指针定位到单元格的水平或者垂直框线上，鼠标指针变为双向箭头时拖曳鼠标，也可以快速设定相应的行高或者列宽，在拖曳的同时按住 Alt 键，可以在对应的水平或垂直标尺上显示具体的高度或者宽度的数值。

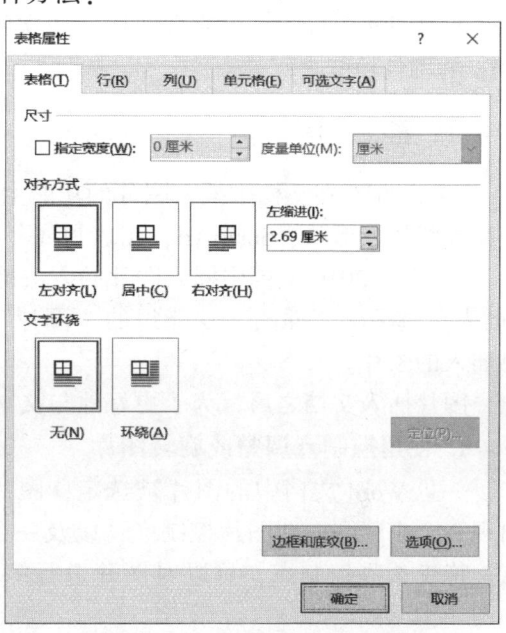

图 3-39　"表格属性"对话框

5. 表格样式的设置

表格创建后，可以通过"表格工具"→"设计"选项卡，选择"样式"功能组进行表格的样式选择及设计。该功能组提供了很多内置的表格样式供选择，通过样式可以快速定义字体、边框、底纹、颜色等。样式还可以通过该功能组的"修改表格样式"或"新建表格样式"进行自定义。内置的表格样式列表框如图 3-40 所示。

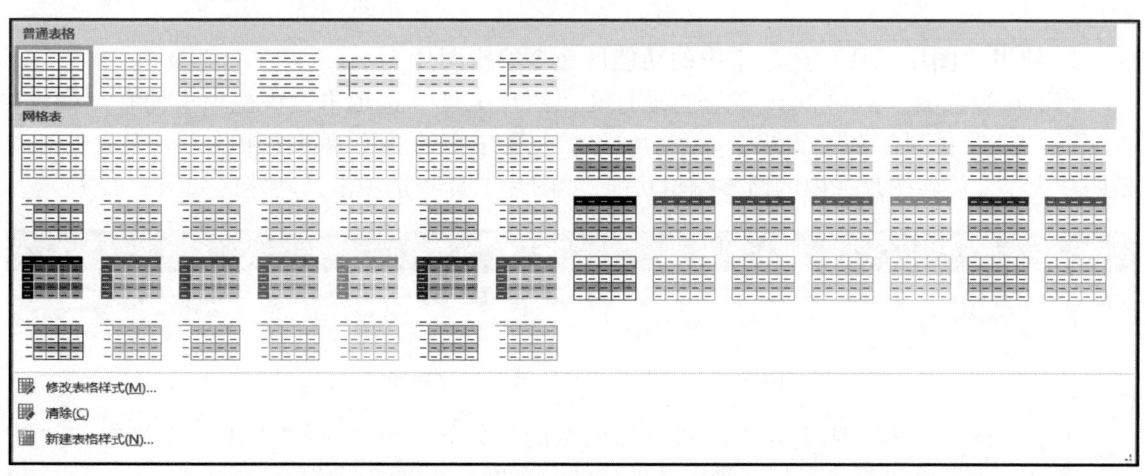

图 3-40　内置的表格样式列表框

3.4　Word 2016 图文混排

通过图文混排，可以实现文档的图文并茂，从而提升文档的可读性。图文混排是 Word 2016 的特色功能之一。

3.4.1　插入图片

Word 2016 在文档中插入图片的功能主要是在"插入"选项卡的"插图"功能组内，支持插入图片、形状、SmartArt、图表和屏幕截图等形式。

在 Word 2016 文档中插入图片的方法是：将插入点定位到文档要插入图片的位置，单击"插入"选项卡"插图"功能组的"图片"按钮，在弹出的"插入图片"对话框中选择需要插入的图片。

图片插入文档之后，为了更好地与文本及其他对象混合排版，可做以下常见的编辑。

1. 使用控制点调整或旋转图片

一旦 Word 文档中的图片被选定，图片周围将会出现 8 个小圆圈，即图片控制点，以及一个旋转控制点。拖曳这些控制点，可以对图片进行缩放或旋转，如图 3-41 所示。

要调整图片大小，只需将鼠标置于控制点上，当鼠标变为双向箭头时使用鼠标左键拖曳即可。图片四个角的控制点也叫比例控制点，使用比例控制点调整图片大小，可以保持图片的长宽比例不变，而使用图片四边中间的控制点，即宽度控制点或高度控制点对图片进行调整，都会改变原来图片的长宽比例。要旋转图片，只需将鼠标指针置于旋转控制点上，当鼠标指针变为环绕箭头时拖动鼠标旋转即可。

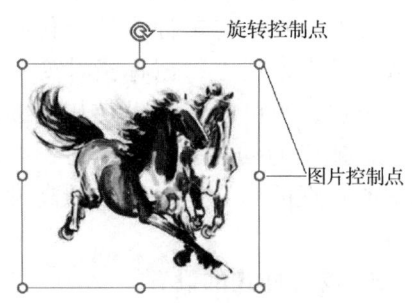

图 3-41　图片控制点及旋转控制点

2. 使用"图片工具"选项卡中的功能区命令编辑图片

当图片被选中，Word 2016 就会自动打开"图片工具"选项卡，该选项卡拥有"调整""图片样式""排列"和"大小"4 个功能组，包含丰富的图片编辑按钮，可以完成包括调整图片大小、旋转图片在内的诸多编辑功能。"图片工具"选项卡及功能区如图 3-42 所示。

图 3-42　"图片工具"选项卡及功能区

通过"图片工具"选项卡"排列"功能组的"旋转"命令及"大小"功能组的"高度"和"宽度"文本框也可以实现图片的旋转及高度与宽度的调整。

3. 用快捷菜单编辑图片

在图片上方单击鼠标右键，在弹出的快捷菜单中选择"大小和位置"或者"设置图片格式"，在弹出的对话框及右侧弹出的"设置图片格式"功能面板中，可分别完成对图片高度、宽度的设置以及图片的其他格式设置。

4. 图片的裁剪

调整图片的大小仅仅是按照比例缩放图片，图片的内容并没有变化，而裁剪图片则会使图片中的一部分内容被裁剪掉（裁剪掉的内容并没有真正删除，还可以通过调整裁剪区进行恢复）。

选中图片，单击"图片工具"→"格式"选项卡"大小"功能组的"裁剪"按钮，此时图片的四角及四周将出现黑色直角线段及黑色短线段，称为图片裁剪控制点，如图3-43所示。

在图片裁剪控制点上，用鼠标向图片内侧拖曳，就可以裁剪掉图片中相应的部分，若按住Ctrl键同时拖曳，则可实现对称裁剪。

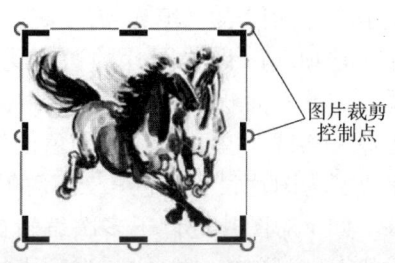

图3-43　图片的裁剪状态

5. 设置图片的文字环绕方式

Word 2016中插入的图片，默认是嵌入式的，嵌入式图片会像字符一样嵌入在文本之中。可以通过"图片工具"→"格式"选项卡"排列"功能组内的"环绕文字"命令，在下拉菜单中选择一种图片的文字环绕方式，如图3-44所示。

单击"其他布局选项"，在弹出的"布局"对话框"文字环绕"选项卡窗口页面中还可以更加细致地设置图片的文字环绕方式，如图3-45所示。

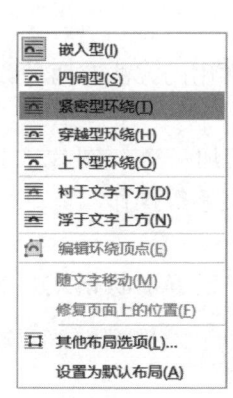

图3-44　"环绕文字"命令下拉菜单

图3-45　"布局"对话框

Word 2016有7种常见的文字环绕方式，除"嵌入型"外，其他的环绕方式都是浮动型图片，可以方便地设置文字环绕方式和移动图片。

6. 设置图片效果

图片效果设置包括更改图片的样式、形状，调整图片的亮度、对比度，设置图片的边框和设置图片的三维效果等。

与其他图片编辑功能一样，设置图片效果也可以通过快捷菜单以及使用"图片工具"选项卡等多种方式完成，在此介绍用快捷菜单设置图片的效果。方法是在图片上单击鼠标右键，在弹出的快捷菜单中选择"设置图片格式"命令，此时在 Word 窗体右侧会弹出"设置图片格式"功能面板，如图 3-46 所示。

"设置图片格式"功能面板上方有四个图形化的按钮，从左至右分别代表"填充与线条""效果""布局属性"和"图片"选项。以设置图片的边框为例，选择"填充与线条"选项，在下方面板中选择"线条"，在展开的线条设置参数区中选择"实线"单选按钮，颜色设为黑色，宽度设为 0.75 磅，即完成了为图片设置黑色 0.75 磅的实线作为边框。

如果对图片进行了多次编辑操作，而又想将图片恢复为原始状态，可单击"格式"选项卡中的"重设图片"按钮，在下拉菜单中选择"重设图片"或"重设图片及大小"即可。

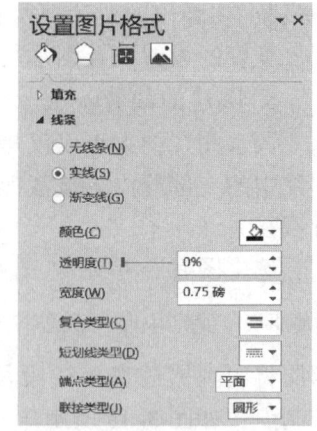

图 3-46　"设置图片格式"功能面板

3.4.2　绘制图形

Word 2016 提供了形状、SmartArt 图形等图形对象，使用它们，可以美化文档，增强文档的说明性和条理性，并可方便地制作工作流程等。

1. 绘制形状

形状主要包括各种线条、基本形状、箭头、流程图、标注、星与旗帜等。在绘制形状前应当将视图方式切换至页面视图方式。

单击"插入"选项卡，在"插图"功能组中单击"形状"按钮，从弹出的菜单中选择需要的图形，然后在目标位置拖动鼠标即可实现形状的绘制。

2. 编辑形状

编辑形状和编辑图片有许多类似的地方，设置形状格式常用的方法有两种：

（1）利用"绘图工具"选项卡

选中一个绘制出的形状以后，选项卡区右侧就会自动增加一个"图片工具"选项卡，利用其功能组的命令，即可完成诸如形状叠放、组合、添加文字等操作。

（2）利用快捷菜单

在绘制的形状上右击鼠标，在弹出的快捷菜单中选择"设置形状格式"或其他命令，可完成与"绘图工具"选项卡同样的设置功能。

下面仅通过快捷菜单的形式，介绍常用的几种对形状的操作：

1）在形状中添加文字。具有边线封闭特征的形状，可以添加说明文字。要为形状添加文字，只需右击选定的图形，从快捷菜单中选择"添加文字"，就可在图形编辑区内输入文字。添加后的文字将和形状一起移动，也可以对文字进行编辑与排版。添加文字后的形状如图 3-47 所示。

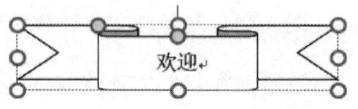

图 3-47　添加文字后的形状

2）设置形状的效果。形状效果包括形状样式、阴影效果和三维效果等。

鼠标右键单击选定的形状，在弹出的快捷菜单中选择"设置形状格式"命令，就可以在 Word 2016 窗体右侧弹出"设置形状格式"功能面板。其上方包含"填充与线条""效果"和"布局属性"三个功能区选项图形按钮，可以在各个功能页面中设置图形的"线条""阴影""映像""发光"和"三维格式"等效果。

图 3-48a 展示了"设置形状格式"功能面板，图 3-48b 展示了典型的形状设置效果。

3. 形状的组合

以单一的形状作为图形单元，可以组合形成复杂的图形。组合起来的形状会形成一个整体的图形的对象，便于统一移动或者调整大小。组合多个形状的方法是：选择多个需要组合的图形，单击鼠标右键选中对象，从弹出的快捷菜单中选择"组合"命令即可。组合图形也可以用快捷菜单中的"取消组合"命令，取消形状间的彼此组合，恢复为独立的多个形状。组合前后的形状对比，如图 3-49 所示。

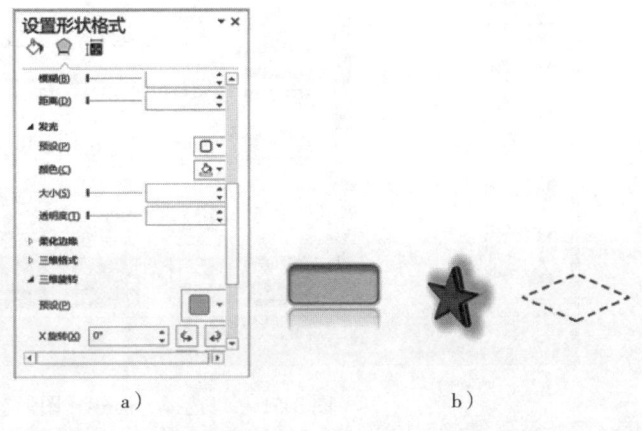

图 3-48 "设置形状格式"对话框及典型的形状设置效果
a)"设置形状格式"功能面板　b)"映像变体"等形状设置效果

4. 设置形状的叠放次序

在默认情况下，绘制形状时先绘制的形状放在最底层，后绘制的图形放在较上一层，因此当图形重叠时，会出现上层图形遮挡下层图形的情况。可以通过改变形状的叠放次序来进行调整，以满足形状的呈现需求。

改变叠放次序主要有上移一层、下移一层、置于顶层和置于底层几种方式。在形状上单击鼠标右键，从快捷菜单中选择"置于顶层"或者"置于底层"，再选择其子菜单中对应的命令即可实现叠放次序的调整，快捷菜单如图 3-50 所示。

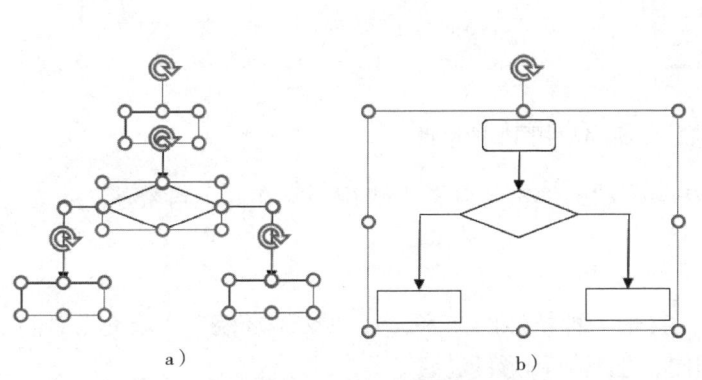

图 3-49　多个形状组合前后的对比
a) 组合前多个形状被选中　b) 组合后形成一个形状对象

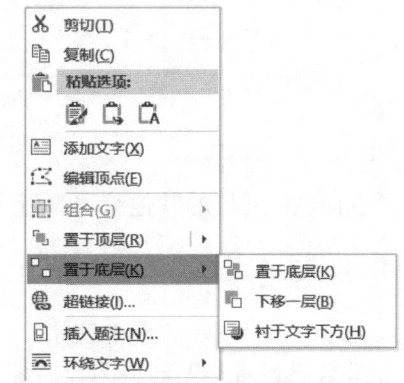

图 3-50　改变形状叠放次序的快捷菜单

5. SmartArt 图形的绘制及编辑

SmartArt 是一种新的图形类别，其功能强大、类型丰富、效果生动。若文档需要用图形表达诸如组织结构、业务流程等具有逻辑关系的内容，使用 SmartArt 图形可以呈现较好的效果。

在"插入"选项卡"插图"功能组内，单击"插入 SmartArt 图形"按钮，即可打开如图 3-51 所示的"选择 SmartArt 图形"对话框。

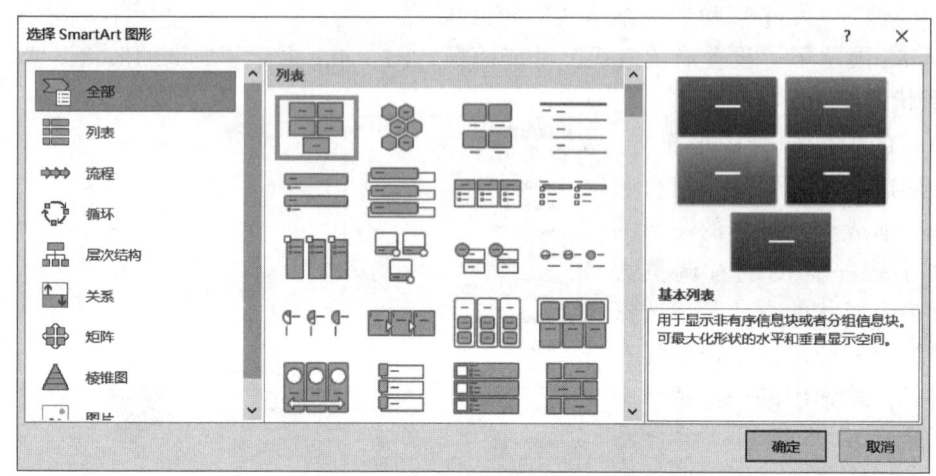

图 3-51　"选择 SmartArt 图形"对话框

在图 3-51 所示的对话框左侧的选项组内选择要绘制的图形类型，然后在中间列表框内选择具体的 SmartArt 图形，单击"确定"按钮。然后就可以在绘制的 SmartArt 图形中为其添加文字、设置层级等，如图 3-52 所示。

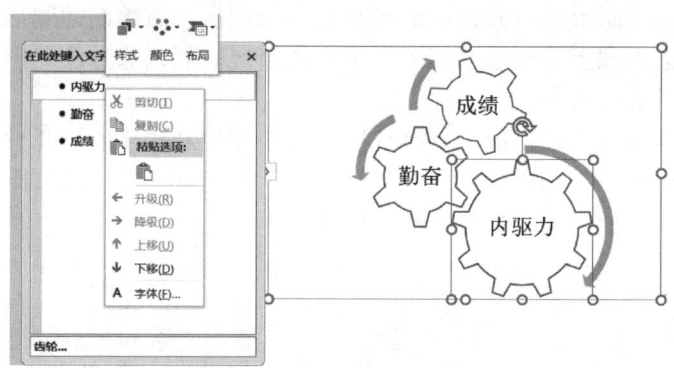

图 3-52　SmartArt 中图形的编辑

SmartArt 图形的其他编辑设置方法与形状的编辑与设置方法相同，在此不再赘述。

3.4.3　插入艺术字

艺术字在 Word 文档中应用广泛，它是一种特殊的文字，其"文本环绕""填充""阴影"等效果设置与图形、图片对象相同，也具有图形的特性。

1. 插入艺术字

在"插入"选项卡"文本"功能组中单击"艺术字"按钮的下拉箭头，从弹出的艺术字样式列表中选择一种样式。然后文档中将出现"请在此放置您的文字"的文本框，在该文本框内输入艺术字的内容，即可完成艺术字的插入。

艺术字样式下拉框及艺术字设置文本框分别如图3-53a、b所示。

图3-53 艺术字样式下拉框及艺术字设置文本框
a）艺术字样式下拉菜单 b）艺术字设置文本框

2. 编辑艺术字

对于已经插入的艺术字，用户可以对其文字内容、样式等进行编辑和修改。以修改艺术字的样式为例，选中艺术字，在"绘图工具"→"格式"选项卡中，单击"艺术字样式"功能组的下拉箭头，从中选择需要的新样式即可。同时，在该功能组选择"文本填充""文本轮廓""文本效果"等命令按钮，即可像编辑形状一样，实现更加丰富的艺术字格式的设置。

3.4.4 插入文本框

文本框也是一种图形对象，也可以实现和文本及其他对象之间的混排。文本框可以放置在页面中任何位置，用来建立特殊的文本，文本框按照文字的排列方向，可以分为横排文本框和竖排文本框。Word 2016中内置了多种式样的文本框。

1. 绘制文本框

在"插入"选项卡的"文本"功能组中单击"文本框"按钮下的下拉列表，如图3-54所示。

在列表中选择预设好样式的文本框，文档插入点位置就会出现预设格式的文本框。

若单击下拉列表中的"绘制文本框"命令。鼠标指针就会变为十字形状，在文档中拖曳鼠标，即可绘制出无预设格式的空的文本框。

文本框绘制后，就可以在其中输入文本了，输入的文本可通过移动文本框而随着整体移动。

2. 编辑文本框

将鼠标指针移动到文本框的边缘，当鼠标指针变为 ✥ 形状时即可选中文本框。文本框被选中以后，其四周

图3-54 "文本框"下拉列表

和上方将出现如同图片对象一样的控制点和旋转控制点，可以通过这些控制点改变文本框的大小、旋转方向，如图3-55a所示。也可单击鼠标右键，在快捷菜单中选择相应的命令，设置文本框的"填充效果""线条""文字环绕"等效果，如图3-55b所示。

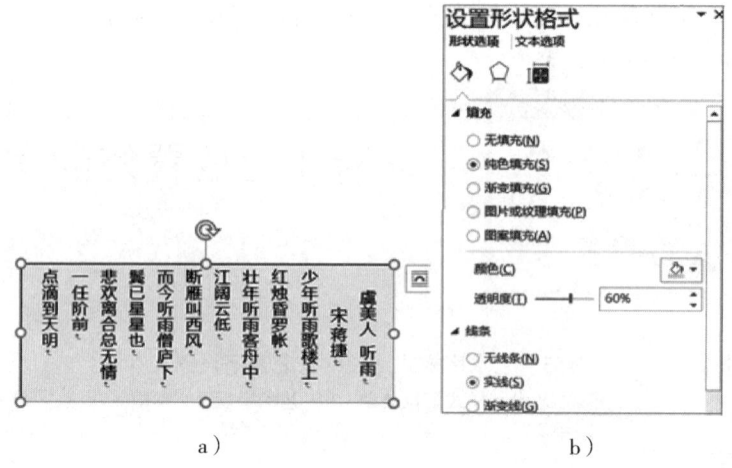

图 3-55 文本框的选中状态及格式设置功能面板
a）文本框的选中状态 b）文本框格式设置功能面板

文本框内的文字及段落设置方法与普通文本及段落格式设置方法相同。

3.4.5 插入数学公式

公式是科技类文档中普遍应用的对象，复杂的公式中往往带有特殊的运算符号和非英文的特殊字符，如果用普通文本方法进行编辑，很难达到理想的效果。Word 2016 提供了丰富的公式编辑能力，并且提供了"墨迹公式"，支持手写公式的智能识别和编辑能力，这一功能为在触屏环境下编辑文档时插入公式提供了便利。

1. 公式的插入

在 Word 2016 中，选择"插入"选项卡的"符号"功能组，单击公式按钮的下拉箭头，在弹出的公式下拉列表中选择一种内置的公式模板，或者单击下拉菜单中的"插入新公式"命令，均可实现公式的输入，如图 3-56a 所示。也可以通过快捷键"Alt + ="在文档插入点处快速插入新公式。

单击上述命令或快捷键之后，文档就会出现一个"在此处键入公式"的对象框，如图 3-56b 所示，可以直接在对象框内输入公式，或者选择一种内置的公式，如图 3-56c 所示。

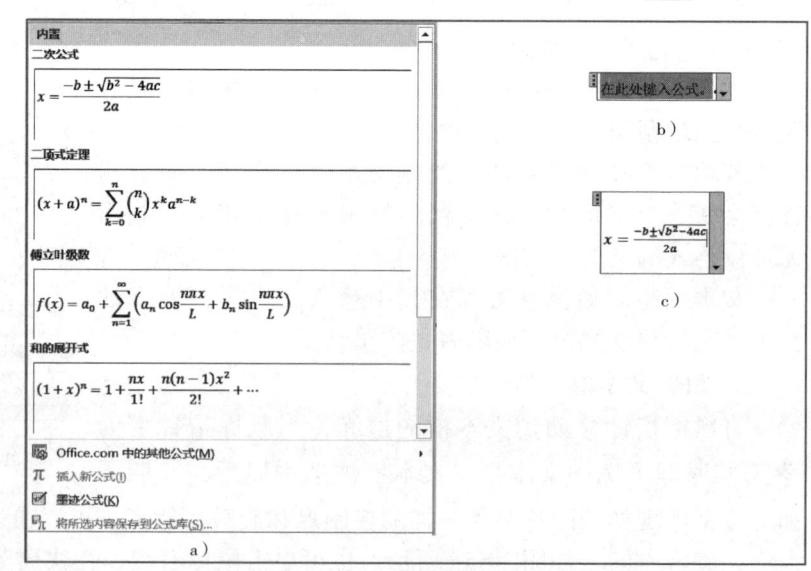

图 3-56 "公式"下拉列表及插入的公式对象框
a）"公式"下拉列表 b）插入的新公式对象框 c）插入的内置公式对象框

2. 公式的编辑

单击文档中的公式对象框，在选项卡区右侧就会自动增加一个"公式工具"→"格式"选项卡，包含"工具""符号""结构"3 个功能组，有丰富的编辑命令供用户编辑公式。"公式工具"选项卡及功能区如图 3-57 所示。

图 3-57　"公式工具"选项卡及功能区

3. "墨迹公式"实现手写公式自动识别

"墨迹公式"是 Word 2016 提供的一个手写公式自动识别智能工具，可以协助用户通过手写完成复杂公式的编辑，提高公式的书写效率。

在图 3-57 所示的功能区左侧，单击"墨迹公式"按钮，即可打开"墨迹公式"编辑窗口，如图 3-58 所示。

在"墨迹公式"编辑窗口中间的书写区内，通过鼠标或者触控屏幕上的手写方式，写入手写体的公式。在手写区上方的"预览"栏中，就会实时呈现公式的识别效果。在手写区下方提供了"书写笔""橡皮擦""套索"等编辑工具。可以在识别效果不满足预期要求的情况下，利用这些工具对书写区内的手写公式进行修改，直至满足要求，单击"Insert"按钮，将识别好的公式，以公式对象框的形式，插入到文档之中。

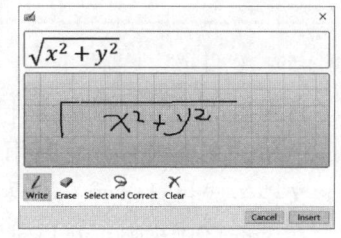

图 3-58　"墨迹公式"编辑窗口

3.5　Word 2016 高级应用

实际应用中，有许多长文档需要进行编辑或打印，如书籍、论文、长篇报告等，然而在编辑长文档的过程中，如果像编辑普通文档一样进行处理，会导致文档最后修改、排版时工作琐碎、繁复，导致工作效率明显降低。

Word 2016 为长文档处理提供了专门的功能，例如自动生成目录、文档导航、文档的审阅、分节设置文档样式等，通过这些功能，可以有序地组织和管理长文档。

3.5.1　自动生成目录

对于长文档，在编辑的过程中使用目录，用户可以方便地定位文档，而且在文档更新时，可以实现目录的即时更新；在装订时，文档目录也是必不可少的，它便于用户快速浏览文档内容。

要建立文档目录，首先确定好插入点的位置。目录插入点的位置一般在文档的开头。单击"引用"选项卡"目录"功能组中的"目录"按钮，从下拉列表中选择内置的目录模板，如图 3-59 所示，即可为文档插入"目录"。

长文档的目录层级是由长文档标题的级别决定的。因此，在生成目录前，需先对长文档的标题进行等级排序。实现的方法是：选中文档标题，单击"引用"选项卡"目录"功能组中的"添加文字"按钮，在下拉菜单中选择目录的显示级别，如图3-60所示。

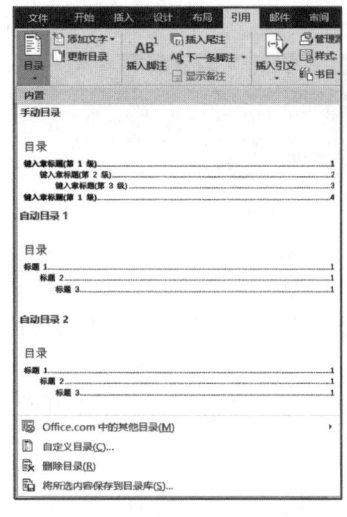
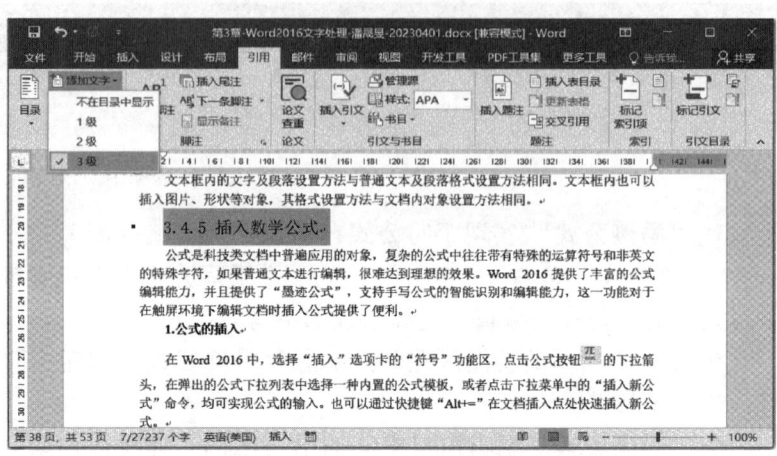

图3-59　"目录"下拉菜单　　　　　图3-60　设置长文档标题的目录显示级别

目录生成后，把鼠标指针移到某一目录标题，按住 Ctrl 键并单击该标题，便立即定位到相应标题的文档内容处。利用目录查看长文档，是文档编辑阶段常用的快速定位方法。

文档生成目录以后，如果重新修改了文档，则在修改完成之后，需对目录进行及时的更新。在 Word 2016 中更新目录的方法主要有三种：

1）选中文档目录，单击鼠标右键，在快捷菜单中选择"更新域"，弹出"更新目录"对话框，如图3-61所示。

若修改文档过程中，标题结构没有发生改变，则选择"只更新页码"；若文档标题在修改中发生了变化，则选择"更新整个目录"。

2）选中目录，在"目录"对象框的左上角单击"更新目录"按钮，如图3-62所示。弹出"更新目录"对话框，更新方法同上。

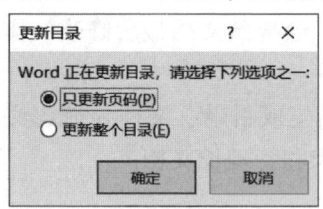
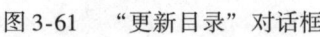
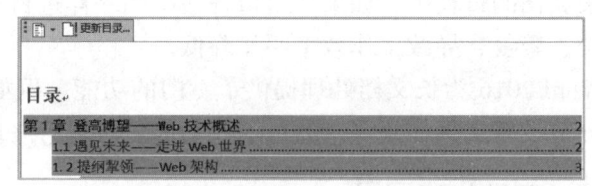

图3-61　"更新目录"对话框　　　　图3-62　"目录"对象框的"更新目录"按钮

3）选中目录，选择"引入"选项卡"目录"功能组中的"更新目录"按钮，弹出"更新目录"对话框，设置方法同上。

3.5.2　文档导航

长文档在阅读过程中，查找特定的目标比较麻烦，通过鼠标滚轮翻看或者通过窗口的滚动条浏览不但耗时，也容易产生定位不准的问题。而通过关键字查找或者键盘翻页定位长文档中的目标，不但耗时，还缺乏整体感。Word 2016 提供了文档导航功能，为用户解决在长文档中快速而精准地定位提供了便捷的方法。

在 Word 2016 中启用文档导航功能的方法是：单击"视图"选项卡，在"显示"功能组勾选"导航窗格"选项，即可在 Word 2016 窗口左侧打开"导航窗格"，如图 3-63 所示。

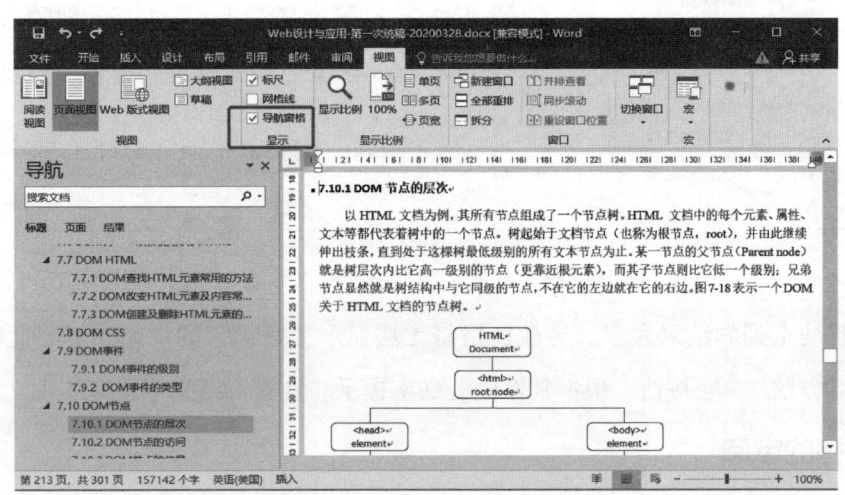

图 3-63　"导航窗格"的启用

导航窗格提供了标题导航、页面导航和（搜索）结果导航三种导航方式，为依据标题、页面及关键字或特定对象快速定位文档提供了便捷的途径。

1. 标题导航

文档标题导航类似于通过目录定位文本，是最常用的一种文档导航方式。使用标题导航的前提是文档必须提前设置了分级的标题。分级标题可以采用"开始"选项卡"样式"功能组中的"样式"列表框中的分级样式（例如"标题1""标题2"）进行设定；也可以采用目录的标题显示级别加以设定。

在标题导航的方式下，单击导航窗格中的某一标题，文档就会自动定位到该标题所在的段落。

2. 页面导航

单击"导航窗格"上方的"页面"，即切换到页面导航的方式。此时导航窗格中会出现各个页面的缩略图，单击某一页面的缩略图，即可快速定位到该页面。因为缩略图很小，所以在导航窗格中浏览缩略图的效率要明显高于直接翻看页面。

3. 结果导航

结果导航是以导航窗格上方搜索框的查询结果为依据的导航方式。用户可以在搜索框内输入关键词进行查询，也可以单击搜索框右侧的放大镜图标，在弹出的下拉菜单中选择"图形""表格""批注"和"公式"等对象进行查询。也就是说，文字、图形、表格、批注和公式等文档编辑对象都可以作为导航的依据。

按关键词进行结果导航的情景，如图 3-64 所示。在导航搜索框内输入"Web 页面"，搜索到 22 个结果，这些关键词所在的段落以缩略图的形式顺序出现在导航窗格中。用户可以单击查询结果的缩略图，文档将直接定位到包含该关键词的特定段落位置。

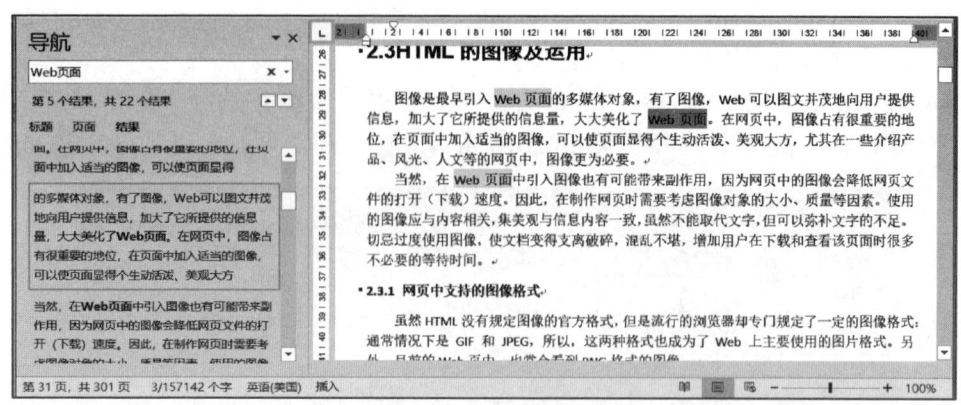

图 3-64　按照关键词进行结果导航

注意：若搜索到的结果太多，导航窗格将无法显示搜索结果的缩略图标，此时用户可以通过搜索框下方的 ▲▼ 按钮，根据其左侧的文字提示，在查询结果中快速实现文档的定位。

3.5.3　文档的审阅

长文档在编辑过程中往往需要多人共享文档，协作完成文档的编辑。Word 2016 提供的审阅功能，能够帮助用户进行拼写检查、批注、翻译、修订、多文档比较和文档保护等，适于多人协作处理文档以及文档在审批流程中的跟踪记录。

审阅功能是 Office 2016 重要的功能，在 Word、Excel、PowerPoint、OneNote 和 Publisher 等 Office 组件中都包含此功能。Word 2016 的"审阅"选项卡及其功能区如图 3-65 所示。

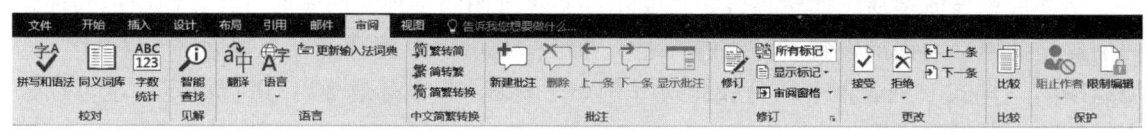

图 3-65　"审阅"选项卡及功能区

"审阅"选项卡包含"校对""见解""语言""中文简繁转换""批注""修订""更改""比较"和"保护"等功能组。

1. 字数统计

字数统计功能在文档编辑中十分常用，有助于用户了解当前文档的规模。字数统计的实现方法为：

1）选中要统计字数的文本区域，若不进行文本区域的选择，默认为全文。

2）单击"审阅"选项卡的"字数统计"按钮，即弹出"字数统计"对话框，呈现详细的统计结果，如图 3-66 所示。

2. 批注

为文档建立批注，是在不修改原文内容的情况下，对文档提出修改建议或者特定说明的常用方法。批注的实现方法为：

1）选中文档中要进行批注的文本、图形等对象。

图 3-66　字数统计

2）单击"审阅"选项卡"批注"功能组的"新建批注"按钮，在 Word 文档编辑区右侧出现批注编辑框，在编辑框内输入批注的信息，如图 3-67 所示。

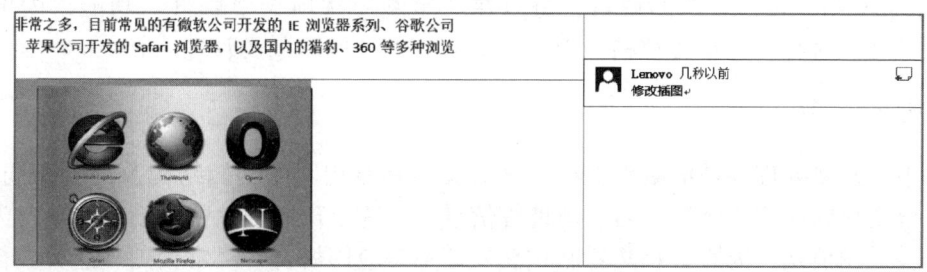

图 3-67　为文档对象输入批注

图 3-67 所示的批注编辑框内，批注作者信息"Lenovo"默认为当前批注编辑者的用户名，该信息可以在"文件"选项卡"信息"命令窗口中定义。"几秒以前"信息则属于动态信息，会随着系统时钟变化不断变化，超出一定时长后则显示批注插入的时间点信息。批注编辑框右上角的 按钮是批注回复按钮，文档的其他编辑者可以单击此按钮对批注内容做出响应回复。

当有多个批注存在时，可以通过"批注"功能组的其他功能按钮对批注进行浏览、显示/隐藏、删除等管理操作。

3. 修订

修订功能在长文档多人协作处理过程中，可以呈现修改的详细历史记录，为用户提供了接受和拒绝修订的选择。修订功能的具体实现步骤如下：

1）单击"审阅"选项卡"修订"功能组的"修订"按钮，使其处于选定状态，此时文档将进入记录修订痕迹的修订状态。

2）单击"修订"按钮右侧的"显示标记"按钮，在弹出的下拉菜单中可以选择哪些标记会在修订过程中被记录下来。"显示标记"下拉菜单如图 3-68 所示。

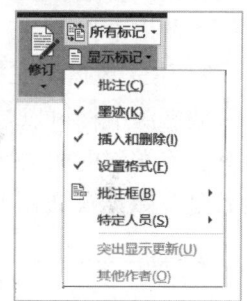

图 3-68　修订的"显示标记"下拉菜单

3）对文档内容进行修改，修改后的痕迹将被记录在文档之中。带有修订痕迹的文稿外观如图 3-69 所示。

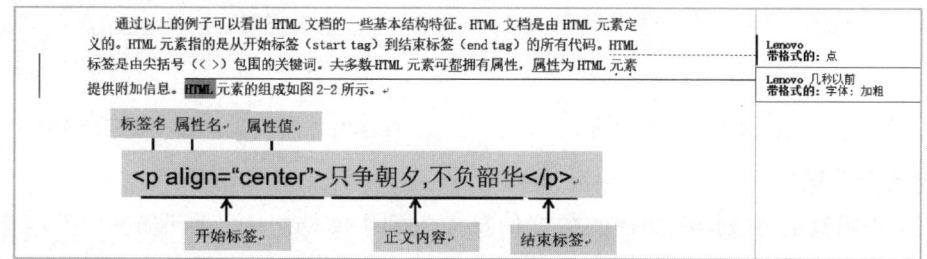

图 3-69　带有修订痕迹的文稿外观

4）对于修订，可以用"审阅"选项卡"更改"功能组中的"接受"或"拒绝"按钮选择接受修订或者拒绝修订。接受或拒绝修订可以通过相应按钮的下拉菜单选择逐条接受或拒绝，也可以选择接受或拒绝全部修订。在某一带有修订痕迹的文本上方单击鼠标右键，在弹出的快捷菜单上也可以选择接受或拒绝该修订。

5）若全文中有多处分散的修订，可以在“审阅”选项卡“修订”功能组内单击“审阅窗格”按钮，选择打开审阅窗格，以实现对修订的快速浏览及管理。

3.5.4　邮件合并

生活中经常要处理一种信函类文档，这类文档具有相同的文档结构及部分相同的内容，也含有部分变化的内容，例如姓名、地址等信息。在为全班同学制作成绩通知单，为所有与会者制作会议邀请函，为所有获奖者制作获奖证书等应用场合，经常会处理这类文档。

Word 2016 的邮件合并功能，就适合批量生成这类文档。运用邮件合并功能，能极大提高批量处理信函类文档的工作效率，避免手工处理文档可能造成的信息录入错误。

邮件合并是在两个文档之间进行的，一个是“主文档”，另一个是“数据源文档”。主文档的内容由两部分组成，一部分是固定的内容（例如正文、印章等），另一部分是变化的内容（例如姓名、地址等）。主文档中固定的内容可以直接录入、编辑，而变化的内容则是从“数据源文档”中合并进来的。

邮件合并需要四个步骤：创建主文档、建立数据源文档、插入合并域和生成合并文档。

1. 创建主文档

主文档实际上就是普通 Word 文档，它类似一份文档格式模板。例如制作“获奖通知”的主文档，将通知的固定文字部分录入，其余需要填写变化内容（例如姓名、获奖等级）的位置留出空格即可。“获奖通知”主文档样例如图 3-70 所示。

2. 建立数据源文档

数据源文档可以是 Excel 工作表，也可以是 Access 等数据表文件。例如在 Excel 工作表中有获奖学生的相关数据记录，这些数据记录将作为变化的数据内容合并进入主文档。“获奖名单”数据源文档案例如图 3-71 所示。

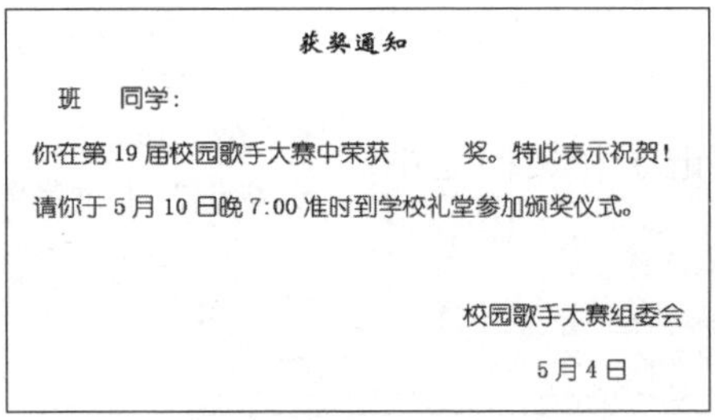

获奖通知

班　同学：

你在第 19 届校园歌手大赛中荣获　　奖。特此表示祝贺！

请你于 5 月 10 日晚 7:00 准时到学校礼堂参加颁奖仪式。

校园歌手大赛组委会

5月4日

图 3-70　“获奖通知”主文档

	A	B	C	D
4	序号	姓名	班级	获奖等级
5	1	章雨柔	五（3）	特等
6	2	陆云	六（1）	一等
7	3	刘薇薇	三（5）	一等
8	4	程舒	三（5）	二等
9	5	李若溪	四（2）	二等
10	6	魏明	四（3）	二等
11	7	李云涛	一（4）	鼓励
12	8	张淇	一（1）	鼓励

图 3-71　“获奖名单”数据源文档

3. 插入合并域

插入合并域就是将数据源文档的数据信息插入到主文档之中。所谓的“域”，就是文档中可能发生变化的数据，可以理解为“可变区域”。域的最大特点是其内容会随着引用内容的变化而改变。在文档中插入“域”，可以实现数据的获取、计算、索引及邮件合并等功能。

插入合并域的操作步骤如下：

(1) 为主文档设置数据源

打开主文档,在"邮件"选项卡的"开始邮件合并"功能组单击"选择收件人"按钮,在下拉菜单中选择"使用现有列表",如图 3-72 所示。

单击"使用现有列表"项,将弹出"选取数据源"对话框,该对话框提供了丰富的可作为邮件合并数据源的文件类型。本例选择"Excel 文件"类型,选中创建好的数据源文档,并单击"打开"按钮,如图 3-73 所示。

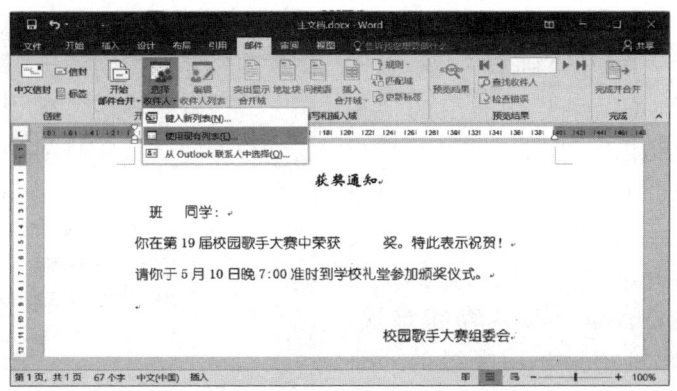

图 3-72 邮件合并"选择收件人"下拉菜单

因为 Excel 文件中包含多个工作表,在单击"打开"按钮后,会进一步弹出"选择表格"对话框,要求用户选择带有合并邮件数据源信息的工作表,此处选择"Sheet1$",并单击"确定"按钮,如图 3-74 所示。

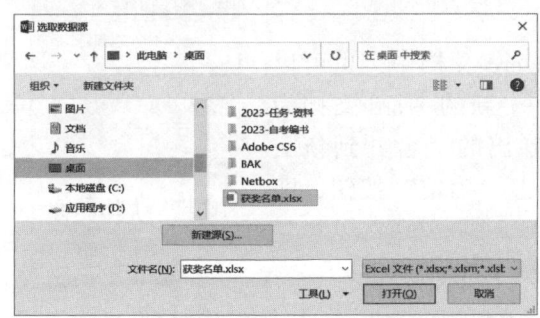
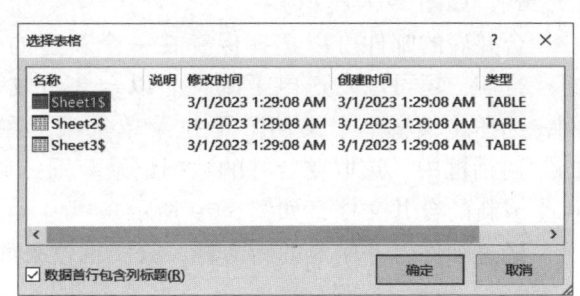

图 3-73 邮件合并"选取数据源"对话框　　　图 3-74 "选择表格"对话框

经过上述操作,Excel 文件中的数据就成为主文档的数据源,数据记录的各个列就成为候选的合并域。

(2) 在主文档中插入合并域

将插入点定位在主文档预留的插入合并域的位置,在"邮件"选项卡的"编写和插入域"功能组单击"插入合并域"按钮,在下拉菜单中选择合适的候选域插入,如图 3-75 所示。

全部合并域插入完成后的主文档外观如图 3-76 所示。

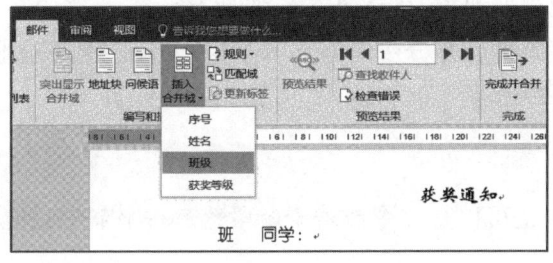
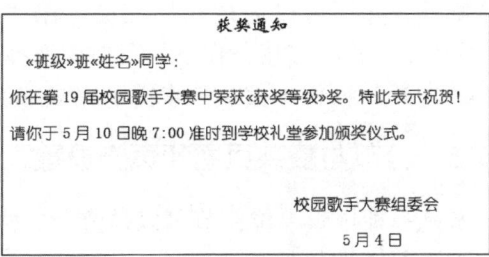

图 3-75 "插入合并域"按钮　　　　　图 3-76 插入合并域后的主文档

(3) 预览邮件合并结果

单击"邮件"选项卡"预览结果"功能组的"预览结果"按钮,可以对完成合并域插入的主文档效果进行预览。预览的目的是检查合并进入主文档的数据是否完备,以及是否存在错误。"预览结果"功能组的"查找收件人""检查错误"按钮也可以用来辅助检查数据。预览结果如图 3-77 所示。

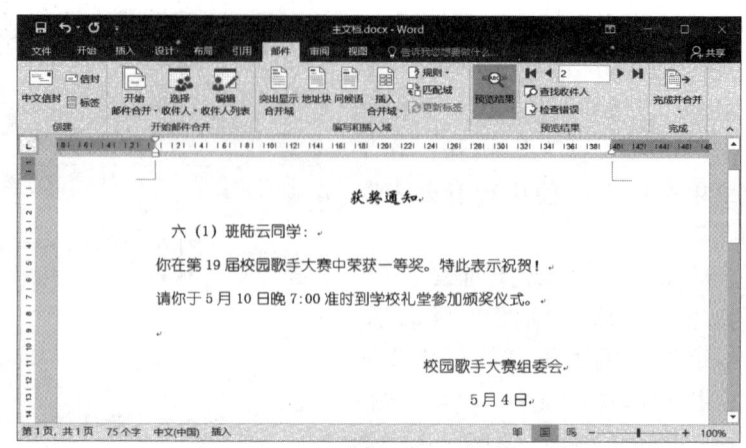

图 3-77　预览邮件合并结果

4. 生成合并文档

在预览邮件合并结果无误后,就可以单击"邮件"选项卡"完成"功能组的"完成并合并"按钮,在下拉菜单中选择完成邮件合并的方式,如图 3-78 所示。

合并后的邮件可以选择保存在一个新建的 Word 文档中,也可以直接打印,还可以发送电子邮件。以合并生成一个新的 Word 文档为例,选择"编辑单个文档"下拉菜单选项,在弹出的"合并到新文档"对话框中,选取要合并的数据记录范围,单击"确定"按钮,即可生成新的合并文档,如图 3-79 所示。

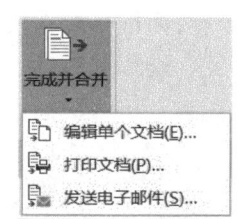

图 3-78　"完成并合并"下拉菜单

经过邮件合并生成的新文档,其实现效果如图 3-80 所示。

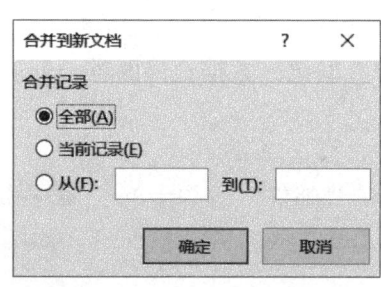

图 3-79　"合并到新文档"对话框

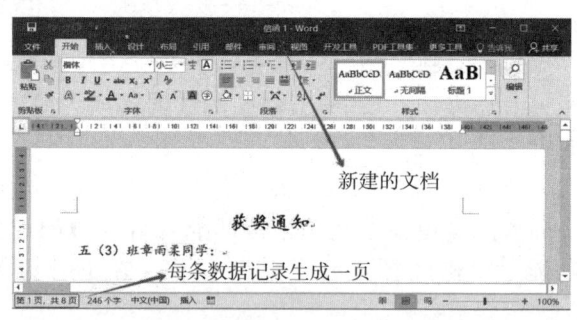

图 3-80　邮件合并后生成的合并文档

邮件合并还可以通过向导完成。在"邮件"选项卡的"开始邮件合并"功能组单击"开始邮件合并"按钮,在下拉菜单中选择"邮件合并分步向导",即可在 Word 窗口右侧出现的"向导"面板中按照分步提示完成邮件合并。

3.5.5　分节与复杂页眉和页脚设置

节是一种排版单位,节可以是整个文档,也可以是一个或若干个段落。一个节中只能设置一种页面样式。

对长文档来说,分节是必要的。将文档划分为不同的节后,就可以对文档的每节设置单独的样式。例如在书籍中,其页眉偶数页为书籍名称,奇数页为章节标题,要实现这样的效果,必须将每章划分为不同的节。

要为文档进行分节,就需要插入分节符。Word 2016 分节符有 4 种类型:

1)下一页:插入分节符并在下一页上开始新节;

2)连续:插入分节符并在同一页上开始新节;

3)奇数页:插入分节符并在下一奇数页上开始新节;

4)偶数页:插入分节符并在下一偶数页上开始新节。

1. 为文档插入分节符

将插入点定位在文档中要分节的位置,单击"布局"选项卡"页面设置"功能组中的"分隔符"按钮,从弹出的下拉列表中选择相应的分节符,如图 3-81 所示。

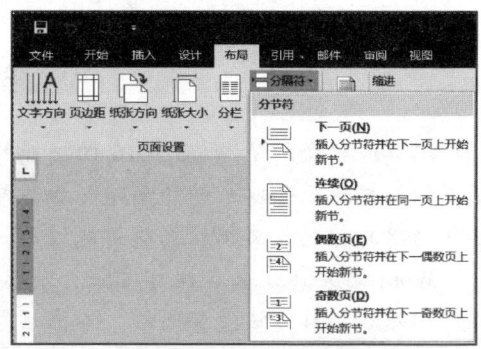

图 3-81 插入分节符

如果需要删除分节符,需要在页面视图下显示隐藏标记,然后选中要删除的分节符,按下 Delete 键删除即可,这时两节文档自动合并为一节。

2. 为不同的节设置不同的页眉和页脚

长文档进行分节后,对不同的节,可以设置不同的页眉和页脚。而对每节中不同的页,可以根据需要分别设置首页页眉/页脚、奇数页页眉/页脚和偶数页页眉/页脚。设置方法为:在"插入"选项卡"页眉和页脚"功能组选择"页眉"或"页脚"按钮。在选项卡区域右侧出现的"页眉和页脚工具"→"设计"选项卡"选项"功能组,根据需要勾选页眉和页脚的类型,如图3-82所示。

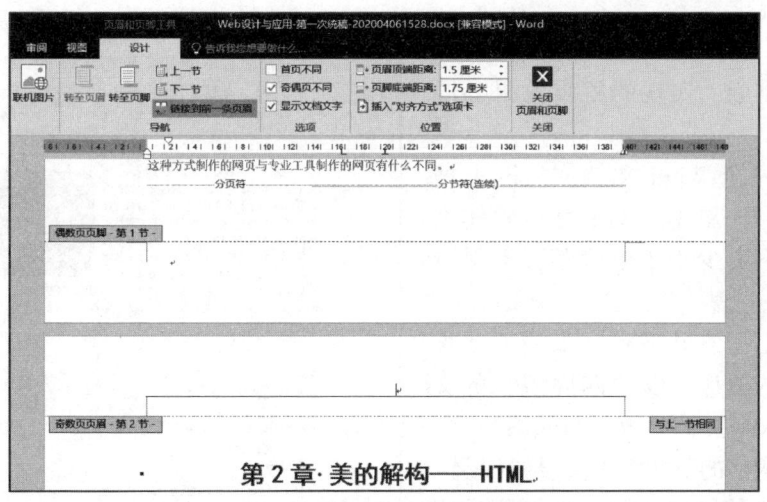

图 3-82 选择页眉和页脚的类型

通过图 3-82 可见,若勾选了"奇偶页不同"选项,则页面将呈现"奇数页页眉-第 2 节",即可以单独为第 2 节的奇数页设置页眉。在分节的文档中,后面节的页眉或页脚会默认继承上一节的页眉或页脚。若想为某一节设置不同于上一节的页眉或页脚,可以在图 3-82 所示的

"页眉和页脚工具"→"设计"选项卡的"导航"功能组内单击"链接到前一条页眉"按钮，使其处于未被选中状态。此时相应页眉或页脚编辑区右下角的"与上一节相同"提示将消失，即可独立为该节设置页眉或页脚了。

本章小结

本章简单介绍了 Word 2016 的功能特点和界面构成。对 Word 2016 的基本操作方法进行了详细的讲解。并以文档的创建、编辑排版、表格设计、图文混排及高级应用为主线，介绍了从简单文档到长文档的编辑排版过程。

Word 的大部分基本操作方法，例如复制、粘贴、剪切、撤销和恢复等，与 Office 其他组件的基本操作方法是相同的。本书后续 Excel、PowerPoint 等章节的学习与实践，对这些基本操作不做重复介绍而直接应用。

Word 2016 采用"选项卡"→"功能组"的方式进行不同命令的选取，这一风格有别于传统版本中"菜单"→"命令项"方式，目的是减少对鼠标多次选择菜单的运用，使得 Office 2016 更加适合在平板计算机、触摸屏等丰富的终端上进行使用。

Word 2016 高级编辑功能适合长文档及复杂编辑排版需求下应用，旨在提高编辑排版效率。

同步练习

【实验题目 1】

实验名称：Word 2016 图文混排编辑。

实验目的：熟练掌握 Word 2016 的基本操作，能够运用 Word 2016 的编辑与排版功能实现文档的图文混排。

实验内容：按如下要求完成对 Word 文档的编辑和排版，实现的编辑效果参照图 3-83。

（1）新建一个 Word 文档，从网上搜索有关"祝融号火星车"的文字资料作为文档的内容，不得少于 4 个段落，不得少于 500 字。

（2）在网上搜索并下载一张关于"祝融号火星车"的图片，以"四周型"的文字环绕方式插入到文档的第一自然段位置。

（3）以艺术字的形式为本文设置标题。

（4）将本文的第二、第三自然段进行分栏排版，分为两栏。

（5）为文档添加合适的页眉，页眉内容自拟。

图 3-83 图文混排效果样例

（6）为文档最后一个自然段添加宽度为 1 磅的单实线边框，以及黄色 10% 的段落底纹。

(7) 查找正文各段中的 "祝融号"，替换为带有着重号的 "中国祝融号"。

【实验题目 2】

实验名称：Word 2016 综合应用。

实验目的：熟练掌握 Word 2016 的段落、页面编辑技术，能够熟练设置页眉和页脚，能够进行分栏等排版设置。掌握 Word 2016 文字转换表格的操作方法，能够对表格进行基本编辑与格式化处理。

实验内容：创建一个 Word 文档，保存为 test2.docx，其文字内容如图 3-84 所示。文档中，长实线上方为正文。按照下列要求，依次完成对文档的编辑处理。

```
物流概念的内涵与发展
    虽然迄今为止国内外尚未对综合物流管理有一个公认的定义，但为了降低成本，提高服务水平，管理人员对物流业务的重视程度越来越高。一般来讲，物流应该由 7 种要素组成：运输、配送、包装、搬运、流通加工、信息、贮存等。
    物流活动自古有之，并随着生产的发展而发展。当生产力的发展到一定阶段出现了剩余物资，从而使交换成为必然，交换的过程中必然伴生有物流活动。到了工业革命以后，实现了大批量生产及大批量消费，这也标志着大批量配送时代的来临。买卖双方距离越来越远，专业的中间商及运输商将货物从生产地运往消费地，将二者联系和沟通起来。物流在近些年来无论是内涵还是外延都得到了较大的发展，理论界和实践工作者都有必要对它的演进历史有所认识：物流管理不是偶然出现的，也不是纯粹的文字游戏，它是我们今天面对和战胜挑战的有力工具。
    回顾其发展历史，物流演变经历了三个阶段：
    产成品配送阶段——物流管理阶段——综合物流管理阶段
    物流发展到现在，其管理内容已经从企业内部延伸到企业外部，企业开始注重外部关系的研究，这包括与分销商、顾客、供应商以及第三方的关系。企业的外部关系并非像 "供应商-生产-顾客" 这样简单的一维线性关系，而是多维相互交叉在一起的复杂立体关系，并且这种关系对企业在市场中的表现影响越来越重要。综合物流管理意味着企业应用先进的技术，站在更高的层次上管理这些关系。电子数据交换(EDI)、准时生产制(JIT)、配送需求计划(DRP)以及其他物流技术不断涌现并得到极大的应用和发展，这也为物流迈入综合管理阶段提供了强有力的技术支持和保障。例如，优化供应商的管理可以使企业大量降低费用，因为综合物流管理中供应商可以避免材料维护和订单处理费用，而这些费用最终是要进入到材料的采购成本中去的。

年份,物流总费用（万亿元）,物流费用 GDP 占比
2017,12.1,14.6%
2018,13.3,14.8%
2019,14.6,14.7%
2020,14.9,14.7%
```

图 3-84　实验题目 2 文字内容

(1) 将文章标题设置为 3 号、黑体、居中、橘黄色，全文英文字体设置为 "Arial"。

(2) 将正文各段首行缩进 0.75 厘米，段前、段后分别设置为 6 磅。

(3) 设置页面纸张大小为 "16 开（18.4 厘米×26 厘米）"，左右页边距分别设置为 1.5 厘米，设置页面颜色的填充效果为 "纹理/羊皮纸"。

(4) 在页面底端插入 "普通数字 3" 样式页码，设置页码编号格式为 "Ⅰ、Ⅱ、Ⅲ、……"，起始页码为 "Ⅲ"。

(5) 将正文最后两段设置为等宽分栏，3 栏。

(6) 将正文之后的 5 行文字转换为 5 行 3 列的表格，以英文逗号 "," 为分隔符。设置

表格居中，表格中所有内容水平居中。

（7）分别设置表格第一列列宽为 1.1 厘米、第二列列宽为 3 厘米、第三列列宽为 2.2 厘米，表格行高为 0.6 厘米，设置表格单元格左、右边距均为 0.1 厘米。

（8）设置表格外框线为红色（标准色）0.75 磅双窄线，其余内框线为绿色（标准色）0.5 磅单实线。

第 4 章　Excel 2016 电子表格

学习目标：

1. 了解 Excel 2016 的功能和特点。
2. 了解 Excel 2016 的主界面组成以及各个区域的主要功能。
3. 熟练掌握 Excel 2016 中工作簿、工作表、单元格和地址等相关概念。
4. 熟练掌握运用 Excel 2016 进行工作表制作的方法和技巧。
5. 掌握 Excel 2016 中图表的制作过程。
6. 掌握 Excel 2016 的公式编写及常用函数的使用方法，能够灵活运用公式及函数解决实际问题。
7. 掌握 Excel 2016 的数据排序、筛选和分类汇总和数据透视表/数据透视图等数据管理功能。

建议学时：

6 学时。

教师导读：

1. 本章介绍了 Excel 2016 的基本概念和在电子表格制作方面的基本操作，旨在引导考生熟悉 Excel 2016 的特性和基本功能，能够利用 Excel 2016 进行表格格式数据的组织、计算、分析和统计。
2. 教学可以采用理论与实践相结合的方式，让学生在案例化的实践中掌握 Excel 的数据处理。在 Excel 学习中，相对地址和绝对地址在公式编写和函数运用中的区别，是本章的难点；综合运用排序、筛选、分类汇总以及图表制作进行数据的统计计算和分析，是本章的重点。
3. 本章学习之后，考生应完成同步练习以巩固所学。

4.1　Excel 2016 基础

Excel 作为 Office 的组件之一，可以进行表格式数据处理、统计分析和辅助决策等工作。在办公文件制作、档案管理、工程管理、财务管理等众多领域，经常需要用表格的形式来分析、统计数据，还常用图表的形式来直观、形象地表现数据，这些工作都可以用 Excel 来轻松完成。

4.1.1 认识 Excel 2016

认识 Excel 2016 的基本功能以及启动和退出 Excel 2016 的正确方式,是用好 Excel 2016 的基本前提。

1. Excel 2016 的基本功能

Excel 2016 的基本功能是对表格式数据进行组织、计算、分析和统计。具体可分为以下几类基本功能。

(1) 表格制作

Excel 可以快捷地建立数据表格,输入和编辑数据,以及对工作表中的数据进行丰富的格式化设置。

(2) 数据计算

Excel 提供了公式和函数计算功能,可以实现算术、逻辑、文本处理等种类繁多的运算。

(3) 图表制作

图表是形象展现数据特征的对象。Excel 为图表的制作提供了向导,可以引导用户轻松完成类型多样的与工作表中数据相关的统计图表。

(4) 数据管理

Excel 融合了数据库的功能,可以将工作表中的数据以数据清单的形式进行管理,实现筛选、排序、分类汇总等数据管理功能。

(5) 数据共享

为实现多人共同编辑、处理数据,提高工作效率的目的,Excel 提供了数据共享功能,可以实现多个用户共享同一个工作簿文件。

2. 启动 Excel 2016

在 Windows 10 操作系统下,启动 Excel 2016 与启动 Word 2016 的方式基本相同。主要有如下形式:

1) 单击"开始"按钮,在开始菜单中执行"Excel 2016"命令。

2) 在"文件资源管理器"中寻找带有 图标的文件(扩展名为 xlsx 或者 xls 的文件,即 Excel 文档),双击该文件。

3) 在桌面或其他想创建 Excel 文档的位置,单击鼠标右键,选择快捷菜单中的"新建"→"XLSX 工作表"或"XLS 工作表"命令,创建一个新的 Excel 工作簿文件,然后双击该文档图标。

3. 退出 Excel 2016

在 Excel 2016 中可以将操作完成或不使用的表格关闭,以节省资源,提高系统的运行速度。下面介绍三种退出 Excel 2016 的方法。

(1) 通过窗口退出

在 Excel 2016 窗口中,单击标题栏右侧的"关闭"按钮即可关闭并退出 Excel 2016 当前的工作簿。

(2) 通过快捷键退出

通过快捷键可以快速退出 Excel 2016。在 Excel 2016 窗口中按快捷键"Alt + F4"即可快速退出 Excel 2016。

（3）通过"文件|关闭"命令退出

单击"文件"选项卡的"关闭"命令，即可退出 Excel 2016 的当前工作簿。

4.1.2　Excel 2016 工作界面构成

启动 Excel 2016 后，即打开了 Excel 2016 的工作窗口。Excel 2016 窗口的菜单、工具栏、任务窗格和编辑窗口等布局与 Word 基本是相同的。

Excel 2016 的工作界面如图 4-1 所示。

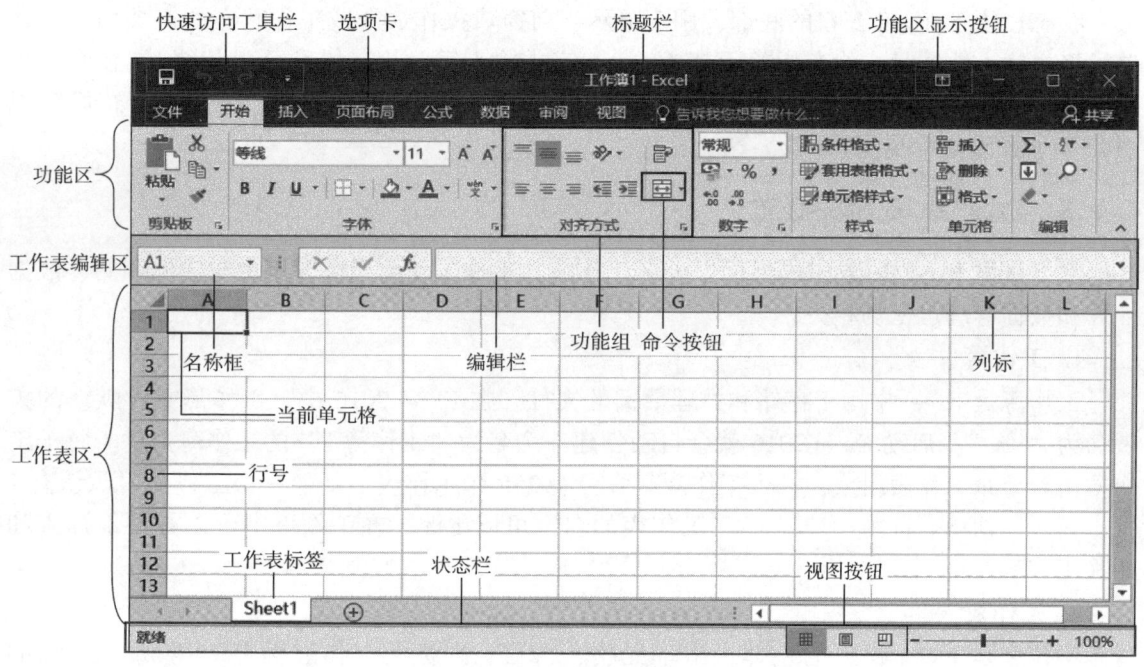

图 4-1　Excel 2016 工作界面

1. 标题栏

标题栏默认位于 Excel 窗口的最上方，主要包含快速访问工具栏、文件名、功能区显示按钮及窗口控制按钮等。标题栏是 Office 组件所共有的，在 Word 中已有介绍，在此不再赘述。

2. 选项卡/功能区

Excel 2016 的选项卡包括"文件""开始""插入""页面布局""公式""数据""审阅""视图"等。每个选项卡均具有相应的功能区，功能区又细分为若干功能组，每个功能组内含有若干功能类似的命令按钮。Excel 的部分操作对象被选中还会增加相应的临时选项卡。其中"公式"选项卡与"数据"选项卡及其对应的功能组是 Excel 2016 进行数据计算、统计及分析的核心命令所在位置，其余选项卡对应的功能组及所含命令与 Word 2016 基本相同。

3. 工作表编辑区

工作表编辑区由名称框、按钮组和编辑栏组成，位于工作表区和功能区之间。名称框用于编辑和显示当前单元格或者当前选定区域的地址或名称；编辑栏用于编辑当前单元格数据、公式或函数；编辑栏和名称框之间是按钮组，由名为"取消""输入"和"插入函数"的三个按钮"✕""✓""ƒx"组成，分别用于撤销编辑内容、确认编辑内容及插入函数。

4. 工作表区

工作表区是 Excel 数据、图表等主要呈现的区域。工作表区是由单元格构成的，单元格默认用行号和列标来表示地址，数据存放在单元格中。工作表区除了单元格外，还有工作表标签来标识工作表。

5. 状态栏

状态栏位于 Excel 窗口的底部，用于显示当前窗口操作命令或工作状态的有关信息。在单元格内输入数据时，状态栏显示"输入"，完成输入后，状态栏显示"就绪"。在状态栏中还有三个 Excel 工作簿视图按钮，从左到右依次代表"普通页面"视图、"页面布局"视图和"分页预览"视图。

4.1.3 Excel 2016 相关概念

除了认识 Excel 2016 工作界面以外，工作簿、工作表和单元格等概念与数据存储、数据计算和数据管理也密切相关。

1. 工作簿

工作簿是 Excel 中用于存储和处理数据的文件。在 Excel 2016 中，工作簿文件默认的扩展名为"xlsx"。启动 Excel 2016 就会自动创建一个名为"工作簿1"的工作簿文件。每个工作簿由若干张工作表组成，一个工作簿最多可有 255 张工作表。新建一个工作簿时默认有 1 张工作表，默认名称为"Sheet1"。工作表的名字可以更改。在工作簿中可以方便地插入和删除工作表。

2. 工作表

工作表是 Excel 窗口的主体，由单元格、行号、列标及工作表标签等组成。在 Excel 2016 中，每张工作表有 1048576 行，16384 列。行号由数字 1~1048576 表示，列标由字母 A~Z、AA~AZ、BA~BZ、……、XFD 表示。

在工作表中，选中一个单元格后，按快捷键"Ctrl + Shift + ↓"即可快速跳转到工作表的最后一行，按快捷键"Ctrl + Shift + →"即可快速跳转到工作表的最后一列。此时便可查看工作表最后的行号和列标，如图 4-2 所示。

3. 单元格

在工作表中，行和列交叉的区域构成单元格。单元格是 Excel 的基本元素，输入的数据保存在单元格中。每个单元格由唯一的地址进行标识，地址用列标字母和行号数字进行表示，如 A1、C24 等。单击一个单元

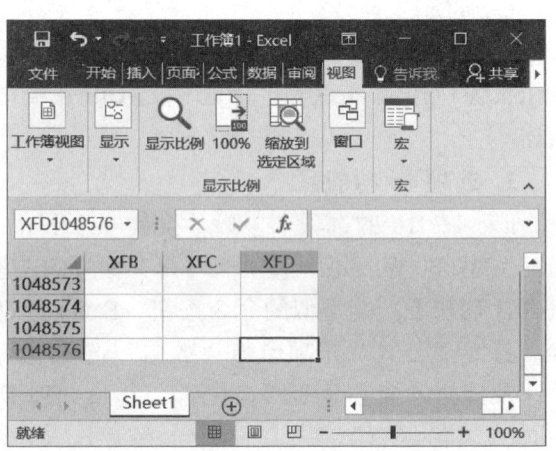

图 4-2 Excel 2016 工作表最后一行及最后一列

格,该单元格则被选中,此时该单元格的框线变为黑色框线,成为活动单元格,也称为当前单元格。活动单元格即正在被使用的单元格,其地址将显示在名称框内。在编辑栏输入的数据或者公式及函数的运算结果数据将存储在当前单元格中。

4. Excel 中常见鼠标指针形状

(1) 十字光标

十字光标是工作表中默认的光标,单击单元格可使其转为活动单元格。

(2) 箭头光标

鼠标指向已选择的单元格或单元格区域的边缘,并拖曳鼠标时出现,用于移动、复制所选区域的内容。当箭头上有加号"+"时为复制,否则为移动。

(3) 插入光标

插入光标的外观为插入线,双击单元格时出现,用于输入数据、选取数据、编辑数据。

(4) 填充柄

填充柄位于已选择的单元格或单元格区域的右下角,是一个方形的小块。当鼠标指针指向它时变成一个黑色的十字,通过拖曳或者双击填充柄,可以快速填充公式、函数以及时间、日期、等差数列和等比数列等有规律的数据,或者快速复制文本。

(5) 双向箭头光标

鼠标指针指向行或列的分隔线时会变成双向箭头光标。此时拖曳鼠标即可调整行高或列宽。

(6) 行/列选择光标

将鼠标指针移动到行号标签上时,光标变为右箭头;将鼠标指针移动到列标标签上时,光标变为下箭头。此时单击鼠标左键,将选中工作表的一行或者一列。

4.2 Excel 2016 基本操作

Excel 的基本操作包括工作簿、工作表及单元格等基本操作。掌握其基本操作的过程也是逐步深入了解及熟练应用 Excel 的过程。

4.2.1 建立和保存工作簿

在启动 Excel 时,将自动创建一个名为"工作簿1"的空白工作簿。用户也可以手工创建工作簿,方法为:启动 Excel 后选择"文件"选项卡,单击"新建"命令,将会出现含有若干模板的窗口界面,单击"空白工作簿"按钮,即可创建一个空白的 Excel 工作簿。当然,用户也可以根据具体需求,选择诸如会议日程、日历、发票和家庭预算等 Excel 2016 提供的、可以直接使用的模板,如图 4-3 所示。

用户对工作表中的数据进行操作后,需及时保存工作簿文件。Excel 2016 提供了"保存"和"另存为"两种保存方法。另存为方法常用做对已经存在的工作簿保存一份副本。与 Word 2016 的保存相同,Excel 2016 也可以在保存时,为工作簿设置打开文件或修改文件的相应密码,进行文件的保护。

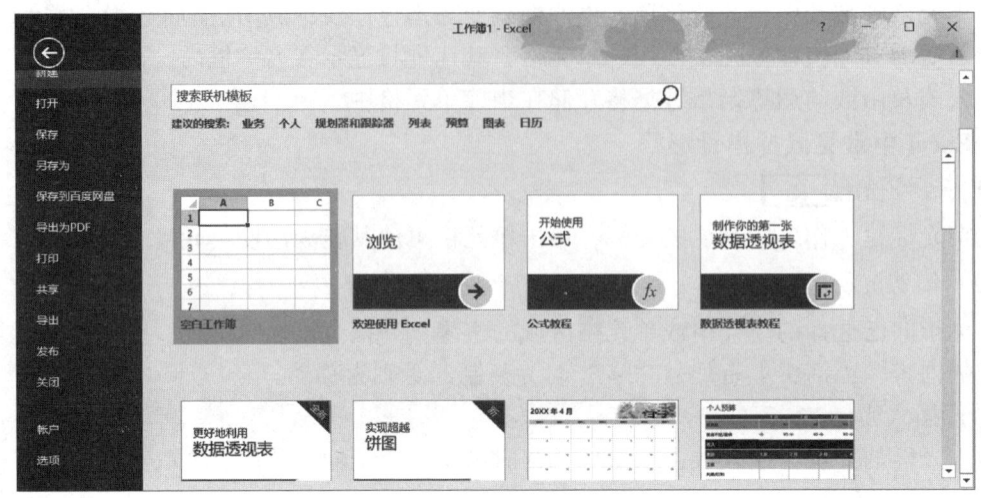

图 4-3 新建工作簿模板选择界面

4.2.2 输入和编辑工作表数据

工作表中的数据具有不同的类型、各异的计算特性以及满足应用需求的特定约束等。在数据管理、计算之前首先要正确、高效地输入数据、识别数据。

1. 输入数据

建立空白工作簿后要进行的操作就是向工作表的单元格中输入数据。在向单元格输入数据前，应先用鼠标左键单击单元格，使该单元格成为活动单元格，然后再输入数据。数据输入完毕后，按回车键或 Tab 键表示确认，按 Esc 键表示取消；也可以单击编辑栏上的取消按钮或输入按钮，取消或确认输入的数据。

2. Excel 中数据的类型

在 Excel 工作表中，单元格中存放的数据有 4 种类型。

(1) 文本

文本数据可由字母、数字、空格、特殊符号和汉字及其他语言符号等组成。一个单元格中最多可以容纳 32000 个字符。文本在单元格中默认左对齐。当输入的文本长度超过单元格的宽度时，如右边单元格无内容，则扩展到右边列显示，否则将截断显示。如果单元格内的文本需要分行显示，不能直接按回车键，否则光标会跳到下一个单元格。在单元格内强制换行的方法是使用快捷键 "Alt + 回车"。

电话号码、证件号码等，虽然是由数字构成的，但不具有数值含义，这样的数据本质上是文本，称为数字文本。在输入数字文本时，在首个数字前加单引号 " ' "，此时数字文本将在单元格内靠左对齐，Excel 将视之为文本数据。对于数字和字母或其他符号组合的信息，Excel 也将其视为文本，例如 "25 米"。

(2) 数值

数值数据除了 0~9 十个数字组成的数值串外，还包含 "+、-、E、e、$、¥、/、%"，以及小数点和千分位符号（","）等特殊字符，如 "¥12,500"。输入数字时默认的对齐方式为右对齐。当输入的数据太长时，Excel 会自动以科学计数法表示。例如输入 123456789012 时，则以 1.23457E+11 表示。

在单元格中可以输入分数，输入的方法为：先输入 0 和空格，再输入"分子/分母"的分数形式数据，或整数和空格，再输入"分子/分母"的分数形式数据，如：0 1/2，5 3/4。

如果单元格内的数值显示为"######"，则说明单元格的宽度不够，调宽单元格的宽度至足以显示所有数值即可。

（3）日期和时间

Excel 内置了多种日期时间的格式，常见的日期时间格式为：yy/mm/dd、yy-mm-dd 和 hh:mm(AM/PM)。在时间格式中，AM 或 PM 与分钟之间应有空格，比如 10:30 AM，缺少空格将被当作字符处理。

输入日期或时间时，默认的对齐方式为右对齐。输入日期时的分隔符只能是"/"或"-"，否则不被当作日期对待。快捷键"Ctrl+;"的功能是输入系统当前日期；快捷键"Ctrl+Shift+;"的功能是输入系统当前时间。

需要说明的是，在 Excel 中，日期是一种特殊的数据表现形式。一个日期对应一个整数，例如 1900 年 1 月 1 日对应数字 1，1900 年 1 月 2 日对应数字 2，以此类推，直至 9999 年 12 月 31 日。在整数 1~2958465 范围内，数值和日期可以实现相互转换，日期本质上是存储为数值的，日期也可以参加数值运算。在单元格内首次输入日期，该单元格就自动转换为日期格式，再次输入合理范围内的数值，仍将换算为日期。日期与数值的相互转换也可以通过右击单元格，在快捷菜单中选择"设置单元格格式"来指定类型。将整数 5 转换为日期型数据的过程，如图 4-4 所示。

图 4-4　将整数 5 转换为日期型数据的过程

如果将负值或者大于 2958465 的值转换为日期或时间格式，无论单元格宽度如何，都将被"#"充满。

（4）逻辑值

Excel 的逻辑数值有两个，TRUE（真值）和 FALSE（假值）。表示逻辑值时，可以直接在单元格内输入"TRUE"或"FALSE",也可以在单元格内输入公式得到计算结果为逻辑值。例如在某个单元格内输入公式:"=5>6",即可得到结果为"FALSE"。逻辑值在单元格中默认居中对齐。

3. 自动填充数据序列

对于一些有规律或者相同的数据,可以采用自动填充功能高效输入。这些有规律的数列是指等差数列、等比数列、系统预定义的数据填充序列以及用户自定义的序列等。

(1) 使用"填充柄"输入有规律的数据

"填充柄"可以实现数据的快速自动填充。自动填充可以沿水平方向,也可以沿垂直方向进行。例如在如图 4-5 所示的表格中,利用填充柄自动填充垂直方向和水平方向的表头。

图 4-5　要进行数据自动填充的表格

选定图 4-5 所示表格的 A6 单元格,移动鼠标指针到 A6 单元格右下角的填充柄处,当鼠标指针变为黑色十字时,拖曳填充柄至 A12 单元格,即可完成填充。同样地,选中 B5 单元格,水平方向拖曳填充柄至 F5 单元格,即可完成水平方向的数据自动填充。在拖曳填允柄到目标单元格处松开鼠标左键后,在填充柄右下角将出现"自动填充选项"按钮,单击此按钮,在弹出的下拉菜单中可以进一步选择填充方式,默认的填充方式为"填充序列"。如图 4-6 所示。

图 4-6　自动填充结果及"自动填充选项"下拉菜单

填充柄除了通过拖曳方式填充数据外,还可以通过双击,快速将数据填充到当前连续区域。双击填充柄只能在列的方向,向下填充数据,所谓的连续区域是指填充列的相邻行有数据的范围。

(2) 通过"序列"对话框填充数据序列

选择"开始"选项卡,在"编辑"功能组中单击"填充"命令按钮,在展开的下拉列表中选择"序列"选项,打开"序列"对话框,如图 4-7 所示。通过在对话中选择序列类型和进行相应的设置,可快速定义在工作表中要填充序列的规律。

例如在 A1 单元格内输入数据 12,以 A1 单元格为活动单元格,设置如图 4-7 所示的序列参数。即序列产生在"行",类型为"等差序列",步长值为"3",终止值为"26",设置完毕点击"确定"按钮,则在工作表中产生如图 4-8 所示的水平方向的等差数列。

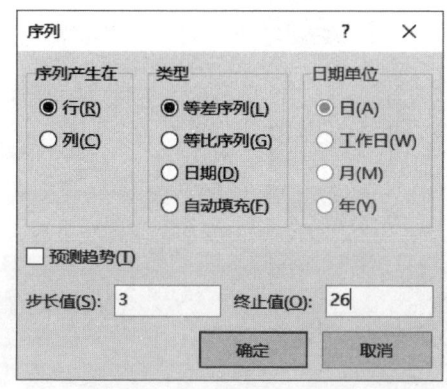
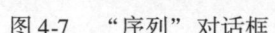

图 4-7   "序列"对话框   图 4-8 用"序列"对话框产生的水平方向等差数列

(3)利用"自定义序列"对话框,自行定义数据序列

Excel 2016 预定义了若干个数据序列,例如"Sun,Mon,Tue,Wed,……""甲,乙,丙,丁,……",单元格中若存在这些序列中的任意一个数据项,例如"丙",利用填充柄拖曳,就能自动顺序循环填充序列中的所有值。当然,除了 Excel 2016 预定义的序列外,用户也可以通过自定义序列功能,自行定义其他的数据序列,实现这些序列的自动填充功能。

选择"文件"选项卡下的"选项"命令,打开"Excel 选项"对话框,并选择"高级"选项,如图 4-9 所示。

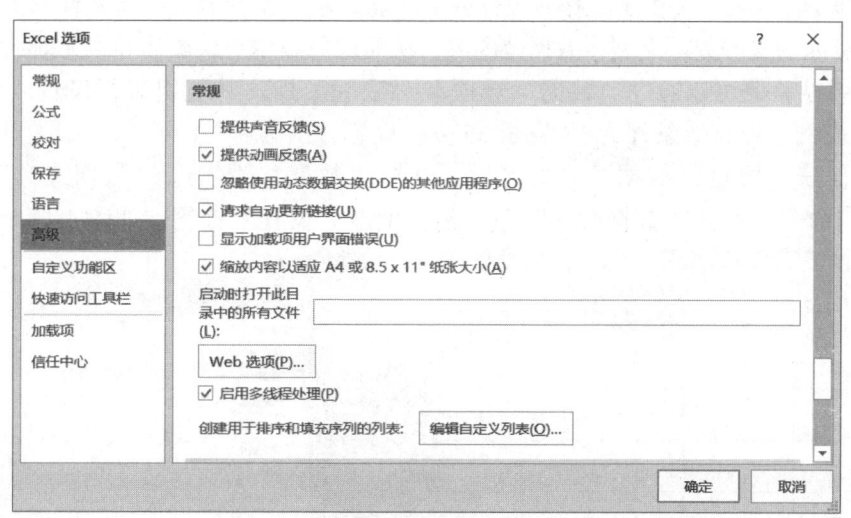

图 4-9   "Excel 选项"对话框"高级"选项界面

在图 4-9 所示的界面中,单击"常规"栏目下的"编辑自定义列表"按钮,打开"自定义序列"对话框。该对话框中列出了 Excel 2016 预定义的数据序列。若在对话框的"输

入序列"框中输入用户自定义的数据序列,单击"添加"按钮,就能创建一个新的序列,如图 4-10 所示。

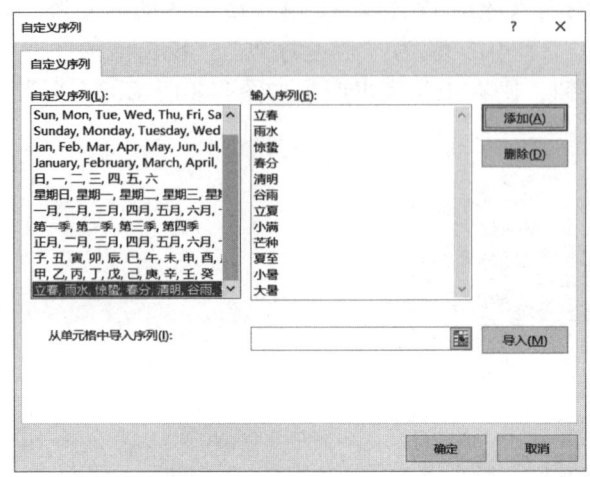

图 4-10 "自定义序列"对话框

新序列也可以通过从 Excel 工作表导入的方式创建,方法为:单击图 4-10 所示"自定义序列"对话框中"导入"按钮左侧的下拉框中的折叠按钮,选取工作表中事先输入的数据序列,然后单击"导入"按钮,即可完成新序列的添加。

用户自定义序列的自动填充方法与 Excel 2016 预定义的序列相同,都可以通过填充柄或者"序列"对话框进行数据的填充。

4. 数据有效性验证

数据在许多应用场景中都是具有约束条件的,例如人员年龄不允许出现负数,考试分数介于 0~100 之间等。Excel 提供了数据有效性验证功能。通过设置数据的有效性验证条件,可以控制单元格可以接受的数据类型和数据范围等,从而避免因用户误操作导致无效数据的输入。

数据有效性验证可以通过"数据"选项卡"数据工具"功能组进行设置。以"参赛运动员年龄"为例,若有效条件为 18 岁至 65 岁,设置方法为:

选中工作表中要进行数据验证的区域,选择"数据"选项卡"数据工具"功能组的"数据验证"命令,打开"数据验证"对话框,单击"设置"标签,如图 4-11 所示。

图 4-11 设置"数据验证"

在图 4-11 所示的"数据验证"对话框中设置"验证条件"。"允许"项设置为"整数","数据"项设置为"介于","最小值"设置为"18","最大值"设置为"65",单击"确定"按钮。为了在用户输入数据时给出提示,以及当输入数据发生错误时反馈出错信息,还可以在"数据验证"对话框"输入信息"选项卡中设置输入信息,如图 4-12a 所示,在"出错警告"选项卡界面中设置出错警告信息,如图 4-12b 所示。

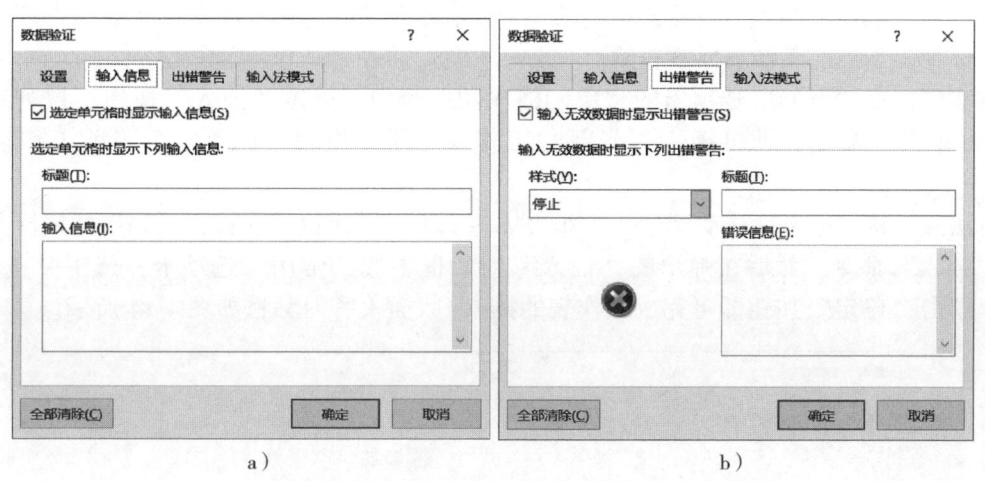

图 4-12 设置数据验证的输入信息和出错警告
a)"输入信息"选项卡 b)"出错警告"选项卡

设置结束后,单击该区域中的单元格时会显示提示信息,在单元格中输入非法数据时会显示错误信息,如图 4-13 所示。

图 4-13 数据验证的输入提示及输入错误警告

4.2.3 工作表和单元格的基本操作

工作表和单元格作为存放数据的"容器",对其进行基本操作可以确定工作簿的具体构成、定位和标识数据等,是管理数据的重要基础。

1. 工作表的基本操作

工作表是 Excel 窗口的主体部分,Excel 2016 是以工作表为单位进行数据的存储和管理的。工作表的基本操作包括新建工作表、选取工作表、移动或复制工作表、重命名工作表、删除工作表及隐藏工作表等。

（1）新建工作表

Excel 2016 在创建工作簿时默认创建了一张名为"Sheet1"的工作表，用户可以根据需要创建更多的工作表。Excel 2016 创建工作表的方法有 3 种。

方法一：单击工作表标签位置右侧的"新工作表"按钮 ⊕，插入一张新工作表。新工作表的标签位于当前工作表标签右侧。

方法二：在"开始"选项卡的"单元格"功能组中，单击"插入"按钮下拉列表中的"插入工作表"命令，即可插入一张新的工作表。新工作表的标签位于当前工作表标签左侧。

方法三：将鼠标指针移动到某一工作表标签上方，单击鼠标右键，从弹出的快捷菜单中选择"插入"命令，然后在弹出的"插入"对话框中选"常用"选项卡，选中"工作表"选项，单击"确定"按钮即可完成工作表的插入。"插入"对话框如图 4-14 所示。

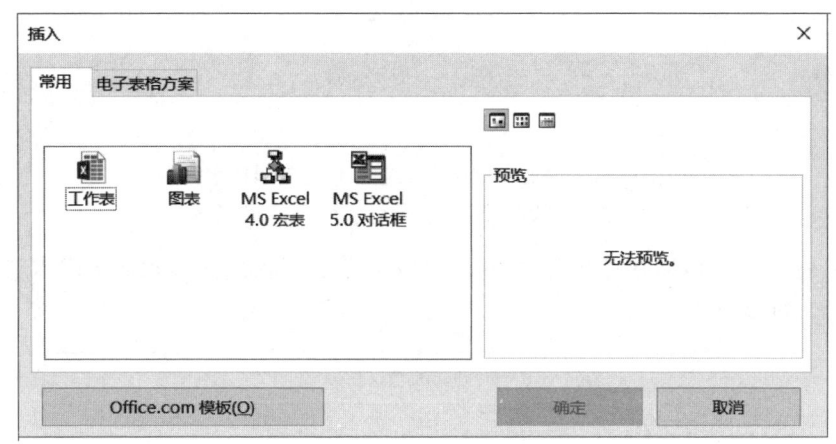

图 4-14　"插入"对话框

（2）选取工作表

在默认情况下，Excel 2016 中的工作表均以"Sheet1、Sheet2、Sheet3、……"进行命名。在新建工作表时，Sheet1 总是为当前活动工作表。

● 选取一张工作表

移动鼠标指针指向准备选择的工作表标签，单击鼠标左键即可完成一张工作表的选取。

● 选取多张连续的工作表

单击第一张工作表的标签，按住 Shift 键并单击最后一张工作表的标签，即可完成多张连续工作表的选择。

● 选取多张不连续的工作表

单击第一张工作表的标签，按住 Ctrl 键不放，单击第二张工作表标签，再单击其他工作表标签，即可完成选取多张不连续的工作表。

● 选取全部工作表

在某一工作表标签上方单击鼠标右键，从弹出的快捷菜单中选择"选定全部工作表"

命令，即可完成全部工作表的选取。

（3）移动或复制工作表

移动或复制工作表可以分为两种情形，在同一工作簿内移动或复制工作表以及在不同工作簿之间移动或复制工作表。

- 同一工作簿内移动工作表

单击要移动的工作表标签，按住鼠标左键，拖曳工作表标签到指定的位置（此时在目标标签位置会出现下三角形▼提示）释放鼠标，即完成了工作表的移动。

- 同一工作簿内复制工作表

与移动工作表的方法类似，在移动工作表的同时，按住 Ctrl 键，移动到指定位置后，先释放鼠标，再松开 Ctrl 键，即完成了对工作表的复制。例如复制 Sheet1 工作表，复制完成后创建的工作表副本标签名默认为"Sheet1（2）"，如图 4-15 所示。

- 在不同工作簿间移动或复制工作表

在不同的工作簿之间移动或复制工作表，至少要打开两个工作簿。将要移动或复制的工作表所在的工作簿称为"原工作簿"，把移动或复制后工作表所在的工作簿称为"目标工作簿"。

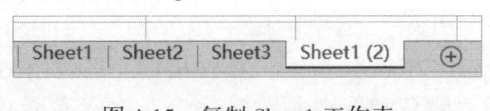

图 4-15 复制 Sheet1 工作表

在原工作簿准备移动或复制的工作表标签上单击鼠标右键，从弹出的快捷菜单中选择"移动或复制"命令，弹出"移动或复制工作表"对话框，如图 4-16 所示。在对话框的"工作簿"下拉列表框中选择目标工作簿，然后在"下列选定工作表之前"列表框中选择放置的位置。移动或复制的工作表被插入到当前选择的工作表之后。

此时，若为移动操作，单击"确定"按钮即可完成移动；若为复制操作，需要勾选对话框中的"建立副本"复选框，单击"确定"按钮即可完成复制。若移动或复制的工作表与目标工作簿中的工作表重名，则被移动或复制的工作表，其标签名将自动产生后缀编号，例如"Sheet1（2）"。

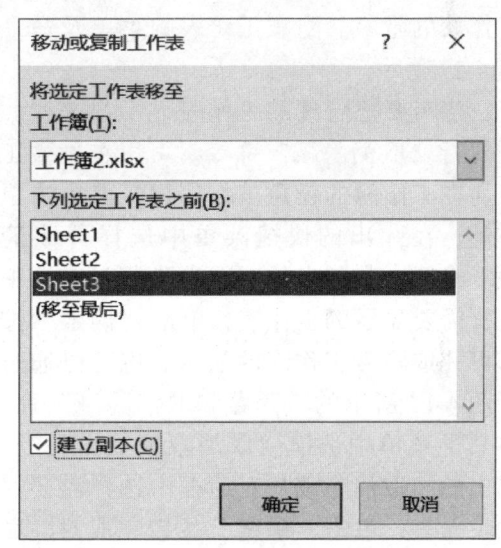

图 4-16 "移动或复制工作表"对话框

（4）重命名工作表

为了便于管理与区分工作表，通常需要对工作表重新命名。Excel 2016 提供了两种重命名工作表的方法。

方法一：在要重命名的工作表标签上单击鼠标右键，在弹出的快捷菜单上选择"重命名"命令，此时工作表标签处于编辑状态，输入新的工作表名称，按回车键确认。

方法二：在要重命名的工作表标签上双击鼠标，工作表标签直接进入编辑状态，输入新的工作表名称，按回车键确认。

（5）删除工作表

Excel 2016 有两种删除工作表的方法。

方法一：在准备删除的工作表标签上单击鼠标右键，在弹出的快捷菜单中选择"删除"命令，然后在弹出的删除确认对话框中单击"删除"按钮，即可删除相应的工作表。

方法二：首先选中要删除的工作表，其次在"开始"选项卡的"单元格"功能组中单击"删除"按钮下拉列表中的"删除工作表"命令。

(6) 隐藏工作表

在管理工作表时，如果工作表中的数据不希望他人看见，则可以对工作表进行隐藏或对工作表进行密码设保护。

隐藏工作表有两种方法。

方法一：在要隐藏的工作表标签上单击鼠标右键，在弹出的快捷菜单中选择"隐藏"命令，即可完成该工作表的隐藏。

方法二：选择需要隐藏的工作表，然后在"开始"选项卡的"单元格"功能组中，单击"格式"按钮，在弹出的下拉菜单中选择"隐藏和取消隐藏"命令，在子菜单中继续选择"隐藏工作表"命令，即可完成相应工作表的隐藏。隐藏工作表的菜单及命令如图4-17所示。

当需要把隐藏的工作表显示出来时，则须执行"取消隐藏"命令。可以在隐藏工作表所在工作簿的任意工作表标签上单击鼠标右键，在弹出的快捷菜单中选择"取消隐藏"命令，在弹出的"取消隐藏"对话框中选择需要显示的工作表，单击"确定"按钮即可完成隐藏工作表的显示。也可以通过选择图4-17所示的"隐藏和取消隐藏"命令，在其子菜单中选择"取消隐藏工作表"，在弹出的"取消隐藏"对话框中选择需要显示的工作表，单击"确定"按钮完成对隐藏工作表的显示。

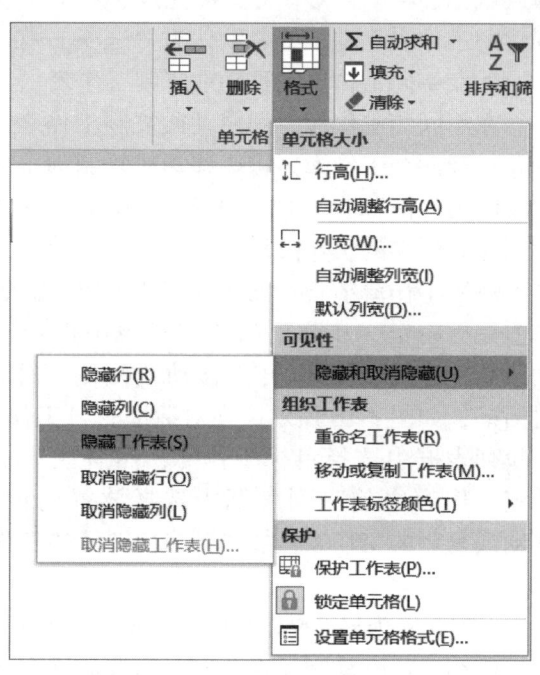

图4-17　隐藏工作表的菜单及命令

(7) 保护工作表

如果不希望他人修改工作表中的数据，则可以对工作表进行保护以防止工作表被修改，一般有两种保护方法。

方法一：在需要保护的工作表标签上单击鼠标右键，在弹出的快捷菜单中选择"保护工作表"命令，在弹出的"保护工作表"对话框中选择"保护工作表及锁定的单元格内容"复选框，在"取消工作表保护时使用的密码"文本框中输入密码，在"允许此工作表的所有用户进行"的列表框中选择"选定锁定单元格"和"选定未锁定的单元格"复选框，单击"确定"按钮即可完成工作表的保护设置。

方法二：在"审阅"选项卡的"更改"功能组中，单击"保护工作表"按钮，也可以完成弹出"保护工作表"对话框，其操作方法同方法一。

"保护工作表"对话框如图 4-18 所示。

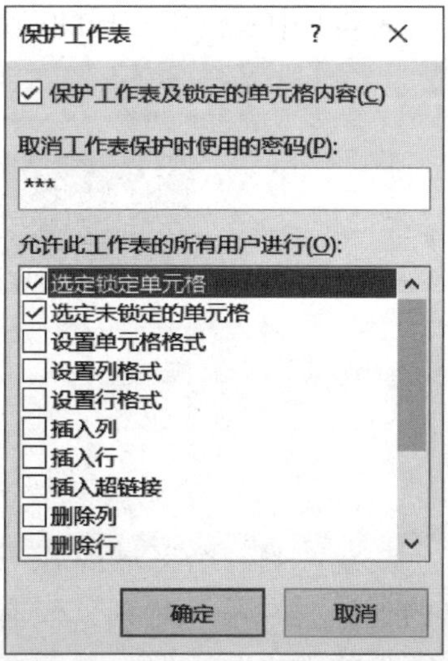

2. 单元格的基本操作

Excel 的工作表是构成工作簿的基本单元,而单元格又是构成工作表的基本单元。事实上,对数据的所有操作都是在单元格内完成的。

(1) 选定单元格

选定单元格主要有两种方式:

第一种方式为鼠标选择法。通过鼠标的不同操作,可以完成对单个单元格、连续区域单元格、不连续区域单元格以及工作表中全部单元格的选定。

• 选定当前单元格

将鼠标指针移动至需选定的单元格上,单击鼠标左键,该单元格即被选定,称为当前单元格。

• 选定一个单元格区域

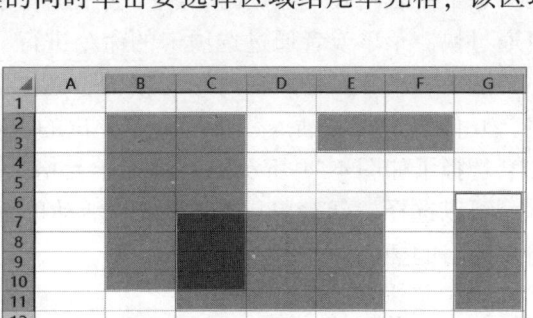

图 4-18 "保护工作表"对话框

单击选中一个单元格,以此作为要选择区域的起始单元格,拖曳鼠标到要选择区域的结尾单元格,松开鼠标左键,该区域即被选中。当然也可以单击要选择区域的起始单元格后,按住 Shift 键的同时单击要选择区域结尾单元格,该区域也可被选中。

• 选定多个单元格区域

选定一个单元格区域后,按住 Ctrl 键,再通过拖曳鼠标的方法选定第二个区域,乃至更多的区域。这些区域可以不连续,也可以连续,甚至重叠。选择效果如图 4-19 所示。

• 选定工作表中全部的单元格

工作表左上角的 ■ 按钮,被称为全选按钮,单击此按钮,即可选中当前工作表中的全部单元格。

图 4-19 多个单元格区域的选择

第二种方式为单元格地址选择法。在单元格的名称框内输入单元格地址,即可直接选定对应的单元格。相对应地,当在工作表中选择了某一单元格为当前单元格,其地址也会显示在名称框内。

通过输入单元格地址还可以选定区域。在通过单元格地址选择区域时,会使用区域引用类运算符,其表示及功能见表 4-1。

表 4-1 区域引用类运算符

运算符名称	区域引用运算符	引用区域示例	功能解释
区域运算符	:	A2 : B5	选定以":"两端地址为对角线的矩形区域
连接运算符	,	A2 : B5, C4 : F6	选定用","连接的多个区域
交集运算符	空格	C4 : F6 E1 : E8	选定用空格隔开的各个区域彼此交叠的部分

表 4-1 中示例所实现的区域选择效果如图 4-20 所示。

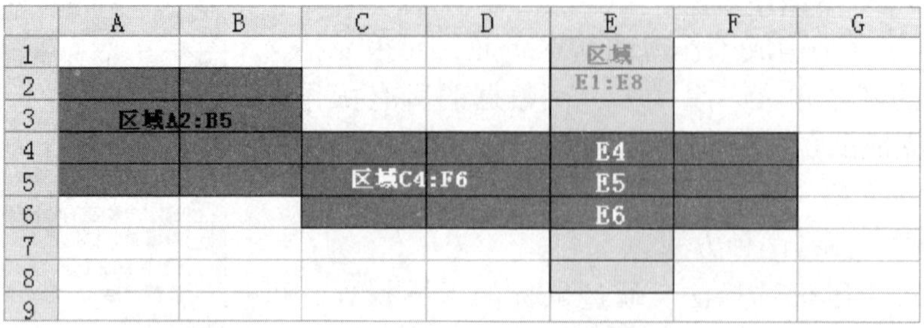

图 4-20　区域选择效果（区域引用运算符示例）

注意：当一个区域或若干个区域被选定后，名称框内显示的仅为选中区域内当前单元格的地址，在某一时刻，仅有一个单元格为当前单元格。单元格地址在书写时不区分英文字母的大小写，但是单元格选定后，其地址中的英文字母会自动转换为大写。区域引用运算符中所用符号，均为半角符号。在对公式和函数的深入学习中，依然会运用到区域引用运算符。

（2）插入单元格

在工作表内处理数据时，经常会根据需求，在特定的位置插入单元格。单元格的插入可以通过快捷菜单或者通过选项卡的命令进行。

选中一个单元格，在此单元格的位置上要插入新单元格。单击"开始"选项卡"单元格"功能组中的"插入"按钮，在弹出的下拉菜单中选择"插入单元格"，如图 4-21 所示。

选择了如图 4-21 所示的"插入单元格"命令后，将弹出如图 4-22 所示的"插入"对话框，可以选择"活动单元格右移""活动单元格下移""整行"和"整列"四种方式之一进行单元格的插入。

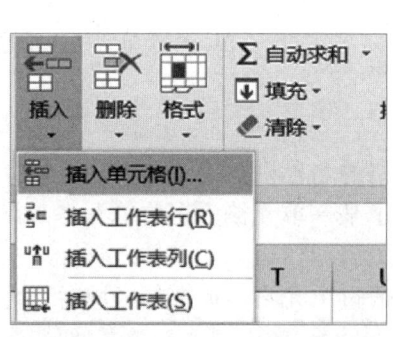

图 4-21　"插入单元格"命令

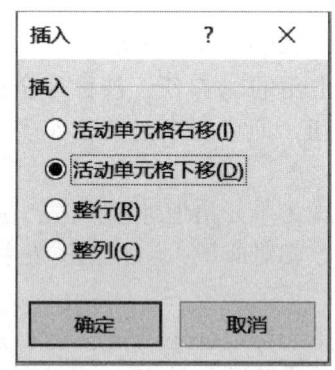

图 4-22　"插入"对话框

上述插入单元格的过程，通过快捷方式也可以完成。具体方法为：选中一个单元格作为新单元插入位置的活动单元格，然后单击鼠标右键，在快捷菜单中选择"插入"命令，同样可以打开图 4-22 所示的"插入"对话框。

以选择"活动单元格下移"插入方式为例，假设选择 C2 为活动单元格，插入单元格前后数据区域的对比如图 4-23 所示。

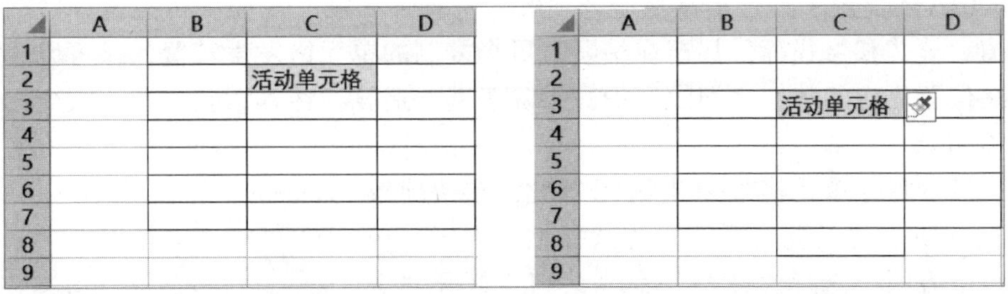

图 4-23　插入单元格前后数据区域对比

(3) 删除单元格

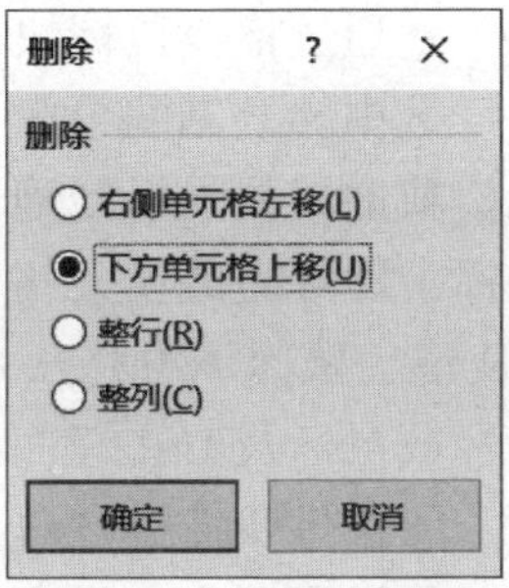

单元格的删除可以看作单元格"插入"操作的逆过程，其操作方式与单元格插入操作相类似。即可以通过"开始"选项卡"单元格"功能组的"删除"命令打开"删除"对话框，或通过在选定删除目标单元格后，单击鼠标右键，在快捷菜单中选择"删除"命令，弹出"删除"对话框，进行删除操作。"删除"对话框如图 4-24 所示。

(4) 复制与移动单元格

在操作工作表的过程中，对表中具有重复性的数据可以通过复制单元格简化输入，也可以通过移动单元格改变数据的位置。

图 4-24　"删除"对话框

与 Office 其他组件的复制和移动类似，Excel 单元格的复制和移动也可以采取通过剪贴板复制→粘贴及剪切→粘贴，或者通过拖曳鼠标快速实现复制或者移动。

● 通过剪贴板实现复制和移动单元格

鼠标右键单击需要复制的单元格或者单元格组成的区域，在快捷菜单中选择"复制"命令，或者选中单元格或区域后，使用快捷键"Ctrl + C"（复制）/"Ctrl + X"（剪切），将选定的内容复制到剪贴板中，然后将光标定位到要粘贴位置的第一个单元格中，单击鼠标右键，在弹出的快捷菜单选择"粘贴"命令，或者通过快捷键"Ctrl + V"，即可完成单元格的复制或移动。

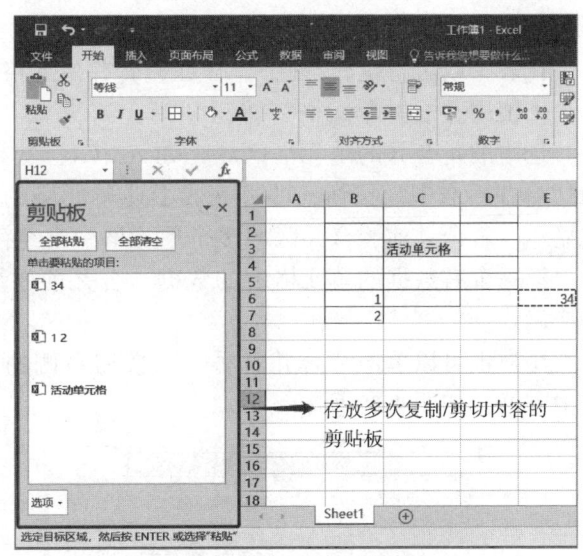

图 4-25　Excel 2016 的剪贴板

Excel 2016 提供了一个可供多次选择的剪贴板，可以进行不同内容的选择性、多次剪贴操作，以完成最近操作的复制内容的选择性复制。通过单击"开始"选项卡"剪贴板"功能组的对话框启动按钮，即可打开 Excel 2016 的剪贴板，如图 4-25 所示。

该剪贴板可以存放最近 24 次的复制/剪切内容，可以选择其中任意一条进行粘贴或者删除。

Excel 2016 还提供了具有丰富功能选项的"选择性粘贴"功能。可以选择性粘贴复制单元格中的值、公式和格式等,甚至在粘贴时可令复制的单元格发生转置,还可以令复制的数据与要粘贴位置对应的数据之间发生加减乘除等基本运算,在本章公式及函数应用中还将详细讲解此项功能。

在要粘贴的目标单元格处单击鼠标右键,在快捷菜单的"粘贴选项"功能组中可以快速选择粘贴方式,单击该功能组下方的"选择性粘贴"命令,则会打开"选择性粘贴"对话框,其中含有丰富的选择性粘贴选项供用户选择,如图 4-26 所示。

- 通过拖曳鼠标快速复制或移动单元格

选中要复制的单元格或者单元格构成的区域,在单元格或区域的外框线处拖曳鼠标,到目标单元格处释放鼠标,即可完成单元格的快速移动;若拖曳的同时按住 Ctrl 键,鼠标下方将出现一个"+"号,到目标单元格处释放鼠标及 Ctrl 键,将完成对单元格的复制。

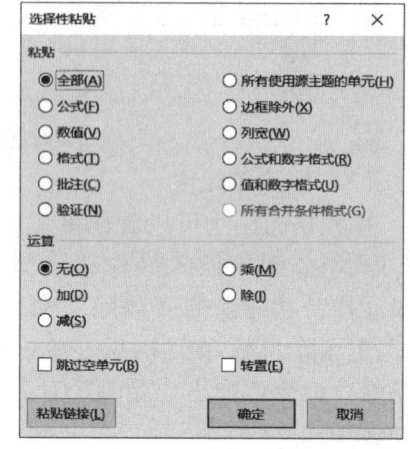

图 4-26 "选择性粘贴"对话框

- 通过快捷键"Ctrl + 回车"快速复制单元格

如果需要在工作表的多个单元格内复制相同的数据,无论这些单元格是否连续,只要在选定区域的活动单元格中键入一个数据,然后按住 Ctrl 键后,再按回车键,即可将输入数据的单元格数据复制到选定区域的其他单元格中。此方法与复制一个单元格数据后,在选定的连续或不连续单元格区域用快捷键"Ctrl + V"粘贴数据的效果是相同的。

(5) 合并单元格

在表头或者特定行/列中,往往有合并单元格的需求。合并单元格常用的方法如下:

- 使用"合并单元格"按钮

选中准备合并的单元格区域,如 A2:C4,选择"开始"选项卡"对齐方式"功能组中的"合并后居中"按钮,即可完成上述单元格的合并,而在其中输入数据,将以居中的方式显示。若合并前,合并区域多个单元格中已经存在数据,将仅保留合并区域自左上角开始的,第一个有数据的单元格中的数据,合并前系统会弹出如图 4-27 所示的警告对话框,由用户确认。

用户也可以单击"合并后居中"按钮右侧的下拉箭头,在下拉菜单中选择具体的合并居中方式,如图 4-28 所示。

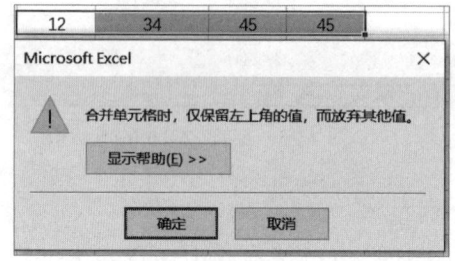

图 4-27 多个单元格存在数据的区域合并前的警告对话框

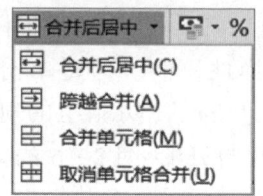

图 4-28 "合并后居中"下拉菜单

● 使用"设置单元格格式"命令合并单元格

选中准备合并的单元格区域，如 A2:C4，单击鼠标右键，在弹出的快捷菜单中选择"设置单元格格式"命令，在弹出的"设置单元格格式"对话框的"文本控制"区域中选择"合并单元格"复选框，单击"确定"按钮即完成单元格合并，如图 4-29 所示。

合并后的单元格也可以取消合并，恢复原貌。方法也分为两种，分别是选择"开始"选项卡"对齐方式"功能组中的"合并后居中"命令下拉菜单中的"取消单元格合并"命令取消合并。或者通过快捷菜单选择"设置单元格格式"命令，在弹出的"设置单元格格式"

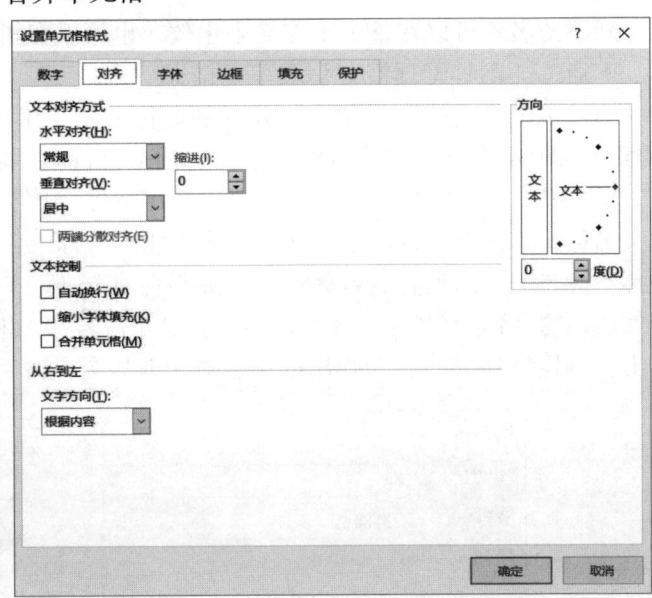

图 4-29 "设置单元格格式"对话框

对话框中取消对"合并单元格"复选框的选择，单击"确定"按钮。

注意，若因合并单元格造成了数据的覆盖，在取消合并单元格之后是无法恢复被覆盖的数据的。

（6）命名单元格

为了使工作表的结构更加清晰，或者在后续公式/函数的应用中更加明确表示相关参数的意义，可以为单元格命名，即为单元格提供一个自定义的名称。例如将 A1 单元格命名为"价格"，那么使用"价格"或"A1"均可引用该单元格。单元格命名通常可采取如下 3 种方式：

● 在名称框内直接命名单元格

选定要命名的单元格，在名称框内直接输入自定义的名称，按回车键确认。定义过单元格后，单击名称框的下拉按钮，可以列出所有的自定义单元格名称，如图 4-30 所示。

● 通过快捷菜单命名单元格

选定要命名的单元格，单击鼠标右键，在快捷菜单中选择"定义名称"命令，可以在弹出的"新建名称"对话框内完成命名单元格，如图 4-31 所示。

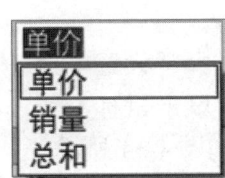

图 4-30 名称框内的自定义单元格名称

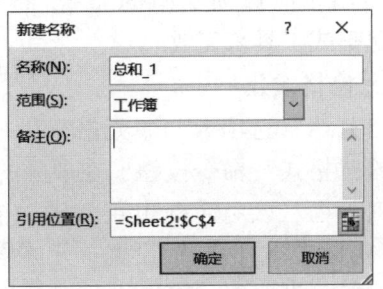

图 4-31 "新建名称"对话框

通过图 4-31 可以看出，实际上，不但可以为单元格命名，也可以为选定的区域进行命名。新建的名称可以在整个工作簿中生效，也可以在指定的工作表中生效。

- 通过"名称管理器"命名单元格

通过单击"公式"选项卡"定义的名称"功能组中的"定义名称"命令按钮，同样可以打开如图 4-31 所示的"新建名称"对话框进行单元格或区域命名。

单元格或区域的命名规则为：可以使用字母、数字、下划线以及汉字等语言符号组成自定义名称，名称不允许以数字开头，也不能在名称中含有空格及其他特殊符号，并且新建的名称不能与工作簿现有的名称冲突。如果命名错误，Excel 2016 会弹出相应的警告对话框。例如新建的名称为"R3"（R3 是固有的单元格名称，即新建名称与现有名称冲突），那么在单击"确定"按钮时，会弹出的警告对话框如图 4-32 所示。

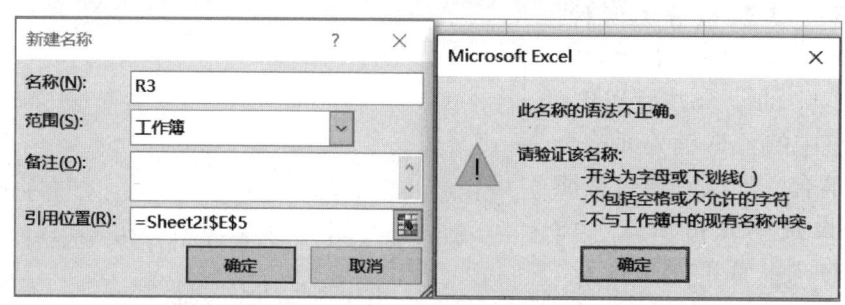

图 4-32　名称发生冲突时弹出的警告对话框

建立过的名称也可以进行修改或删除，或者改变其所引用的范围。名称管理可以通过"公式"选项卡"定义的名称"功能组中的"名称管理器"命令完成。"名称管理器"命令按钮及单击该按钮后弹出的"名称管理器"对话框如图 4-33 所示。

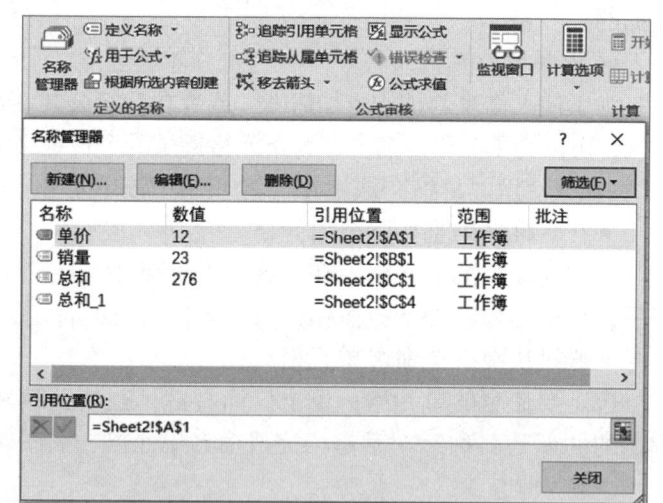

4.2.4　格式化工作表

格式化工作表的目的是使得创建的表格更加直观和美观。格式化操作可以使用相应选项卡中的命令按钮、快捷键或工具来完成。

图 4-33　"名称管理器"命令按钮及"名称管理器"对话框

1. 单元格格式化

单击"开始"选项卡"单元格"功能组中的"格式"命令按钮，在展开的下拉列表中选择"设置单元格格式"，打开"单元格格式"对话框。该对话框也可以通过在单元格上方单击鼠标右键，在快捷菜单中选择"设置单元格格式"打开。"设置单元格格式"对话框如图 4-34 所示。

分别选择"设置单元格格式"对话框中的"数字""对齐""字体""边框""填充"和"保护"等选项卡，可以完成设置单元格数字格式、设置单元格对齐和字体方式、设置单元格边框、设置单元格的填充颜色以及锁定或隐藏单元格等操作。

（1）设置数字格式

选择"设置单元格格式"对话框的"数字"选项卡，可以设置单元格中的数字格式。数字格式分类包括常规、数值、货币、会计专用、日期、时间、百分比、分数、科学记数、文本、特殊和自定义。设置数字格式，仅为改变数据在单元格内的显示形式，并不改变数据在编辑栏内的形式。

（2）设置对齐及字体

对齐及字体设置分别在"设置单元格格式"对话框的"对齐"及"字体"选项卡对应的窗体页面中进行。可以为

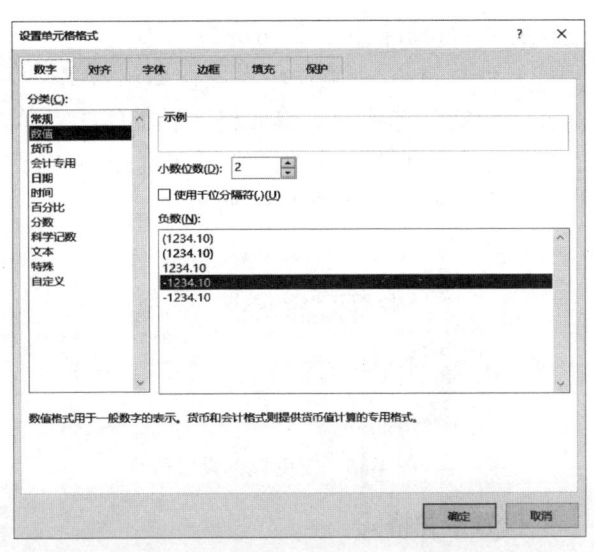

图 4-34 "设置单元格格式"对话框

单元格中的内容进行水平对齐、垂直对齐和自动换行等操作。可设置单元格内容的字体、文字方向等。

（3）设置单元格的边框和填充

在"设置单元格格式"对话框的"边框"和"填充"选项卡对应的窗体页面中可以设置单元格的边框和填充背景色或图案。在工作表中，单元格之间的初始的行线和列线在打印预览和打印时不会显示，这些线需要重新添加。使用"单元格格式"对话框中的"边框"选项卡，可以为已选择的单元格或单元格区域加上指定样式和颜色的边框，如加外边框、内边框、左边框、上边框等。边框的设置过程如图 4-35 所示。

单元格背景颜色或图案的设置过程与 Office 2016 其他组件，如 Word 2016 中背景及填充色设置方式基本一致，在此不赘述。

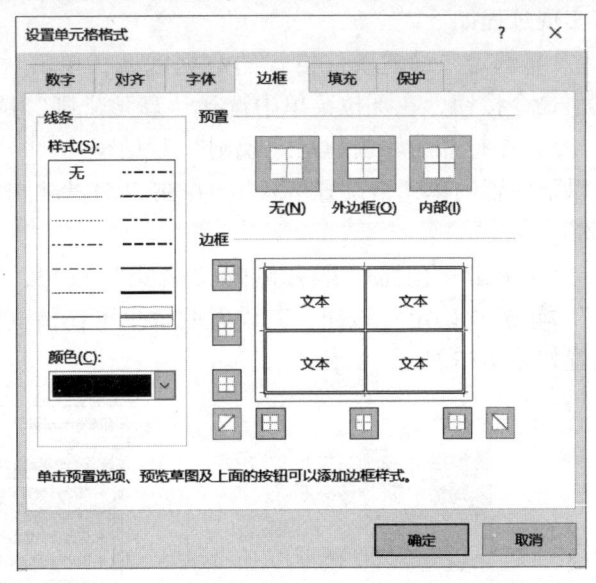

图 4-35 单元格边框设置

2. 设置行高和列宽

工作表中单元格的高度和宽度默认都是相等的，由于单元格内数据的多样化，为满足应用需求，用户可以为其自定义行高和列宽。行高和列宽可以通过以下方式设置：

（1）使用鼠标设置行高和列宽

将鼠标指针移动到列标之间或行号之间的分割线上，鼠标指针将变为双向箭头，此时按住左键拖曳鼠标，鼠标指针上方将显示当前的行高或者列宽值，如图 4-36 所示。在调整到

合适位置之后释放鼠标，即可完成调整。

（2）使用行高/列宽命令设置行高及列宽

在"开始"选项卡"单元格"功能组中，单击"格式"命令按钮，在下拉菜单中选择"行高"或者"列宽"选项，则可在打开的"行高"或"列宽"对话框内精准设置选定单元格的行高或列宽，如图4-37所示。

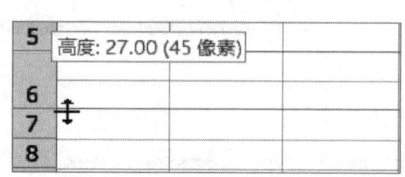
图4-36 拖曳鼠标设置行高

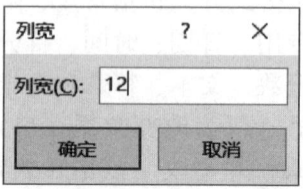
图4-37 "列宽"对话框

3. 设置条件格式

所谓"条件格式"，就是运用设置的条件，来决定单元格内容的显示格式。使用"开始"选项卡"样式"功能组中的"条件格式"命令按钮，可以对单元格中的数值设置条件格式。例如，在处理某次考试成绩时，要求小于60分的成绩用红色及倾斜加粗效果呈现，其实现过程如下。

1）选定要设置条件格式的数据区域，单击"开始"选项卡"样式"功能组"条件格式"命令按钮，在下拉菜单中选择"新建规则"项，如图4-38所示。

2）在打开的"新建格式规则"对话框中的"选择规则类型"选项组中选择"只为包含以下内容的单元格设置格式"，并在"编辑规则说明"区域内选择"单元格值""小于""60"。

3）单击"预览"框右侧的"格式"按钮，设置字体颜色为红色，字形为"倾斜加粗"，单击"确定"按钮，其设置的效果可在预览框内预览。"新建格式规则"对话框及其设置如图4-39所示。

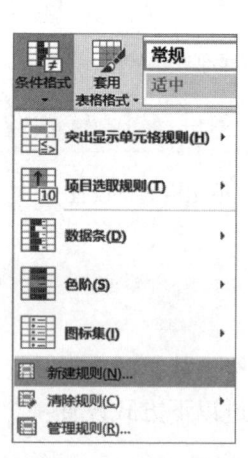
图4-38 "条件格式"选项

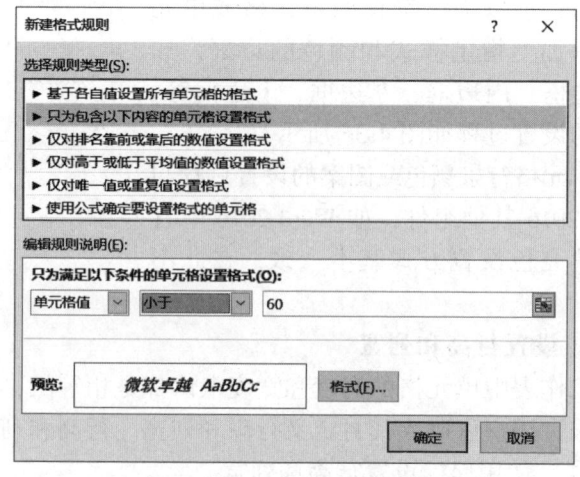
图4-39 "新建格式规则"对话框

4）设置好后，单击"确定"按钮即可完成选定数据区的"条件格式"，其他区域若想设置相同的条件格式，可以利用"格式刷"复制"条件格式"的格式设定。"格式刷"的用法等同于 Word 2016 中的格式刷。

4. 使用样式

样式是单元格字体、字号、对齐、边框和图案等设置特征的组合。可以将这些格式设置方式加以命名和保存供用户使用。

样式包括了 Excel 内置样式和用户新建样式两种。"常规""货币"和"百分数"等即内置的样式。而新建单元格样式是通过"开始"选项卡"样式"功能组，在打开的下拉菜单中选择"新建单元格样式"选项，在弹出的"样式"对话框中设置新建样式并命名，如图 4-40 所示。

新建的样式将显示在"开始"选项卡"样式"功能组中，例如上例建立了名为"Mar-1"的样式，在"样式"功能组中可以查看及选择，如图 4-41 所示。

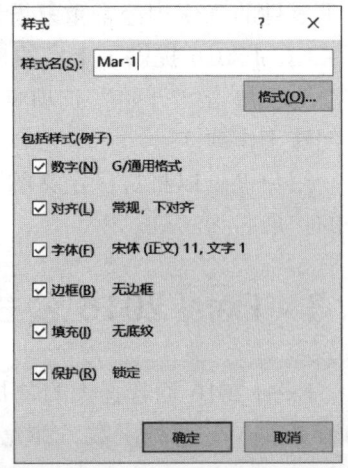

图 4-40　"样式"对话框

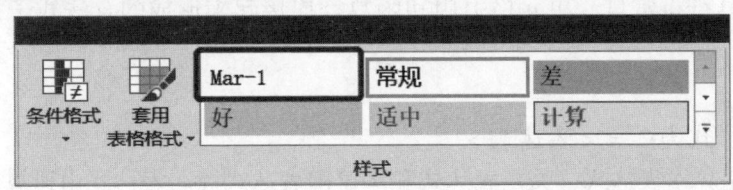

图 4-41　"样式"功能组中的新建样式选项

5. 自动套用格式

自动套用格式是将 Excel 2016 提供的显示格式自动套用到用户指定的单元格区域。自动套用格式是通过"开始"选项卡"样式"功能组的"套用表格格式"命令完成的。

单击"套用表格格式"，在下拉菜单中呈现各种色系的套用表格格式，选择其一即可快速完成对选定区域的格式设置。

6. 页面格式化

单击"页面布局"选项卡"页面设置"功能组右下角的"对话框启动器"按钮，打开"页面设置"对话框，如图 4-42 所示。通过选择"页面设置"对话框中的各选项卡，可以设置纸张大小、页面方向、页边距、对齐方式、打印区域、打印标题、行号和列标等；可插入或自定义页眉和页脚等。

打印区域是工作表中实际需要打印输出的单元格区域；打印标题是打印输出时出现在每一页中的表格标题，可以置于页面的顶端或左端。

7. 使用模板

模板是具有特定格式的工作簿。在模板中，工

图 4-42　"页面设置"对话框

作表也预设了特定的结构。调用模板，可以快速建立具有特定格式需求的工作簿文件，避免在重复性的工作中经常重复设置格式。

Excel 2016 提供了丰富的模板供用户选择。用户可以通过使用模板来创建工作簿，操作方法为：单击"开始"选项卡下的"新建"命令按钮，在弹出的"新建"窗口中选择模板来创建工作簿。

用户也可以将自己定义的带有特定格式的工作簿保存为模板文件，Excel 2016 的模板文件的扩展名为"xltx"。

4.3 Excel 2016 公式和函数的运用

Excel 2016 拥有强大的数据计算功能，这一功能主要是借助公式和函数实现的。Excel 2016 提供了一系列函数，并允许用户自定义公式，以满足用户处理和分析数据的应用需求。

4.3.1 公式计算

公式是用运算符将常量、单元格引用和函数等连接起来形成的合法式子，用于对数据进行计算和分析。

1. 公式的形式

公式的一般形式为：=＜表达式＞。

表达式可以是算术表达式、关系表达式和字符串表达式等。表达式由运算符、常量、单元格地址/名称、函数及括号等组成。公式的表达式前必须有"="号，如"=(A1+B2)/3"。

2. 运算符

运算符将常量、单元格地址/名称、函数及括号等连接起来组成表达式。Excel 常用的运算符有算术运算符、关系运算符、文本连接运算符和区域引用运算符（在 4.2.3 节已经详细介绍）。运算符具有优先级，按照优先级从高到低顺序列举的运算符及其功能，见表 4-2。

表 4-2　Excel 2016 常用运算符及功能

分类	运算符	功能	表达式举例
区域引用运算符	:	区域运算	A2:E8
	空格	交集运算	A1:C5 E4:F8
	,	连接运算	A1:C5,E4:F8
算术运算符	-	负号	-4
	%	百分号	5%
	^	乘方	5^2　（即 5^2）
	*　/	乘除	5*4　4/6
	+　-	加减	8+5　5-7
文本运算符	&	文本连接	"Great"&"China"
关系运算符	=　<>	等于　不等于	2=3（值为假，FALSE）
	>　>=	大于　大于或等于	2<>3（值为真，TRUE）
	<　<=	小于　小于或等于	2>3（值为假，FALSE）

3. 输入公式

选定要存放公式计算结果的单元格，就可以在编辑栏内直接输入公式，或者双击该单元格，在单元格内输入公式。当编辑公式时，公式中的单元格地址可以直接输入，也可以通过鼠标单击相应的单元格，其地址便会自动显示在公式的编辑位置。公式输入完毕，按回车键或者单击编辑区的输入按钮“✔”，均可令公式生效并产生计算结果。公式生成后可以重新编辑和修改，也可以通过填充柄或者通过复制粘贴的方式，使其在其他单元格内生效。

公式在编辑栏内的外观及在对应单元格内的运算结果如图 4-43 所示。

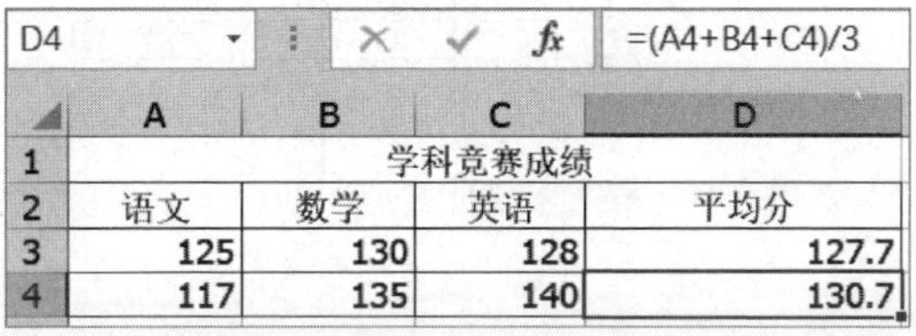

	A	B	C	D
1	学科竞赛成绩			
2	语文	数学	英语	平均分
3	125	130	128	127.7
4	117	135	140	130.7

图 4-43 公式编辑及运行结果

4. 复制公式

为了批量生成具有相同或相似计算规律的公式，提高数据计算的效率，常需在单元格之间进行公式的复制。复制公式的方法主要有如下两种：

（1）通过快捷菜单复制公式

在含有公式的单元格单击鼠标右键，在弹出的快捷菜单中选择“复制”命令，将鼠标指针移至复制目标单元格并右击，在弹出的快捷菜单中选择“粘贴”命令，即可完成公式的复制。

（2）通过填充柄复制公式

选定含有公式的单元格，拖曳单元格的自动填充柄，可完成相邻单元格公式的复制。

5. 单元格地址的引用

在公式和函数中，使用单元格中的数据进行各种计算是通过引用单元格地址实现的。在公式的复制中，单元格地址的正确引用决定了计算结果是否能够满足用户的计算需求。单元格地址引用可分为如下形式。

（1）相对引用

相对引用就是用列号和行标直接表示单元格，也称为相对地址，如 A5、D2 都是相对地址。当公式被复制到其他单元格时，相对地址会根据公式移动的位置自动调节或改变。例如，在 F2 单元格中输入公式“ = C2 + D2 + E2”，如图 4-44 所示。将该公式复制到 F4 时，公式将自动变为：“ = C4 + D4 + E4”如图 4-45 所示。之所以有这样的变化，就是因为从复制单元格到目标单元格，列没有变化，而行号加 2，所以目标位置公式中的相对地址对应的列没有变化，而行都较原地址多 2。

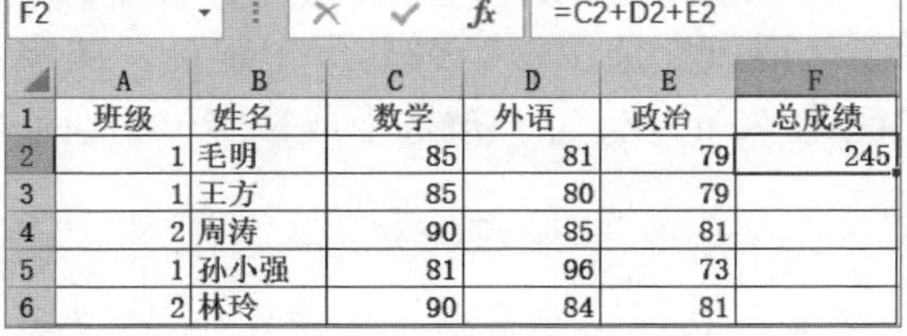

	A	B	C	D	E	F
1	班级	姓名	数学	外语	政治	总成绩
2	1	毛明	85	81	79	245
3	1	王方	85	80	79	
4	2	周涛	90	85	81	
5	1	孙小强	81	96	73	
6	2	林玲	90	84	81	

图 4-44 含有相对地址的单元格

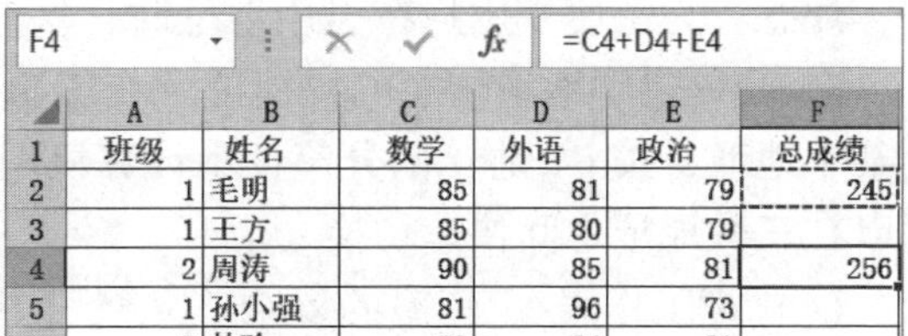

	A	B	C	D	E	F
1	班级	姓名	数学	外语	政治	总成绩
2	1	毛明	85	81	79	245
3	1	王方	85	80	79	
4	2	周涛	90	85	81	256
5	1	孙小强	81	96	73	
6	2	林玲	90	84	81	

图 4-45 公式复制后相对地址发生的变化

(2) 绝对引用

绝对引用就是在列标和行号前均加上"$"符号,也称为绝对地址,如 $A$10、$C$23 等。当公式被复制到其他单元格时,绝对地址不会根据公式移动的位置自动调节或改变。例如 B2 单元格内的公式为"=2*$D$2*A2",如图 4-46a 所示,将其通过填充柄复制到 B3:B6 区域,其中绝对地址"$D$2"并未随着单元格的变化而发生变化,如图 4-46b 所示。

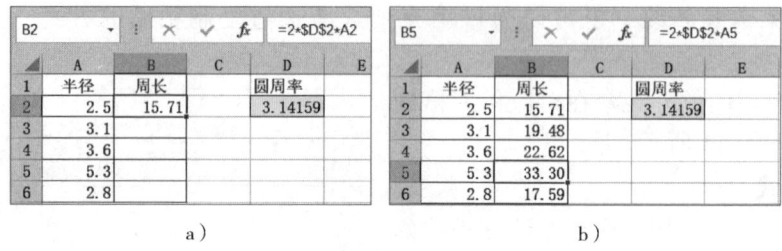

图 4-46 绝对引用的应用示例
a) 含有绝对地址的单元格 b) 公式复制后绝对地址未发生变化

(3) 混合引用

在列标或者行号前加上"$"符号,称为混合引用,如 $B10、D$3 等。当公式被复制到其他单元格时,相对引用部分会随着单元格的位移发生改变,而绝对引用部分则不会发生改变。混合引用可用于处于同一行或者同一列的公式或函数的快速填充应用中。

在如图 4-47 所示的案例中,"各类图书馆藏占比"的计算,是用各类图书的藏书量(B3~G3 单元格)除以馆藏书总量(B5 单元格)。当公式从 B4 单元格向 C4、D4、……、G4 单元格填充过程中,行没有发生变化,但列是递增的,因为公式中对 B5 单元格的引用需保持不变,此时用"$"对列标"B"进行绝对引用,而对行号"5"则可进行相对引用,于是便形成了混合引用地址 $B5。B4 单元格内的公式为"=B3/$B5",此公式填充到 C4 单元格内,将变为"=C3/$B5"。

图 4-47 混合引用的应用案例

注意:为了便于用户在引用地址时,快速实现相对引用、绝对引用和混合引用地址的输入,Excel 提供了地址切换的快捷键。在编辑栏中,用鼠标选中一个或若干个地址,或定位到某个地址,按 F4 键(部分笔记本计算机用快捷键"Fn + F4"),被选中或被定位的地址就可以在三种地址之间快速切换。

(4) 跨工作表/工作簿的复杂单元格引用

若在工作表 Sheet1 中要引用工作表 Sheet2 中的单元格,引用方式为"工作表名!单元格地址",如 Sheet2!A5;若在工作薄 Book1.xls 中要引用工作簿 Book2.xls 中的单元格,引用方式为"[工作簿名]工作表名!单元格地址",如[Book2]一月!D20。同样地,在跨工作表/工作簿引用单元格时,也可以根据实际需求选用单元格相对地址或者绝对地址。在用鼠标选取跨工作簿/工作表单元格时,默认的单元格地址为绝对地址。

(5) R1C1引用格式

Excel 2016对单元格的引用,除了默认支持的A1引用样式,即通过"列标+行号"表示单元格地址以外,还支持一种R1C1引用样式。R1C1引用样式用"R"加行数字,用"C"加列数字表示单元格的位置。

设置Excel 2016在公式中使用R1C1引用样式的方法为:单击"文件"选项卡"选项"命令,在打开的"Excel选项"窗口中选择左侧的"公式",然后在右侧"使用公式"区域选择"R1C1引用样式"复选框,如图4-48所示。

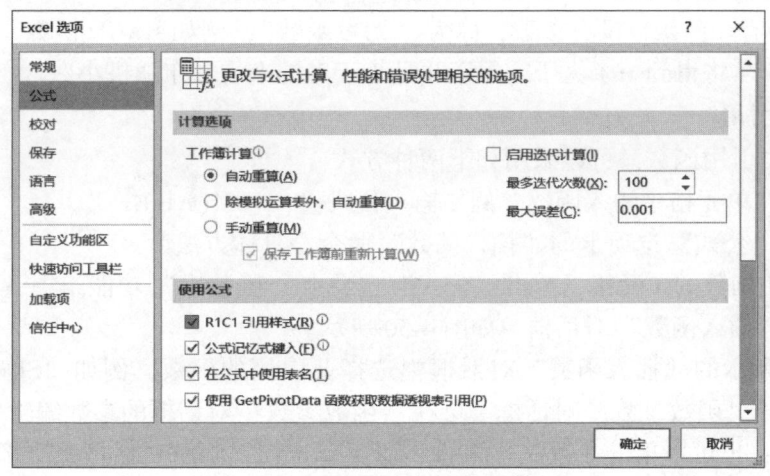

图4-48 设置"R1C1引用样式"

同A1引用样式,R1C1引用样式的地址也分为相对引用和绝对引用。例如"R5C7"是绝对引用,代表工作表中第5行第7列的单元格,而"R[1]C[-2]"是相对引用,代表当前单元格的下一行及左侧第2列的单元格,当前单元格上方的行以及左侧的列用负值表示。而"RC[2]"表示引用的单元格与当前单元格在同一行,右侧第2列。例如在如图4-49所示的公式运用中,R4C3单元格内的公式为" =RC[-2]*R1C2",其中RC[-2]表示当前单元格同一行左侧第2列的"销售额",是相对引用,而R1C2是当前工作表第1行第2列单元格,用来存放"税率"值,是绝对引用。

R4C3		fx	=RC[-2]*R1C2	
	1	2	3	4
1	税率	5%		
2				
3	销售额	成本	税额	利润
4	¥5,200.00	¥4,380.00	¥260.00	¥560.00
5	¥9,700.00	¥8,900.00	¥485.00	¥315.00

图4-49 "R1C1引用样式"在公式中的运用

可使用剪贴板或拖曳方式复制、移动公式。当公式被移动到其他单元格时,单元格引用不会改变。

4.3.2 函数的应用

函数是 Excel 中预先定义好的，具有特定功能的公式组合。Excel 2016 提供了 460 余个内置函数，分为财务、日期与时间、数学与三角函数、统计、查找与引用、数据库、文本、逻辑、信息、工程、多维数据集、兼容性和 Web 共计 13 个类别。函数作为数据处理的重要手段，功能十分强大。

1. 函数的形式

一个函数由函数名和参数所组成，引用函数时需在函数名前加上等号"="。函数的使用格式为：函数名（参数表）。其中函数名由 Excel 提供，函数名不区分英文大小写，参数表由用逗号分隔的参数所组成，参数可以是常量、单元格引用、区域引用、公式或其他函数等。

在 Excel 中有一些函数没有参数，称为"无参函数"，例如 RAND 函数。在单元格内输入"=RAND( )"将得到一个大于或等于 0 且小于 1 的平均分布随机小数。

2. 函数的引用

在单元格中引用函数，可以采用如下两种方式：

（1）直接在单元格中输入函数，例如输入公式"=SUM(A1:E1)"。

（2）利用"公式"选项卡的"插入函数"命令，具体方法为：

选定要引用函数的单元格，单击"公式"选项卡"函数库"功能组中"插入函数"命令按钮，打开"插入函数"对话框，如图 4-50 所示。

在图 4-50 所示的"插入函数"对话框中选择要引用的函数，例如"SUM"，单击"确定"按钮，打开"函数参数"对话框。可在"函数参数"对话框的参数编辑框内输入参数，例如"A7:D7"，也可以单击参数框右侧的"切换"按钮，隐藏对话框下半部分，用鼠标在工作表中选定特定的单元格或者区域，然后再次单击"切换"按钮，恢复"函数参数"对话框，如图 4-51 所示。

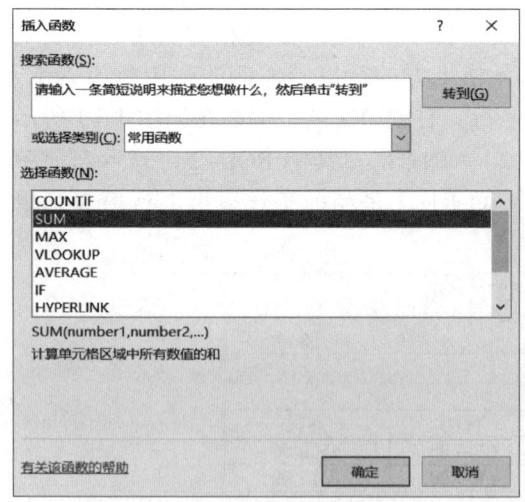

图 4-50　"插入函数"对话框

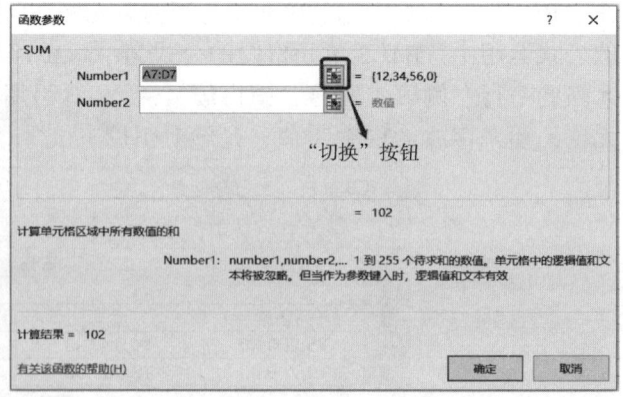

图 4-51　"函数参数"对话框

若函数有多个参数，则按照上述方法，依次编辑 Number1、Number2、……对应的参数编辑框，当选中"函数参数"对话框中当前最后一个参数编辑框时，就会在其下方自动新增一个新的参数编辑框,最多可达 30 个。所有参数编辑完毕之后,单击"确定"按钮即可令函数生效。

3. Excel 2016 常用函数

Excel 函数种类繁多,用途广泛,当实际应用中遇到陌生函数时,可单击"插入函数"对话框下方的"有关该函数的帮助",在打开的"Microsoft Excel 帮助"窗格中学习使用该函数的方法。下面就 Excel 2016 提供的常用函数加以简单介绍:

(1) SUM/SUMIF 函数

SUM 函数用于求和,其语法为:SUM(number1,number2,…),其参数可以是数值、单元格引用或区域引用,以及上述 3 种参数的混合使用。

在实际应用中,往往要求对满足某一特定条件的数据执行求和运算,此时就会应用 SUMIF 函数。

SUMIF 函数用于有条件的求和,其语法为:SUMIF(range, criteria, [sum_range]),其中 range 是要进行是否求和条件判断的区域,criteria 是以数字、文本或表达式定义的条件,而 [sum_range] 是用于求和计算的区域。如果 [sum_range] 与 range 是同一区域,则在函数中可以省略 [sum_range] 参数部分。

图 4-52 展示了关于 SUMIF 函数的应用,C7 单元格内的公式为"=SUMIF(B2:B5,">=60",C2:C5)",其含义是计算 B2:B5 区域内所有考核分数大于或等于 60 的操作员对应的生产业绩之和。本例中,判断求和的数据范围与求和的数据范围是不同的。

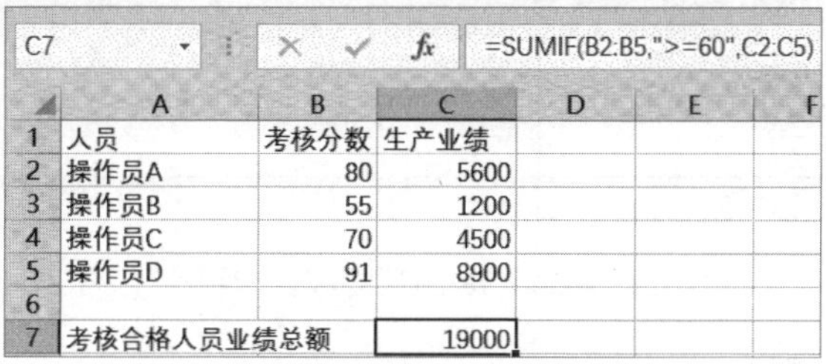

图 4-52 SUMIF 函数的应用

值得注意的是,Excel 2016 支持快速函数计算功能,即当用户选中了要计算的数据区域以后,单击"公式"选项卡"函数库"功能组中的"自动求和"命令按钮的下拉箭头,在弹出的下拉菜单中选择要快速计算的种类,就会自动生成相应的函数并完成计算。如图 4-53 所示。

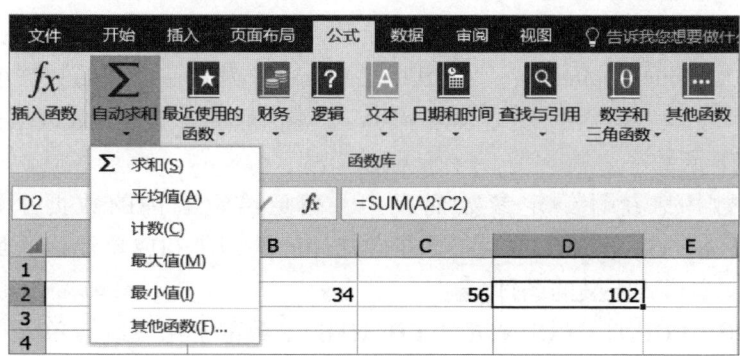

图 4-53 "自动求和"快速计算

若不选择下拉菜单,而是直接单击"自动求和"命令按钮,则默认选择自动求和函数。也可以选中将要存放自动求和函数的单元格,然后单击"自动求和"按钮,此时 Excel 会自动识别将要求和的区域,若识别有误,也允许用户修改该区域,然后自动生成函数及产生计算结果。

(2) IF 函数

IF 函数用于条件判断,如果指定的条件结果为 TRUE(即条件为真,例如 3>2),将返回一个结果;如果该条件为 FALSE(即条件为假,例如 3<1),则返回另一个值。IF 函数的语法为:IF(logical_test, value_if-true, value_if-false)。其中 logical_test 为设定的条件,value_if-true 为返回的第一个值,即条件为真时返回的值;value_if-false 为返回的另一个值,即条件为假时返回的值。

例如 A2 单元格内为课程成绩,A3 单元格内是用 IF 函数得到的成绩评级。成绩大于或等于 60 分的,成绩评价为"通过",否则成绩评价为"继续努力"。A3 单元格满足这一要求的公式为"=IF(A2>=60,"通过","继续努力")"。

当遇复杂条件问题,例如评价学生成绩,成绩≥90 分,评价为"优秀";90>成绩≥80,评价为"良好";80>成绩≥60,评价为"及格";成绩<60,评价为"不及格",此时就会在 IF 函数中嵌套 IF 函数,如图 4-54 所示。

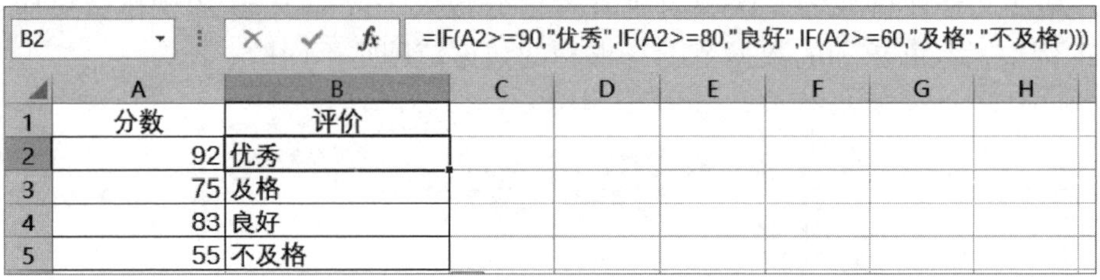

图 4-54 IF 函数的嵌套应用

Excel 2016 支持的函数嵌套,最多允许嵌套的层次为 7 层。

(3) COUNT 函数

COUNT 函数用来统计给定数据集合或单元格区域中数字数据的个数,空白单元格、逻辑值或文本数据将被忽略。其语法为:COUNT(value1, value2, ...),其中"value$n$"为准备计算的数据或单元格及单元格区域。

(4) COUNTA 函数

COUNTA 函数用来统计给定数据集合或单元格区域中,除空白单元格之外的数据个数,其语法为 COUNTA(value1, value2, ...),其中"value$n$"为准备计算的数据或单元格及单元格区域。注意,空字串""和错误信息,如:#DIV/0 等,都将被作为有效数据被统计。

(5) COUNTIF 函数

COUNTIF 函数用来统计给定参数列表中,满足给定条件的数据个数。其语法为:COUNTIF(range, criteria),其中 range 是要进行统计的数据集和或单元格区域,criteria 是以数字、表达式或文本形式定义的条件。

在实际应用中,COUNT、COUNTA 和 COUNTIF 函数都常用于统计单元格的个数,但它们统计的侧重点各有不同。例如,在一个工作表中含有若干名运动员的百米测试成绩,要统计运动员人数，可以使用 COUNTA 函数统计"姓名"列中非空的单元格个数；要统计有效成绩，可以使用 COUNT 函数统计"测试成绩"列中具有数字的单元格个数；而要统计成绩在 14 秒以内运动员人数，则可使用 COUNTIF 函数，通过构建比较条件完成统计。具体的实现公式如图 4-55 所示。

图 4-55 COUNT/COUNTA/COUNTIF 函数的综合应用

（6）AVERAGE/AVERAGEIF 函数

AVERAGE 函数用于计算平均值，其语法为：AVERAGE(number1,number2,…)，其中 number1、number2、… 为参与计算的数据或数值单元格地址/区域。

AVERAGEIF 函数用于对满足条件的数据进行求解平均值。其语法为：AVERAGEIF(range,criteria,[average_range])。AVERAGEIF 函数的参数含义及使用方法与 SUMIF 类似，可参见本节对 SUMIF 函数的介绍。

（7）MIN/MAX 函数

MIN 与 MAX 函数分别用于求指定区域数值型数据中的最小值和最大值，其语法分别为"=MIN(number1,number2,…)"，"=MAX(number1,number2,…)"其参数含义同 AVERAGE 函数。

（8）ROUND 函数

ROUND 函数是按指定的位数对数值进行四舍五入，语法是 ROUND(number,num_digits)。其中参数 number 是要进行四舍五入的数或该数所在的单元格地址，num_digits 如果大于 0，小数点右边四舍五入；等于 0，四舍五入到整数；小于 0，小数点左边四舍五入。例如 A1 单元格中的值为 94.476，则 ROUND(A1,2) 的计算结果为 94.48；ROUND(A1,0) 的计算结果为 94；ROUND(A1,-1) 的计算结果为 90。

（9）RANK 函数

RANK 函数用于计算某数字在一系列数字中相对于其他数值的大小排名。其语法为：RANK(number,ref,order)，参数 number 是要查找排名的数字；ref 是一组数或者一个数列区域，非数值类型的数据将被忽略；order 如果为 0 或者忽略，那么排名的序号将按照参与排名数列数值大小降序排列，即排名为 1 的，将是数列中的最大值；order 的值若为非 0 值，则排名的序号将按照数列的升序排列，即排名为 1 的，将是数列中的最小值。

例如对运动员百米测试成绩进行排序，C3 单元格内函数为"=RANK(B2,$B$2:$B$10,1)"，如图 4-56 所示。其中表示排序数据区域的参数为"$B$2:$B$10"，使用绝对地址是因为不同运动员成绩的排序是来自对相同范围数据的比较结果。第 3 个参数为"1"，是因为在跑步成绩排名中，排名越靠前的，成绩数值应该越小，即升序排列。

C2　=RANK(B2,$B$2:$B$10,1)

	A	B	C	D	E
1	姓名	100米测试	排名		
2	张思	13.3	3		
3	姒耕春	16.4	8		
4	李毅	14.5	5		
5	黄显成	14.5	5		
6	郑同波	12.3	2		
7	李波	11.5	1		
8	刘芳宇	17.1	9		
9	刘力	15.6	7		
10	张大明	13.4	4		
11					

图 4-56　RANK 函数的应用

（10）LEFT/RIGHT/MID 函数

LEFT、MID 和 RIGHT 都属于字符串截取函数，即从一个字符串中提取特定位置和长度的文本。LEFT 函数的语法为：LEFT(text, num_chars)，其中 text 是被截取的字符串，num_chars 用于指定要截取的字符个数，该函数是从左侧截取字符串。例如，若 A1 单元格内数据为“Abstract123”，则 LEFT(A1,3) 得到的运算结果为“Abs”。

RIGHT 函数的语法结构与 LEFT 函数相同，只不过其截取字符串是从右侧开始的。

MID 函数可以指定字符串截取的开始位置，其语法为：MID(text, start_num, num_chars)。其中 start_num 是从字符串中截取第一个字符的起始位置，num_chars 是要截取的字符的个数，截取方向为从左至右。例如，A1 单元格内数据为“Abstract123”，若要截取“act”则可以通过 MID(A1,6,3) 加以实现。

（11）DATE 函数

DATE 函数的语法为：DATE(year, month, day)，其中参数 year，month 和 day 皆为数值，DATE 函数将这 3 个参数合成日期型数据。一般 year 的取值范围为 1900～9999，若用户给定的 year 值小于 1900，例如 1800，则合成的日期年份将为 1900＋1800，即 3700；month 取值范围通常为 1～12，若超出这个范围，DATE 函数将在对应的年中做相应的加减法；day 的取值范围与 month 类似，若超出了当月正常日期范围，将在相应的月份中做加减法。如果用户给定的参数不合理，将导致#NUM! 错误。DATE 函数的应用如图 4-57 所示。

D2　=DATE(A2,B2,C2)

	A	B	C	D
1	年	月	日	DATE运算
2	2023	1	5	2023年1月5日
3	2022	13	32	2023年2月1日
4	−2	2	28	#NUM!

图 4-57　DATE 函数的应用

（12）TODAY/NOW 函数

TODAY 和 NOW 函数同属无参的日期类函数，其语法分别为：TODAY( ) 和 NOW( )，即用来返回系统当前的日期和时间。

（13）VLOOKUP 函数

VLOOKUP 属于查找引用类函数。人们在处理大数据量的表格数据时，例如在几千名学生的期末成绩表中找到某些学生的某门课程成绩，并生成新的数据记录，若手工处理实非易事，VLOOKUP 作为 Excel 提供的纵向查找函数，能够执行按列查找特定数据，最终返回与满足“查询值”的单元格在同一行的，指定列序的单元格中的数据。

VLOOKUP 的语法为：VLOOKUP(look_value, table_array, col_index, range_lookup)。其中 look_value 为需要在搜索区域首列进行查找的值，可以是数值、地址引用或字符串；table_array 是搜索区域，可以是地址区域或者区域名称；col_index 是与搜索区域首列中匹配 look_value 值的单元格同在一行的，需返回值的单元格的列序号；range_lookup 为精确匹配或大致匹配的选择值，其值为 FALSE 或为 0 时，为精确匹配，其值为 TRUE 或为 1 时为大致匹配，该参数允许缺省，缺省时也是大致匹配。

例如在学生成绩单中查找姓名为"何熙"和"武小海"的学生的历史成绩，其函数设置如图 4-58 所示。

图 4-58　VLOOKUP 函数的应用

VLOOKUP 函数还可以进行跨工作表的信息查找以及表格的合并等应用。

4. 常见的错误信息及解决方法

在通过公式/函数计算时，因输入错误的数据或参数等原因，使公式/函数无法正常运算，此时会在单元格中显示错误信息。典型的错误信息及错误原因分析如下。

（1）####

该信息出现在单元格中，是因为单元格中数值长度太长，单元格容纳不下，只要增加列宽就可解决。

若单元格类型为日期或者时间型，数据为负值或超出 Excel 2016 能够表示的日期或时间的最大范围，无论单元格宽度如何，也将出现该信息。

（2）#DIV/0!

当公式中使用了指向空白的单元格或为零值的单元格作除数时会显示该信息，应避免此类错误计算发生。

（3）#N/A

引发#N/A 错误标识的原因很多，当在函数或公式中没有可用数值时，Excel 将显示该错误标识。可以通过补充缺失数据、调整公式/函数中的引用范围或补全复制的源数据等方法，避免此类错误的发生。

（4）#NAME?

删除了公式中使用的名称或使用了不存在的名称以及拼写、输入错误，均可引发此类错误标识。

（5）#NULL!

使用了不正确的区域运算或不正确的单元格引用，会引发#NULL! 错误标识的出现。

（6）#NUM!

在需要数字参数的函数中使用了不能接受的参数或公式产生的数字太大或太小，Excel 不能表示，就会引发#NUM!错误标识。

（7）#REF!

删除了由其他公式引用的单元格或将单元格移动并粘贴到由其他公式引用的单元格中，造成引用错误，即会引发#REF!错误标识。

（8）#VALUE!

在 Excel 中，#VALUE!表示键入公式的方式错误，或者引用的单元格错误。例如 A1 单元格内是文本数据"ABC"，B1 单元格内公式为"＝A1-5"，就会引发#VALUE!错误。

4.4 Excel 2016 图表的应用

图表是 Excel 图形化呈现数据的工具。图表的应用可以使数据更加直观、易懂，并且可以准确反映出数据之间的关系，帮助用户直观观察数据的分布和变化趋势。当数据发生变化时，图表中的数据项也会随之自动更新。

4.4.1 图表的基本概念

在创建图表前，首先要了解图表的类型及构成图表的相关元素等基本概念。

1. 图表的类型

Excel 2016 提供了 15 种图表类型，每一种类型又有多种子类型，用户可以根据实际需求，选择系统提供的图表，还可以自定义图表。

选定工作表中一定的数据区域，然后单击"插入"选项卡"图表"功能组的"推荐的图表"，便可打开"插入图表"对话框。该对话框左侧列举了 Excel 2016 提供的所有图表类型，如图 4-59 所示。

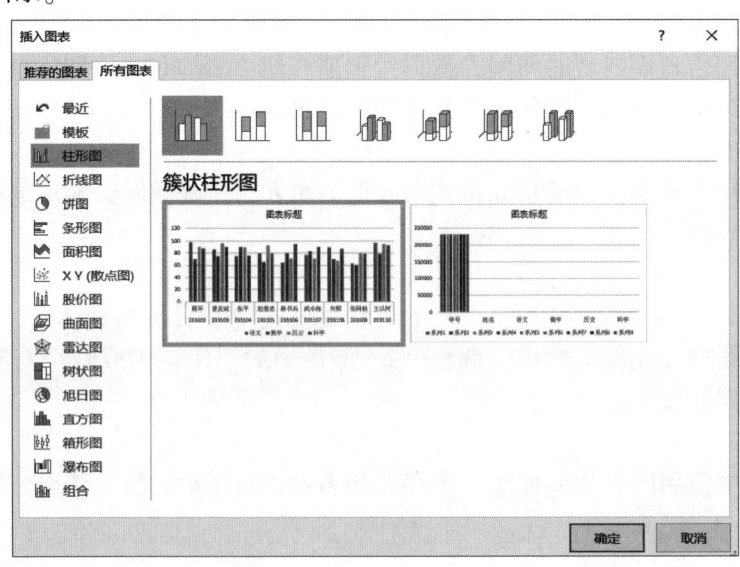

图 4-59 "插入图表"对话框

下面就几类常用的图表类型进行简单介绍：

（1）柱形图

用于显示一段时间内数据的变化或者显示各项数据之间的比较关系。柱形图通常用来表示数据随时间变化而变化的一类图表。柱形图包括簇状柱形图、堆积柱形图、百分比堆积柱形图和三维簇状柱形图等。

（2）折线图

可以显示随时间而变化的连续的数据，适于显示在相等时间间隔下数据的变化趋势。常见的折线图有堆积折线图、百分比堆积折线图和带数据标记的折线图等。

（3）饼图

显示一个数据序列中各项数据大小和总和的比例。如果需要了解某项占数据总值的百分比时，可以通过该类型图表来完成，常见的饼图有二维饼图、三维饼图和圆环图等。

（4）条形图

显示各个项目之间的比较结果，可以认为是柱形图的横置。条形图着重突出数值的比较，淡化数值随着时间变化而变化的情况。常见的条形图有簇状条形图、堆积条形图、百分比堆积条形图和三维簇状条形图等。

（5）面积图

该图形强调数据随着时间而变化的程度，能够较好地反映总值的变化趋势。常见的面积图有堆积面积、百分比堆积面积和三维面积图等。

（6）XY（散点图）

显示若干数据系列之间的数值关系。散点图通常用于比较跨类别的非重复值。常见的散点图有带平滑线和数据标记的散点图、气泡图和带直线的散点图等。

（7）股价图

股价图常用来描绘股票的价格趋势和成交量，股价图包括盘高-盘低-收盘图、开盘-盘高-盘低-收盘图和成交量-盘高-盘低-收盘图等。

（8）曲面图

曲面图可使用不同的颜色和图案，在连续曲面上跨两维显示数值的发展趋势。常见的曲面图有三维曲面图、三维曲面图（框架图）和曲面图等。

（9）雷达图

显示相对于中心点的数值，对于不能直接比较类别的，则可使用雷达图表示。常见的雷达图有雷达图、带数据标记的雷达图及填充雷达图。

除上述 9 种常见图表类型外，Excel 2016 还提供了树状图、旭日图、直方图、箱形图、瀑布图和组合等图表类型，可以在具体应用中根据图表向导了解它们的具体功能与设置方法。

2. 图表的构成

一个图表有许多组成部分，包括图表区、绘图区、图表标题、坐标轴（坐标轴标题）、数据系列和图例等，如图 4-60 所示。

图表构成的元素，主要有以下几部分：

（1）图表标题

图表标题描述图表的名称，默认在图表的顶端，根据实际需求设置，也可以缺省。

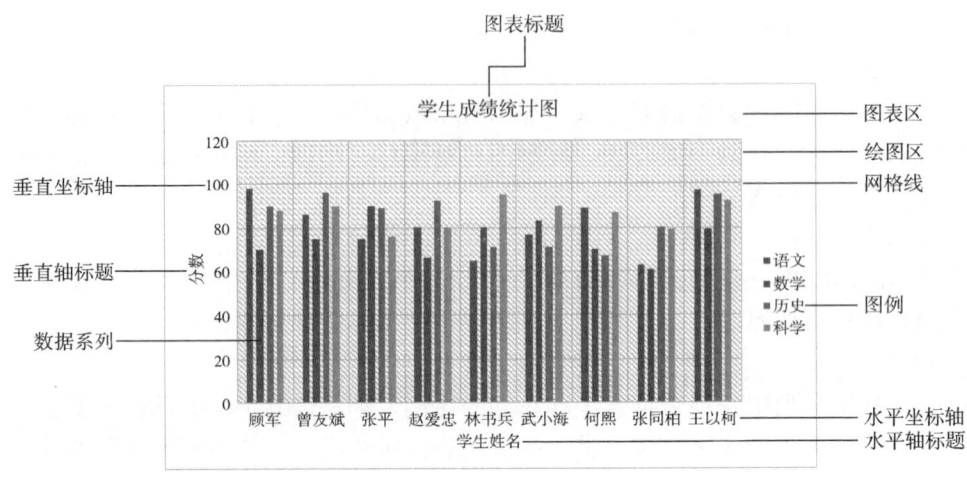

图 4-60 图表的构成

(2) 图表区

图表区是整个图表呈现的区域,所有的图表构成元素均在图表区内,该区域可以设置填充效果、边框和透明度等外观效果。

(3) 坐标轴(水平、垂直坐标轴)与坐标轴标题

坐标轴是标识数值大小及分类的垂直组和水平线,上面有标定数据值的标识(刻度)。一般情况下,水平坐标轴(X 轴)表示数据的分类,垂直坐标轴(Y 轴)表示数据。坐标轴标题用来说明坐标轴的分类及内容,该标题根据实际需求设置,可以缺省。

(4) 图例

图例是图表系列的标签,包括图表中相应系列的名称和各系列在图中的颜色。图例是用户读懂图表信息含义的重要元素。

(5) 绘图区

绘图区是以坐标轴为界的区域,包含了除图表标题、图例以外的图表主要内容元素。

(6) 数据系列

图表的数据系列是与选取的数据源对应的。一个数据系列对应工作表选定区域中的一行或者一列数据。

(7) 网格线

网格线是从坐标轴刻度线延伸出来的并贯穿整个绘图区的线条。用户可以选择在绘图区是否显示网格线(刻度线)。

除上述图表元素以外,图表还可以添加"线条""数据标签""误差线""趋势线"和"涨/跌柱线"等元素。图表元素与图表类型具有相关性,例如"涨/跌柱线"可用于"折线图"和"股价图"等图表类型,而无法用于"饼图"和"曲面图"等图表类型。

4.4.2 图表的创建

图表的创建是以数据为基础的。创建图表时要确定图表存放的形式、与图表关联的数据以及图表的类型等。

1. 嵌入式图表和独立图表

图表在工作表中有两种存放方式:嵌入式图表与独立图表。嵌入式图表是指图表作为一个对象与相关数据一起存放在同一个工作表中。独立图表是以一个工作表的形式插入在工作

簿中，独立图表独占一个页面。

2. 图表的创建方法

创建图表的过程如下。

（1）选取数据

根据需求，选取正确而完整的数据区域。

（2）插入图表

选取数据后，选择"插入"选项卡"图表"功能组中需绘制的图表类型命令按钮，插入图表；或者单击"图表"功能组的"对话框启动器"按钮，打开"插入图表"对话框，在该对话框中选择相应的图表类型插入图表。

（3）选择图表的存在类型

选中刚生成的图表，则在选项卡中会显示"图表工具"临时选项卡。选择"图表工具"→"设计"选项卡"位置"功能组中的"移动图表"命令按钮，在弹出的"移动图表"对话框中选择创建的图表的方式，如图4-61所示。

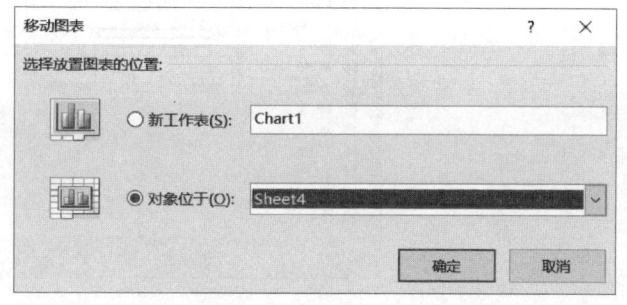

图4-61　"移动图表"对话框

3. 图表的格式和设计

选择图表，在"图表工具"→"设计"和"图表工具"→"格式"选项卡可以完成图表颜色、图表标题、图例位置、图表背景墙等图表设计工作。单击"图表工具"→"格式"选项卡"当前所选内容"功能组的"设置所选内容格式"，可选择图表中的某一元素，例如"图例"，然后在屏幕右侧的"设置图例格式"窗格中重新设置图例。单击图表上相应的元素也可以出现重新设计该内容的窗格，例如设置图表标题格式，如图4-62所示。

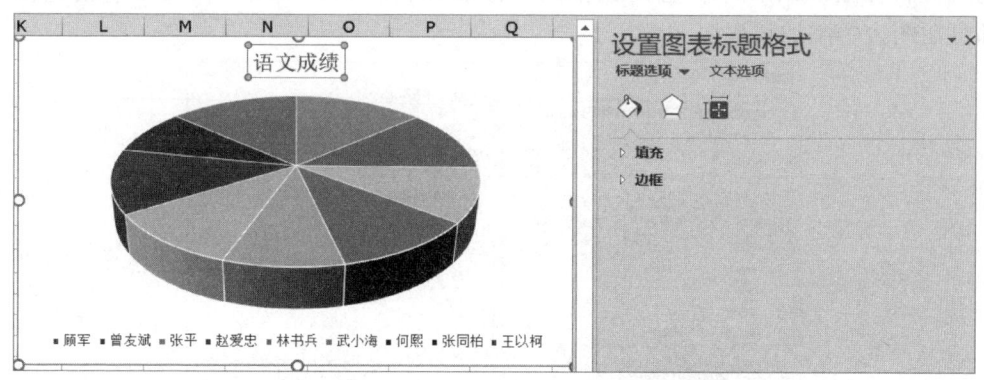

图4-62　图表中的元素与对应的内容设置窗格

4.4.3　图表的编辑与美化

图表创建完成后，可以根据需求对图表进行进一步美化编辑，还可以对图表的类型、图表数据源、图表选项和图表位置等进行修改。在图表数据源中数据发生变化后，图表中的相关信息也会随之变化。

1. 修改图表类型

右键单击图表绘图区，在快捷菜单中选择"更改图表类型"命令，或者单击"图表工具"→"设计"选项卡"类型"功能组"更改图标类型"命令按钮，均可打开"更改图表类型"对话框，如图 4-63 所示。

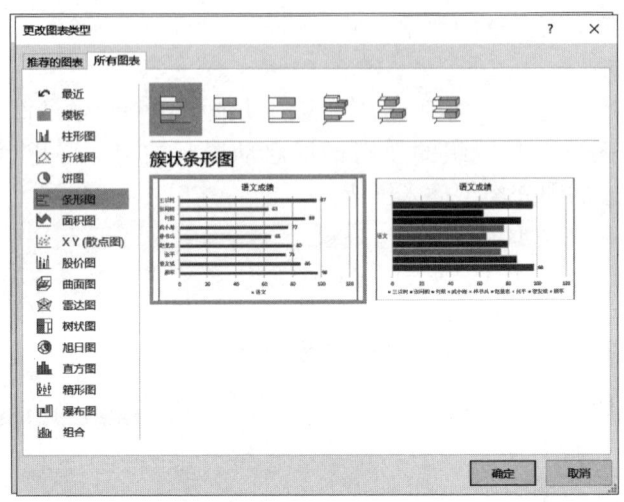

图 4-63 "更改图表类型"对话框

在"更改图表类型"对话框中，可以选择预计更改的图表类型，对话框中有相应图表类型的预览图。单击"确定"按钮即可完成图表类型的修改。

2. 修改图表的数据源

（1）在图表中添加数据源

右键单击图表的绘图区，在快捷菜单中选择"选择数据"命令，即可打开"选择数据源"对话框，如图 4-64 所示。在对话框的"图表数据区域"编辑框内可以重新选择数据区域，即可在图表中添加数据源。

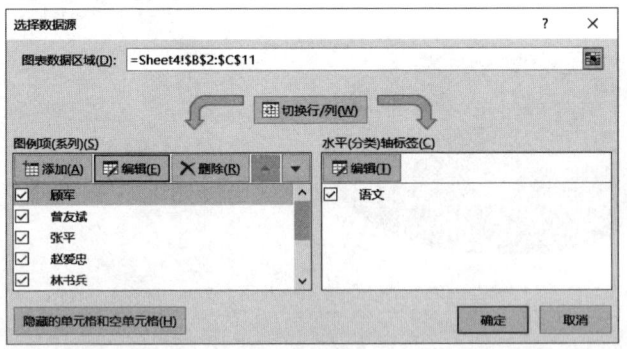

图 4-64 "选择数据源"对话框

选中图表后，单击"图表工具"→"设计"选项卡"数据"功能组的"选择数据"按钮，也可以打开如图 4-64 所示的"选择数据源"对话框为图表添加数据源。

（2）删除图表中的数据

若需要从图表中删除数据，而数据源中相应的数据不被删除，只需要在图 4-64 所示的对话框中选择"图例项(系列)"下要删除的数据,然后再单击"删除"按钮即可。选中图表上相应的数据系列,按 Delete 键也可以达到删除图表中数据的目的。

如需要将数据源中的数据和图表中相应的数据同步删除,只要删除工作表数据源中相应的数据,图表中的数据也会同步更新。

3. 修饰图表

图表的网格线、数据表、数据标志和布局等均可进行设置。也可以对图表进行修饰,例如设置图表的颜色、图案、线型、填充效果、边框和图片等。这些设置及修饰操作均可在"图表工具"→"设计"和"图表工具"→"格式"选项卡中完成。

4.4.4 迷你图

Excel 2016 中提供了迷你图功能,迷你图分为:折线(迷你)图、柱形(迷你)图和盈亏(迷你)图 3 种类型。使用迷你图可以显示数值系列中的趋势,如季节性增加或减少、经济周期等,或者可以突出显示最大值和最小值。在数据旁边放置迷你图可以十分直观地表现表格数据。

迷你图在"插入"选项卡的"迷你图"功能组中,如图 4-65 所示。

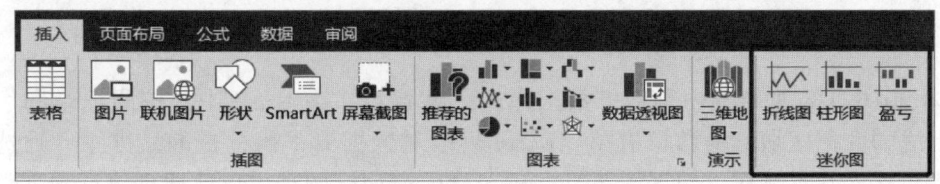

图 4-65 "迷你图"功能组

迷你图创建方法为:

1)选择表格中的任一单元格,单击"插入"选项卡"迷你图"功能组中的一个功能按钮,例如"折线图"按钮。

2)在弹出的"创建迷你图"对话框中,在"数据范围"文本框中输入数据区域,例如"C3:F3",在"位置范围"文本框中输入要存放迷你图的位置,如 $G$3。单击"确定"按钮,如图 4-66 所示。

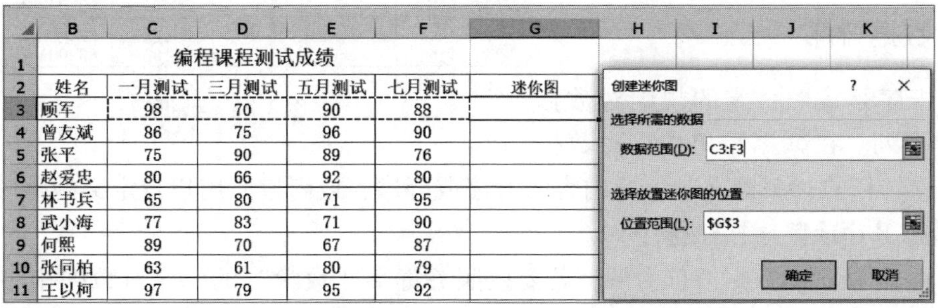

图 4-66 迷你图的创建

3)经过步骤 2)的设置,单元格 G3 中将呈现第 3 行数据的折线迷你图,通过拖曳 G3 单元格的填充柄,可以批量呈现 G 列数据区的所有折线迷你图,如图 4-67 所示。

	B	C	D	E	F	G
1	编程课程测试成绩					
2	姓名	一月测试	三月测试	五月测试	七月测试	迷你图
3	顾军	98	70	90	88	
4	曾友斌	86	75	96	90	
5	张平	75	90	89	76	
6	赵爱忠	80	66	92	80	
7	林书兵	65	80	71	95	
8	武小海	77	83	71	90	
9	何熙	89	70	67	87	
10	张同柏	63	61	80	79	
11	王以柯	97	79	95	92	

图 4-67 迷你图创建效果

4.5 Excel 2016 数据管理

Excel 2016 不但可以通过公式和函数对数据进行深入的统计分析，而且还提供了强大的数据管理功能，这些功能体现在能够以数据清单的形式对工作表中的数据进行排序、筛选、分类汇总和建立数据透视表等具体的数据处理操作之中。

4.5.1 数据清单

Excel 2016 在数据管理中具备了数据库的一些特点。在 Excel 中，按照记录和字段的结构特点组成的数据区域称为数据清单。Excel 可以对数据清单执行查询、排序、筛选以及分类汇总等数据库基本操作。数据清单是一种包含一行列标题和多行数据且每行同列数据的类型相同的 Excel 工作表。

数据清单中的每一列称为一个字段，列标题就是字段名；每一行称为一条记录。在数据清单中，列名是唯一的，不允许有空行和空列，也不允许有完全相同的两行。

在工作表中，数据清单前如果有标题行，则应与列名所在的行隔开一行或多行，不要在一张工作表上放置多份数据清单。数据清单结构如图 4-68 所示。

	A	B	C	D	E
1	成绩清单				
2					
3	姓名	班级	语文	数学	外语
4	张强	一班	84.00	91.00	90.00
5	黄盈	一班	91.00	88.00	89.00
6	夏云	一班	86.00	84.00	85.00
7	董雯	二班	93.00	80.00	93.00
8	龚海	二班	85.00	94.00	86.00
9	赵丽	二班	67.00	78.00	83.00

标题行
字段名
一条记录

图 4-68 数据清单

4.5.2 数据排序

数据排序是按照一定的规则对数据进行重新排列。在数据清单中，对数据排序是按照选择的“关键字”字段内容的升序或降序，或者按照用户自定义的顺序进行的。

1. 通过升序或降序按钮排序

以图 4-68 所示的数据清单为例，若要按照关键字“数学”的降序对数据排序，具体的操作方法为：

1）选定数据清单 D3 单元格；

2）单击“数据”选项卡“排序与筛选”功能组的降序按钮，即可完成对图 4-68 所示的数据清单的排序。

利用“数据”选项卡“排序与筛选”功能组的升序按钮和降序按钮只能进行一个关键

字的排序。

2. 通过"排序"对话框排序

如果需要对数据清单按照多个关键字进行排序,则可通过"排序"对话框进行排序。具体操作方法为:

1)选定数据清单区域,或选定数据清单区域内的任意一个单元格;

2)单击"数据"选项卡"排序和筛选"功能组中的"排序"命令按钮,打开"排序"对话框,如图4-69所示。

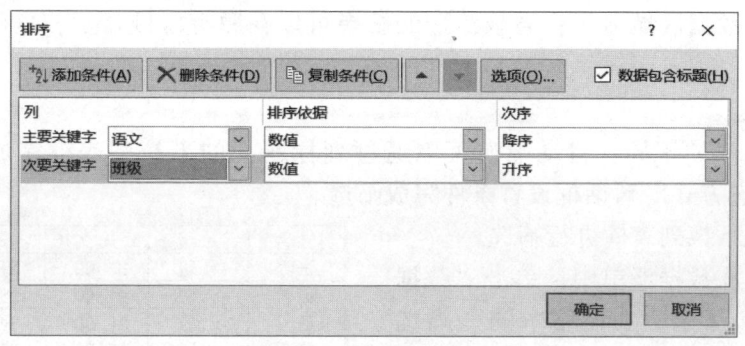

图4-69 "排序"对话框

3)在"排序"对话框中,选择"主要关键字"的下拉菜单,可以选择排序的主要关键字,例如"语文",在对应的"次序"下拉菜单中选择升序或者降序。

4)单击"添加条件"按钮,则会新增"次要关键字",可对次要关键字进行相应的设置。次要关键字可以顺次添加多个。

5)可以单击"删除条件""复制条件"及"选项"按钮,对排序条件进行删除、复制及进行进一步设置,也可以通过"选项"按钮左侧的上/下箭头按键调整排序关键字的顺序。"排序"对话框中的"数据包含标题"选项被选中时,数据清单中的标题行不参加排序,否则数据清单中的所有行都将参加排序。

6)单击"确定"按钮,实现多关键字的排序。

3. 排序区域的选择

Excel允许对全部数据区域或部分数据区域进行排序。若排序前选定了数据清单区域中的某一个单元格,则打开"排序"对话框时,Excel会自动扩展排序区域为整个数据清单区域。如果选定的数据区域包含了完整的数据清单区域,排序也会在整个数据清单范围内进行。若只选择了数据区域的部分列,则仅对已选数据列进行排序,未选定的数据区

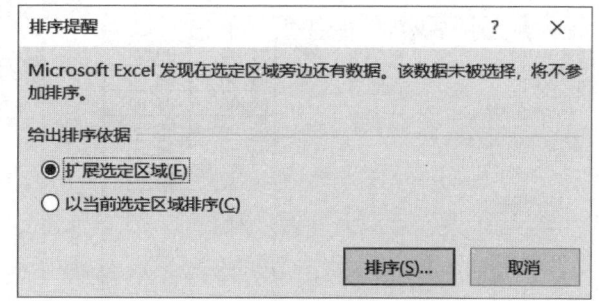

图4-70 "排序提醒"对话框

域将保持不变,这可能引发数据错误。若选择一行或者一列数据,然后单击升序/降序按钮,或打开排序对话框时,会弹出"排序提醒"对话框,允许用户在该对话框内选择扩展排序区域或者以当前选定区域排序,如图4-70所示。

4.5.3 数据筛选

如果需要用户在大量的数据记录中查找出特定的数据记录，可以使用 Excel 提供的数据筛选功能加以实现。数据筛选是将数据清单中不满足条件的记录在工作表中隐藏起来，只显示满足条件的数据记录，但并不删除隐藏的记录。

数据筛选可通过"数据"选项卡"排序和筛选"功能组中的"筛选"命令按钮来完成。筛选方式有两种："自动筛选"和"高级筛选"。自动筛选是对整个数据清单操作，筛选结果将在原有数据区域显示；高级筛选的结果可以在原有区域显示，也可以在其他区域显示。

1. 自动筛选

根据筛选条件的不同，自动筛选可以通过列标题上的下拉列表框完成，也可以通过"自定义自动筛选方式"对话框设置条件完成筛选。

通过列标题下拉列表框进行筛选。

将光标定位在数据清单中，单击"数据"选项卡"排序和筛选"功能组中的"筛选"命令按钮，这时列标题旁会自动加上筛选箭头，如图4-71所示。

姓名	班级	语文	数学	外语
张强	一班	84.00	91.00	90.00
黄盈	一班	91.00	88.00	89.00
夏云	一班	86.00	84.00	85.00
董雯	二班	93.00	80.00	93.00
龚海	二班	85.00	94.00	86.00
赵丽	二班	67.00	78.00	83.00

图 4-71 带有筛选箭头的数据清单

若筛选某一字段下的特定值，则单击该字段标题右侧的筛选箭头，在下拉筛选菜单内选择要筛选的值。例如筛选"班级"字段值为"一班"的记录，则在下拉筛选菜单中选中"一班"的复选框，如图4-72所示。

若需自行设置筛选的条件，例如筛选语文成绩大于或等于75分并且小于或等于95分的数据记录，则应在单击"语文"列标题的筛选箭头，在下拉菜单的"数字筛选"项对应的子菜单中选择"自定义筛选"选项。如图4-73所示。

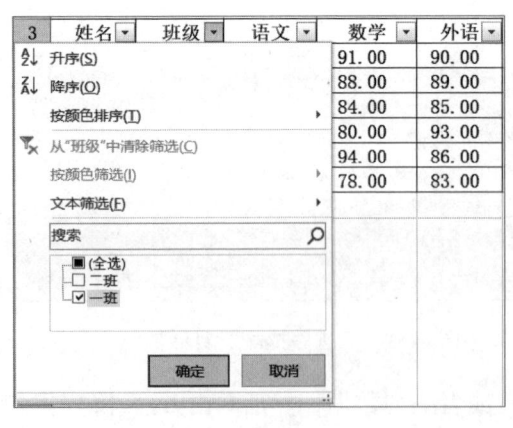

图 4-72 按照特定值进行筛选

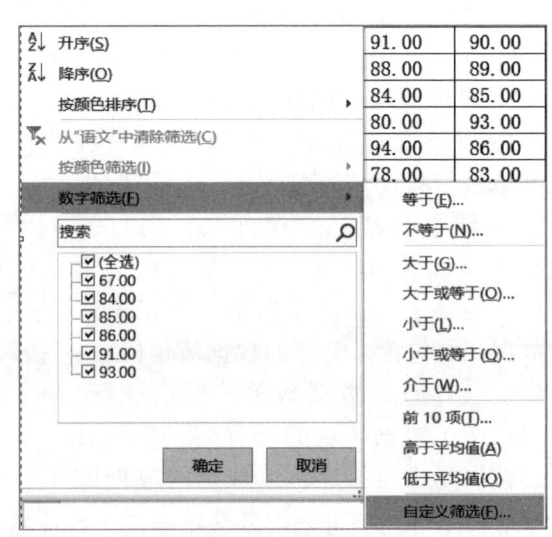

图 4-73 "自定义筛选"选项

当单击图4-73所示的"自定义筛选"选项后，将打开"自定义自动筛选方式"对话框，在对话框内按照筛选需求条件进行设置，如图 4-74 所示。设置完成后单击“确定”按钮即可完成筛选。

经过筛选后的数据清单如图 4-75 所示。做过筛选操作的字段，其筛选按钮将由带有箭头的按钮▼变为带有筛选标识的按钮，同时行号呈现了不连续的序号，可见不满足筛选条件的记录行被隐藏了。

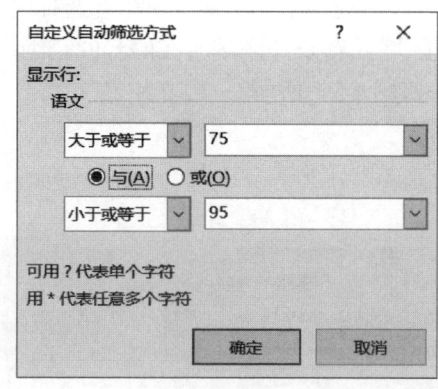

图 4-74 “自定义自动筛选方式”对话框

	A	B	C	D	E
1	成绩清单				
2					
3	姓名	班级	语文	数学	外语
4	张强	一班	84.00	91.00	90.00
5	黄盈	一班	91.00	88.00	89.00
6	夏云	一班	86.00	84.00	85.00
10					

图 4-75 筛选结果数据清单

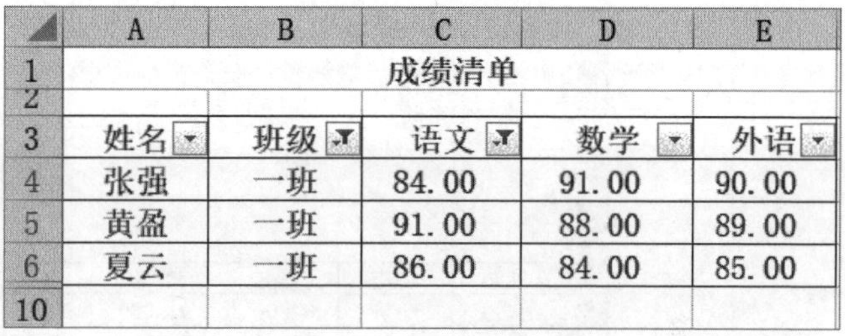

若对多个字段进行自动筛选，可按上述方法逐一设置。当不需要自动筛选时，单击“数据”选项卡“排序和筛选”功能组中的“筛选”命令按钮，可恢复隐藏记录的显示，同时所有字段标题右侧的筛选按钮将消失。也可以单独取消某一字段的筛选条件，方法是单击该字段的筛选按钮，在筛选下拉菜单中选择清除筛选条件。例如选择“从"语文"中清除筛选”，即可取消“语文”字段的筛选条件，如图 4-76 所示。

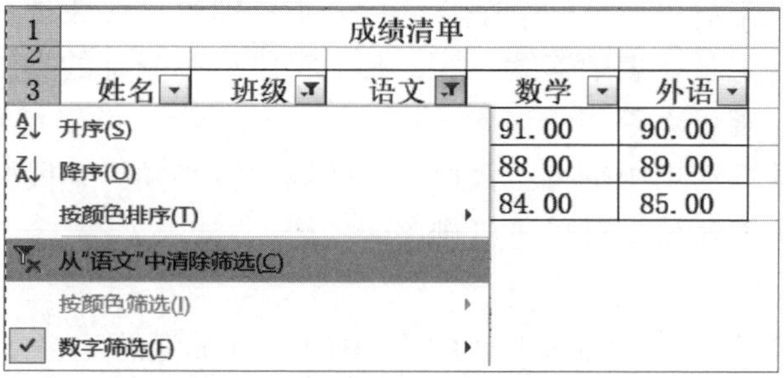

图 4-76 单独取消某一字段的筛选条件

2. 高级筛选

高级筛选用于对多字段条件的筛选，由用户通过逻辑运算来构造筛选条件。进行高级筛选前，要在数据清单之外建立一个条件区域。条件区域至少有两行，首行输入字段名，这些字段名必须和数据清单中的字段名完全一致，其余行输入筛选条件，同一行的条件等价于逻辑“与”的关系，不同行的条件等价于逻辑“或”的关系。

以筛选“语文”成绩大于或等于 85 分并且“外语”成绩大于或等于 85 分，或者“数学”成绩大于或等于 90 分的记录为例，进行高级筛选的操作过程如下。

1）在数据清单首行前插入 5 行空白行，作为高级筛选的条件区域；

2）在条件区域内输入筛选条件，如图 4-77 所示；

3）单击"数据"选项卡"排序和筛选"功能组中的"高级"按钮 高级，在弹出的"高级筛选"对话框中设置高级筛选方式及选定各个区域。

其中"方式"可以选择"在原有区域显示筛选结果"，则满足条件的记录显示在原数据清单中，不满足条件的记录则被隐藏；若选择"将筛选结果复制到其他位置"，则需在出现的"复制到"编辑框内选定筛选结果将要显示的位置区域。

"高级筛选"对话框中的"列表区域"应选取准备筛选的数据清单区域，并注意选择时应包含相应字段的标题。"条件区域"编辑框中应选择条件区域或者条件区域所在的行的范围。

高级筛选条件区域"高级筛选"对话框中的设置，如图4-77所示。

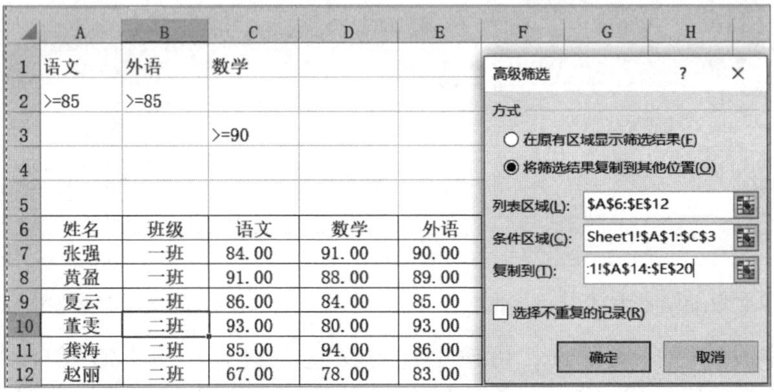

图4-77 "高级筛选"示例

4.5.4 数据分类汇总

分类汇总就是对数据清单按某一个字段进行分类，即对该字段进行排序，分类字段值相同的归为一类，对应的记录在表中连续存放，其他字段可按分好的类统一进行汇总运算，如求和、求平均、计数、求最大等。

分类汇总只能在数据清单中进行，数据清单的第一行必须为字段标题。在分类汇总前需根据分类汇总的数据类型对数据清单进行排序。

1. 创建分类汇总

单击"数据"选项卡"分级显示"功能组中的"分类汇总"命令按钮，打开"分类汇总"对话框，如图4-78a所示。分类汇总前必须先对分类字段进行排序，否则分类汇总的结果无意义。分类汇总时，应在"分类汇总"对话框中正确设置分类字段、汇总方式和选定汇总项，否则得不到正确的汇总结果。

例如，对数据清单先按"班级"字段进行排序，然后以"班级"为分类字段，以"语文""数学"和"外语"为汇总字段，汇总方式为"平均值"，选取"汇总结果显示在数据下方"，则汇总结果如图4-78b所示。

对数据清单还可以进行多次分类汇总操作，但每次只能按一种汇总方式汇总。例如，要在图4-78b的分类汇总的基础上再按班级进行分类汇总，汇总字段是"语文""数学"和"外语"，汇总方式是"最大值"。若要保留多次汇总的结果，应在"分类汇总"对话框中去除对"替换当前分类汇总"复选框的选择。

	A	B	C	D	E
1	成绩清单				
2					
3	姓名	班级	语文	数学	外语
4	张强	一班	84.00	91.00	90.00
5	黄盈	一班	91.00	88.00	89.00
6	夏云	一班	86.00	84.00	85.00
7		一班 平均值	87.00	87.67	88.00
8	董雯	二班	93.00	80.00	93.00
9	龚海	二班	85.00	94.00	86.00
10	赵丽	二班	67.00	78.00	83.00
11		二班 平均值	81.67	84.00	87.33
12		总计平均值	84.33	85.83	87.67

a）　　　　b）

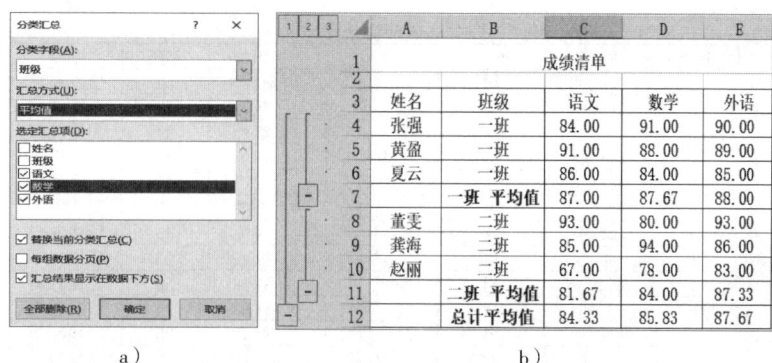

图 4-78　分类汇总创建实例

a）“分类汇总”对话框　b）分类汇总结果

2. 分级显示/隐藏分类汇总数据

对数据清单进行分类汇总后，在数据清单左上角会出现分级显示按钮 1 2 3，同时工作表左侧会出现带有“ - ”号的列表树，如图 4-78b 所示。分级显示按钮用于显示或隐藏某些明细数据。单击分级显示按钮 1，仅显示总计结果与列名；单击分级显示按钮 2，仅显示总计结果、分类计算结果与列名，隐藏了具体的记录明细；单击分级显示按钮 3，则显示全部记录及分类汇总结果。单击列表树中的“ - ”号，也可以逐级隐藏数据，数据隐藏后“ - ”号将变为“ + ”号，单击“ + ”号时，隐藏的数据记录将显示出来。单击分级显示按钮 2 后，分类汇总结果如图 4-79 所示。

	A	B	C	D	E
1	成绩清单				
2					
3	姓名	班级	语文	数学	外语
7		一班 平均值	87.00	87.67	88.00
11		二班 平均值	81.67	84.00	87.33
12		总计平均值	84.33	85.83	87.67

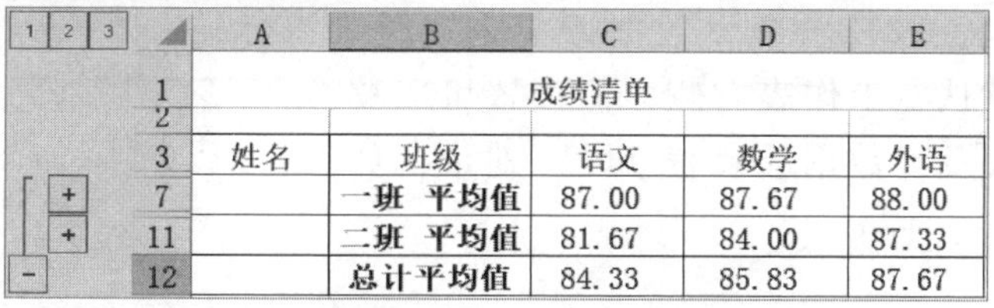

图 4-79　隐藏分类汇总数据记录后的结果

3. 删除分类汇总

要删除工作表中分类汇总的结果，先将光标置于数据清单中，然后在打开的“分类汇总”对话框中单击“全部删除”按钮即可。

4.5.5　数据透视表和数据透视图

数据透视表和数据透视图是一种对数据清单快速汇总及建立交叉列表和图表的交互式动态表格和图表。分类汇总只能按一个分类字段进行多次汇总，每次汇总只能按一种汇总方式进行运算。若要按多个分类字段进行多种分类汇总，则可以通过数据透视表或数据透视图来完成。

1. 创建数据透视表

以如图 4-80 所示的“教师信息表”工作表为例，要对其数据清单的内容创建数据透视表。以“学院”为报表筛选，以“职称”和“学历”为行标签，以“年龄”的平均值和“性别”的计数为数值，创建数据透视表，其创建过程如下：

	A	B	C	D	E	F	G
1	教师信息表						
2	序号	姓名	性别	学历	职称	年龄	学院
3	1	张元明	男	本科	副教授	52	信息科学
4	2	刘英平	男	硕士研究生	教授	48	人文社科
5	3	黄欢	女	博士研究生	讲师	34	人文社科
6	4	李铭	男	硕士研究生	讲师	40	现代农业
7	5	郑晓芸	女	硕士研究生	副教授	45	信息科学
8	6	刘明君	男	本科	教授	55	现代农业
9	7	姒雨	女	本科	讲师	35	环境科学
10	8	张显	男	专科	助教	25	环境科学
11	9	龚和平	男	专科	讲师	30	人文社科
12	10	刘莉	女	博士研究生	讲师	24	信息科学
13	11	尹以德	男	博士研究生	助教	25	环境科学
14	12	王茜	女	专科	副教授	35	信息科学

图 4-80　要创建数据透视表的数据清单

1）将光标定位在数据清单区域，单击"插入"选项卡"表格"区的"数据透视表"按钮，会弹出"创建数据透视表"对话框。在对话框内选择要分析的数据区域，本例为"教师信息表!\$A\$2:\$G\$14"，实际应用中也可以选择来自外部的数据源作为数据透视表的数据区域。"创建数据透视表"对话框及设置情况如图 4-81 所示。

2）当设置好"创建数据透视表"对话框中相应参数后，单击"确定"按钮，便会在工作表指定区域产生空的数据透视表，以及出现"数据透视表字段"对话框。该对话框默认在工作表右侧，但位置可以移动。空的数据透视表及"数据透视表字段"对话框如图 4-82 所示。

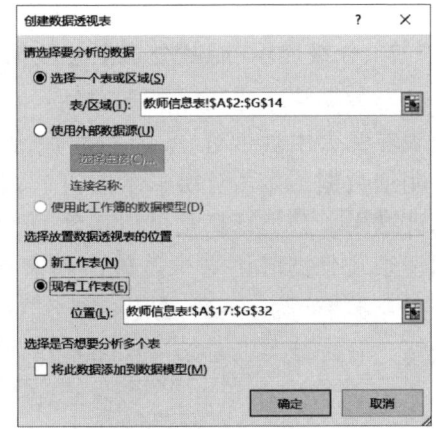

图 4-81　"创建数据透视表"对话框及其设置

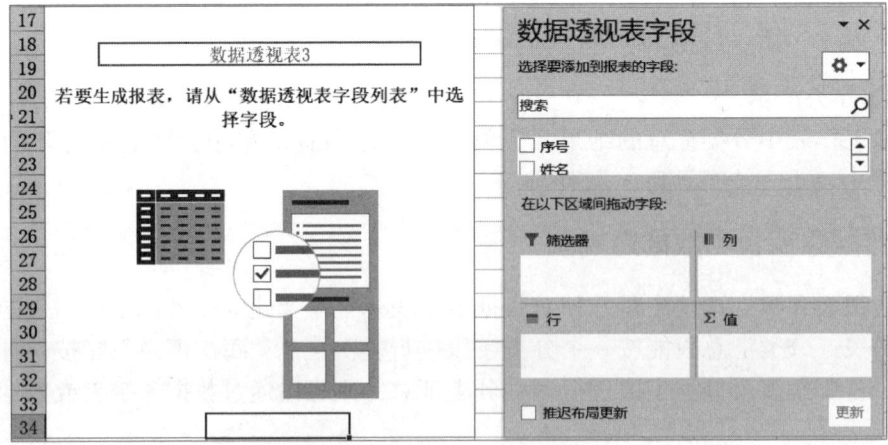

图 4-82　空的数据透视表及"数据透视表字段"对话框

3）按照需求，将数据清单各字段拖曳到"数据透视表字段"对话框的相应位置，并对需要计算的字段设置正确的计算方式。

数据透视表的各个组成部分以及对应在"数据透视表字段"对话框中的区域说明如下：
- 行区域：此区域中的字段将作为数据透视表的行标签，即数据以行的形式显示，对应"数据透视表字段"对话框的区域为 行。
- 列区域：此区域中的字段将作为数据透视表的列标签，即数据以列的形式显示，对应"数据透视表字段"对话框的区域为 列。
- 值区域：此区域中的字段将作为数据透视表显示汇总的数据，对应"数据透视表字段"对话框的区域为 Σ 值。
- 报表筛选区域：此区域中的字段将作为数据透视表的报表筛选字段，也称为页字段。该字段在数据透视表上方显示，其作用就是可以按照该字段，以页面的方式显示不同的数据统计。例如本例中，"学院"作为页字段，即可以将某个学院或者某些学院的统计结果在数据透视表中以单独的页面形式进行数据统计。对应"数据透视表字段"对话框的区域为 筛选器 。

将选定字段拖曳入"值"区域时，数值型的字段默认的计算类型是"求和"，而文本型字段默认的计算类型是"计数"。本例中"年龄"字段计算方式是求平均值，所以将"年龄"字段拖曳入"值"区域后，要在生成的"求和项：年龄"右侧单击打开下拉菜单，选择"值字段设置"项，打开"值字段设置"对话框，修改其计算类型为"平均值"，如图 4-83 所示。

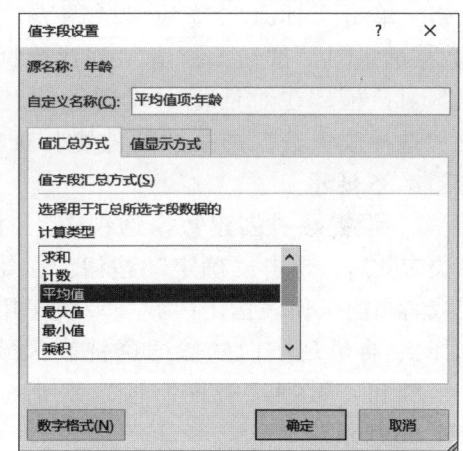

图 4-83 "值字段设置"对话框

4) 在向"数据透视表字段"对话框相应区域拖曳并设置计算方式等参数的同时，数据透视表区域会同步显示数据透视表的统计结果。当所有字段和值区域设置完成后，数据透视表效果及"数据透视表字段"对话框界面如图 4-84 所示。数据透视表就此创建完成。

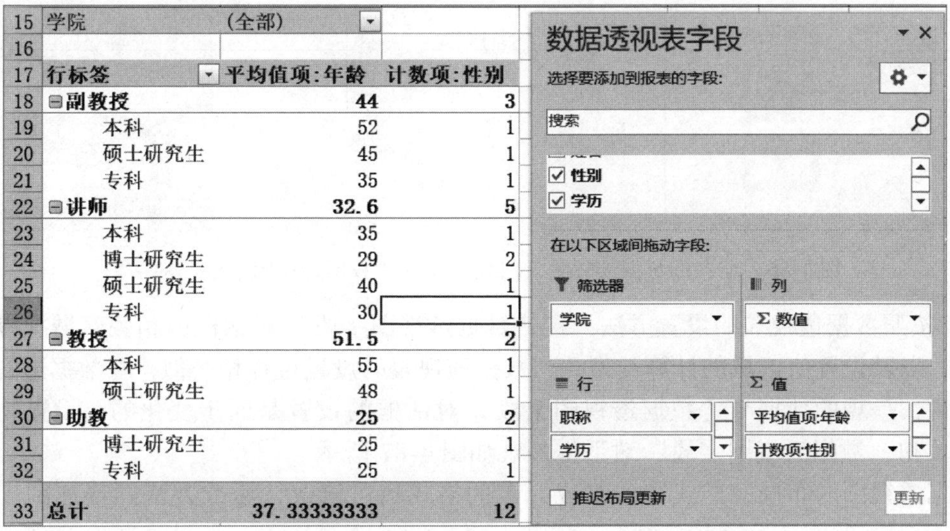

图 4-84 数据透视表效果及"数据透视表字段"对话框设置完成后的界面

对建好的数据透视表,可以使用"开始"选项卡"格式"功能组中的"套用表格格式"按钮,进行表格格式化;也可以在数据透视表区域单击鼠标右键,在快捷菜单中选择"数据透视表选项",打开"数据透视表选项"对话框,对其外观、布局和计算方式等进行修改维护。

2. 创建数据透视图

数据透视图是对数据透视表中数据的图形化呈现。与图表类似,数据透视图也包含条形图、柱状图和饼图等诸多分类,从而形象直观地查看、比较和分析数据。

同样以"教师信息表"数据清单为例,创建数据透视图的步骤如下:

1)选择数据清单区域中的任意一个单元格,单击"插入"选项卡"图表"区的"数据透视图"按钮,弹出"创建数据透视图"对话框。在对话框中设置"表/区域"及"选择放置数据透视图的位置"选项组,如图 4-85 所示。

2)设置好"创建数据透视图"对话框相关参数后,单击"确定"按钮,在新工作表或者当前工作表指定区域(取决于用户的选择),将呈现空白的数据透视表区域、图表区域和"数据透视图字段"对话框,如图 4-86 所示。

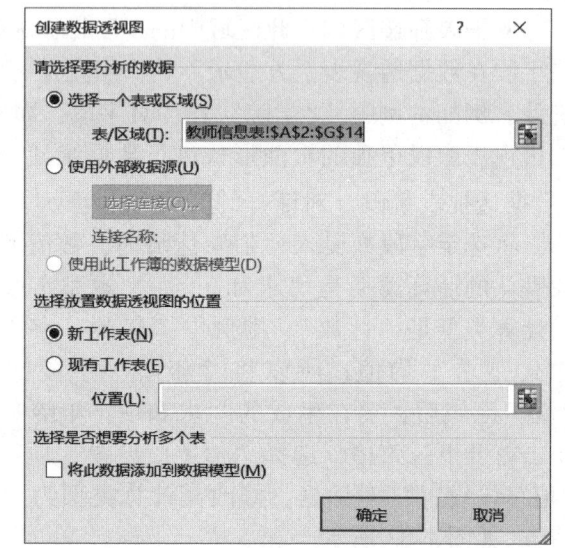

图 4-85 "创建数据透视图"对话框

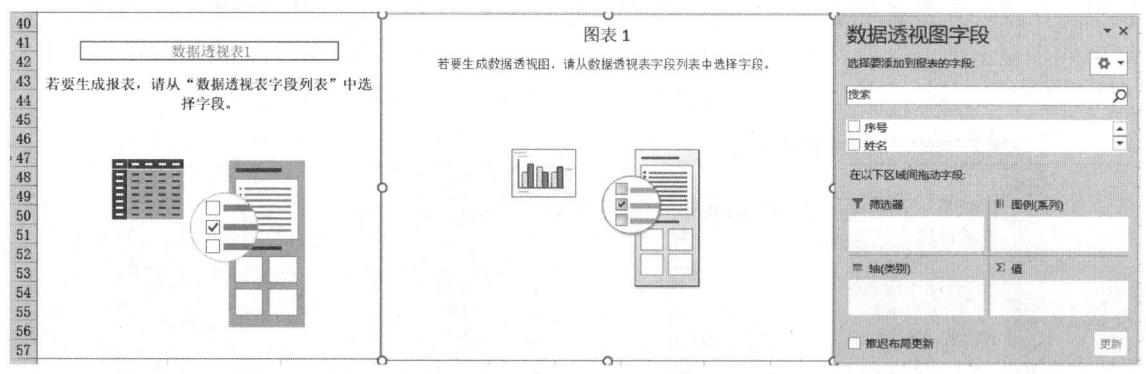

图 4-86 空白的数据透视表、图表区域及"数据透视图字段"对话框

3)按照数据透视表的设置方法,在"数据透视图字段"对话框内相关区域拖曳放置相应字段,以及设置值区域的计算类型。与数据透视表的设置过程相类似,在数据透视表和图表区域内,呈现的数据与"数据透视图字段"对话框的设置是同步变化的。设置完成后的图表区域和"数据透视图字段"对话框外观如图 4-87 所示。

数据透视图的布局、样式和各组成元素的格式均可修改,修改方法同普通图表的编辑方法。

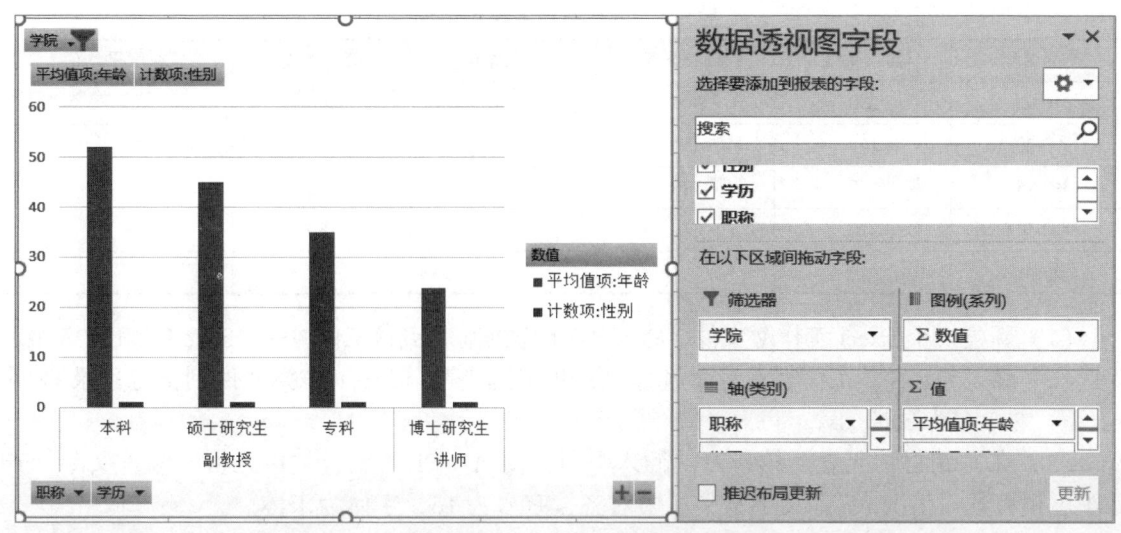

图 4-87 设置完成后的图表区域及"数据透视图字段"对话框外观

本 章 小 结

本章简单介绍了 Excel 2016 的功能特点和界面构成。对 Excel 2016 的基本操作方法进行了详细的讲解。并以 Excel 的基本操作、公式和函数的运用、图表应用及数据管理为主线，介绍了从创建数据表到数据的计算、分析、呈现和管理的全过程。

Excel 的功能主要是在其应用程序工作窗口中完成的，其工作窗口主要由功能区和工作表窗口组成。功能区的选项卡及功能组几乎集中了所有的 Excel 命令，通过这些命令即可完成对数据的计算、分析、统计和管理，也可以完成对工作簿、工作表、单元格的存储、格式化、数据保护以及打印等操作。这些操作功能概要归纳如下：

使用 Excel 电子表格软件的新建功能建立一个空白的、扩展名为"xlsx"的工作簿；使用输入功能及插入功能将表格中的全部内容输入到工作簿的工作表中；使用编辑功能对工作表中的内容进行编辑修改；使用公式和函数对工作表中的数据进行计算；使用图表功能将工作表中的数据制作成统计图表；使用格式化及排版功能对工作表进行格式化和图文混排；使用数据处理功能对工作表的数据进行统计分析。

同 步 练 习

【实验题目1】

实验名称：表格格式化，数据计算及图表统计。

实验目的：熟练掌握 Excel 2016 的基本操作，能够运用公式及函数实现对数据的计算与统计，并能够对数据实现图表的呈现。

实验内容：本题基础数据见表 4-3。请按要求完成对 Excel 工作簿的建立，并在指定的工作表中完成对数据的格式化、计算及图表呈现。

表 4-3 实验题目 1 基础数据

产品名称	第一季度	第二季度	第三季度	第四季度	季度平均值
MO-23	230	305	586	390	
AO-20	158	460	475	293	
BO-25	450	370	354	412	
CO-30	320	546	562	480	
总计					

（1）新建一个 Excel 工作簿文件，将表 4-3 的数据输入到该工作簿的"Sheet1"工作表中。

（2）将"Sheet1"工作表重新命名为"销售情况表"，保存工作簿文件到指定目录 C:\e-test 下，并命名为 Sale.xlsx。

（3）在"销售情况表"第一行前插入一行，对 A1:F1 区域合并单元格，输入文字"产品季度销售数量情况表"，文字水平居中对齐，字号为 16，字体为宋体。

（4）计算"总计"行的内容和"季度平均值"列的内容，季度平均值单元格格式的数字分类设置为数值（小数位数为 2）。

（5）选取"销售数量情况表"的 A2:E6 单元格区域内容，建立"三维簇状柱形图"，标题为"销售数量情况图"，图例显示在右侧，将此图放置到工作表的 A9:F21 单元格区域内。

【实验题目 2】

实验名称：数据计算及数据管理。

实验目的：熟练掌握 Excel 中公式和函数的运用，能够对数据实施排序、筛选、分类汇总及创建数据透视表的管理功能。

实验内容：本题数据表如图 4-88 所示。请按照图中数据创建相应的工作簿与工作表，然后按照具体题目要求完成有关数据的计算、统计与管理。

	A	B	C	D	E	F	G	H
1	季度	分公司	产品类别	产品名称	销售数量	销售额（万元）	平均价格	销售额排名
2	1	西部2	K-1	空调	89	12.28		
3	1	南部3	D-2	电冰箱	89	20.83		
4	1	北部2	K-1	空调	89	12.28		
5	1	东部3	D-2	电冰箱	86	20.12		
6	1	北部1	D-1	电视	86	38.36		
7	3	南部2	K-1	空调	86	30.44		
8	3	西部2	K-1	空调	84	11.59		
9	2	东部2	K-1	空调	79	27.97		
10	3	西部1	D-1	电视	78	34.79		
11	3	南部3	D-2	电冰箱	75	17.55		
12	2	北部1	D-1	电视	73	32.56		
13	2	西部3	D-2	电冰箱	69	22.15		
14	1	东部1	D-1	电视	67	18.43		
15	1	东部1	D-1	电视	66	18.15		
16	2	东部3	D-2	电冰箱	65	15.21		
17	1	南部1	D-1	电视	64	17.60		
18	3	北部1	D-1	电视	64	28.54		
19	2	南部2	K-1	空调	63	22.30		
20	1	西部3	D-2	电冰箱	58	18.62		

图 4-88 实验题目 2 原始数据表

（1）在"产品销售情况表"中，按照主关键字"季度"升序，次要关键字"分公司"

降序，对数据表进行排序。

（2）在"平均价格"列计算各条销售记录的平均价格，并通过RANK函数在"销售额排名"列计算销售额排名。注意计算销售额排名时，不允许打乱步骤（1）的排序顺序。

（3）将"产品销售情况表"中全部的数据复制到"Sheet2"工作表中，修改"Sheet2"工作表名称为"分类汇总情况表"。

（4）在"分类汇总情况表"中，以"产品名称"为分类字段，对"销售数量"求和，对"销售额（万元）"求平均值，完成分类汇总。

（5）将"产品销售情况表"中全部的数据复制到"Sheet3"工作表中，并重新命名该工作表为"数据透视表"。

（6）在"数据透视表"工作表中，以"季度"为过滤字段，以"分公司""产品名称"为行字段，以"销售额（万元)"求和为数值，在当前工作表的A23:H40单元格区域创建数据透视表。

第 5 章　PowerPoint 2016 演示文稿

学习目标：

1. 理解 PowerPoint 2016 中的主题和模板、幻灯片版式和幻灯片母版的概念。
2. 掌握创建演示文稿，并应用幻灯片母版统一演示文稿的格式。
3. 掌握在演示文稿中插入文本、表格、图表、图片、视频、音频和超链接等。
4. 掌握为幻灯片中的元素添加动画的方法，以及动画刷的应用。
5. 掌握幻灯片放映的控制方法。
6. 了解导出和打印演示文稿的方法。
7. 了解"节"的概念。
8. 了解排练计时的设置方法。
9. 理解演示文稿的设计原则，并在实践中予以运用。

建议学时：

4 学时。

教师导读：

1. 本章介绍使用 PowerPoint 2016 制作演示文稿的方法，包括利用模板和母版实现演示文稿设计制作的一致性，向幻灯片中加入各种元素表达展示的内容和增强表现力，为幻灯片的播放设置动画效果、控制放映、导出和打印演示文稿等。
2. 掌握 PowerPoint 2016 制作技术的同时，兼顾演示文稿的制作原则，实现从技术实现到美观呈现的能力目标。
3. 完成本章学习后，应要求考生完成实验题目。

使用 PowerPoint 2016 制作的演示文稿可以在投影仪或者计算机上进行展示，在工作汇报、企业宣传、产品推介和教育等领域有着举足轻重的应用，是现代社会人们进行演讲、展示的重要工具。

5.1　PowerPoint 2016 的工作界面

PowerPoint 2016 是 Office 2016 的一个组件，它可以将文本、表格、图表、图像和视频等多种信息组织在幻灯片中，一张张幻灯片组成一个演示文稿。

打开 PowerPoint 2016 后，工作界面如图 5-1 所示。

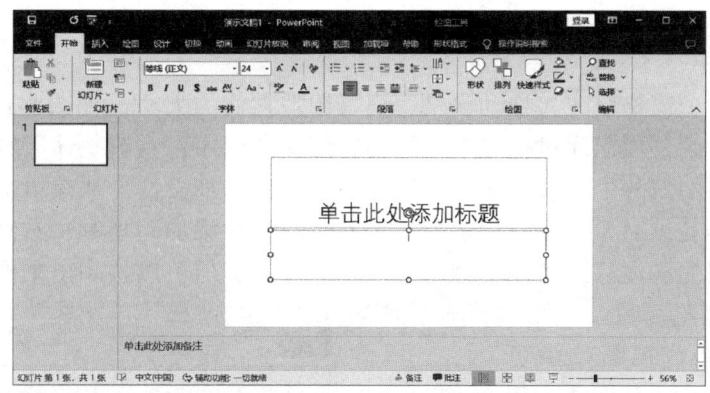

图 5-1　PowerPoint 2016 的工作界面

5.1.1　功能区

与其他的 Office 组件一样，PowerPoint 将功能以选项卡为单位组织在窗口顶部，通过标题栏右侧的"▣"按钮可以调整功能区的显示方式。

"开始"选项卡包含了 PowerPoint 用户大部分时间都在使用的最常用功能，如图 5-2 所示，它由"剪贴板""幻灯片""字体""段落""绘图"和"编辑"几个功能组组成。其中，"幻灯片"功能组的"新建幻灯片"和"版式"在新建幻灯片和调整幻灯片内容布局时经常用到。"绘图"功能组可以在幻灯片上添加自定义的图形并对它们的样式进行设置。"剪贴板"功能组、"字体"功能组、"段落"功能组和"编辑"功能组的功能与 Word 相似，不再赘述。

图 5-2　"开始"选项卡

"插入""设计""切换""动画""幻灯片放映"和"视图"等选项卡的使用将在后面的小节中陆续介绍。除了这些固定功能的选项卡外，与当前操作相关的功能会随操作的需求出现在工具选项卡中。

5.1.2　核心区域

核心区域以某种视图呈现，PowerPoint 2016 提供了 5 种演示文稿视图，包括普通（视图）、大纲视图、幻灯片浏览（视图）、备注页（视图）和阅读视图。每种视图提供不同的观察视角和功能，默认呈现方式是"普通视图"。选择其他的视图，可以在"视图"选项卡的"演示文稿视图"功能组进行选择，有些视图也可以通过窗口底部状态栏右侧的按钮进行切换，如图 5-3 所示。

　　　　　　a）　　　　　　　　　　　　　　b）

图 5-3　切换视图的方法

a）"视图"选项卡的"演示文稿视图"功能组　b）状态栏的视图选择区

下面介绍几种常用的视图。

(1) 普通视图

普通视图由 3 个窗格组成，拖动窗格边框可调整它们的大小，如图 5-1 所示。左侧为幻灯片缩略图的显示区，可以通过拖曳重新排列幻灯片的顺序；右侧主体区域是当前幻灯片的展示区，可以看到幻灯片中的各种对象，用于幻灯片的详细设计，如编辑文本格式、插入图表、图片、视频等各种对象，以及创建超链接和为幻灯片添加动画等；右侧下方是可以为幻灯片添加文字说明的备注区，备注不会出现在幻灯片上，但可以打印出来作为讲稿使用。

(2) 幻灯片浏览视图

在"幻灯片浏览视图"中可同时显示多张幻灯片，如图 5-4 所示，主要进行以幻灯片为单位的操作。在幻灯片浏览视图中，Windows 下的选中对象的方法、鼠标拖曳、复制、剪切和粘贴等操作可以应用在幻灯片上。所以，在幻灯片浏览视图下可以更为方便地调整幻灯片的顺序，对幻灯片进行移动、复制和删除等操作。

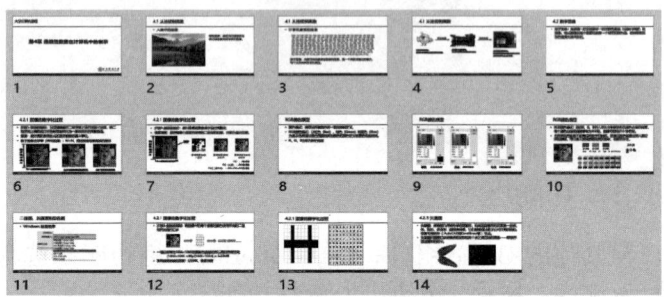

图 5-4　幻灯片浏览视图

(3) 大纲视图

在 PowerPoint 2013 及更高版本中，大纲视图只能从"视图"选项卡访问，如图 5-5 所示的左侧区域为大纲视图。大纲视图的设计重点是幻灯片中的文字内容，它只显示演示文稿中每张幻灯片中标题占位符和文本占位符中的文字内容，使用户能集中精力编辑文字和考虑演示文稿的内容结构。使用大纲视图是组织和开发演示文稿内容的最好方法。

在大纲视图中用户可以通过拖曳的方式调整幻灯片的顺序或者调整一张幻灯片中多段文字的顺序。

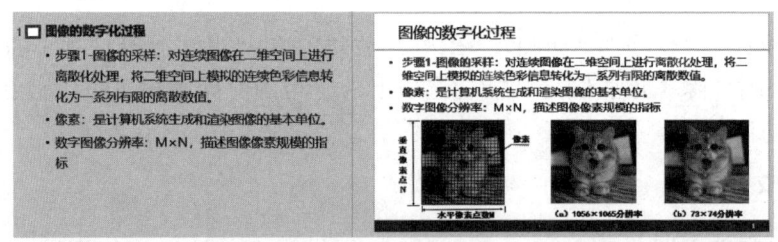

图 5-5　大纲视图展示幻灯片上的标题占位符和文本占位符的文字内容

5.2　PowerPoint 2016 演示文稿的创建和格式化

创建演示文稿包括选择创建新文稿的起点，以及为演示文稿设计好插入幻灯片时需要用到的各种幻灯片版式。

5.2.1　创建演示文稿

启动 PowerPoint 2016 后，开始界面如图 5-6 所示。用户可以直接选择以"空白演示文稿"创建演示文稿,也可以选择某个 Office 提供的模板创建演示文稿,演示文稿文件的扩展名为"pptx"。

单击"开始"下面的"新建",可以选择更多的 Office 在线模板和主题。进入 PowerPoint 2016 的工作界面后,单击"开始"选项卡左侧的"文件"也可以打开该界面。也就是说,演示文稿的设计可以从一无所有的空白开始,也可以从已经设计好的模板或主题开始。

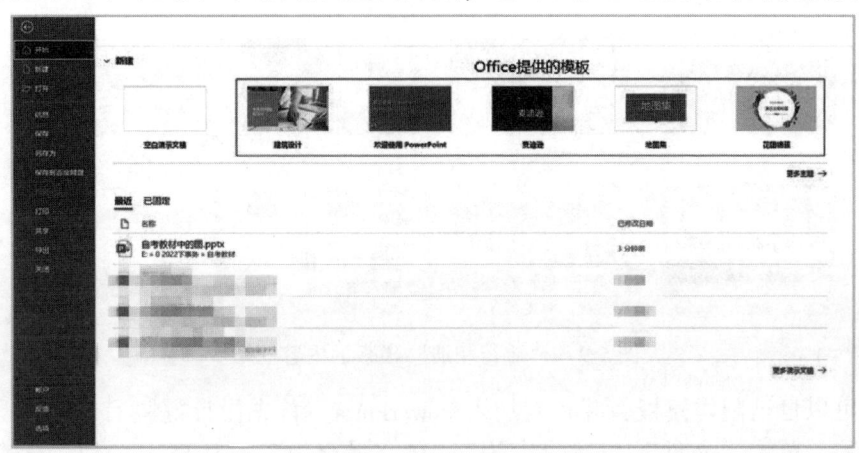

图 5-6　PowerPoint 2016 的开始界面

1. 主题

主题是一组预定好的颜色、字体、视觉效果和背景样式,应用在幻灯片上能够实现统一专业的外观。PowerPoint 2016 在"设计"选项卡中列出了当前演示文稿的主题(如果存在)以及 Office 自带的几十种预定义主题,如图 5-7 所示。

图 5-7　"设计"选项卡

这些配色、字体的选择和视觉效果的设计等都是经过专业美工设计给出的方案,为普通人创建富有美感、专业、协调的演示文稿奠定基础。演示文稿编辑过程中用户可以自由地更换主题。

除了直接使用已有主题,用户也可以更改主题效果,并将其保存后复用。如图 5-8 所示,通过"设计"选项卡的"变体"功能组,修改选定主题的配

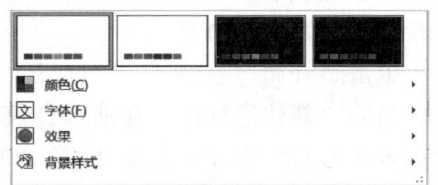

图 5-8　利用"变体"功能组
　　　　修改主题方案

色方案、字体、视觉效果和背景样式即完成新的主题方案的定义。

2. 模板

模板由主题及一些特定用途的内容组成，也就是说，模板不仅包含了主题，而且还会提供组织演示文稿的内容框架。例如，使用 Office 自带的"旅行相册"模板创建的演示文稿给出了封面及照片展示的内容框架，如图 5-9 所示。

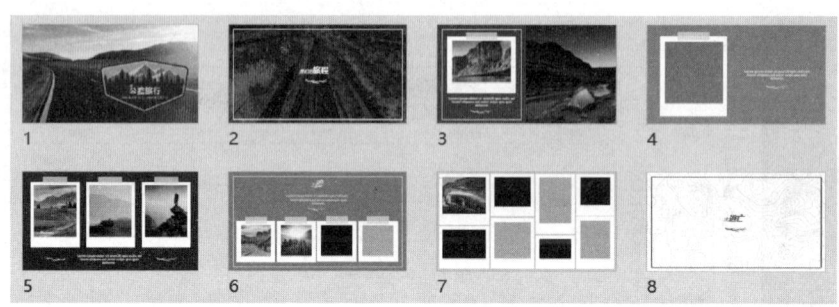

图 5-9 "旅行相册"模板的内容框架

用户也可以自己制作模板，并将其加入 PowerPoint。首先设计好具有特色主题和内容框架的演示文稿，单击"文件"→"另存为"，在"另存为"对话框中选择"保存类型"为"PowerPoint 模板"，选择将模板存储在"文档"文件夹中的"自定义 Office 模板"文件夹下，在"文件名"框中输入模板名称后保存。模板文件的扩展名为"potx"。用户自定义模板后，在"新建"演示文稿对话框中会将 Office 提供的模板和个人定义模板分标签页显示，自定义模板出现在"个人"标签中。

总的来讲，模板和主题都可以帮助用户创建美观而且一致的幻灯片，避免大量手动格式化的重复劳动。

5.2.2 幻灯片版式

一个演示文稿中一般包括一组幻灯片，每张幻灯片都有其对应的幻灯片版式。幻灯片版式定义了幻灯片中显示的所有内容的格式、位置和占位符框，并继承了主题下的颜色、字体、视觉效果和背景。以"空白演示文稿"模板为例，它内置了 11 种幻灯片版式，如图 5-10 所示。

单击"开始"选项卡"幻灯片"功能组的"新建幻灯片"在演示文稿中插入新的幻灯片时，这些版式会出现在列表框中以供用户选择。

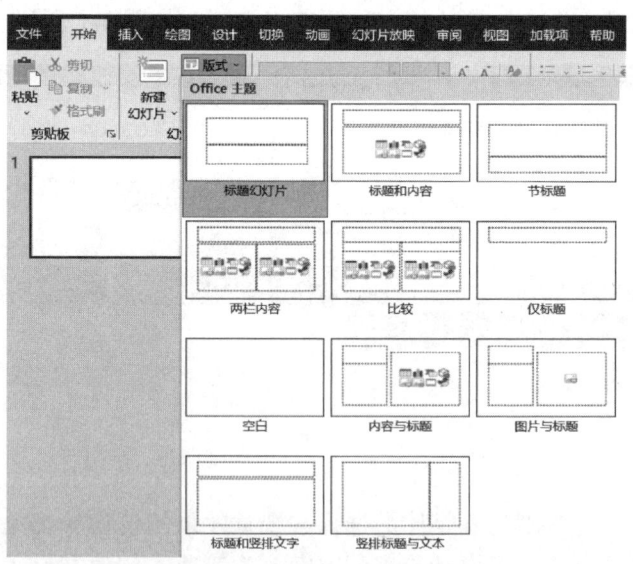

图 5-10 "空白演示文稿"模板提供的幻灯片版式

5.2.3 幻灯片母版

如果要使所有的幻灯片都包含相同的元素，如 logo、背景图案、页码、页脚和日期，或者让文字具有统一的位置、格式，最便捷的方式是在幻灯片母版中进行统一设置。

单击"视图"选项卡，在"母版视图"功能组选择"幻灯片母版"，打开图 5-11 所示母版视图。其中第一张为幻灯片母版的版式，对它进行的设置会自动应用在其余的版式上；其余对应主题下的各个版式，找到需要编辑的版式后可以对它们进行独立修改，也可以选择删除某个版式，或者增加自定义版式。

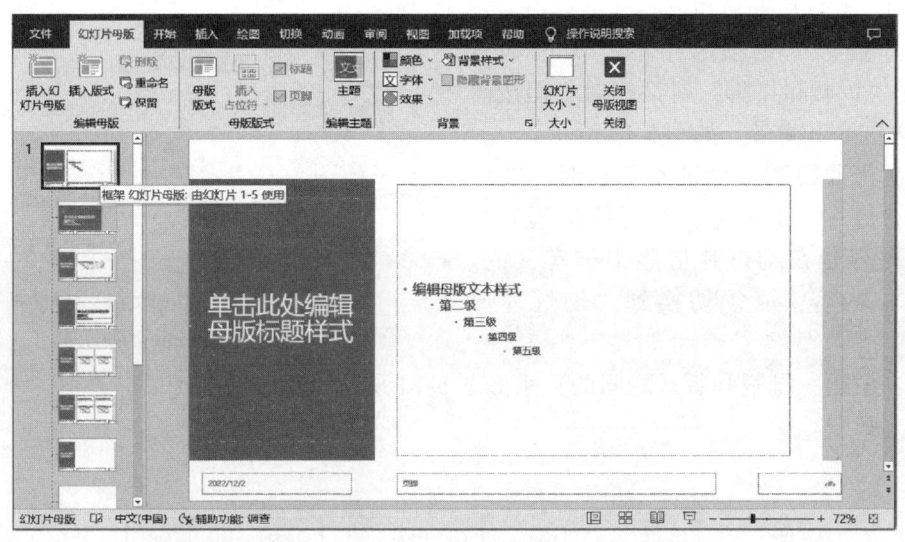

图 5-11　幻灯片母版

占位符是幻灯片版式上的虚线容器，用于标识在该位置插入文本、表格、图表、图片、SmartArt 图形、视频和音频等内容，体现了幻灯片的布局设计。占位符只能通过幻灯片母版设置到版式中。单击"幻灯片母版"选项卡"母版版式"功能组中的"插入占位符"，下拉列表中呈现 10 种占位符，如图 5-12 所示，其中最常用的是"内容"占位符和"文本"占位符。"内容"占位符几乎涵盖了所有的占位符，未来可在该位置插入任意类型的数据；"文本"占位符表示在该位置可以输入文本。

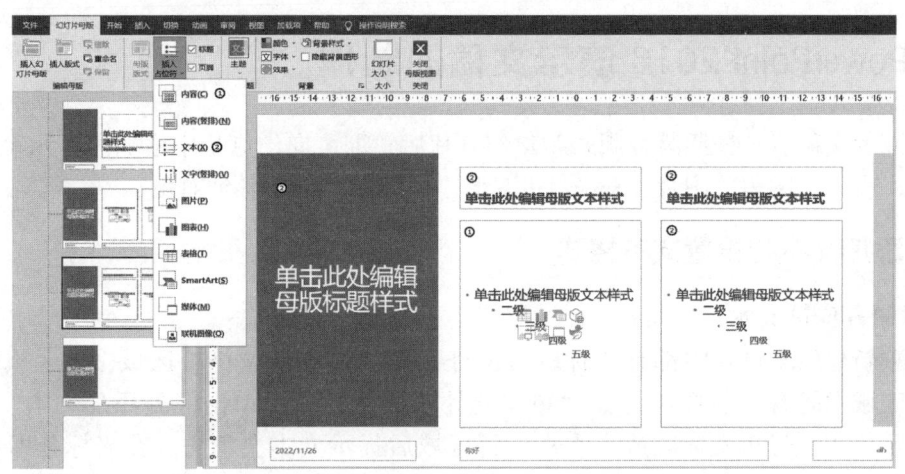

图 5-12　幻灯片母版中的占位符

对幻灯片母版的设计最好在开始创建各张幻灯片之前进行，这样，添加到演示文稿中的所有幻灯片都会基于新的母版。如果在创建各张幻灯片之后再编辑幻灯片母版，则需要在普通视图中将更改的布局重新应用到演示文稿中的现有幻灯片。

需要注意的是，版式中页脚部分的各占位符虽然已经出现在幻灯片中，但具体是否显示日期和时间、幻灯片编号和页脚文字，仍需要通过选择"插入"选项卡中的"页眉和页脚"，打开"页眉和页脚"对话框对它们按需进行选择才能令其生效，如图5-13所示。

如果在普通视图中处理幻灯片时，发现无法编辑幻灯片上的元素，很可能是因为尝试更改的内容是在幻灯片母版中被定义的。若要编辑该内容，必须切换到"幻灯片母版"视图。

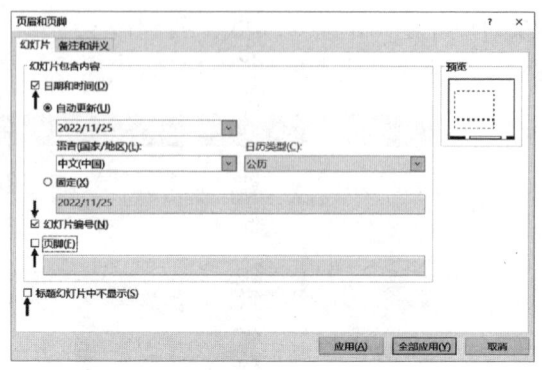

图 5-13　在"页眉和页脚"对话框中确定是否展示页脚元素

模板、主题、母版和版式之间的关系如图5-14所示。

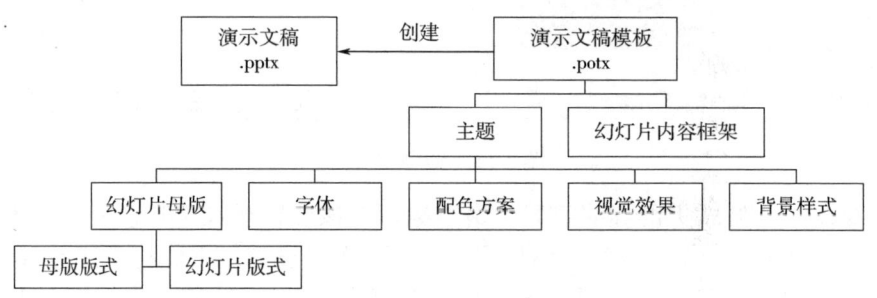

图 5-14　模板、主题、母版和版式之间的关系

应用模板、主题和幻灯片母版可以很好地统一演示文稿的格式，避免手动重复调整内容的格式和样式，令演示文稿的编辑做到事半功倍。

5.3　PowerPoint 2016 演示文稿的制作

创建演示文稿后，按照某种版式新建幻灯片后，即可向幻灯片中增加内容元素，它们可以是文本、表格、图表、图片、SmartArt图形、视频和音频等各种对象。

5.3.1　添加文本和设置文本格式

1. 添加占位符文本

大多数新建的幻灯片中都有"标题占位符"和"文本占位符"区域，该区域边框为虚线，并且区域中间有文字提示（如"单击此处添加标题""单击此处添加文本"等），如图5-12所示。用鼠标单击标题或文本占位符区域后提示文本会消失，在光标处即可输入文字。如果输入的文字较多，超出了占位符区域，系统会自动换行。可以通过调整边框上的控制点调整占位符区域的大小。

2. 添加文本框文本

如果需要在标题或文本占位符区域外添加文字，可以在幻灯片上添加文本框。

单击"开始"选项卡中"绘图"功能组中的"文本框"按钮或选择"插入"选项卡中"文本"功能组的"文本框"按钮，在幻灯片要添加文本的位置单击或以拖动的方式即可绘制文本框。

【提示】在幻灯片中添加文本，只有利用占位符和添加文本框两种方法。在标题和文本占位符中输入的文本会显示在大纲视图中，用户自己添加的文本框中的文本不会显示在大纲视图。

以"单击"方式绘制的文本框自适应输入文本的长度，不作自动换行；以"拖动"方式绘制的文本框提供自动换行。

3. 设置文本格式

文字输入后，可以对其进行各种编辑，包括对文字进行格式化。常用的格式设置使用"开始"选项卡的"字体"功能组，复杂的格式设置使用"字体"对话框。

文本的段落格式设置可以使文本更加整齐、有层次。段落格式包括对齐方式、段落缩进、行间距和段间距等。常用的段落设置使用"开始"选项卡的"段落"功能组，复杂的格式使用"段落"对话框。具体操作方法与 Word 类似，此处不再赘述。

5.3.2 在演示文稿中添加对象

创建演示文稿时，可以向幻灯片中添加一些对象以增强显示效果，如表格、图表、图片、SmartArt 图形、视频和音频等。插入这些对象的操作相似、原理相同，在普通视图下，从"插入"选项卡中选择要插入的对象，"插入"选项卡如图 5-15 所示。

图 5-15　"插入"选项卡

幻灯片中经常使用的对象如图 5-16 所示。

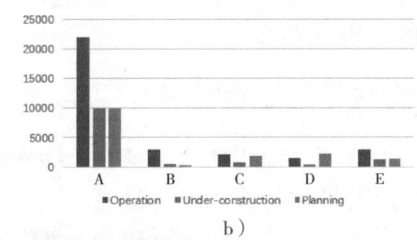

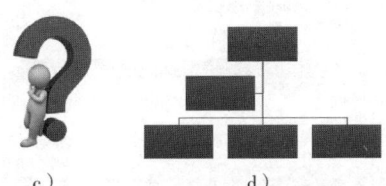
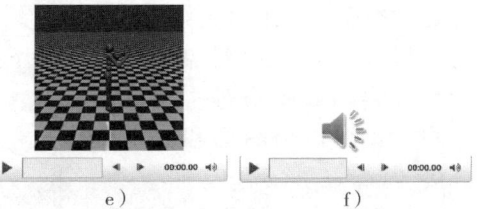

图 5-16　幻灯片中的常用对象
a）表格　b）图表　c）图片　d）SmartArt 图形　e）视频　f）音频

- 表格是数据的详细罗列，能看到明细信息，用户可以自由分析，但是直观性差。

- 图表是表格数据的可视化展示，使数据更加形象、直观。
- 图片是一种视觉化的语言，可以向用户传递更多的、更形象的信息。
- SmartArt 图形是信息和观点的视觉表示形式，文字越少时效果越好。使用 SmartArt 图形可以将层次较为分明的文本转换为更有助于读者理解和记忆的图形。SmartArt 图形的种类如图 5-17 所示。
- 视频和音频可以增强演示文稿的视听效果，使演示文稿融合多种媒体。

插入这些对象时也可以使用带有该对象的占位符幻灯片。插入相应版式的幻灯片后，单击对象占位图标即可选择插入对象。

除了这些对象外，用户还可以利用自选图形绘制出满足个人需求的图形组合，它们可以在"开始"选项卡的"绘图"工具区中选择并插入，自选图形如图 5-18 所示。

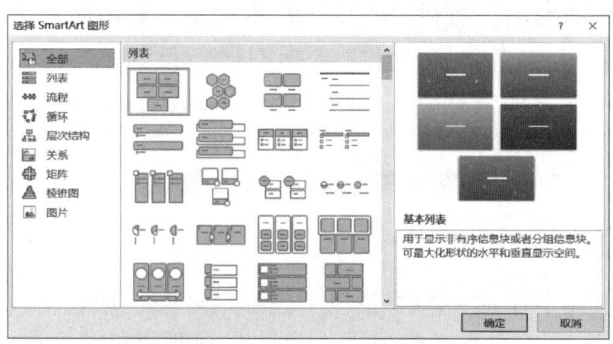 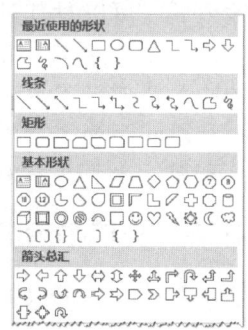

图 5-17　SmartArt 图形　　　　　　　　图 5-18　自选图形

总之，利用这些对象可以极大地丰富演示文稿的内容，增强其展示效果。

当对象添加至演示文稿后，可以对其格式进行调整，包括大小、颜色、线条的粗细和位置等。操作的方式与 Word 类似，即先选中对象，利用"开始"选项卡或者当前操作即时打开的工具选项卡完成相应设置。

选中多个对象，在鼠标右键快捷菜单选择"组合"，可以使它们化零为整、成为一个对象，进行批量的编辑或者移动等操作。

5.3.3　在幻灯片中添加超链接

在演示文稿中，可以使用插入超链接的方式进行文稿内幻灯片间或到文稿外其他资源的跳转，实现幻灯片放映过程中不同幻灯片或文档之间的切换、链接。

超链接可以设置在任何对象上，包括文本、形状、表格和图形等。如果图形中包含文本，也可以为图形和文本分别设置超链接。

设置超链接时，先选择用于代表超链接的文本或对象，单击"插入"选项卡"链接"功能组中的"链接"按钮，打开"编辑超链接"对话框，如图 5-19 所示。

图 5-19　"编辑超链接"对话框

常用的链接目标包括"链接到"下方的"现有文件或网页"和"本文档中的位置"。"现有文件或网页"允许以浏览的方式找到磁盘上的资源作为超链接的对象，或者链接到某个网址；"本文档中的位置"限定在当前演示文稿中选择跳转的幻灯片。

"屏幕提示"按钮打开的对话框用于设置幻灯片播放时鼠标指向超链接后给出的提示文字，帮助对超链接进行解读。

对幻灯片中已存在的超链接，选中后，鼠标右键快捷菜单中有"编辑链接""打开链接""复制链接"和"删除链接"选项，利用它们完成对超链接的应用。

超链接只有在演示文稿放映时才能激活。代表超链接的文本会添加下划线，并且显示成主题方案指定的颜色。单击超链接跳转到其他位置后，颜色就会改变，即通过颜色可以分辨超链接是否被访问过。

假设在演示文稿播放的过程中希望打开某个 Word 文档，以便以文档的方式展开更多的文字信息，这时可以在幻灯片中先给出链接文字，然后为该文字创建超链接，并选择"现有文件或网页"，通过浏览的方式指定该 Word 文档，操作过程如图 5-20 所示。

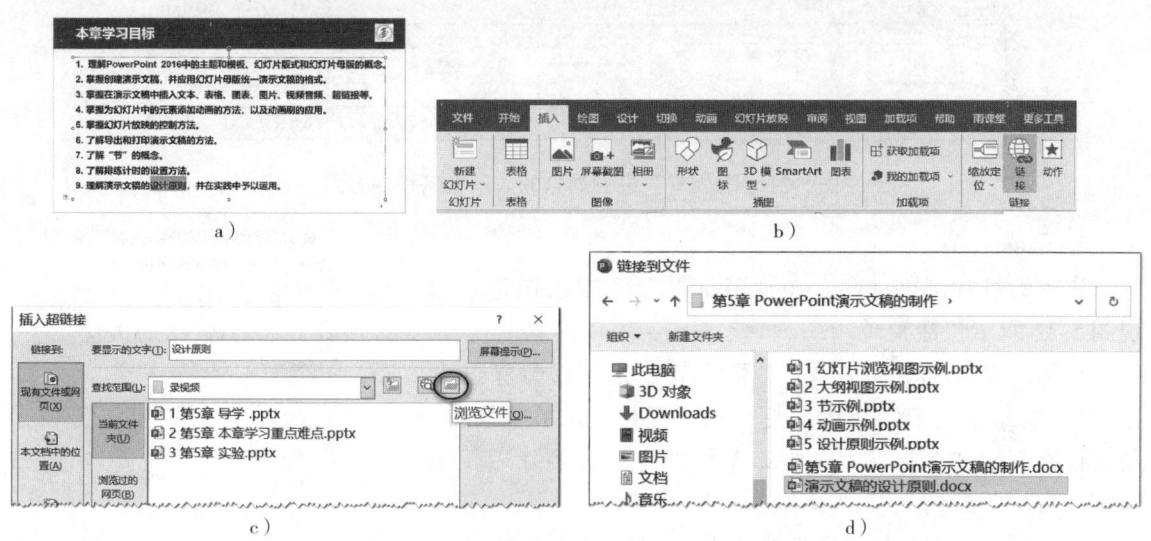

图 5-20　在演示文稿中插入超链接的过程示例
a）选中超链接文字　b）单击"插入"选项卡中的"链接"按钮
c）在"插入超链接"对话框中单击"浏览文件"按钮　d）在"链接到文件"对话框中选择目标文件

5.3.4　在演示文稿中使用"节"

如果一个演示文稿中的幻灯片很多，所有的都混在一起则杂乱无章，很难查找到某张幻灯片，这时可以按内容将幻灯片以"节"为单位组织起来，让演示文稿的结构更加清晰。

"节"在演示文稿中的呈现方式如图 5-21 所示。

1. 创建"节"

几个视图中，在幻灯片浏览视图中操作"节"最为便捷，因为该视图可以整体呈现所有幻灯片，便于将幻灯片分组。首先，在幻灯片浏览视图中将光标置于要插入分节的幻灯片前，然后在"开始"选项卡的"幻灯片"功能组中选择" "中的"新增节"。新增节的名字默认为"无标题节",可以在"重命名节"对话框中根据内容对"节"进行重命名。

利用"新增节"可以提前规划好整个演示文稿的框架结构。

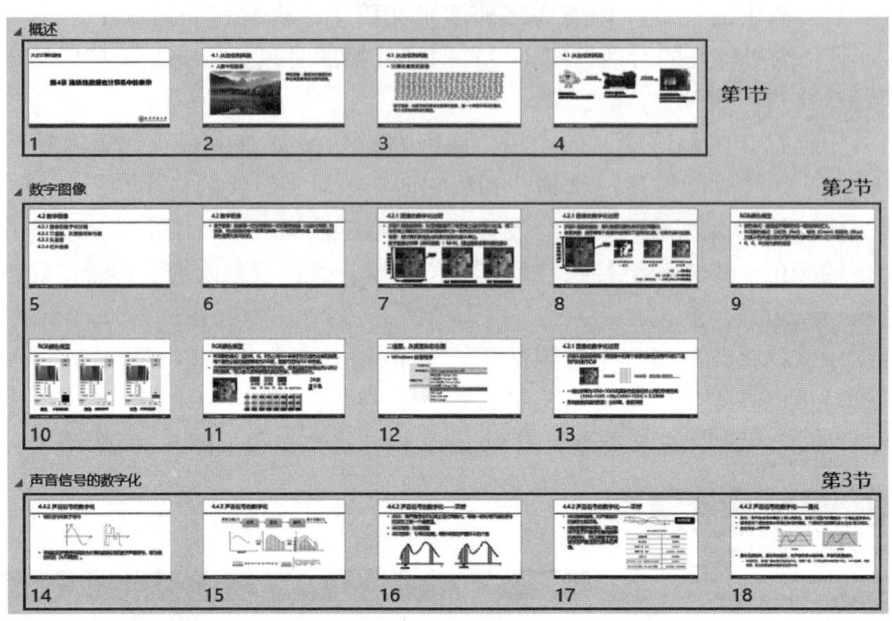

图 5-21　用"节"进行划分的演示文稿呈现方式

2. 删除"节"

进入幻灯片浏览视图,在"节标题"上单击鼠标右键,出现图 5-22 所示快捷菜单。

删除"节"有 3 种方式。"删除节"指仅仅删除这个"节标题",而这个"节"下的幻灯片依然存在。如果删除的"节"前面还有其他"节标题",那么这个"节"被删除后,包含的幻灯片自动归属到上一"节"。

"删除节和幻灯片"意味着"节"以及其所包含的幻灯片将一同被删除,可以实现从演示文稿中将归属于同一"节"的幻灯片批量删除。

图 5-22　"节"操作的快捷菜单

"删除所有节"会将演示文稿中的所有"节"均删除。

3. 以"节"为单位移动幻灯片

演示文稿制作完成后,可能会对内容的框架进行调整,将某些内容提前或者延后。

如果不使用"节"功能,则只能用鼠标选中与某一部分内容相关的所有幻灯片进行整体拖动,或者是剪切、粘贴,操作十分不便。

使用"节"功能之后,可以以"节"为单位对多个幻灯片进行整体的快速移动。操作时,使用鼠标选中"节标题",对其在"节标题"间进行拖曳,放置新的位置上即可,如图 5-23 所示。这个操作可以快速移动调整演示文稿的内容框架。

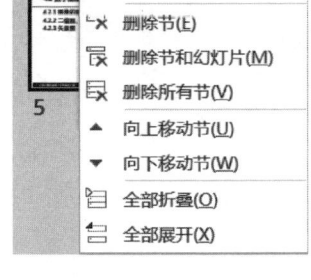

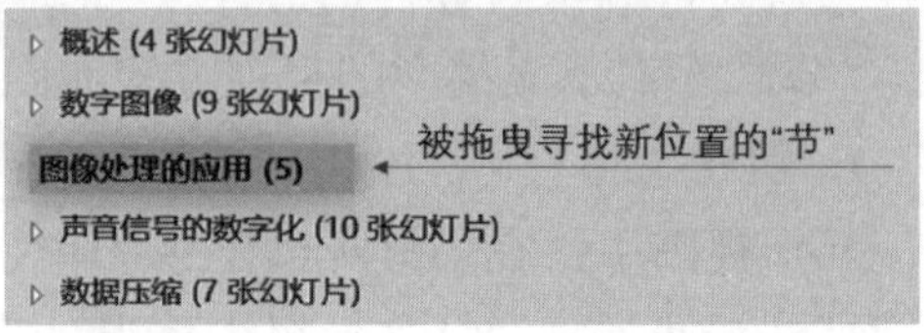

图 5-23　以"节"为单位移动幻灯片

5.4 PowerPoint 2016 幻灯片的效果设计

幻灯片的效果设计包括幻灯片内不同对象的动画设计和幻灯片间的切换效果设计。

5.4.1 动画设计

动画设计针对幻灯片中的各种元素，如标题、文本、图形等对象，动画使幻灯片中的对象动起来，使演示文稿更加生动活泼，还可以控制信息演示流程、突出关键的信息，是增强幻灯片展现力的最佳途径。

设计动画，首先打开"动画"选项卡，选项卡分为"预览""动画""高级动画"和"计时"4个功能组，如图5-24所示。

图 5-24　"动画"选项卡

1. 添加动画

选项卡的主区域是"动画"部分，如图5-25所示，它以列表框的方式呈现了"进入""强调""退出"和"动作路径"4种动画类型的主要动画效果，底部还可以通过"更多进入效果""更多强调效果"等打开对话框选择该类型中更多的动画效果。

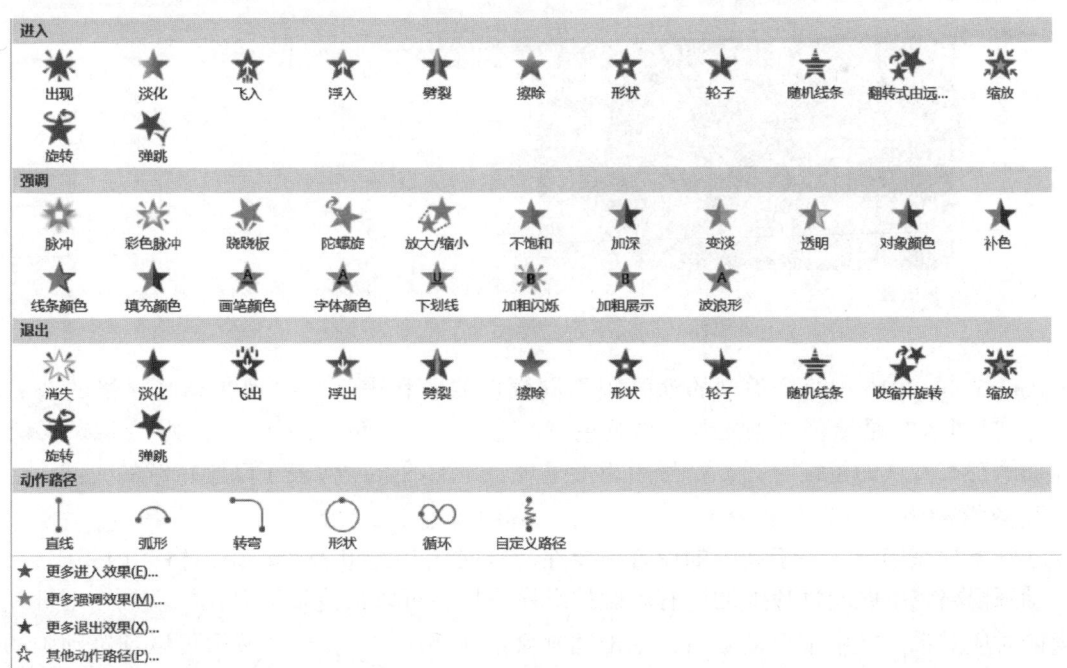

图 5-25　动画效果选择区

"进入""强调"和"退出"的区别见表5-1。"进入"是内容先不出现，待动画触发后让内容出现;"强调"是内容立即出现,等待动画的触发,然后将内容以新的外观呈现;"退出"是内容立即出现,等待动画的触发,动画触发后内容消失。

表 5-1 3 种动画类型的区别

动画类型	播放动画前	播放动画后
进入	内容不出现	内容出现
强调	内容出现	新外观的内容出现
退出	内容出现	内容消失

添加或者设置动画前,需先选定要施加动画的对象,如某一段文本、某几段文本、某个对象,或某些对象,然后再设计动画方式。添加好的动画可以在"高级动画"功能组中单击"动画窗格"按钮打开动画窗格进行浏览和预览播放。

动画效果选择区虽然提供了多种动画类型,但是只能进行"多选一",即每次选择新的动画类型后,之前添加的动画类型会自动删除。而有些情况下,需要为同一个元素同时设置多种动画类型,例如,演讲开始时,某元素不呈现,要随触发而出现;在演讲的过程中需要对其进行"放大"以示强调的效果;演讲完毕后令其以"飞出"的效果消失。同一元素多种动画类型的叠加,需要通过"高级动画"功能组中的"添加动画"完成,其所列选项与"动画"功能组的列表完全相同,但是这里选择的动画效果可以以叠加的方式作用于相同的对象。

在图 5-26 中,幻灯片中的文字"一、设置动画"依次设置了"进入""强调"和"退出"动画类型,形成 3 个动画动作,在演讲的过程中依次被触发、播放。

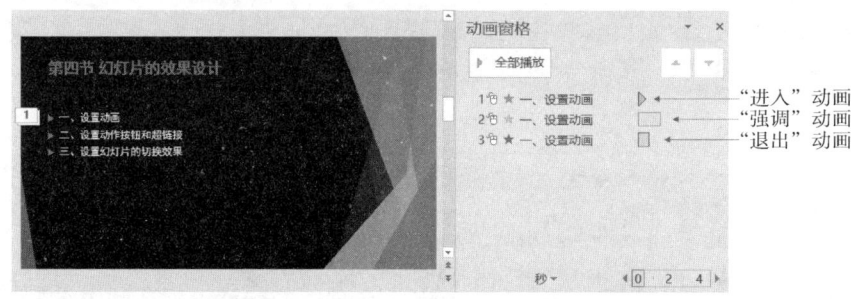

图 5-26 同一个对象添加多个类型的动画

PowerPoint 2016 中每个类型的动画用不同颜色的形状表示,出现在动画窗格的"日程表"中,"进入"是绿色,"强调"是黄色,"退出"是红色。除了"出现"效果的动画,其他动画都有默认的持续时间,符号用矩形呈现,矩形的长度代表了动画持续的时间。

2. 设置动画

动画添加完毕后,关于动画的设置主要在"计时"功能组和"动画窗格"内完成。

动画窗格将本张幻灯片上的所有动画按顺序呈现,可以很清晰地对比到动画与幻灯片上元素的对应关系。选中某个动画后,单击动画窗格顶部的"播放自"按钮可以预览动画的播放效果。

选中动画后,可以对动画出现的时机、播放时间、动画播放时和播放后的效果等进行设置。选中动画的方式与 Windows 系统操作一致,按住 Ctrl 键可以选择不连续的多个动画,选中一个再按住 Shift 键选中其他的可以选择连续的一组动画。

(1) 设置动画出现的时机

动画出现的时机包括"单击开始""从上一项开始"和"从上一项之后开始"。有两个实现该操作的位置，在选项卡的"计时"功能组中单击" 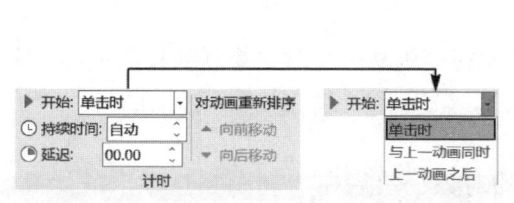 "进行选择，如图 5-27 所示；或者在动画窗格中单击选中动画后面的向下箭头" 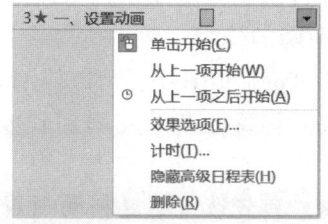 "打开快捷菜单进行选择，菜单如图 5-28 所示。

图 5-27　动画选项卡"计时"功能组　　　图 5-28　动画快捷菜单

(2) 设置动画播放时间

动画可以选择距离上一个动画的"延迟"时间和本动画的"持续时间"，从而形成多个动画播放的时间线。

关于时间的设置可以在选中对象后，在"计时"功能组的" 持续时间:"和" 延迟:"后的文本框中选择；或者在" "打开的快捷菜单中选择"计时"打开对话框进行设置，对话框中还增加了设置动画重复次数等功能。

(3) 动画播放效果

每种动画都可以对其播放效果进行设置。

基本的设置可以打开"动画"功能组中动画列表右侧的"效果选项"列表进行选择，以"擦除"动画为例，可以选择"自底部""自左侧""自右侧""自顶部"的擦除效果，如图 5-29 所示。

除此之外，还可以通过动画窗格中每个动画后的" "按钮打开快捷菜单，选择"效果选项"打开对话框进行设置。仍以"擦除"动画为例，对话框中除了基本设置还包含了"增强"设置，包括动画播放时是否有音效及音效的选择、动画播放后是否隐藏的选择、文本是一次性显示全部还是按词或字母出现等。

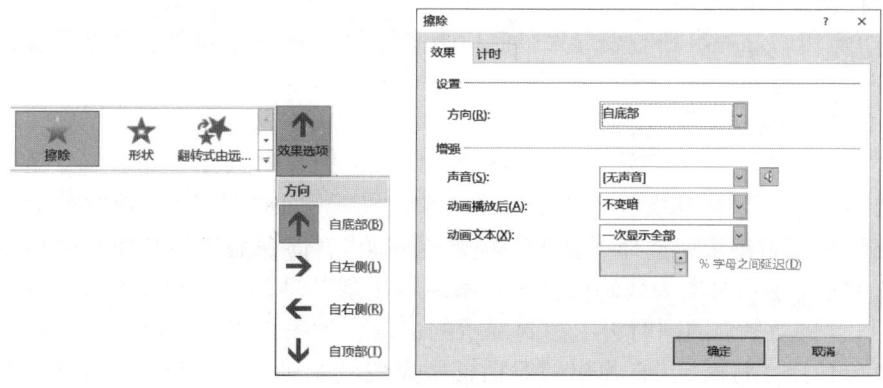

图 5-29　"擦除"动画的效果选项及其效果选项对话框

(4) 调整动画次序

在动画窗格中,选中动画后对其直接进行拖曳,可以调整动画的播放次序;使用动画窗格右上角的向上箭头"▲"和向下箭头"▼"改变动画所处位置也可以实现调整。

在动画窗格中选中动画后可以对其动画效果进行删除,动画窗格中的删除操作只删除动画效果,不会删除幻灯片上的对象。

总之,动画设计包含了添加动画、设置动画、调整动画次序和播放预览动画效果这一系列动作的综合组织,从而达到增强演示文稿展示逻辑性和展示活力的效果。

3. 动画刷的使用

在 PowerPoint 2016 中,可以使用动画刷将动画从一个对象复制到其他对象。使用动画刷可以将动画效果和特征统一应用到其他对象,既避免了重复性劳动,也保持了动画效果的一致性。

操作时,首先选中要复制动画效果的对象,然后在"动画"选项卡的"高级动画"功能组中单击"动画刷"按钮,鼠标指针将变为"⇖♣"。此时,在幻灯片上单击要复制该动画的对象即可完成动画效果的复制。

复制动画时单击"动画刷"可以将动画刷应用一次,双击"动画刷"则可以将动画刷应用多次。

综合前面的介绍,现假设要设置如图 5-30 所示的动画效果。

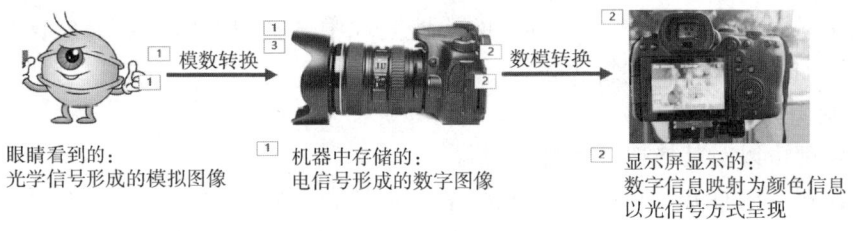

图 5-30 动画效果示意图

该幻灯片力图讲述图像从眼睛看到现实世界中的模拟图像,进入数码设备成为数字图像,再在数码设备的显示屏上还原为眼睛可见的模拟图像的 3 个过程,并强调在数码设备中图像是以数字化的方式被存储。

为了在讲述幻灯片时更好地展现图像的转换过程,希望各阶段以动画的方式分批次呈现,为此设计如下动画方案。

1) 为了避免幻灯片出现时表现为空白,眼睛图片和其下方的文字直接呈现,即无动画方式。

2) 模数转换过程的动画设置。

首先令绘制的箭头以"擦除"方式出现,并沿相机方向选择"自左侧"的效果选项,呈现出顺势展开的效果;其次,令其上方的文字"模数转换"以"出现"的动画呈现,并在动画窗格中利用右键菜单选择"从上一项之后开始",即令箭头展开完毕后自动出现该文字,如图 5-31a 所示;再次为数码相机图片添加"出现"动画,用相同的方法设置"从上一项之后开始",自动呈现的同时为了控制展示的速度、为语言表达留出时间,在动画窗格中利用右键菜单选择"计时",在弹出的对话框中设置动画延迟 0.5 秒,如图 5-31b、c 所示;最后设置数码相机图片下的文字为"出现"动画方式,并在动画窗格中利用鼠标右键选择

"从上一项开始",令其与数码相机的图片同时出现。

注意,为了避免动画演示过于杂乱令观众视觉跳跃产生疲劳,应尽量选择朴素的动画方式。

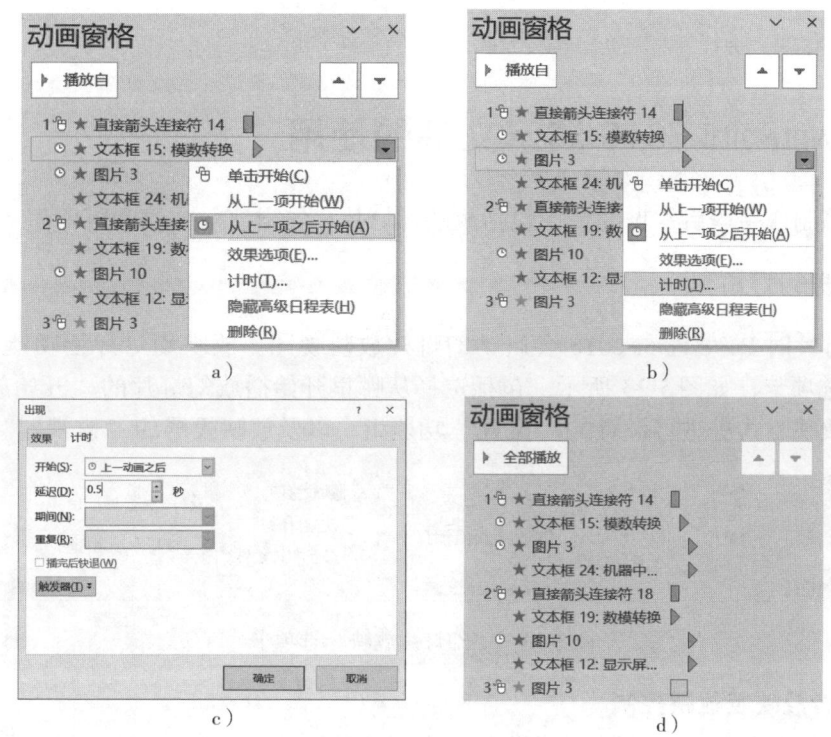

图 5-31　动画效果的设置方法
a) 设置动画"从上一项之后开始"　b) 通过"计时"设置动画呈现的时间
c) 设置动画出现的时间　d) 设置好的动画序列

3) 通过动画刷依次复制上述的 4 个动画,将其应用在第 3 组"模数转换"对应的 4 个对象上。

4) 为数码相机图片添加"强调"的动画效果,选择"跷跷板"使其以晃动的方式吸引观众的注意力,达到强调计算机世界中的图像是数字图像的目的。操作方式是选中图片后,单击"添加动画"按钮,在打开的下拉框的"强调"区域中选择"跷跷板"效果。

全部设置完毕的动画序列如图 5-31d 所示。

动画设置为演示服务,既要保证通过动画增加演示的活泼性,又要通过时间的合理安排体现演示的逻辑性,同时更要注意用简单的动画去体现最好的效果。

5.4.2　幻灯片切换效果设计

幻灯片切换效果指在播放过程中,从某张幻灯片转换到下一张幻灯片的变化效果。

设置幻灯片切换效果选择"切换"选项卡,如图 5-32 所示。

在"切换到此幻灯片"功能组列表中可以选择幻灯片切换方式,在"计时"功能组中可以设置切换的音效、切换的速度等。

在幻灯片浏览视图下,可以同时选中一组幻灯片,为它们统一设置幻灯片切换效果。

图 5-32 "切换"选项卡

5.5 PowerPoint 2016 演示文稿的使用

演示文稿制作完毕后常见的使用包括放映幻灯片、导出演示文稿和打印演示文稿等。

5.5.1 放映幻灯片

放映幻灯片时 PowerPoint 2016 会启动幻灯片放映视图。放映幻灯片的功能集中在"幻灯片放映"选项卡，如图 5-33 所示，包括选择从哪里开始播放幻灯片的"开始放映幻灯片"功能组、对放映方式等进行设置的"设置"功能组，以及放映投屏的"监视器"功能组。

图 5-33 "幻灯片放映"选项卡

1. 演讲者放映及放映控制

演示文稿默认的放映方式是"演讲者放映"，它以全屏幕的方式展示演示文稿，将幻灯片放映投射到大屏幕上，演讲者对放映进行完全控制。

启动放映幻灯片可以采用以下几种方法。

1）在"幻灯片放映"选项卡中选择"从头开始"或者"从当前幻灯片开始"播放。

2）利用图 5-3b 所示状态栏右侧的" "按钮从当前幻灯片开始播放。

3）使用快捷键 F5 默认从头开始播放。

在幻灯片放映时单击鼠标右键，通过弹出的快捷菜单可以控制放映进程；鼠标指针可以在箭头和绘图笔之间切换，当鼠标指针作为绘图笔时，可以在屏幕上写字、绘图等。系统还提供了许多快捷键用以加快操作的速度，常用控制幻灯片放映的快捷键见表 5-2。

表 5-2 幻灯片放映快捷键

快捷键	功能	快捷键	功能
N、→、↓、PgDn、空格	下一张	Ctrl + P	笔形鼠标
←、↑、PgUp、P	上一张	B	使屏幕变黑板/还原
序号 N 并按回车键	定位于第 N 张	W	使屏幕变白板/还原
Home	定位于第一张	E	去掉屏幕上的图形
End	定位于最后一张	Ctrl + A	箭头鼠标
Esc、Ctrl + Break、-	终止放映	S	停止/重新启动自动放映

如果某张幻灯片要退出放映演示,可以在选中幻灯片后,单击选项卡中的"隐藏幻灯片"令其在放映过程中不出现。

2. 其他放映方式

除了演讲者放映方式,PowerPoint 2016 还提供了观众自行浏览方式和展台浏览方式。在"幻灯片放映"选项卡中单击"设置放映方式"打开相应对话框,如图 5-34 所示。

"观众自行浏览(窗口)"放映,实现在窗口模式中播放幻灯片,即演示不占据全部屏幕。在演示过程中使演示窗口可以与其他程序进行配合,增强演示的效果。播放窗口包括标题栏、菜单栏,演示者可以任意更改该窗口的大小、对窗口进行拖放,与其他应用程序切换。

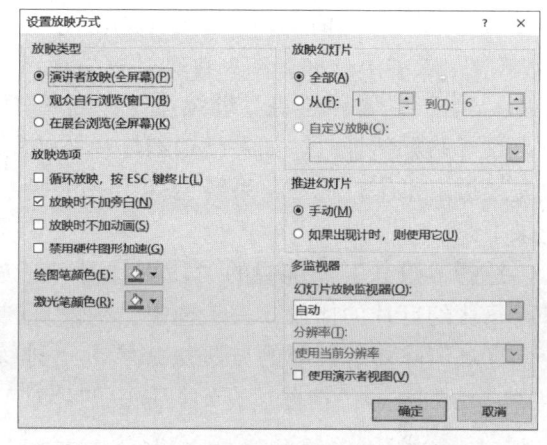

"在展台浏览(全屏幕)"放映,实现自动运行演示文稿。例如,在展览会场如果展台无人值守则可以将幻灯片放映设置为此方式,运行时大多数的菜单和命令都不可用,并且在每次放映完毕后自动地重新开始。

图 5-34 "设置放映方式"对话框

在"设置放映方式"对话框中还可以设置幻灯片的放映范围、指定放映时绘图笔和激光笔默认的颜色等。

3. 自定义放映

自定义放映可以将一个演示文稿中的幻灯片重新组合并加以命名,使一个演示文稿可以针对不同的观众进行个性化的放映组合。

建立自定义放映的过程如下。

1)通过"幻灯片放映"选项卡选择"自定义幻灯片放映"功能,打开"自定义放映"对话框。

2)选择"新建",打开"定义自定义放映"对话框,如图 5-35 所示。

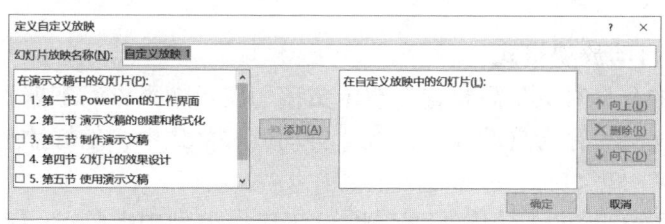

图 5-35 "定义自定义放映"对话框

3)为自定义放映重新命名。

4)在列表框中选择要加入放映的幻灯片,单击"添加"按钮,将选中的幻灯片加入自定义放映。

5)利用"向上""向下"和"删除"按钮组织选中的幻灯片。

使用相同的方法可以创建多个自定义放映。放映幻灯片时在"自定义幻灯片放映"的下拉列表框中对自定义放映进行选择。

4. 排练计时

演示文稿在正式演讲前可以进行排练，"排练计时"功能在用户模拟演讲的过程中记录下每张幻灯片的所用时间，帮助演讲者更好地了解和掌控演讲的时间分配。

在"幻灯片放映"选项卡的"设置"功能组中单击"排练计时"激活排练方式，幻灯片开始放映，同时计时系统启动。排练计时的"录制"对话框如图 5-36 所示。

图 5-36　排练计时的"录制"对话框

"→"表示下一项，本页排练结束后单击它可以进入下一页幻灯片。"❙❙"是暂停排练，继续排练则再单击该按钮一次。"↺"是本页开始重新计时。如果已知幻灯片放映所需时间，可以直接在文本框内输入该数值。播放完最后一张幻灯片后，系统会弹出一个提示框，如果选择"是"则排练计时的时间会被记录下来。

选择"设置"功能组的"使用计时"选项，放映幻灯片时即按照排练计时的时间记录进行每张幻灯片的播放；去除选中，则恢复到演讲者手动放映方式。

彻底删除排练计时的方法是，单击"排练计时"右侧的"录制"按钮，打开下拉菜单选择"清除"→"清除所有幻灯片中的计时"。

5.5.2　导出演示文稿

分享创建好的演示文稿时，根据不同需求可以导出为 PDF 文档，或者另存为 PowerPoint 自动放映格式。

1. 创建 PDF 文档

选择"文件"菜单下的"导出"菜单项，在导出类型中选择"创建 PDF/XPS 文档"可以将演示文稿保存为 PDF 文档。

PDF 文档能够保留演示文稿中的字体、格式、布局和图像，一定程度上保证了演示文稿的外观不会被改变；PDF 文档可以直接使用 Web 浏览器打开，查看十分便捷。因为 PDF 文档中的内容不能轻易更改，所以可以在一定程度上保护创作者的版权。

但是，导出后的 PDF 文档，不具有原演示文件中的动画演示、视频和音频播放等动态展示效果。

2. 文件另存为自动放映格式

如果演示文稿的分享对象只需要查看演示文稿的展示效果，而不需要对其进行编辑，这时可以选择将演示文稿另存为自动放映格式。自动放映格式中，幻灯片上的动画演示、音视频播放等仍可以正常呈现。

选择"文件"菜单下的"导出"菜单项，在导出类型中选择"更改文件类型"，在更改文件类型中选择"PowerPoint 放映（*.ppsx）"实现导出，放映格式的文件扩展名为"ppsx"。

当用户双击自动放映格式的文件时，直接进入演示文稿的演讲者模式全屏放映，放映结束后直接退出。

【说明】即便如此，自动放映格式文件并不拒绝编辑。在 PowerPoint 中选择"文件"→"打开"，并选择 PPSX 文件，打开后进入可编辑状态。也就是说，PowerPoint 2016 可以打开 PPSX 类型的文件对其进行编辑，只有在操作系统下双击 PPSX 文件时才进入放映状态。

5.5.3 打印演示文稿

PowerPoint 2016 演示文稿不仅可以在屏幕上演示，也可以用打印机打印。单击"文件"→"打印"菜单项，打开图 5-37 所示"打印"对话框。

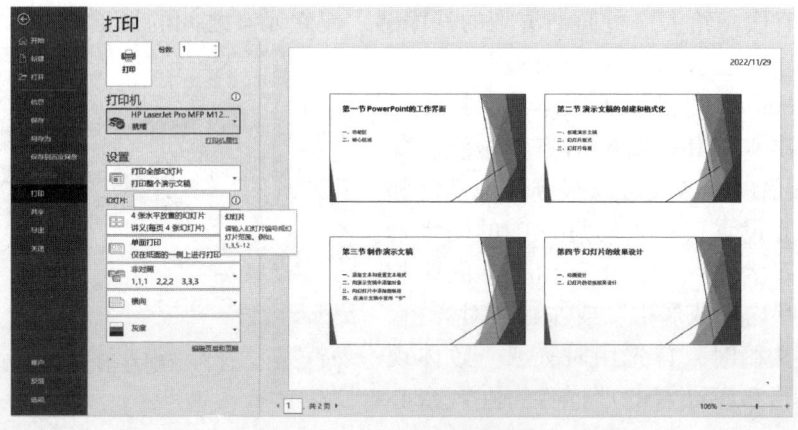

图 5-37 "打印"对话框

打印设置包括打印份数、打印范围、打印版式和页面方向设置等，对话框的右侧是当前打印设置的预览效果。

打印范围如图 5-38 所示，可以是全部幻灯片、选定区域、当前幻灯片，也可以自定义范围，书写形式如"1，3，5-12"。

打印版式的选择如图 5-39 所示，可以选择打印整页幻灯片、备注页或大纲；将幻灯片打印成讲义时可以选择每页放置多少张幻灯片、幻灯片水平或垂直放置的不同版面安排。

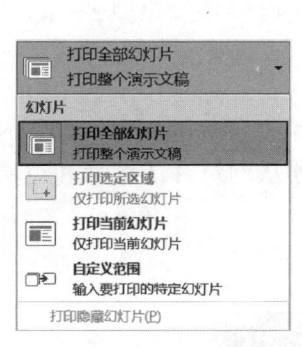

图 5-38 打印范围

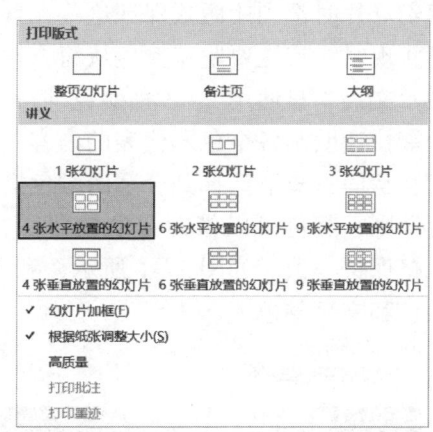

图 5-39 打印版式设置

5.6 PowerPoint 2016 演示文稿的设计原则

设计出美观优质的演示文稿，应遵守一些基本的原则，站在观众的视角，给予观众更好的体验感。比如说，演示文稿上的字要少，因为观众喜欢做判断和选择题，而不喜欢阅读题。演示文稿的逻辑要清晰，因为观众很容易走神。演示文稿要设计得漂亮，因为观众有美学需求。那么技术如何与美学相结合呢,下面是一些最基本的原则。

5.6.1 对齐原则

演示文稿版面设计中最重要的就是对齐原则,将演示文稿中的图片、文字等元素在页面上排列整齐、有序,给人一种简洁清晰的秩序感,建立元素之间的视觉联系。对齐同时也是演讲者做事严谨、追求细节的一种体现。

在 PowerPoint 2016 及以上版本中,拖曳元素时系统会给出水平和垂直的对齐参考线,如图 5-40 所示,借助参考线可以很方便地判定和进行元素的对齐设置。一张幻灯片中的同级别元素严格地满足大小一致、上下对齐、间距相同,文字在形状内部或居中,或左、右对齐。

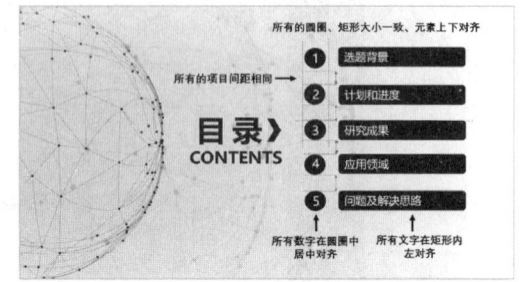

制作演示文稿时,首先用对齐、一致体现出设计的秩序感和设计者的严谨性,在观众心里建立一个直观的良好印象。

图 5-40 对齐原则在演示文稿制作中的运用

5.6.2 重复原则

重复原则是指演示文稿中元素重复出现,反复强调相同的元素能体现出演示文稿的风格,彰显整体的统一性,让页面在视觉上显得更具一致性。设计重复时,可以包括图片重复、logo 重复、字体重复、色彩重复等。

图片重复、logo 重复、字体重复的设计应使用幻灯片母版的设计在幻灯片版式中达成一致,每当新建幻灯片时都利用版式保证这些元素的重复应用。

色彩重复实现时,首先要坚持颜色从简,颜色过多会使观众眼花缭乱、无法捕捉到内容重点,一套演示文稿中只使用 2~3 种颜色即可,保证整体视觉风格的统一,并有利于内容的表达,观众能快速明确各个色彩代表的内容。

那么如何在从简方式下选择到合适的颜色搭配呢?

按照重复原则,颜色可以借助"取色器"在幻灯片中已有的元素,如图片、logo 中提取,使元素风格保持一致。如图 5-41 所示,利用取色器从幻灯片的图片和色块中提取出来背景色、点缀色和文字颜色。

图 5-41 重复原则在演示文稿制作中的运用(详见彩插)

取色器位于需要对元素设置颜色的工具下，比如字体颜色、自定义形状的填充颜色、形状的轮廓颜色等，如图 5-42 所示。

以形状填充为例，选中要填充颜色的形状后，单击"开始"选项卡→"绘图"功能组的"形状填充"，打开"形状填充"的下拉菜单，选中"取色器"工具，这时鼠标指针变成一个吸管加一个色块的样子，移动至幻灯片上需要取色的对象上单击，该颜色即被采集存储至"最近使用的颜色"中，同时也应用在之前选中的形状上。

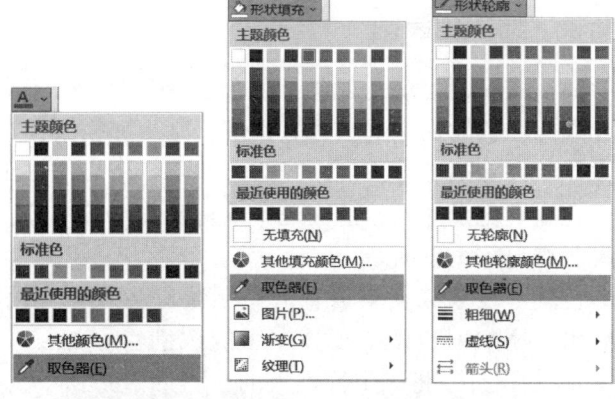

图 5-42　PowerPoint 2016 中的取色器工具

使用重复原则是建立页面风格统一的秩序性的重要方法。

5.6.3　对比原则

演示文稿要抓取观众的注意力，视觉的冲击对比很重要，通过对比突出想要强调的内容。对比包括文字对比、动静对比等。

在正文排版中对比原则尤为重要，可以通过文字的大小、粗细、颜色、远近对比突出元素。如图 5-43 所示，幻灯片中通过将文字加粗、设置不同颜色和不同字号达到了突出重点文字的效果，具体的做法是：针对要表达的重点，将文字的字号大小和是否加粗进行区分，不同层次用不同字体、颜色区分，使用文字之间的距离增加"呼吸感"，舒缓观众的阅读压力。

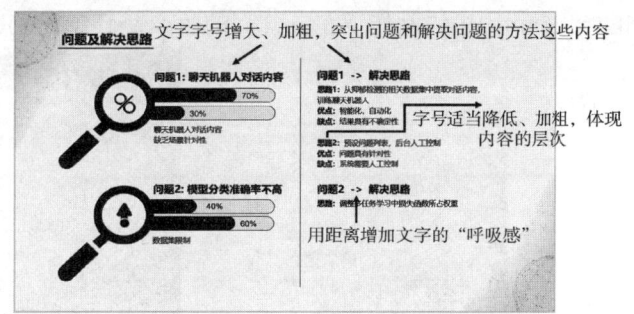

图 5-43　对比原则在演示文稿制作中的运用（详见彩插）

选择突出的时候，内容比例要少，使之能够形成对比；体现突出的视觉效果要统一，例如都使用加粗、使用相同的字号等，即之前的"重复原则"。

另外一种体现对比原则的常用方法是在幻灯片放映过程中使用动画。幻灯片放映时，让观众的视线随着演讲者的思路缓慢移动，即放映时不要让幻灯片上所有的内容一下子呈现出来，而应该随着演讲者的介绍逐步出现。

适当地使用动画可以控制演讲的节奏、提升演讲的互动性、吸引观众的兴趣和注意力，使演示具有动态感，更有表现力地呈现出来。

但是，动画运用时视觉效果不要太乱，仍要做到"重复"原则，不要过多地使用不同动画效果，1~2 种即可，其中，飞入、擦除等方向性强的切换效果会更适合手指或手势的划动。

多个动画要做到动而有序，内容根据逻辑关系出现，并列内容同时出现，层级内容按照从上至下或者从左至右的次序有序出现。

5.6.4 扁平化原则

演示文稿的受众是观众，观众是社会的一分子，具有时代的特性，扁平化是现在流行的设计理念，它的核心就是去除冗余、厚重和繁杂，让作品更加简约优美，例如保持纯色、去除立体、去除阴影等，可以概括为抽象、极简、二维。

在扁平化设计里，色块是非常重要的组成部分，它们本身就能转化成点、线、面，构成格局，撑起整个平面。

色块可以承载文字信息，文字装进色块容器后可以增加对比度、提高文字的识别性。如图5-44的设计，将一个特别大的平行四边形旋转后只展示形状的某个部分，按照演示文稿的主题色做成色块，再将文字置于其上，呈现出一种简约而个性的展示。

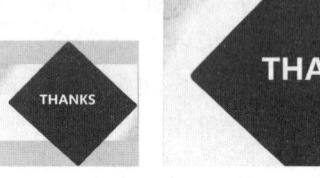

图5-44 扁平化设计中的色块应用

在PowerPoint 2016中有强大的图片处理功能，除了在自定义形状中填充颜色外，还可以填充图片。在"形状填充"下拉菜单中选择"图片"，打开"插入图片"对话框，可以选择来自本地的图片文件、联机图片和图标等，被选中的图片会按照自定义图形的形状填充进来。对图片还可以使用"图片格式"选项卡中的"剪裁"功能进行剪裁，选取其中的一部分进行展示。如图5-45利用色块制作了左右分割的版面，其中左侧由矩形填充图片制作。

图5-45 色块在版面左右分割中的运用（详见彩插）

运用色块可以自由地形成各式各样的版式，图5-46利用色块制作了将版面一分为六的分割效果，形成了文字信息的分组展示。

图5-46 色块在版面一分为六分割中的运用（详见彩插）

利用色块可以灵活地制作版式，填充的形状可以更大胆地选择圆形、梯形，版面的分割可以采取左右、上下，可以分为两栏、三栏等。

除此之外，色块还可以修饰页面，引导观众的视线，使文字成为视觉的焦点，如图5-47所示。

PowerPoint，如其名字，展示"有力量的点"，希望读者通过学习，能够将设计原则与技术相结合，制作出来表达清晰、满足观众审美要求的、有力量的演示文稿。

图5-47 使用色块引导文字成为焦点

本 章 小 结

本章从演示文稿的创建、格式化、插入各种对象、动画设计、幻灯片切换效果设计和演示文稿的使用等方面介绍了PowerPoint 2016演示文稿制作软件的主要功能，并给出了演示文稿设计过程中应该遵守的基本原则。

演示文稿的创建可以以"空白演示文稿"为起点，也可以选择某个已存在的模板开始创建，演示文稿文件的扩展名为"pptx"。模板由主题及一些特定用途的内容框架幻灯片组成，可以帮助用户创建美观而且一致的幻灯片。主题包括了幻灯片母版、视觉效果、背景样式等定义，其中幻灯片母版包含的幻灯片版式最为常用，它定义了幻灯片中要呈现内容的布局设计。

利用"插入"选项卡或者通过相应幻灯片版式中的占位符，可以向幻灯片中添加各种对象，包括文字、表格、图表、图片、SmartArt图形、视频、音频和超链接等。

演示文稿的内容定稿后，为幻灯片中的对象增加动画效果、为幻灯片设计切换效果，都可以使幻灯片的放映更加生动活泼，增强幻灯片的展现力。

演示文稿的制作通常在普通视图下进行，重点编辑幻灯片中的各种对象，以及进行这些对象的动画设计；大纲视图主要针对幻灯片中由占位符控制的文字内容的编辑工作；幻灯片浏览视图主要进行以幻灯片为单位的移动、复制和删除等操作，利用"节"可以在幻灯片浏览视图中让演示文稿的结构更清晰。

学习演示文稿的制作技术之外，更为重要的是遵守演示文稿的设计原则，运用好对齐原则、重复原则、对比原则和扁平化原则等，站在观众的视角，给予观众更好的体验感。

同 步 练 习

【实验题目1】

实验名称：演示文稿制作。

实验目的：掌握新建演示文稿，按版式新建幻灯片，在幻灯片中添加文字、表格和图表，对页面元素进行设置和排版。

实验内容：在PowerPoint 2016中，有如图5-48所示幻灯片，包括标题、正文文本、表格及表格数据的可视化图表。

写出该幻灯片的制作过程，要求如下：

（1）新建空白演示文稿，修改主题为"徽章"。

（2）新建"标题和内容"版式的幻灯片，按照占位符提示键入文本，并设置文字格式。

（3）在幻灯片中插入 4 行 2 列表格，输入数据，并设置表格文字格式、调整表格位置与文本左对齐，并在页面上下居中。

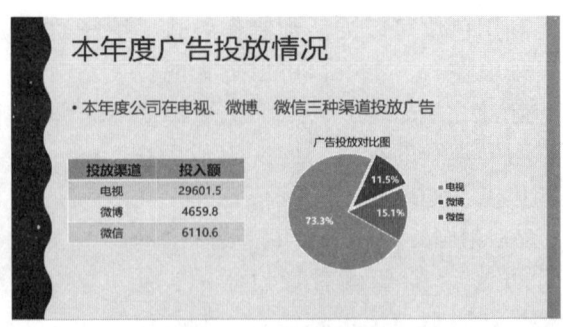

图 5-48　实验题目 1

（4）在幻灯片中插入表格数据对应的饼图，设置图标题、数据标签及图例，令"微博"数据离开圆心 10% 距离，调整大小放至表格右侧。

【实验题目 2】

实验名称：演示文稿中动画的制作。

实验目的：掌握动画制作中的动画类型、动画效果选择及设置，进行动画的时序安排。

实验内容：按如下要求制作动画效果。

（1）打开一个已有的演示文稿，插入一张空幻灯片，利用圆形和曲线画一个笑脸（一个头，两只眼睛，一张嘴），并设置好各图形的填充颜色。

（2）将笑脸的头设置为从上部飞入的动画效果。

（3）将笑脸的两只眼睛设置为"出现"效果，在头出现后 0.5 秒后自动出现。

（4）将笑脸的嘴设置为"缩放"动画效果，在眼睛出现后 0.5 秒自动出现。

（5）播放幻灯片，演示动画效果。

【实验题目 3】

实验名称：模板设计。

实验目的：掌握利用图片填充或剪裁、色块、图片取色等方法创建演示文稿的模板。

实验内容：独立制作一份包含 3 个幻灯片版式的 PowerPoint 模板。

"标题幻灯片"版式设计如图 5-49 所示。

图 5-49　"标题幻灯片"版式设计

"标题和内容"版式设计如图 5-50 所示。

图 5-50 "标题和内容"版式设计

"内容与标题"版式设计如图 5-51 所示。

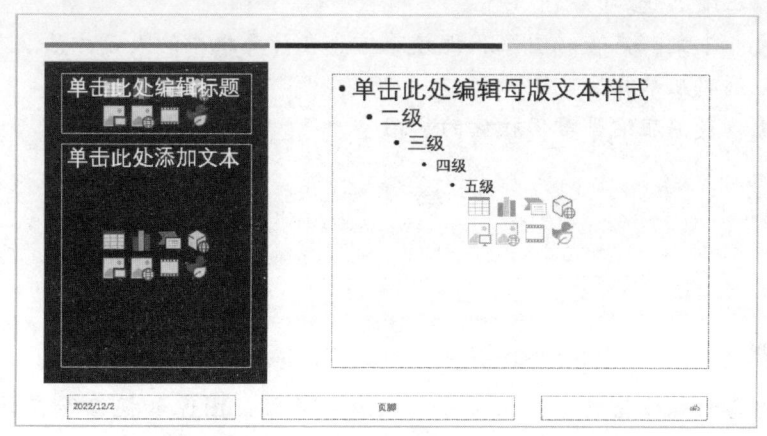

图 5-51 "内容与标题"版式设计

具体要求：

(1) 新建演示文稿，编辑幻灯片母版，对"母版"版式进行编辑：从图片中取出 3 种颜色，做成细长条色块放置在页面顶端作为装饰。

(2) 编辑"标题幻灯片"版式：插入圆角矩形、并填充图片作为装饰；在图片上插入文本占位符，提示文字为"单击此处输入演讲的大标题"；沿图片底边制作 5 个小标题装饰及插入 5 个小标题的文本占位符，提示文字为"标题 0＊"。

(3) 编辑"内容与标题"版式，在页面左侧利用色块制作一个区域，色块颜色取自顶部第 2 个装饰条，在色块区插入文本占位符，用于输入标题和内容文本。

(4) 删除其他版式，只保留"标题幻灯片""标题和内容"和"内容与标题"3 个版式。

(5) 将演示文稿另存为模板文件。

(6) 利用该模板新建演示文稿。

第 6 章　多媒体技术基础

学习目标：

1. 了解媒体的常见形式、多媒体的概念及其特点。
2. 了解计算机中的数值表示方法。
3. 了解 PDF 文件的应用。
4. 了解图像、声音和视频文件的常见格式及其在现代社会活动中的应用。
5. 了解数据压缩思想。
6. 掌握西文、中文、声音、图像和视频等信息在计算机中的表示方法。
7. 掌握游程编码压缩算法。
8. 掌握图像、数据压缩等常用软件的应用。

建议学时：

4 学时。

教师导读：

1. 本章介绍各种媒体信息，包括数值、文本、音频、图像和视频等在计算机中的表示方法，以及它们的主要应用场景，同时介绍了数据压缩技术和常用压缩软件。
2. 教学可以通过原理知识的学习，最终落地在它们的应用，使考生在应用计算机过程中建立起对各种信息数据的直观认识，并在信息化和人工智能的大环境下了解它们的各种应用领域。
3. 完成本章学习后，应要求考生完成实验题目。

多媒体技术在计算机中为人们展现了一个多姿多彩的视听世界，随着计算机技术的发展，尤其是人工智能浪潮的推动，计算机视觉、计算机语音处理等技术蓬勃发展，人类用眼睛看、耳朵听的多媒体世界，正向着计算机"看"、计算机"听"的世界前进。本章学习多媒体技术中各种媒体在计算机中的表示方法，了解它们数字化的过程，以及认识这些媒体在实际中的应用。

6.1　多媒体技术概述

从计算机科学视角理解的多媒体技术指的是涉及多模态（Multimodality）信息的综合技术，多模态信息包含了数值、文本、图形、图像、音频、视频和动画等。

6.1.1 媒体的常见形式

媒体的常见形式包括数值、文本、图形、图像、音频、视频和动画等。

1. 数值

数值（Number）指可以进行数学运算的数字，包括整数和实数。数值需要按照指定的编码成为二进制后存储在计算机中。

2. 文本

文本（Text）包含文字、数字和标点符号等，通常由文字编辑软件生成。文本需要采用指定的编码成为二进制后存储在计算机中。

除了传统意义上的文本外，在互联网世界中还有一种超文本（Hyper text）信息，它在文本上加入超链接，将不同空间的海量多媒体信息组织在一起，形成了网状文本结构。由超文本构建的非线性特征改变了人们传统的按照章、节、页框架循序渐进获取知识的读写模式。超文本也被称为"超媒体"，二者为同义词。

3. 图形和图像

图形（Graph）和图像（Image）都是多媒体系统中的可视元素。

图形是用计算机语言或者专用软件（如 AutoCAD、Microsoft Visio 等）生成的矢量图，本质上是一组描述点、线、面、图形大小、形状、位置和维度的指令集合，图形呈现时指令被转换为屏幕上的形状和颜色。图形适用于轮廓不是很复杂、色彩不是很丰富的对象，如几何图形、工程图纸等。图形进行缩放时不会失真，可以适应不同的分辨率。

图像指用数码相机、扫描仪等设备产生的影像，由像素点组成。图像原生的存储格式为位图，它以像素点为单位记录图像的颜色信息。图像在水平和垂直方向上包含的像素点的个数标识了图像的分辨率，例如分辨率为 1024×768 的图像，表示它在水平方向上（每行）有 1024 个像素，垂直方向上（每列）有 768 个像素。分辨率越高、每个像素点颜色信息越丰富，则位图图像会越清晰和逼真，但占用空间也会越大。

图像在缩放过程中会损失细节或者产生锯齿，图像适用于显示包含大量细节，如场景复杂、明暗层次变化多、轮廓色彩丰富的对象。

图像与图形相比，占用存储空间更大，但因为不需要额外解读指令所以显示速度会更快。

4. 音频

声音是物体振动产生的声波，通常人耳可以听到的频率在 20Hz~20kHz 之间的声波被称为音频（Audio）。利用计算机处理声音时，需要将人耳可以直接听到的连续的模拟信号进行数字化，转换为二进制数据组成的数字音频。

5. 视频

视频（Video）是将一系列静态影像以电信号的方式加以捕捉、记录、处理、存储、传送与重现的各种技术，是多幅静止图像与连续音频信息在时间轴上同步运动的混合媒体。当连续的图像变化每秒超过 24 帧画面时，根据人眼的视觉暂留原理，画面会形成平滑连续的视觉效果。

6. 动画

动画（Animation）是使用动画制作软件（如 Adobe Animate、3D Studio Max 等）生成的

可以连续播放的动态画面，本质上也是一种视频。

6.1.2 多媒体的概念及特点

多媒体（Multimedia）通常指上述多种媒体的综合集成与交互，它不仅仅是简单地把不同的媒体放在一起，而是更注重通过对不同媒体的整合使得各媒体之间、媒体与人之间都形成丰富的交互。

1. 集成性

多媒体的集成性包括多种媒体信息的集成，以及处理这些媒体的软硬件技术及其设备和系统的集成。在多媒体系统中，各种媒体信息通过多通道统一获取、存储、组织和合成。例如，视频会议系统是一个融合了软硬件技术和设备的多媒体系统，它借助互联网，实现了人物的静态、动态图像、语音、文字和图片等多种媒体信息的互传和即时互动沟通，广泛应用于视频会议、远程办公、远程医疗和远程教育等方方面面。

2. 交互性

交互性是多媒体技术的关键特性，通过交互人们可以按照自己意愿对信息进行主动选择和控制，这是多媒体区别于传统媒体之处。传统的信息交流媒体只能单向、被动地传递信息，比如原始的收看电视节目方式；多媒体技术通过人机互动则可以形成人与机器、人与人之间的互动交流，人们看电视时可以点播、可以快进快退暂停、可以发送弹幕等。

交互式多媒体极大地增强了用户的体验感，用户以触觉、视觉、听觉等交互行为呈现信息，不仅能参与其中而且还可提供反馈信息。现在，近到人们每天通过手机接收、反馈各种信息，远到通过虚拟现实（Virtual Reality，VR）设备身临其境地观察和操作虚拟世界，多媒体的互动已无处不在。

3. 实时性

所谓实时性，就是在人的感官系统允许的情况下进行多媒体交互，图像、声音等各种媒体在时间上都是同步、连续的。当用户给出操作命令时，相应的多媒体信息都能够得到实时控制。例如，视频会议等实时多媒体分布系统就是把计算机的交互性、通信的分布性和电视的真实性有机地结合在一起。

4. 数据量大

自然世界中的任何媒体最终都要编码为二进制在计算机中存储、处理，即成为数字资源。与数值和文本不同，图像、声音、视频等编码后都需要占用较大的存储空间。例如，一幅单反相机拍摄的分辨率为 4096×2160 的彩色照片使用位图格式需要占用 25.3125 MB 的存储空间，一段仅 60 秒的 CD 音频需要占用 10.09MB 的存储空间（这些数值的由来会在后续的学习中通过具体的计算揭晓）。总之多媒体数据所需的存储空间很大，因此在多媒体领域也出现了众多的压缩技术，利用无损的方式或者有损但不过多影响人的听觉、视觉的方式减少存储空间的占用。

5. 编码方式多样

因为世界上有很多种文字，所以文本的编码会多种多样；而多媒体数据的原始数据编码会占用大量的存储空间，因此也研究产生了丰富的压缩算法，这些都使多媒体的编码方式呈现了多样性。例如，计算机刚诞生时只支持英文，文字使用 ASCII 码；汉字使用我国自己制定的国标码；欧洲一些国家使用 ISO-8859 编码；国际化的趋势下诞生了 Unicode 编码。图像由原始的位图编码（bmp 文件）信息，可以经由各种压缩编码技术产生 JPEG 格式（jpg 或者 jpeg 文件）、GIF 格式（gif 文件）、PNG 格式（png 文件）等。数字音频由原始的脉冲编码调制（如 wav 文件），经过各种压缩编码技术产生 MP3 格式（mp3 文件）、WMA 格式（wma 文件）等。

6.2 计算机中的数值表示

数值型数据指数学中的代数值，包括整数和实数，如 127、-798.63 等。第一章中已经学习了数如何表示为二进制，那么数值数据中的正号、负号、小数点在计算机中如何表示呢，本节学习相关内容。

6.2.1 整数值在计算机中的表示

在计算机中，如果要表示数值的正负，也必须用"0"和"1"对其进行编码。通常把一个数的最高位定义为符号位，用 0 表示正，1 表示负，称为数符；其余位表示数值。内存中存放的正、负号数码化的数被称为机器数。例如，8 位二进制表示的整数 +13 的机器数为 00001101，整数 -13 的机器数为 10001101。相应地，现实世界中由"+""-"号表示的数称为真值。

带符号数的数值和符号都用二进制数码来表示，那么计算机对数据进行运算时，符号位应如何处理，能否像数值一样参与运算？下面以 28-37 为例做一个试验。首先将 28 和 -37 都表示为机器数，然后令符号位参与运算，计算如下。

$$
\begin{array}{r}
0\ 0011100 \quad (+28) \\
+\ 1\ 0100101 \quad (-37) \\
\hline
1\ 1000001 \quad (-65)
\end{array}
$$

事实证明，带有符号的数值进行计算时不能简单粗暴地使用机器数直接进行。由此产生了把符号位和数值位一起进行编码的各种方法，它们是原码、反码和补码。

1. 原码

整数值的机器数表示称为原码，即正数的符号位用"0"表示，负数的符号位用"1"表示，数值部分用真值的绝对值来表示。

2. 反码

正数的反码与其原码相同。负数的反码保持符号位"1"不变，数值部分为其原码数值位按位取反。例如，00011100（+28）的反码仍然是 00011100，10100101（-37）的反码为 11011010。

3. 补码

正数的补码与其原码相同，负数的补码为其反码加 1，即负数的补码为其原码除符号位外的部分取反加 1。

补码蕴含了以"周期"为出发点的计算思想，以钟表为例，如图 6-1 所示，假设现在时钟指向 3 点，若要将其拨到 8 点，既可以顺时针前进 5 个小时，也可以逆时针前进 7 个小时。

众所周知时钟以 12 为周期，前进 5 小时（+5）和后退 7 小时（-7），两个数字的绝对值就是周期值 12。"周期"的术语表示为"模"，指一个计数系统的计数量程。任何一个有模的计量器，均可以将减法化为加法运算。以 12 为模的计算中，加 5 和减 7 的效果是一样的。

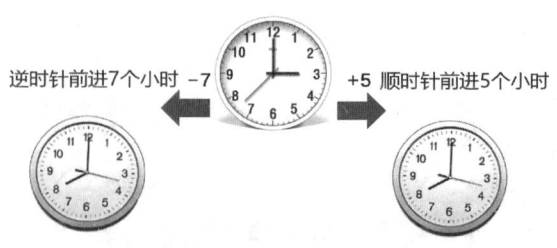

图 6-1　将时钟从 3 点拨到 8 点的方法

负数的补码之所以将原码除符号位外取反加 1，就是要获取到这个负数在该模所对应的周期内的另一个正数，从而将减法变为加法运算，令符号位成为数值的一部分同样参与运算。例如，8 位二进制数的模是 256（2^8，8 位二进制能表示的数的个数），按照取反加 1 的规则，-37 的补码为 11011011，其代表的无符号数为 +219，恰为周期内 -37 所对应的正数。28-37 使用补码的计算如下。

```
  0 0011100    （+28 补码，与原码相同）
+ 1 1011011    （-37 补码，原码除符号位外取反加 1）
—————————
  1 1110111    （-9 补码，无符号数 247）
```

当采用补码表示法进行加减法运算时，符号位可以和数值位一起参加运算，而且无论数是正还是负，计算机只做加法即可。

使用补码计算的结果仍然是补码，如果计算结果为负数（符号位为 1），则将除符号位外的部分继续按照取反加 1 的方法将补码还原，读取其真值。例如（11110111）$_补$符号位为 1，为负数，将剩余的数值位 1110111 取反加 1 为 0001001，对应值为 9，因此（11110111）$_补$ 对应的真值为 -9。

【小结】正数的原码和补码相同，负数的补码是其原码除符号位外取反加 1，负数的原码是其补码取反加 1。

计算涉及负数时使用补码计算；计算结果为负数时，需将补码转换为原码读取真值。

负数的原码、补码计算过程中符号位始终为 1，保持不变。

【例 6-1】写出 -10 和 -126 的补码，用 8 位二进制数表示。

（1）求 -10 的补码

方法 1：将原码除符号位外取反加 1。

（-10）$_原$ = 1 0001010

（-10）$_补$ = 1 1110110

方法 2：使用"模"思想。

-10 在 2^8 模内对应的正数为 256-10=246，246 的二进制表示为 11110110，二者计算结果相同。

（2）求 -126 的补码

方法 1：将原码除符号位外取反加 1。

（-126）$_原$ = 1 1111110

（-126）$_补$ = 1 0000010

方法 2：使用"模"思想。

-126 在 2^8 模内对应的正数为 256-126=130，130 的二进制表示为 10000010，二者计

算结果相同。

【技巧】原码除符号位外取反加1与使用"模"思想求周期内另一个数编码的方法殊途同归，计算时可灵活选择。选择的出发点是方便计算，即选择二进制表示中"1"的个数较少的方案，从而减少计算量。比如，-10原码中包含的"1"较少，直接取反加1方便；而-126的原码中包含大量的"1"，计算原码的工作量大，使用"模"思想更为便捷。

【例6-2】设X = +13，Y = +39，求X - Y的结果。

按照补码计算原理，首先将X - Y转换为 $[X]_{补} + [-Y]_{补}$。

$[X]_{补} = [X]_{原} = 0\ 0001101$

$[-Y]_{补} = 1\ 1011001$

```
  0 0001101    （+13 补码）
+ 1 1011001    （-39 补码）
  ─────────
  1 1100110
```

$(11100110)_{补}$ 符号位为1，为负数，剩余的数值位1100110取反加1为0011010，对应值为26，因此 $(11100110)_{补}$ 对应的真值为-26。

补码还有一个好处就是统一了数值0的编码。以8位二进制数为例，在原码中数值0有+0（0 0000000）和-0（1 0000000）两种不同的形式；在补码表示中，0只有唯一的一种编码，即 $[0]_{补} = 00000000$。编码10000000在补码方案中表示另外一个数值，既然8位二进制数一共可以表示256个数的补码，编码规定，10000000用于表示这些数中最小的取值-128，即8位二进制补码表示的整数范围为-128 ~ +127（共256个数值），即 $-2^8 \sim +2^8 - 1$。

6.2.2 实数值在计算机中的表示

实数是带有小数点的数值，目前计算机中存储实数采取浮点数表示法，即利用类似科学计数法的形式，不固定小数点的位置。

在计算机中一个任意二进制数 N 可以写成：

$$N = (-1)^S \times M \times 2^E$$

其中，S 的取值决定数值的正负号；M 是整数部分只有一个1的实数，代表浮点数的尾数；E 是整数，代表浮点数的指数。例如，实数103.1416采用浮点数表示如下。

$$(103.1416)_{10} = (1100111.0010010001)_2 = (-1)^0 \times (1.1001110010010001)_2 \times 2^6$$

在该表示中，符号位 S 取值为0，尾数 M 为1.1001110010010001，指数 E 的取值为6。分别将符号位、尾数和指数按指定的二进制位数存储在内存中即实现了实数值在计算机中的表示。其中，尾数的位数决定了浮点数的精度；指数的位数决定了浮点数的范围。

6.3 文本表示与应用

文本是信息表示的最常用媒体，用文字、标点符号等进行书面表达。本节学习如何对文本信息进行编码，将它们表示为计算机能够识别的二进制数据。

6.3.1 西文在计算机中的表示

在计算机中，所有数据存储和运算时都要使用二进制，而文本与二进制数之间没有直接的联系，因此需要人为地进行规定。为了信息交换的统一性，人们建立了很多文本编码标准。

世界上第一台公认的通用电子计算机于 1946 年诞生于美国的宾夕法尼亚大学，这也奠定了计算机中信息表示是以英文为基础的。目前国际上广泛使用的字符编码是 ASCII 码（American Standard Code for Information Interchange，美国信息交换标准代码）。它最初是美国国家标准，后来被国际标准化组织认定为国际标准。

标准 ASCII 码采用 7 位二进制位（$b_6b_5b_4b_3b_2b_1b_0$）对字符进行编码，包括了 0000000 ~ 1111111 共 128 种组合，每个编码唯一对应一个 ASCII 码字符，可以表示 128 个字符。由于在计算机中内存以字节为单位存储信息，因此一个 ASCII 码字符在计算机中用 8 个二进制位表示（$b_7b_6b_5b_4b_3b_2b_1b_0$），最高一位 b_7 为 0。ASCII 字符与编码对照表见表 6-1。

表 6-1　ASCII 字符与编码对照表

$b_7b_6b_5b_4$ \ $b_3b_2b_1b_0$	0000	0001	0010	0011	0100	0101	0110	0111
0000	NUL	DLE	SP	0	@	P	`	p
0001	SOH	DC1	!	1	A	Q	a	q
0010	STX	DC2	"	2	B	R	b	r
0011	ETX	DC3	#	3	C	S	c	s
0100	EOT	DC4	$	4	D	T	d	t
0101	ENQ	ANK	%	5	E	U	e	u
0110	ACK	SYN	&	6	F	V	f	v
0111	BEL	ETB	'	7	G	W	g	w
1000	BS	CAN	(	8	H	X	h	x
1001	HT	EM	)	9	I	Y	i	y
1010	LF	SUB	*	:	J	Z	j	z
1011	VT	ESC	+	;	K	[	k	{
1100	FF	FS	,	<	L	\	l		
1101	CR	GS	-	=	M	]	m	}
1110	SO	RS	.	>	N	^	n	~
1111	SI	US	/	?	O	_	o	DEL

在 ASCII 码表中，编码值 0 ~ 31（00000000 ~ 00011111）及 127（01111111）对应 33 个控制字符，用于计算机通信控制或对计算机设备的功能控制，如回车、换行、删除等字符，它们不能被显示或者打印出来。编码值 32 ~ 126（00100000 ~ 01111110）对应 95 个英文字母、数字、标点符号等可显示字符。其中数字字符 0 ~ 9 的编码值为 30H ~ 39H，大写英文字母 A ~ Z 的编码值为 41H ~ 5AH，小写英文字母 a ~ z 的编码值为 61H ~ 7AH，其余为标点符号、运算符号等。例如，字符空格的 ASCII 码值为 00100000（十进制数为 32，十六进制数为 20H）；字符 0 的 ASCII 码值为 00110000（十进制数为 48，十六进制数为 30H）；大写英文字母 A 的 ASCII 码值为 01000001（十进制数为 65，十六进制数为 41H）；小写英文字母 a 的 ASCII 码值为 01100001（十进制数为 97，十六进制数为 61H）。

这些字符大致满足了各种编程语言、英文文字和常见控制命令的需要。

因为在 ASCII 码表示中，闲置了最高位，而很多其他西文字母，如拉丁字母、现代阿拉伯语、希伯来语等却没有包含在 ASCII 码中。因此国际标准化组织及国际电工委员会在 ASCII 字符集基础上制定了一系列 8 位字符集标准，对 ASCII 编码进行了扩展，称为 ISO 8859 字符集，这些字符集全部兼容 ASCII 码，使用 128～255（最高位为 1）部分进行新字符的编码。ISO 8859 字符集定义了 ISO 8859-1 至 ISO 8859-16 共 16 个字符集，每个字符集对应特定的语言，如西欧、东欧、南欧、北欧、斯拉夫语系、阿拉伯语系和希腊字符等。其中 ISO 8859-1 涵盖了大多数西欧语言字符，应用最广泛，Latin1 或者 Latin-1 是 ISO 8859-1 的别名。

6.3.2 中文在计算机中的表示

中文是象形文字，与英文不同，而且数量大，常用的汉字就有几千个，因此中文在计算机中的编码要复杂得多。汉字在计算机中被处理，首先需要通过输入码输入，然后使用信息交换码使每个汉字对应一个标准化编码，在存储和传输汉字时信息交换码会转换成机内码，最后汉字转换成字形码显示输出或打印，即汉字处理过程经过输入、编码及处理和输出 3 个环节，如图 6-2 所示。

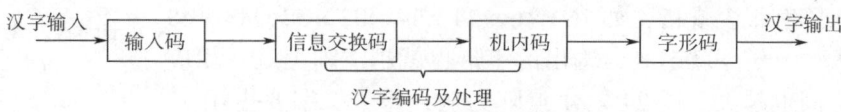

图 6-2　汉字在计算机中的处理过程

1. 输入码

输入码也称为汉字的外码，输入码指直接从键盘输入的各种汉字输入法形成的编码，它解决的是如何把汉字输入到计算机内部的问题。汉字输入码方案有很多种，总的来讲就是利用现有的英文键盘输入汉字，并做到易学、易记、输入效率高、产生的重码少等。人们常用的汉字输入码有字音编码和字形编码两类。字音编码是基于拼音的编码，简单易学，但是同音字的大量存在使输入需增加选择操作，例如微软拼音输入法等。字形编码将汉字的字形分解归类，用笔画组合输入汉字，重码少，输入速度快，但是需要花费大量时间学习编码规则、不易掌握，例如五笔字型编码等。

2. 信息交换码

与西文的编码思想相同，汉字编码也需要为每个汉字分配相应的编码。我国在 1980 年制定了汉字编码的国家标准——《信息交换用汉字编码字符集 基本集》（GB 2312—1980），简称国标码。

信息交换码使用双字节编码汉字及符号，编码采用十六进制表示，每个字节最高位为 0、向 ASCII 码兼容，例如，"中"的国标码为 5650H，"国"的国标码为 397AH。

信息交换码每个字节不使用 0～32 和 127 这些控制字符的编码值，编码值为 33～126（21H～7EH），共计 94 个，由此两个字节形成了 94×94＝8836 个码位，实际编码 7445 个汉字及符号，其余为空位。

信息交换码为每个汉字提供了确定的编码，为汉字进入计算机奠定了基础。

3. 机内码

计算机存储、处理、传输汉字时使用机内码，即无论使用哪种输入码，进入计算机后立即被转换为机内码，它将国标码的每个字节的最高位从 0 变为 1，即每个字节加上 128 (80H)，由此保证汉字编码和译码的唯一性。例如，汉字"鞍"的信息交换码是 3030H，而数字"0"的 ASCII 码是 30H，当遇到编码 3030H 时，无法确定将其译码为汉字"鞍"还是"00"。机内码将每个字节的最高位变为 1 后，不再与 ASCII 码兼容，保证了译码的唯一性。例如，"中"的机内码为 D6D0H，"国"的机内码为 B9FAH，它们分别在各自信息交换码的基础上加上了 8080H。

4. 字形码

文字在显示或者打印输出时，需要对其字形进行编码，即以点阵的形式表示出汉字的图形，字形码也称作输出码。以 24×24 点阵为例，它由 24 行、24 列的小方格组成，每个小方格对应一个二进制取值，1、0 分别表示该位置有、无笔画，图 6-3 展示了"学"字所对应的 24×24 点阵，它的第 3 行的二进制编码为"00000100 00100000 01100000"。

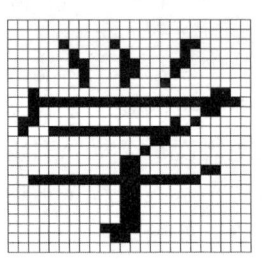

图 6-3　24×24 点阵汉字字形

汉字的点阵有很多规格，如 16×16、24×24、32×32、48×48 等，点阵越大，分辨率就越高，输出的字形也就越清晰美观，相应的所需存储空间也越大。以 24×24 点阵为例，每个汉字要占用 72 个字节（24×24/8）的存储空间。所有汉字的点阵构成"字库"，存储每个汉字字形对应的二进制取值，显示汉字时将二进制还原为字形。

6.3.3　文本的国际化表示

在国际化的大趋势下，编码有待统一。为支持多种语言，产生了兼容多种语言的统一编码 Unicode，它最多可以支持 100 多万个符号，为世界上的各种文字的每一个字符指定唯一编码（码点），实现了跨语种、跨平台的应用。

Unicode 是一种编码标准，只规定了码点，并没有规定如何存储和传输编码。因此，Unicode 标准提供了 3 种不同的编码格式，它们规定了如何将每个编码值表示为一个或多个编码单元序列，分别为 UTF-8、UTF-16、UTF-32，它们的编码单元分别为 8 位、16 位和 32 位，其中使用最为广泛的是 UTF-8。

UTF-8 是一种变长的编码，编码单元为 8 位（1 个字节），使用 1~4 个编码单元表示一个字符，编码规则见表 6-2。

表 6-2　Unicode 编码值与 UTF-8 编码对应关系

Unicode 字符集范围（十六进制）	UTF-8 编码（二进制）	特点
0000 0000-0000 007F	0xxxxxxx	向 ASCII 码兼容
0000 0080-0000 07FF	110xxxxx 10xxxxxx	首字节以 110 开头
0000 0800-0000 FFFF	1110xxxx 10xxxxxx 10xxxxxx	首字节以 1110 开头 对应大多数的汉字
0001 0000-0010 FFFF	11110xxx 10xxxxxx 10xxxxxx 10xxxxxx	首字节以 11110 开头

例如，"中"的 Unicode 码点为 4E2DH，为 3 字节编码，将其对应的 16 个二进制位 0100 1110 0010 1101，按照编码格式"1110xxxx 10xxxxxx 10xxxxxx"所需，拆分为 4、6、6 的组合补足到编码中，形成 1110 010010 11100010 101101，得到"中"的 UTF-8 编码为 E4B8AD。

UTF-8 编码针对不同的字符采取不等长的区别编码，存储效率高，并且多个字节之间没有字节的顺序问题，适合网络传输与通信，在互联网领域中得到了广泛的应用。

如图 6-4 所示，在 Word 中，选中某个汉字，在"插入"选项卡的"符号"功能组中选择"符号"下面的"其他符号"可以打开"符号"对话框。通过"来自"下拉列表框选择编码方式后，即可查看字符代码。其中，"Unicode（十六进制）"查询得到的是 Unicode 码点；"简体中文 GB（十六进制）"查询得到的是机内码。

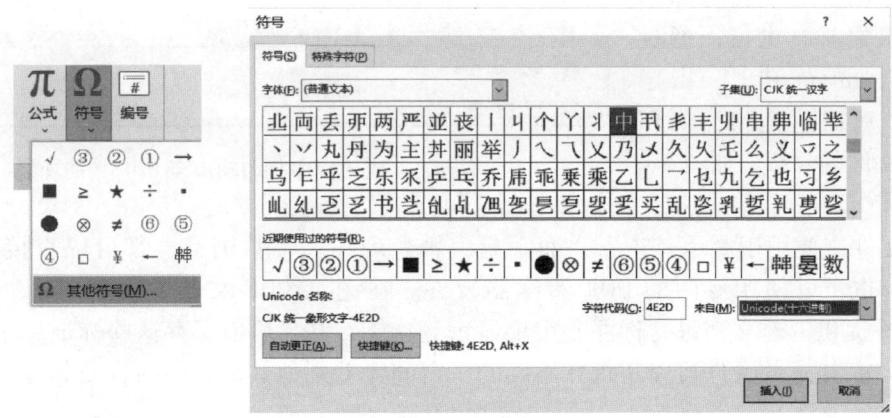

图 6-4　利用 Word 查询字符编码

6.3.4　PDF 文件

文本数据大量存在于文档中，PDF（Portable Document Format，可携带文档格式）是目前非常常见的一种文件类型，使用 PDF 制作的电子书具有纸版书的质感和阅读效果，可以"逼真地"展现原书的原貌，而显示大小可任意调节，给读者提供了个性化的阅读方式。

PDF 文档的扩展名为 pdf。PDF 格式文件已成为数字化信息事实上的一个工业标准。PDF 格式由 Adobe 公司开发，它真实地再现原稿的每一个字符、颜色以及图像，无论在哪种打印机上都可保证精确的颜色和准确的打印效果。它与操作系统无关，在 Windows、Unix、Linux 和 macOS 中都是通用的，正是这一特点使它成为在互联网上进行电子文档发行和数字化信息传播的理想文档格式。

PDF 之所以能够做到这一点，是因为它特有的描述和存储文件的格式，它将文字、字形、格式、颜色以及独立于设备和分辨率的图形图像等信息封装在文件中，并利用这些数据再现文档的原始效果。PDF 文件中还可以包含超链接、声音和动态影像等多媒体信息，支持特长文件，集成度和安全可靠性都较高。

很多应用程序都提供将文件导出至 PDF 格式的功能，例如 Word、PowerPoint 等 Office 组件，如图 6-5 所示。

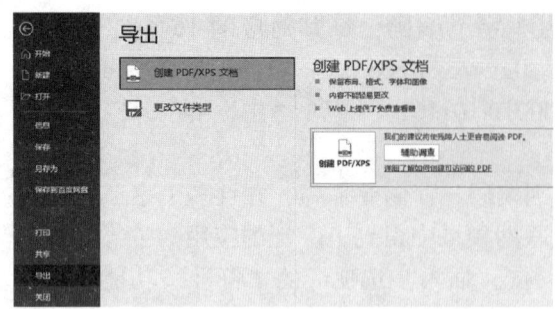 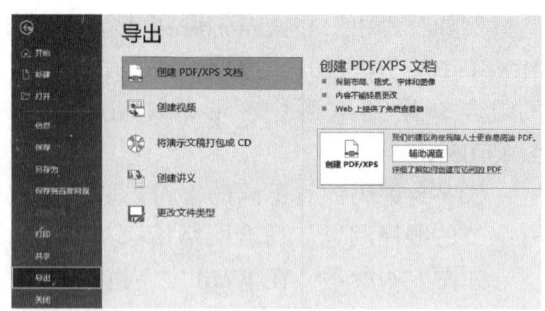

图 6-5　Word 和 PowerPoint 将文档导出为 PDF 格式的方法

在 Windows 10 中，使用应用程序打印时，输出目标除了实体打印机之外，也可以通过"Microsoft Print to PDF"指定 PDF 格式，从而达到将输出保存为 PDF 文件的效果，如图 6-6 所示。

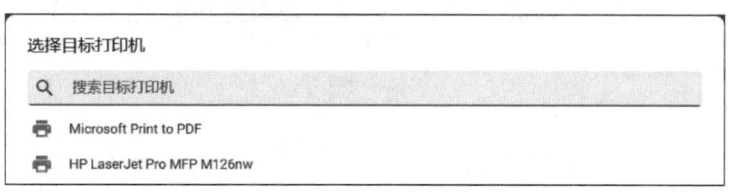

图 6-6　应用程序打印输出至 PDF 文档功能

PDF 文件主要用于展示、查看，而不是编辑。现在大多数浏览器都可以直接打开查看 PDF 文件，也可以使用专门的 PDF 阅读器软件。在浏览 PDF 文档的同时，诸如 Microsoft Edge 等软件提供了对文档进行标注、突出显示等功能，并且可以保存这些标记。

利用 PDF 格式的文件可以实现在不同的平台间无差别地共享文档内容及其可视效果。

6.4　数字音频与应用

声音是一种重要的媒体，本节介绍声音信号的数字化过程、数字化音频的常见格式以及人工智能时代对音频的主要应用。

6.4.1　声音信号的数字化过程

声音是通过空气传播的一种连续的波，即声波。声音信号在时间和幅度上都是连续变化的，它通常由许多不同频率的信号复合而成。声音信号中复合信号的频率范围越广意味着该声音的音色越好，每一个单一频率声波的波形图如图 6-7 所示。

频率和振幅是声音信号的重要指标。频率指信号每秒钟变化的次数，为周期的倒数，单位为赫兹（Hz），人耳所能听到的声音信号频率范围

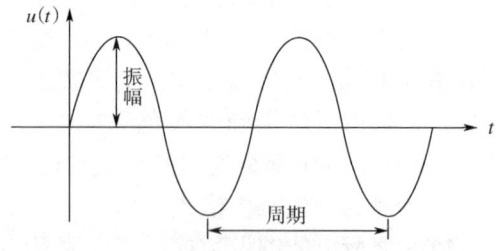

图 6-7　单一频率声波的波形图

为 20Hz～20kHz。振幅是声压与静止压强之差的最大值，决定了信号能量的强弱程度，振幅越大声音的能量越强，振幅的单位通常用分贝（dB）表示。

声音信号要在计算机中存储，必须经过从连续变化的模拟信号变成二进制数据的数字化过程。数字化过程由采样、量化和编码 3 个步骤完成。从模拟信号采样、量化到编码为二进

制符号的基本过程,也称为脉冲编码调制(Pulse Code Modulation,PCM),得到的二进制音频文件称为 PCM 波形文件。

1. 采样

采样是按照某个采样频率,在模拟声音信号中每隔一个固定的时间间隔对声音波形曲线的振幅进行一次取值,从时间维度进行离散化。数字化常用的采样频率为 11.025kHz、22.05kHz 和 44.1kHz,原则上采样频率越高,对波形的表示越准确,数字化后的声音质量越好。根据奈奎斯特理论,采样频率不低于声音信号最高频率的两倍时,可以将数字信号表示的声音还原为原来的声音。

2. 量化

量化是在幅度维度上对声音信号进行离散化,将采样后的每个样本转换为二进制数。二进制的位数称为量化位数。常用的量化位数有 8 位、16 位和 24 位等,录音行业为了提高现场录音的质量还推出了 32 位浮点和 64 位浮点的量化标准。

如果量化位数为 8,则幅度空间被划分为 $2^8=256$ 个等级;如果量化位数为 16,则可划分为 $2^{16}=65536$ 个等级。显然,采样频率相同时,量化位数越高,量化等级越高,对声音信号的表示就越准确,数字化后的声音的质量就越好。

3. 编码

在声音信号分别在连续时间和连续幅值上离散化后,模拟声音信号就可以转换为数字声音信号,这种数字化需以一定顺序进行存储,形成计算机内部可以管理的数据,称为编码。编码的过程即按照时间顺序连续记录每个采样点的量化结果。如果采样点的幅度位于两个相邻幅度等级之间则按照"就近"原则。

假设对某波形进行采样,并按照 3 位量化标准进行量化,其示意图如图 6-8 所示,量化后的编码为:000 010 011 100 101 110 110 111 110 110 110 101 100 100 011 011 011 011 100,即在计算机内部该声音信号被数字化为以上这些二进制数据。

当对这些二进制数据进行解读、恢复原始信号时,再按照采样频率和量化标准恢复出每个采样点的幅值,如图 6-9 所示。

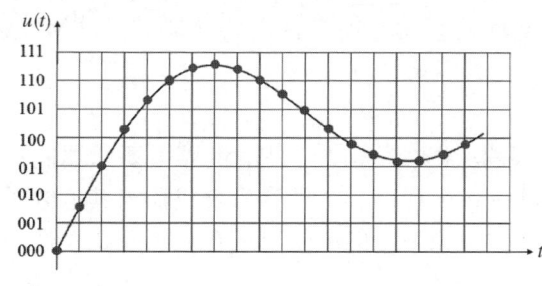

图 6-8 波形图的采样和量化示意图

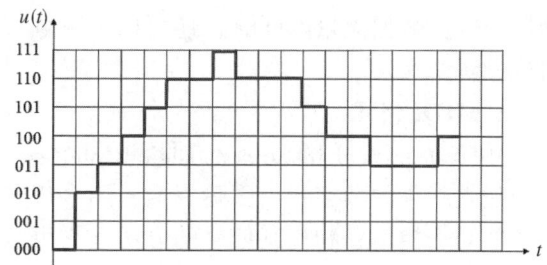

图 6-9 由数字化结果还原的波形

还原后的声音信号与原始信号间存在差异,即声音的数字化过程会给声音带来信息上的损失。当采样频率和量化深度足够高时,可以将损失降到足够小,不至于影响人的听觉感受。

播放声音时声音通道的个数称为声道,声道数为 1 时,表示是单声道,即声音只有一路波形;当声道数为 2 时,表示是双声道,有 2 路波形。双声道的声音比单声道的声音更有立体感(一般称为立体声),在数字化时数据量翻倍。

【例 6-3】 已知 CD 声音信号的采样频率为 44.1kHz，量化位数为 16bit，声音为双声道立体声，计算一段 60 秒的 CD 音频至少占用多大的存储空间（保留 2 位小数）。

采样频率为 44.1kHz 说明每秒钟采样 44.1×1000 个采样点；量化位数为 16bit 说明每个采样点对应 16 个二进制位；声音信号为双声道，数据量翻倍；因此 60 秒的 CD 音频占用的存储空间为：

$$44.1 \times 1000 \times 16 \times 2 \times 60 \div 8 \div 1024 \div 1024 \approx 10.09(\text{MB})$$

即按照量化、采样、编码标准形成的 PCM 波形文件的大小为 10.09MB。

6.4.2 常见的数字音频格式

数字音频文件的格式有很多，如 WAV、MP3、M4A、WMA 和 MIDI 等。

1. WAV 格式

WAV（Waveform，波形）通常基于 PCM 编码编制而成，真实记录自然声波形，文件扩展名为 wav，它是一种无损的音频文件格式，会占用较大的存储空间。

2. MP3 格式

MP3（MPEG Audio Layer 3，MPEG 音频第 3 层次）是 MPEG 标准中的音频部分，文件扩展名为 mp3，是一种有损压缩音频格式。它利用人耳最敏感的声波频率在 1~3kHz 低频区域的特征，压缩牺牲了 12~16kHz 高频部分的质量，利用心理学方法实现了音质做较小损失但达到更高的压缩率的效果。与 WAV 格式相比，压缩率可以达到 10:1 甚至更高。

3. M4A 格式

M4A 是 MPEG-4 标准中的音频部分，通常被认为是 MP3 的继承者，文件扩展名为 m4a，是一种有损压缩音频格式。它最初并不是为音频而设计的，但因为苹果公司在 iTunes 和 iPod 中使用 m4a 区分 MPEG-4 中的视频（mp4 文件）和音频，m4a 开始流行。在 Windows 10 中，系统自带的录音机软件录制的语音为 M4A 格式。

4. WMA 格式

WMA（Windows Media Audio，Windows 媒体音频）是微软推出的音频格式，文件扩展名为 wma，是有损压缩的音频格式。WMA 与 MP3 相比，具有更好的压缩率和音频质量，帮助用户减少数据流量的同时，还可以不影响音频文件的音质，很多音乐软件都会提供 WMA 格式的音乐文件。

5. MIDI 格式

MIDI（Musical Instrument Digital Interface，音乐乐器数字接口）是由世界主要乐器制造厂商建立起来的数字音乐国际标准，用来规定计算机音乐程序、电子音乐合成器与其他电子设备之间交换信息和控制信号的方法。它可以使不同厂家生产的电子音乐合成器互相发送和接受彼此的音乐数据，文件的扩展名为 mid。

MIDI 格式的音频文件记录的不是数字化后的声音波形数据，而是一系列描述乐曲的符号指令，这些符号指令指示 MIDI 设备做什么、怎么做，如演奏哪个音符、多大音量等。MIDI 是计算机能够理解的乐谱，播放 MIDI 音乐时根据其中的指令进行。因此，相同音乐的情况下，MIDI 格式文件比 WAV 格式文件会小得多。MIDI 文件的录制比较复杂，通常是专业音乐创作人编曲使用。

数字音频文件的格式有很多，每种格式各具优缺点，使用时可以根据需要对格式进行转换。一般的音频处理软件都兼容多种格式,可以实现音频格式转换;另外,也可以通过专业的工具软件进行转换。常见的音频处理软件有 Adobe Audition、Audacity、GoldWave、风云音频处理大师等,可实现音频的录制、混合、转换、编辑、控制和效果处理等。

6.4.3 计算机语音处理的应用

人类的语言是沟通交流时最便捷的工具,随着人工智能技术的不断发展和成熟,语音处理的性能显著提升,并得以广泛应用。让计算机听见、听懂人类的语言,让计算机可以阅读、播放人类的文字,这些智能应用都让人类的世界更加便捷。语音处理的应用主要包括语音识别、语音合成等。

1. 语音识别

语音识别技术是机器通过识别和理解的过程把人类的语音信号转变为相应的文本或命令。语音识别技术发展到现在,已经应用到人们生活的方方面面。例如手机的语音输入、实时语音转写、智能对话机器人、视频字幕的自动生成、海量音视频的快速质检审核或精准推荐等,这些应用为生活提供了便利、为生产降低了人力成本。

2. 语音合成

语音合成技术是将文字信息转化为产生高清晰度、高自然度的连续语音,让计算机像人一样开口说话。例如,地图导航软件中的语音播报为行车提供了安全及时的引导;有声朗读软件运用语音合成技术赋予 APP 朗读能力,解放了用户的双手和双眼;公交、地铁、高铁、打车软件和餐饮叫号等场景的播报帮助用户第一时间便捷地获得通知信息等。语音合成技术的发展方向在于摆脱机械化的发音,更好地实现像人一样富有情感表现力、抑扬顿挫的表达。

6.5 数字图像与应用

图像相比文字具有更生动、更丰富的表现力,本节介绍图像的数字化过程、数字化图像的常见格式、常见的图像处理以及人工智能时代对图像的各种应用。

6.5.1 图像的数字化过程

从人的视觉角度看,眼睛的成像是一幅连续数据组成的模拟图像,而图像进入到计算机内就只能由二进制这样由 0/1 组成的离散性的数据进行描述。计算机中的图像是用数字阵列来表达物体的图像,是一个离散采样点的集合,每个点都具有其各自的属性。图 6-10 展示了人眼中的图像与计算机中的图像对比。

[(83,101,78),(83,101,78),(82,100,77),(84,102,79),(73,91,68),(65,83,60),(78,96,73),(78,96,73),(77,95,72),(77,95,72),(78,96,73),(79,97,74),(76,93,72),(76,93,72),(79,96,75),(81,98,77),(79,96,75),(78,95,74),(77,94,73),(83,100,79),(85,101,78),(86,102,79),(87,103,80),(88,104,81),(85,101,78),(82,98,75),(80,96,73),(82,98,75),(82,97,76),(82,97,76),(85,100,79),(83,98,77),(85,100,79),(89,104,83),(90,105,84),(87,102,81),(86,101,80),(87,102,81),(88,103,82),(88,103,82),……

图 6-10 人眼中的图像与计算机中的图像对比

图像的数字化过程分为图像的采样、量化和图像的编码 3 个步骤，由此产生的图像称为数字位图。

1. 图像的采样

采样就是确定图像的规模，即图像从横向和纵向两个维度各采集多少个像素点，设用 $M \times N$ 表示，则这些点组成了一个 $M \times N$ 的点阵，"点"即像素点（pixel），每个像素点的属性和特征数据即组成了图像。采样的规模越大，则图像更能真实地反映原图像。

相应地，$M \times N$ 被称作图像的分辨率，例如，在 Windows 中查看某个图像的属性如图 6-11 所示。分辨率还有一种表达方式，即在单位长度内包含多少个点，单位是 dpi（Dots Per Inch，每英寸点数），dpi 是一个描述分辨率的通用概念，dpi 中的"点"，可以是图像的像素点、喷墨打印的墨点、扫描仪的采样点、屏幕的物理像素等，在不同的语境下可以指不同的概念。

分辨率	7952 × 4472
宽度	7952 像素
高度	4472 像素
水平分辨率	350 dpi
垂直分辨率	350 dpi
位深度	24

图 6-11 查看图像的属性

2. 图像的量化

采样确定了描述图像时像素点的规模，那么每个像素点如何用二进制数据进行描述，这个过程被称为量化。量化的目标就是对每个像素点的颜色信息进行描述，描述每个像素点时记录颜色的二进制位数被称作像素深度，即量化标准。

像素深度为 1 的图像是黑白图像，因为一个二进制位只能表示黑或者白两种颜色；如果量化的位数为 8，则每个像素有一个 0～255 之间的灰度值，即被分为 256 个灰度等级，图像称为灰度图；如果使用 3 个字节、24 位二进制的量化标准，则有 16777216 种颜色，这些颜色数量已经超过人眼分辨的极限，因此像素深度为 24 位的颜色也被称为真彩色。显然，量化的位数越大，图像的每个像素可以拥的颜色就越多，可以产生更为细致逼真的图像；同时占用的存储空间也更大。相同分辨率不同量化标准的图像如图 6-12 所示。

a) b) c)

图 6-12 不同量化标准的图像（详见彩插）
a) 量化位数为 1 的黑白图 b) 量化位数为 8 的灰度图 c) 量化位数为 24 的真彩色图

描述彩色图像时，计算机中有很多颜色模型，它们是描述所有颜色的一套规则和定义，不同的颜色模型应用在不同的场合。

最常见的颜色模型是 RGB（Red Green Blue）颜色模型，它以红色（Red）、绿色（Green）和蓝色（Blue）为基本色并通过混合而获得其他颜色的颜色定义和颜色构造规则。每种颜色使用一个字节描述，即前面提到的 24 位的量化标准，每种颜色被分为 0～255 的 256 个等级。当 3 种颜色取值均为 0 时，表示无任何色彩信息，呈现黑色；当 3 种颜色取值均为 255 时，表示每种颜色均达到饱和，呈现白色；当红色字节取值为 255，绿色和蓝色取值为 0 时，即呈现红色……，依此类推。

RGB 模型中，每种颜色的表示都可以表示为"#"加 6 位十六进制数的形式，即在"#"后，将红、绿、蓝对应的每个字节取值各自表示为 2 位十六进制数，组成一个 6 位十六进制数。例如，"#000000"表示黑色，"#FFFFFF"表示白色，"#FF0000"表示红色。

RGB 模型的调色板如图 6-13 所示。

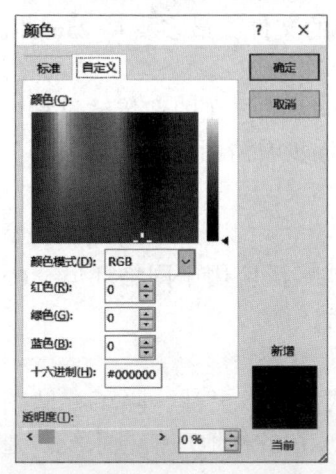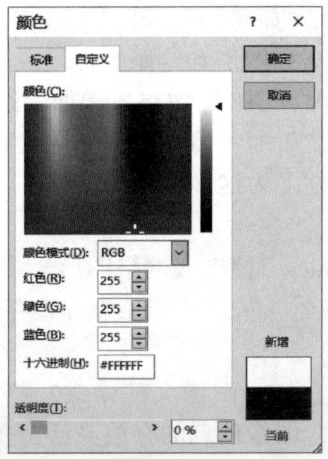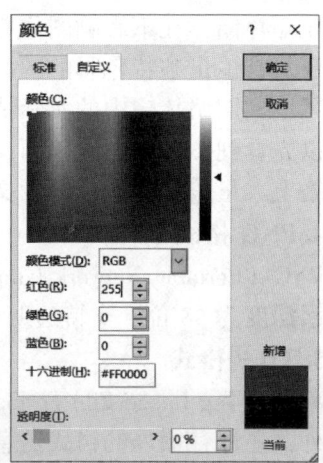

图 6-13　RGB 模型的调色板展示（详见彩插）

3. 图像的编码

图像经过采样和确定量化标准后，将图像中的每个像素点都使用二进制进行记录的过程就是图像的编码。

【例 6-4】 计算分辨率为 4096×2160 的真彩色数字位图需要多大的存储空间（保留 2 位小数）。

分辨率 4096×2160 说明该图像中共包含 4096×2160 个像素点；真彩色图像中，每个像素点的量化标准为 24 位，即 3 个字节，因此该图像的存储空间为：

$$4096 \times 2160 \times 3 \div 1024 \div 1024 = 25.3125(\text{MB}) \approx 25.31(\text{MB})$$

即按照量化、采样、编码标准形成的数字位图文件的大小约为 25.31MB。

6.5.2　常见的图像格式

图像文件的格式有很多，如 BMP、JPEG、GIF、PNG、TIFF 和 PSD 等。其中有些格式采取了压缩存储，旨在减少文件占用的存储空间，如果在压缩过程中没有任何信息丢失称为无损压缩，否则称为有损压缩。

1. BMP 格式

BMP（BitMap，位图）是 Windows 标准图像格式。BMP 图像按照前述的采样、量化过程通过对每个像素的编码实现图像的数字化，它通常没有数据压缩，因此占用磁盘空间较大，适用于单机环境下存储图像。

2. JPEG 格式

JPEG 是按 Joint Photographic Experts Group（联合图像专家组）制定的压缩标准产生的压缩格式，文件扩展名为 jpg 或者 jpeg。

JPEG 文件在压缩时可以调节图像的压缩比和图像保真度，从而根据需要得到不同质量和不同文件大小的图像。JPEG 格式的文件比较适合存储色彩丰富的照片，虽然其数据压缩算法使图像数据有所损失，但在一定分辨率下，视觉感受不明显，所以应用非常广泛，更是 Internet 上的主流图像格式。

3. GIF 格式

GIF（Graphics Interchange Format，图形交换格式）格式是网络图像标准之一。GIF 采用无损压缩存储，在不影响图像质量的情况下，可以生成很小的文件，最多支持 256 种色彩，适用于具有少量独特色彩的图像（如图形和绘画）。

考虑到网络传输中的实际情况，GIF 图像格式增加了渐显方式。在图像传输过程中，用户可以先看到图像的大致轮廓，然后随着传输过程的继续而逐步看清图像中的细节部分。目前网络上大量采用的彩色动画文件多为这种格式的文件。

4. PNG 格式

PNG（Portable Network Graphics，便携式网络图形）格式广泛应用于网络环境。PNG 最大像素深度为 48 位，支持透明背景，采用无损压缩方案存储。

5. TIFF 格式

TIFF（Tag Image File Format，标记图像文件格式）格式复杂、灵活，除了存储图像数据之外，还保存额外的格式信息，图像信息的存放灵活多变。在各种地理信息系统、遥感领域广泛应用。

6. PSD 格式

PSD 是 Adobe 公司的图像处理软件 Photoshop 中自建的标准文件格式。在该软件所支持的各种格式中，PSD 格式的存取速度比其他格式快很多，功能也很强大。

6.5.3 常用的图像处理软件

图像处理软件非常多，主流的图像处理软件有 Photoshop、美图秀秀和 Windows 画图等。Photoshop 是 Adobe 公司旗下的图像处理软件，擅长专业的图像处理，在平面设计中应用最为广泛。美图秀秀是一款图像处理软件，简单易学，提供了图像美化工具、人像美容、添加文字、抠图、拼图、批量处理图片大小、证件照换底色和图片压缩等功能。"画图"是 Windows 自带的图像处理软件，它可以修改图像的大小、实现图像格式的转换和进行基本的图像操作。

"画图"工具从"开始"菜单→"Windows 附件"选择，启动后默认打开一张画布，软件的主要功能呈现在工具栏中，如图 6-14 所示。在"查看"菜单中勾选"网格线"，可以看见网格形式呈现的所有像素点。

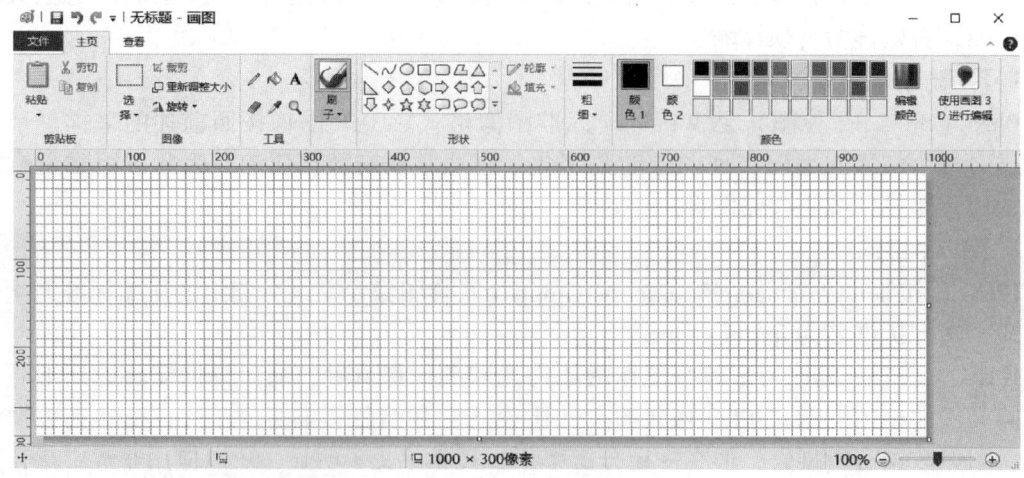

图 6-14　Windows 画图软件的工作界面

"画图"支持多种图像格式，打开某个图像后，通过"另存为"选择其他图像格式即可实现格式转换。它支持的图像格式如图6-15所示，前4个为像素深度分别为1、4、8和24位的位图格式，同时也支持JPEG、GIF、TIFF和PNG等格式。

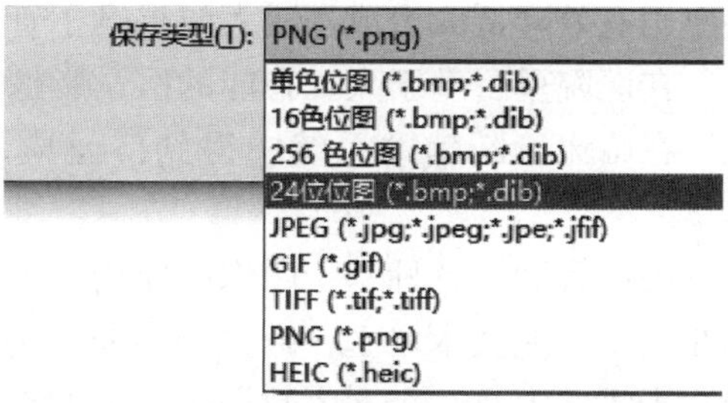

使用工具栏中的"重新调整大小"功能可以按照比例或者像素尺寸调整图像大小，例如在网上报名上传照片时，可以使用此功能将照片调整至要求。

图6-15 Windows画图软件支持的图像格式

6.5.4 图像处理的应用

图像大量存在于现代人类的工作生活中，手机随手一拍就会产生大量的图像，许多事物在计算机中的存储形式也是图像，基于图像处理的各种人工智能应用推进着人类世界的智能化水平和自动化进程。下面介绍几类广泛存在于日常的图像处理应用。

1. 文字识别

文字识别基于OCR（Optical Character Recognition，光学字符识别），指对文本资料的图像文件进行分析识别处理，获取文字及版面信息的过程。

通用文字识别可以将图片上的文字内容智能识别为可编辑的文本，在随手拍扫描、纸质文档电子化等多种场景中大幅提升信息处理效率。比如，很多移动应用APP提供快速识别路标、商品包装、购物小票等生活场景中的实体文字信息，在地图、翻译、搜索和生活出行等方面可以进行文本的提取或录入。

卡证文字识别可以对身份证、银行卡、护照等应用OCR技术，将图片上的文字内容，智能识别为结构化的文本自动录入各字段信息，在政务、银行、金融和交通出行等应用下实现用户身份认证。

OCR技术还可以实现各种纸质发票、财务票据、医疗票据等文字识别等。

2. 人脸识别

人脸识别包括五官定位、人脸检测分析、人脸比对等过程。人脸识别技术目前已经应用得非常成熟，在在线身份认证场景中得到广泛应用，实现了基于人脸属性识别用户身份的需求。例如，实现无卡化、快速通行的人脸闸机系统的应用；人脸考勤系统的应用，有效提高了通行效率和企事业单位管理能力。

3. 图像识别

当一些物体信息以图像的方式存在时，通过图像识别可以识别出种类，具体的某类事物还可以进一步提供其更为详细的信息，例如很多"拍照识图"的APP可以进行植物识别、果蔬识别、货币识别、品牌logo识别和红酒识别等。

信息时代的人们已经建立了一种基于搜索引擎的行为习惯，而图像识别还可以实现除了输入文字外的、基于图片的搜索模式。例如，通过对电商网站中的图片进行分析，识别图片内的商品并进行精准搜索，帮助快速寻找所需的商品详情。

机动车普及的今天，对于车牌的自动识别，可以实现无卡、无人的车辆进出场自动化、规范化管理；在道路上可以自动识别定位违章车辆信息，实时检测并记录交通违章行为，这些应用有效降低人力成本，大幅提升了管理效率。

在医院里，基于人工智能的医学影像识别可以帮助医生更快、更准地读取病人的影像所见，在临床诊断辅助系统中得到广泛应用，不仅提高了诊断的速度，也减轻了医生的工作量。

可以看到，各种基于图像的应用为人们的生产生活都提供了极大的便利，这些应用都建立在人工智能技术之上，通过对数据大量的学习从而构建智能化的模型完成各种计算、识别，未来一定是一个在大数据驱动下的人工智能技术成熟应用的新时代。

6.6 数字视频与应用

在人类接收的信息中，绝大部分来自视觉，其中视频最直观、最具体、信息量最丰富。现在日常生活中通过机顶盒接收的电视信号、使用智能手机等拍摄的影像都属于数字视频的范畴。本节介绍数字视频相关的概念、常见的数字视频格式以及人工智能时代对数字视频的各种应用。

6.6.1 数字视频的基本概念

1. 视频

视频是内容随时间变化的一种动态图像。因为人眼具有视觉暂停现象，当物体消失后，物体的映像在人眼视网膜上仍会保留 0.1~0.2 秒的时间，所以将一系列画面改变很小的图像以足够快的速度（24~30 帧/秒）连续播放，人就会感觉到静止图像变成了连续活动的场景，因此视频也称为运动图像，而一帧就是一幅静态画面。

2. 数字视频

数字视频是基于数字技术发展起来的一种视频技术，它之前的传统视频为模拟视频。模拟视频是一种图像和声音随时间连续变化的电信号，不适用于信息时代的网络传输、数据的分类检索等。数字视频通过对模拟视频信号进行采样、量化和编码获得，更适合长时间存储，可以更方便地进行编辑、分类和检索等。

3. 视频分辨率

视频分辨率指视频画面的大小，用图像的"水平像素×垂直像素"表示。

目前主流的视频分辨率包括 480P、720P、1080P（2K）、4K（2160P）和 8K（4320P）几种，其中字母"P"表示逐行扫描。现代屏幕的比例通常为 16∶9，480P 的画面的分辨率为 720×480；720P 的画面的分辨率为 1280×720；1080P 的画面的分辨率为 1920×1080，是高清数字电视的格式标准；2160P 和 4320P 更耳熟能详的名字是 4K、8K，它们的画面分辨率分别为 3840×2160、7680×4320，为超高清视频，是很多数字电影和顶级 IMAX（Image Maximum，巨幕）电影的分辨率。

6.6.2 常见的数字视频文件格式

数字视频数据量非常大，在存储和传输时需要对其进行压缩，因此产生了很多种数字视频格式。

1. AVI 格式

AVI（Audio Video Interleaved，音频视频交错）是一种将视频和音频交织在一起进行同步播放的格式，文件扩展名为 avi。它支持多种压缩算法，特点是图像和声音的质量好，但文件体积较大。

2. MPEG 格式

MPEG（Moving Pictures Experts Group，动态图像专家组）是 1988 年成立的专门致力于研究运动图像（MPEG 视频）及其伴音码（MPEG 音频）的标准化组织。MPEG 标准包括 MPEG 视频、MPEG 音频、MPEG 系统（视频和音频同步）3 个部分，MP3 是其音频标准的一个典型应用。

MPEG 有 3 个压缩标准，分别是 MPEG-1、MPEG-2 和 MPEG-4，MPEG-4 包含了前两者绝大部分功能及其他格式的长处。MPEG-4 实现了很高的压缩率，它所对应的文件扩展名为 mp4，为视频格式，但也包含有可以分离出来的音频信息，将 mp4 文件的扩展名修改为 m4a 即可得到该视频对应的音频文件。

3. MOV 格式

MOV（Movie digital Video technology）格式是 Apple 公司开发的一种视频格式，默认的播放器是 Apple 公司的 Quick Time Player。它不仅支持 Mac 操作系统，同时也支持 Windows 操作系统，有较高的压缩率和较完美的视频清晰度。

MOV 格式规定了存储数字媒体内容的标准方法，使用这种文件格式不仅可以存储媒体内容（视频帧和音频采样数据），而且还能保存对该媒体的完整描述。因为它几乎能用来描述所有的媒体结构，所以成为不同系统的应用程序间交换数据的理想格式。MOV 格式的文件扩展名为 mov。

4. WMV 格式

WMV（Windows Media Video）是 Microsoft 公司发布的视频文件格式，压缩率和画面质量都很好，其文件扩展名为 wmv。它本来是 Microsoft 公司为了在网络环境中可以直接观看视频而设计的，体积非常小，但是由于 Microsoft 自身的局限性目前主要在单机上使用。

6.6.3 数字视频处理的应用

视频是人类最擅长和乐于接收的信息，它同时将连续的图像和声音立体地传递给感官，目前在人工智能技术的推动下，围绕数字视频应用的各种行业，如电视台、短视频平台等在视频生成、视频内容安全检查、视频内容分析等方面都有了深入的应用。

在视频内容生产制作过程中，结合智能场记标注或者节目标签分类，人工智能就能根据识别到的元素进行不同主题的视频缩编，实现视频二次剪辑的自动化生成。在一些视频流媒体平台上，通过 AI 人脸识别技术，已经实现了"只看 TA"的功能，使观众可以只看自己喜欢的角色出现的部分，提升用户个性化的观影体验。有些电影生成预告片时，使用人工智能基于人脸识别、物体识别、视频内容理解等功能对电影内容进行解析和理解，自动剪切和精选视频素材为电影生成预告片，不但节省了人力，还可以对大量同类型预告片进行数据挖掘，采取更为观众喜爱的创作模式。

在视频内容监管问题上，人工智能审核可以迅速处理大量数据，准确识别视频内容，对色情、违禁、低俗辱骂、恶意推广等违规内容做出判断，高效过滤不良视频。

基于对视频内容的理解，短视频平台可以建立用户和内容之间的匹配机制，为用户提供个性化推荐，提升分发效率。

同时，百度 AI 等也提供了将图文素材、数据、PPT 等直接转为视频的服务。人工智能作为数字经济下的新型生产力深入到了人类生产生活的方方面面。

6.7 数据压缩技术及压缩软件的使用

声音、图像和视频等数字化后的原始数据所占存储空间非常大，为了提高它们存储和网络传输的效率，需要进行数据压缩。同时，对包括文本在内的数据进行重新组织，也可以减少数据的冗余，本节介绍数据压缩的方法以及常用的压缩软件。

6.7.1 游程编码压缩算法

数据的压缩和解压缩是两个反向的过程，如果压缩和解压缩过程没有任何信息丢失，这种方法称为无损压缩，否则为有损压缩。有损压缩方法通常用于音频、图像和视频压缩。

衡量压缩效率的指标是压缩率，即压缩前表示信息所需的总二进制位数除以压缩后所需的总位数。例如，如果一个 MP3 音乐格式文件的压缩率为 10∶1，那么意味着压缩后 MP3 格式的文件体积只有原始音乐文件的 1/10。

下面介绍一种游程编码（Run-Length Encoding，RLE）压缩算法，体会数据压缩的基本思想。

游程编码的基本思想是，如果在要压缩的信息中，同一个数据常常以连续的片段出现，则对这个数据及这个片段的长度进行编码，而不是对每个数据单独编码，从而达到数据压缩。解压缩时只要将数据重复指定的次数即可实现还原，游程编码压缩是一种无损压缩方法。

游程编码压缩方法在数据连续出现的次数越多时压缩的效果越好，反之则有可能游程编码表示后的数据量反而超过原始数据量。

【例 6-5】利用画图程序制作一幅 30×20 的 256 色位图图像，如图 6-16 所示，计算其使用游程编码进行压缩的压缩比。

分析：首先，图 6-16 所示图像存在大量颜色相同的色块，适合使用游程长度压缩算法；其次，图像为 256 色位图，所以每个像素点深度为 8，使用 8 个二进制位表示颜色（例如白色表示为 "1111 1111"，绿色表示为 "10110001"）；同时，图像为对称图形，所以计算前 10 行的压缩率即可。

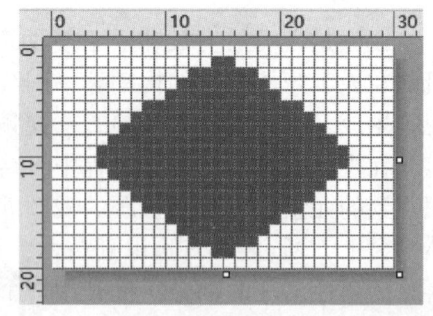

图 6-16 游程长度编码示例（详见彩插）

按照从上至下、每行从左至右的方式扫描图像，记录游程。首先是 44 个连续的白色像素，其次是 2 个连续的绿色像素，再次是 26 个连续的白色像素，6 个连续的绿色像素……前 10 行的游程编码见表 6-3。

表 6-3 采用游程长度编码压缩方法的编码

游程编号	重复的次数	像素颜色（8个二进制位）	游程编号	重复的次数	像素颜色（8个二进制位）
1	44	白色（11111111）	11	15	白色（11111111）
2	2	绿色（10110001）	12	16	绿色（10110001）
3	26	白色（11111111）	13	13	白色（11111111）
4	6	绿色（10110001）	14	18	绿色（10110001）
5	23	白色（11111111）	15	11	白色（11111111）
6	8	绿色（10110001）	16	20	绿色（10110001）
7	21	白色（11111111）	17	9	白色（11111111）
8	10	绿色（10110001）	18	22	绿色（10110001）
9	18	白色（11111111）	19	4	白色（11111111）
10	14	绿色（10110001）			

压缩前，前 10 行图像有 30×10 共 300 个像素，每个像素占用 1 个字节，共计 300 个字节；使用游程编码压缩后，需要 19 个游程，按照数据的特征，游程重复的次数可使用 1 个字节存储（0~255），因此每个游程占 2 个字节，共计 38 个字节，游程编码实现的压缩率为 300∶38，对大量色块出现的图像实现了大规模压缩。

6.7.2 压缩软件的应用

压缩软件应节省存储空间、提高网络传输的效率等需求而产生，使用压缩软件不仅可以以更小的体积备份数据，还可以将多个文件合并为一个压缩文件便于传送、对压缩文件进行加密提高文件的安全性等。熟练使用压缩软件是应用计算机工作的日常行为。

WinRAR 是 Windows 系统下的一款可以创建、管理和控制压缩文件的压缩软件，它的 RAR 压缩格式比 ZIP 等格式具有更高的压缩率，可以独立解压多种压缩格式，对于体积巨大的文件还可以创建多卷自解包。

1. WinRAR 安装

图 6-17 展示了 WinRAR 的安装过程选项。左侧"WinRAR 关联文件"部分勾选用户想交由 WinRAR 处理的压缩文件类型，可见它能够解压缩很多种压缩格式。安装时选中"外壳集成"部分的"集成 WinRAR 到外壳"则将 WinRAR 的功能集成到 Windows 文件右键快捷菜单中，使压缩解压缩的操作更为便捷。

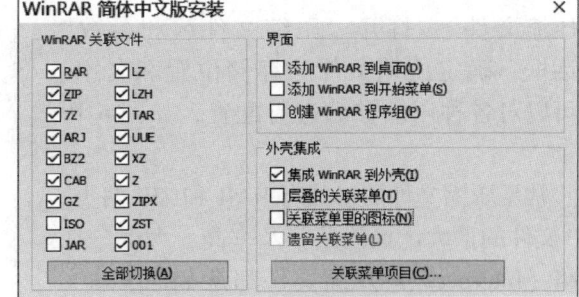

图 6-17 WinRAR 的安装界面

2. 解压文件

获取到一个压缩文件后，先对其进行解压缩，然后再使用原始的文件资源。常用的解压缩方法有两种。

第一种，双击压缩文件打开 WinRAR 图形用户界面窗口，如图 6-18 所示，选择工具栏上的"解压到"按钮，打开"解压路径和选项"对话框。

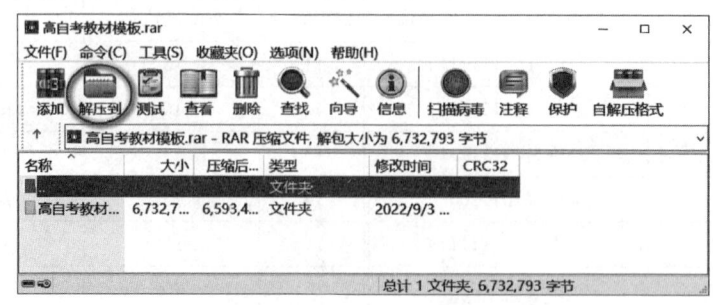

图 6-18　WinRAR 的图形用户界面

默认情况下，解压缩文件的存储路径与压缩包所在文件夹的位置相同，通过"解压路径和选项"对话框可以指定将解压缩后的文件存储在其他位置；同时对话框中还可以对压缩文件的"更新方式""覆盖方式"等进行设置。

第二种解压方式是直接使用文件右键快捷菜单中的菜单项。如果只是使用默认设置、并解压缩至当前路径，那么选中压缩包后，打开右键快捷菜单则可以直接选择菜单中的"解压到当前文件夹"，压缩包中的文件将直接存储在当前文件夹下；如果选择右键快捷菜单中的"解压到"**\"，则先创建一个与压缩包同名的文件夹，再将压缩包中的文件解压至该文件夹。

实际操作中，可以同时选择多个压缩文件，由 WinRAR 将它们一并解压缩。

【提示】不要双击压缩包后，直接打开压缩包中的资源对其进行编辑，编辑的结果往往不能及时更新到压缩包中，会导致工作成果的丢失，即务必经过解压缩后再开始编辑压缩包中的文件。

3. 压缩文件

如果在电子邮件中需要发送多个文件，为了减少对网络带宽的占用和让接收方收取方便，通常会将多个文件压缩成一个压缩包后再发送。

压缩文件，首先选中要压缩的文件或者文件夹，然后在右键快捷菜单中选择"添加到压缩文件"，打开"压缩文件名和参数"对话框，确定压缩文件的存储位置和名字，并可以对各种压缩参数进行配置，如图 6-19 所示。

常见压缩文件的格式有 RAR 和 ZIP 两类。ZIP 文件的最大优点就是普及率高，大部分在网络（Internet）的压缩文件都是 ZIP 压缩文件，所以如果要传送压缩包给他人，但无法确定收件人是否有 WinRAR 软件进行解压，则使用 ZIP 格式更为合适。RAR 格式的优点是通常能提供比 ZIP 更高的压缩率，文件体积更小，但同时 RAR 创建时的速度会比 ZIP 慢一些。

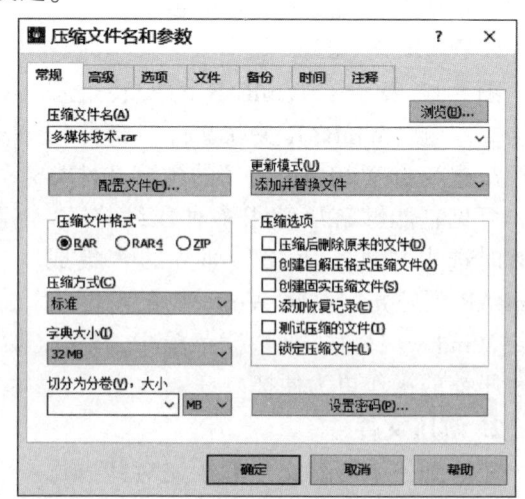

图 6-19　"压缩文件名和参数"对话框

如果文件体积过大不符合发送或者接收要求，则可以选择 RAR 格式，利用 WinRAR 将其打包成多卷，即实为一体的多个压缩包。具体的操作方式是，在图 6-19 所示对话框中，在左下方"切分为分卷，大小"的列表框中选择或者自行指定每个压缩包的大小。例如，一个软件的安装包压缩成一个文件，文件大小为 4.97GB，而 FAT32 分区格式的磁盘上能够存储的文件的最大容量为 4GB，这时就可以指定分卷的大小，将软件压缩成大小符合要求的多卷，即多个压缩包。WinRAR 支持多卷自解包，解压缩时选择其中的任意一个压缩包解压缩即可。

压缩时可使用默认的参数，并且使用 WinRAR 建议的压缩包命名，也可以在选中要压缩的文件或者文件夹后，直接利用右键快捷菜单中的"添加到"***.rar""命令。

本 章 小 结

本章介绍了各种媒体信息，包括数值、文本、音频和图像等在计算机中的表示方法，以及它们的主要应用场景，同时介绍了数据压缩技术和常用压缩软件。

数值包括整数和实数。带符号整数在计算机中表示时，利用"模"的思想采取补码形式，正整数的补码与原码相同，负整数的补码为其原码除符号位外取反加 1；补码表示不仅使计算机只会做加法即可，而且统一了数值 0 的编码。实数在计算机中的表示借助"科学计数法"思想采用浮点数形式。

文本表示包括了西文、中文以及国际化的编码方案，任何一种方案中每个符号均有一个编码值与其对应。西文 ASCII 码包含了英文大小写字母、数字、标点符号和控制字符等 128 个文本符号。中文编码包括汉字从输入到表示、存储和输出各阶段经历的输入码、信息交换码、机内码和字形码。Unicode 编码是国际化趋势下世界文字的统一编码标准，UTF-8 是 Unicode 编码方案中使用最广泛的编码格式。

音频、图像和视频在计算机中表示时，都需要经过采样、量化和编码几个过程，从而将现实世界中连续的信号转变为计算机世界中离散的 0、1 表示。伴随迅速发展的人工智能技术，数字音频、图像、视频等多模态数据的应用都为人们的生产生活带来了巨大的便利，构建了一个不断进步的计算机能"听"、能"说"、能"看"的世界。

基于数字音频、图像、视频存储容量大的特征，这些数据存在很多存储格式，旨在使用压缩存储的思想重新组织数据，减少冗余。游程编码算法展示了同一数据连续出现的场景中进行数据压缩的思想。WinRAR 压缩软件从应用的层面帮助用户对数据进行压缩、备份，提高存储和传输的效率。

同 步 练 习

【实验题目 1】

实验名称：Windows 画图软件的应用。

实验目的：通过上机实践加深对图像概念的理解，更好地掌握图像的处理方法，提高计算机操作的能力。

实验内容：

（1）使用 Windows 画图软件打开教材提供的 24 位真彩色图像文件 demo.bmp，查看该图像的分辨率，并计算该图像文件的大小，与文件的实际大小进行对比。

（2）将 demo.bmp 文件转换存储为单位位图、16 色位图和 256 色位图，并比较文件大小。

（3）将 demo.bmp 文件转换存储为 demo.png 文件。

（4）使用取色器获取图像左上角第一个像素点的颜色信息，并给出该颜色的 RGB 三通道的 16 进制表示。

【实验题目 2】

实验名称：压缩软件的应用。

实验目的：通过上机实践掌握压缩软件的压缩和解压缩方法，提高计算机操作的能力。

实验内容：

（1）将教材提供的压缩包 test.zip 复制到自己的计算机中（如 D 盘下）。

（2）将压缩文件中的内容解压缩至当前路径的 test 文件夹下。

（3）将 test 文件夹下的"练习.docx"文件中的"人工智能"与"AI"两个词互换，并在文档的末尾插入 test 文件夹下的 picture.png 图片，保存文件。

（4）重新压缩 test 文件夹，其中包含新保存的"练习.docx"和原 picture.png 文件，命名为 test2.zip。

（5）将 test2.zip 以附件的形式发送至邮箱，并打开邮箱验证发送是否正确。

第 7 章　计算机网络

学习目标：

1. 了解计算机网络的起源、发展和作用。
2. 了解计算机网络的组成、协议体系、拓扑结构和硬件设备。
3. 掌握互联网的基础协议 TCP/IP 的基本知识，了解 IP 地址的分类。
4. 熟练掌握信息浏览、电子邮件收发、个人主页的创建等基本操作。
5. 了解计算机网络安全的概念和常识，能够利用 Windows 安全中心进行网络安全防护。
6. 掌握 HTML 的应用。

7.1　计算机网络基础

　　计算机网络，是指将地理位置不同的具有独立功能的多台计算机及其外部设备，通过通信线路连接起来，在网络操作系统、网络管理软件以及网络通信协议的管理和协调下，实现资源共享和信息传递的计算机系统。最简单的计算机网络只有两台计算机和连接它们的一条链路，即两个节点和一条链路，但要遵守通信协议。计算机网络具有共享硬件、软件和数据资源的功能，以及对共享数据资源集中处理、管理和维护的能力。

　　随着计算机网络结构的不断完善，人们又从逻辑上把数据处理功能和数据通信功能分开，将数据处理部分称为资源子网，而将通信功能部分称为通信子网。

　　资源子网是指网络中实现资源共享功能的设备及其软件的集合。资源子网主要负责全网的信息处理和数据处理，为网络用户提供网络服务和资源共享功能等。资源子网主要包括网络中所有的主计算机、输入输出设备和终端、各种网络协议、网络软件和数据库等。

　　通信子网是指实现网络通信功能的设备及其软件的集合，由通信设备、网络通信协议、通信控制软件等组成。通信子网主要负责提供数据的传输、转接、加工和变换等服务。通信子网主要由转接点和通信链路组成，包括中继器、集线器、网桥、路由器和网关等硬件设备。

7.1.1　计算机网络发展

　　自从计算机网络出现以后，它的发展速度十分惊人。纵观计算机网络的发展，大致经历了以下 4 个阶段：面向终端的计算机网络、面向通信子网的计算机网络、面向标准化的计算机网络和面向全球互联的计算机网络。

1. 面向终端的计算机网络

　　以单个计算机为中心的远程联机系统，构成面向终端的计算机网络，如图 7-1 所示。这种系统用一台中央主机连接大量地理上处于分散位置的终端，其中终端都不具备自主处理的能力，每个终端都是通过通信线路共享主机的硬件和软件资源。计算机的主要任务是批量处理。

2. 面向通信子网的计算机网络

在面向终端的网络系统中，随着终端设备数量的增加，主机负荷不断加重。主机处理数据效率明显下降，数据传输率低，线路利用率低。因此，采用面向终端的计算机网络已不能满足日益增加的信息处理需求。由于计算机性价比的提高，出现了面向通信子网的计算机网络系统。它将多台可自主工作的计算机通过通信线路互连起来，为用户提供服务。面向通信子网的计算机网络不仅共享通信子网的资源，还可共享资源子网的硬件和软件资源。网络共享采用排队方式，即由节点的分组交换机负责分组的存储转发和路由选择，给通信用户动态分配传输带宽，大大提高了通信线路的利用率，适合突发式的计算机数据，如图 7-2 所示。

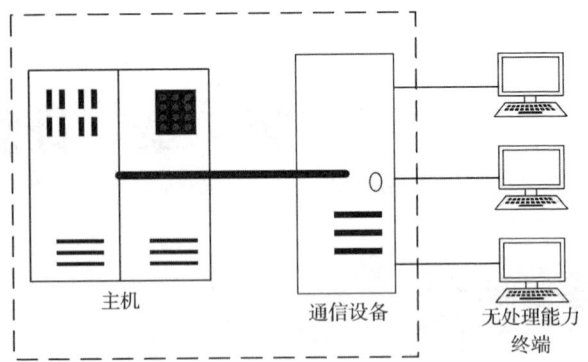

图 7-1　面向终端的计算机网络

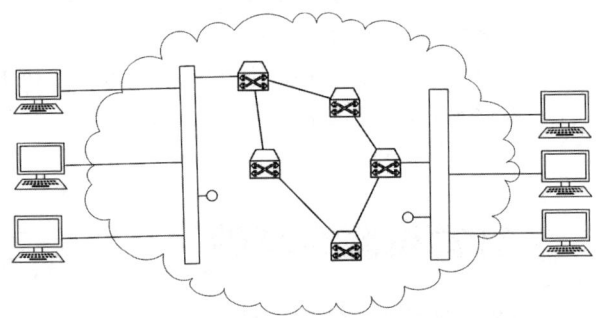

图 7-2　面向通信子网的计算机网络

最早面向通信子网的计算机网络是 20 世纪 60 年代末组建的 ARPA 网（Advanced Research Projects Agency Network，ARPANET），ARPANET 中采用的许多网络技术如分组交换、路由选择等，至今仍在使用。ARPANET 是 Internet 的前身，标志着计算机网络的兴起。

3. 面向标准化的计算机网络

随着大量厂商和公司独立研制自己的网络系统并提供相应服务，计算机网络得到一定的发展与应用，但弊病也随之暴露出来。由于各公司研制的网络系统没有统一标准，网络与网络之间无法实现互连互通。20 世纪 70 年代末，国际标准化组织（International Standards Organization，ISO）成立了专门的工作组研究计算机网络体系结构的标准及国际标准化协议。1984 年 ISO 正式颁布了"开放系统互连参考模型"（Open System Interconnection / Reference Model，OSI/RM），简称 OSI 参考模型。OSI 参考模型将网络划分为 7 层，也称为"OSI 七层模型"，见表 7-1。

表 7-1　OSI 参考模型的划分

层数	OSI 参考模型	各层解释
第七层	应用层	为网络应用程序提供服务
第六层	表示层	处理数据格式和数据加密
第五层	会话层	建立、维护、管理会话

(续)

层数	OSI 参考模型	各层解释
第四层	传输层	建立主机端到端的连接
第三层	网络层	寻址和路由选择
第二层	数据链路层	提供介质访问和链路管理
第一层	物理层	比特流传输

标准化最大的优点是开放性，各厂商必须按制定的标准来生产计算机相关设备。用户在组装计算机时，不必局限于一家公司的产品，而是可以自由地选购兼容产品。标准化的制定与实施，不仅促进了企业竞争，而且大大加速了计算机网络的发展。从此，计算机网络应用越来越广泛和深入，为社会带来巨大的工作效率和经济效益。

4. 面向全球互联的计算机网络

20 世纪 90 年代以来，随着信息高速公路计划的提出与实施，计算机网络在地域、用户、功能和应用等方面不断拓展，极大地促进了计算机网络技术的迅猛发展。这个阶段的计算机网络，其主要特点是综合化和高速化，如图 7-3 所示。

综合化是指采用交换的数据传送方式将多种业务综合到一个网络中完成，例如，它不但可以传输数据，还可以传输图

图 7-3 面向全球互联的计算机网络

像、声音、影像等多媒体信息，多网（电话网、有线电视网和数据网等）融合已成为一个重要的发展方向。高速化是指传输数据的速率得到极大提高，早期的以太网其数据速率只有 10Mbps。而目前，速度达 100Mbps/1000Mbps 的以太网已相当普及，速度再提高十倍达 Gbps 的产品也已面世。

5. 中国计算机网络发展

20 世纪 80 年代，为了传输大型科学实验产生的数据和信息以便沟通和交流，中国科学院高能物理研究所开始着手研究建立网络通信。1993 年，高能物理研究所建设了中国第一条 64K 国际计算机网络专线。1994 年，中国全功能接入国际互联网，第一个万维网服务器创建，并推出中国第一个网站"中国科技网"，成为当时亚洲少数几个网站之一。1996 年，中国计算机网络开始向全社会提供商业化服务，从此中国计算机网络迅速发展。根据中国互联网络信息中心（China Internet Network Information Center，CNNIC）发布的《中国互联网络发展状况统计报告》，截至 2022 年 6 月，中国网民规模为 10.51 亿，互联网普及率达 74.4%。

中国计算机网络的 4 大骨干网包括中国科技网（China Science and Technology Network，CSTNET）、中国教育和科研计算机网（China Education and Research Network，CERNET）、中国公用计算机互联网（China Network，CHINANET）和中国金桥信息网（China Golden Bridge Network，CHINAGBN）。其中，CSTNET 和 CERNET 主要为科研、教育提供非营利性的网络服务，而 CHINANET 和 CHINAGBN 为公众提供经营性的网络服务。

(1) 中国科技网

1989 年 8 月，中国科学院承担了中国科技网前身"中关村教育与科研示范网络"（NCFC）的建设工作。1994 年 4 月，NCFC 率先与 NSFNET 直接互联，实现了中国与国际全功能网络连接，标志着我国最早的国际互联网络的诞生。1995 年 12 月，中国科学院百所联网工程完成，1996 年 2 月，中国科学院决定正式将以 NCFC 为基础发展起来的中国科学院院网（CASNET）命名为"中国科技网"。

CSTNET 以中国科学院科学研究活动信息化和科研活动管理信息化为建设目标，先后承担了中国科学院"百所"联网、中国科学院网络升级改造等近百项网络工程的建设以及国家"863"计算机网络和信息管理系统、网络流量计费系统和网络安全系统等项目的开发，并负责中国科学院视频会议系统、邮件系统的建设和维护。

(2) 中国教育和科研计算机网

中国教育和科研计算机网（CERNET）是由国家投资建设、教育部负责管理，并由清华大学等高等学校承担建设和管理运行的全国性学术计算机互联网络，实现校园间的计算机联网和信息资源共享。CERNET 分 4 级管理，分别是全国网络中心、地区网络中心与地区主节点、省教育科研网和校园网。全国网络中心设在清华大学，负责全国主干网运行管理。

CERNET 见证了互联网进入中国的发展历程，支撑了我国教育和科研重大应用，培养了大批互联网创新人才，确立了我国在国际学术互联网的重要地位，开始在互联网技术创新中实现突破，推动了我国互联网领域的科技创新和产业发展。2022 年 9 月 CERNET 和中国电信在北京开通 100G 纯 IPv6（下一版本的互联网协议）互联线路，开创了两个大型骨干网通过下一代互联网 IPv6 单栈直接互联的先河，这也是国际运营商之间以纯 IPv6 进行互联互通并支持"IPv4 即服务"的首个案例，在国内外树立了 IPv6 发展新标杆。

(3) 中国公用计算机互联网

中国公用计算机互联网（CHINANET，ChinaNet）是中国第一个由国人自己设计、建设及运营管理的大型公用计算机互联网，是以传输控制协议/网络协议技术覆盖全国所有省份，以提供公共服务为主要目的，实现用户全透明漫游和统一中英文用户界面的大型数据通信网络。

CHINANET 以现代化的中国电信为基础，凡是电信网通达的城市均可通过 CHINANET 接入并享用网络服务。CHINANET 骨干网的拓扑结构分为核心层和大区层，其中核心层由北京、上海、广州、沈阳、南京、武汉、成都和西安八个城市的核心节点组成，提供与国际网络互联，以及大区之间的信息交换通路。北京、上海、广州三个核心层节点各设两台国际出口路由器与国际互联网相连。

(4) 中国金桥信息网

中国金桥信息网（CHINAGBN，ChinaGBN），也称作国家公用经济信息通信网，是中国国民经济信息化的基础设施，是建立金桥工程的业务网，并且支持金关、金税、金卡等"金"字头工程的应用。金桥工程为国家宏观经济调控和决策服务，同时也为经济和社会信息资源共享和建设电子信息市场创造条件。

中国金桥信息网以卫星综合数字网为基础，以光纤、微波和移动通信等为辅助，形成空地一体的网络结构。连接国务院、各部委专用网，与各省市、大中型企业以及国家重点工程联结的国家公用经济信息通信网，可传输数据、话音、图像等，以电子邮件、电子数据交换为信息交换平台，为各类信息的流通提供物理通道。中国金桥信息网已形成全国骨干网、省网和城域网 3 层网络结构，覆盖城市超过 100 个。

7.1.2 计算机网络分类

计算机网络的分类方法很多，可以从不同的角度对计算机网络进行分类，下面介绍几种常见的分类方法。

1. 按拓扑结构分类

拓扑是指网络物理或逻辑布置的方式，两个或两个以上的设备连接到一条链路上，两条以上的链路形成网络拓扑。网络拓扑是所有链路和连接的所有设备互相之间关系的几何表示。计算机网络共有 5 种基本网络拓扑：星型拓扑、总线型拓扑、环型拓扑、树型拓扑和网状拓扑。

（1）星型拓扑

星型拓扑由中央节点与各个节点连接组成，如图 7-4 所示。星型拓扑不允许设备之间的直接通信。如果一个设备希望向另一个设备发送数据，它先将数据发送到中央节点，再由中央节点把数据转发给相应的设备。

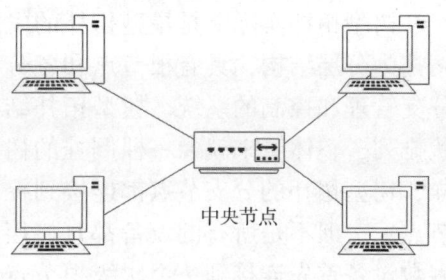

图 7-4　星型拓扑

星型拓扑结构的优点：结构简单，安装容易，便于维护和管理。如果一条链路失效，只有该链路受到影响，其他链路仍保持正常工作。故障检测和故障隔离相对容易。只要中央节点还正常工作，就可以通过中央节点来监视链路状态和旁路失效的链路。

星型拓扑结构的缺点：共享能力较差、通信线路利用率不高。由于中央节点负担较重，容易形成系统的"瓶颈"，因此中央节点的正常运行对网络系统来说至关重要。

（2）总线型拓扑

用一条称为总线的中央主电缆，将节点依次线性连接的布局方式称为总线型拓扑，如图 7-5 所示。总线型拓扑结构是一种共享通路的物理结构，这种结构中总线具有信息的双向传输功能。

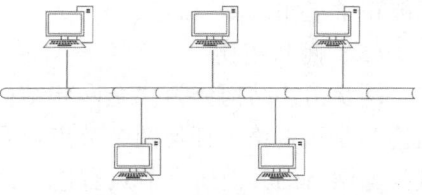

图 7-5　总线型拓扑

总线型拓扑结构的优点：结构简单灵活，建网容易，扩充或删除一个节点很容易，便于扩充，可靠性高，节点的故障不会殃及整个系统。

总线型拓扑结构的缺点：故障隔离和重新配置困难。主干总线对网络起决定性作用，在总线上的故障或断裂将影响整个网络的传输。另外，总线长度有一定限制，一条总线只能连接一定数量的节点。

（3）环型拓扑

环型拓扑中，各节点通过环路接口连在一条首尾相连的闭合环形通信线路中，信号会沿着环型信道按一个方向传播，如图 7-6 所示。环路上任何节点均可请求发送信息。请求一旦被批准，节点便可向环路发送信息。由于环线公用，一个节点发出的信息必须穿越环中所有的环路接口。信息流中目的地址与环上某

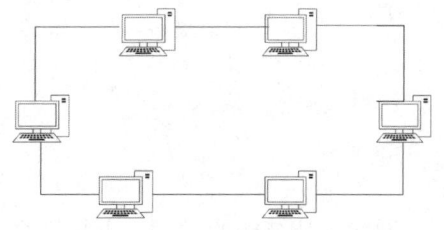

图 7-6　环型拓扑

节点地址相符时,信息被该节点的环路接口接收。而后信息继续流向下一环路接口,直到返回发送该信息的环路接口节点为止。环型拓扑适用于实时控制的局域网系统。

环型拓扑结构的优点:相对容易安装和重新配置,费用较低,电缆故障容易查找和排除。由于每个设备只与它在逻辑上或空间上直接相邻的设备相连,加入或删除一个设备只需要改动两条连接。故障隔离也很简单。因为信号不停在环中循环,当设备在一段特定的时间后没有收到信号,就可发警报提示网络管理员故障的存在和位置。

环型拓扑结构的缺点:节点过多时传输效率低,扩充不方便。在一个简单的环形拓扑结构网络中,一个故障就能使整个网络瘫痪。不过这一缺陷可通过引入双环或可对故障进行旁路的开关进行弥补。

(4) 树型拓扑

树型拓扑实际上是星型拓扑的发展和补充。树型拓扑为分层结构,具有根节点和各分支节点,适用于分支管理和控制的系统。树型拓扑结构中,节点呈树状排列,整体看来就像一棵倒挂的树。与星型拓扑一样,树型拓扑的分支节点都连接到控制网络流量的根节点上。但不是所有的设备都直接接入根结点。绝大多数设备首先连接到一个次级根节点上,再由次级根节点连接到根节点上,如图7-7所示。

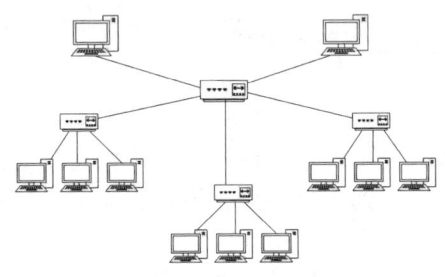

图7-7 树型拓扑

树型拓扑结构的优点:可靠性强、容易扩展、故障也容易分离处理,具有一定容错能力,便于广播式工作。树型拓扑允许更多的设备连接到中央节点,增加了信号在设备间的传输距离。允许网络隔离不同计算机的通信,可为不同计算机设定通信的优先级。

树型拓扑结构的缺点:网络对根节点的依赖性很大,一旦根节点发生故障,整个系统都不能正常工作。

(5) 网状拓扑

网状拓扑结构分为"全网状结构"(图7-8a)和"半网状结构"(图7-8b)。"全网状结构"是指网络中任何两个节点都是相互连接的。"半网状结构"是指网络中并不是每个节点都与网络的其他所有节点有连接,可能只是一部分节点间有互联。

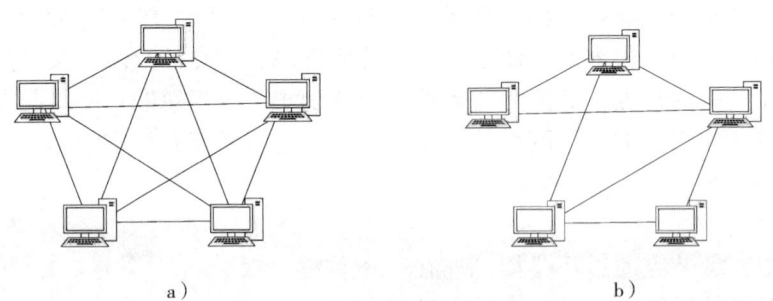

图7-8 网状拓扑
a) 全网状结构 b) 半网状结构

网状拓扑结构的优点:可靠性高、资源共享方便、通信效率高。首先使用专用链路使得设备之间的数据负载由专门的连接承担,避免了共享链路中的交通量问题。其次网状拓扑具有健壮性。当一条链路不可用时，并不会使整个网络瘫痪。再次具有私有性或者安全性。当每个消息都经由专有线路传输时，只有预期的接收者才能接收到该信息，物理边界防止了其他用户获取该消息。最后点到点的连接使故障检测和故障隔离十分容易。网络流量可以选择避开有问题的链路的路由，网络管理员就能发现故障的精确位置，有助于发现故障原因和找出解决方案。

网状拓扑结构的缺点：安装和重新配置困难，冗余链路增加了成本。由于每个设备必须和其他所有设备都有链路相连，安装和配置相对更复杂，安装场所受到限制，连接链路的硬件费用高。因此，网状拓扑通常只在有限的方式下使用。

2. 按传输介质分类

随着通信技术的发展，网络的传输介质不断发生变化。目前计算机网络的传输介质有双绞线（Twisted Pair，TP）、同轴电缆（Coaxial Cable）、光纤（Optical Fiber，OF）、无线电波（Airwave）、红外线（Infrared Ray）和微波（Microwave）等，其中通过双绞线、同轴电缆和光纤所连接的网络称为有线网络；而通过红外线、微波等连接的网络，称为无线网络。

（1）有线网络

有线网络采用有线传输介质作为通信介质。图 7-9 是典型有线网络示意图。通常来说，安装有线网络的过程较为复杂烦琐，除了要布置大量的网线和网线接头，后期的维护费用相对较高。

目前常用的有线传输介质包括双绞线、同轴电缆和光纤等。双绞线是一种常用于数据传输和网络连接的电缆，由 8 根不同颜色的线分成 4 对绞合在一起，可以减

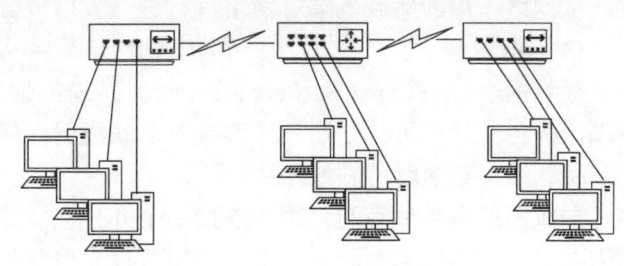

图 7-9 有线网络示意图

少电磁干扰以及传输信号时的串扰干扰，提高数据传输的稳定性和质量。双绞线通常应用于家庭和办公室的局域网、视频和音频系统等。双绞线具有价格便宜、安装方便和灵活等优点，同时也包括信号易被干扰及传输距离短等缺点。

同轴电缆是指有两个同心导体，而导体和屏蔽层又共用同一轴心的电缆。同轴电缆一般由 4 层物料造成：最内里是一条导电铜线，线的外面有一层塑胶围拢，绝缘体外面又有一层薄的网状导电体，最外层是绝缘物料。同轴电缆应用于有线电视传播、长途电话传输、局域网等场景。它具有安装方便的优点，但同轴电缆体积大，传输率和抗干扰能力一般，传输距离较短。

光纤是光导纤维的简写，是一种由玻璃或塑料制成的纤维，可作为光传导工具。光纤主要用于网络的主干部分，具有传输距离长、传输率高、抗干扰能力强和扩容便捷等优点。缺点是发光源被限制在低功率，材质相对脆弱，安装技术要求高。

（2）无线网络

无线网络，是指无须布线就能实现各种通信设备互联的网络。无线网络技术涵盖的范围很广，既包括允许用户建立远距离无线连接的全球语音和数据网络，也包括为近距离无线连接进行优化的红外线及射频技术。无线网络普遍和电信网络结合在一起，不需要电缆即可在节点之间相互链接。目前流行的无线通信介质包括无线电波、微波和红外线等，如图 7-10

所示为典型无线局域网示意图。

与有线网络相比，无线网络的主要特点是消除了有线网络的局限性，使人们更自由地使用网络。无线网络伴随着笔记本计算机、智能手机等便携式设备的日益普及而产生和发展，是未来网络的发展方向之一。

无线网络通过发射无线电波来传递网络信号，在一定空间内，无须布设大量网线，只用安装一个无线网络发射设备。无线网络可移动性强，只要处于无线网络设备发射的范围之内，人们就可利用相应的接收设备实现网络连接，极大地摆脱了空间和时间方面的限制。无线网络设备安装简易、成本低廉、扩展性相对较强，可更加便捷地实现网络配置与扩展。用户使用无线网络更加高效和便捷，不仅扩展了使用网络的空间范围，还提升了网络的使用效率，降低了网络前期安装和后期维护的成本费用。

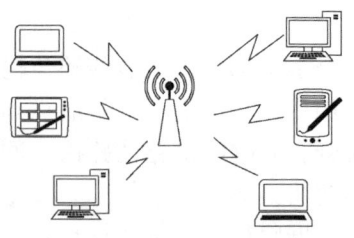

图 7-10　无线局域网示意图

3. 按覆盖的地域范围分类

从网络作用的地域范围对网络进行分类，可以分为局域网、城域网和广域网 3 大类。

（1）局域网

局域网（Local Area Network，LAN），是局部地区形成的一个区域网络。局域网将有限范围内的各种计算机、终端与外部设备互联成网。局域网技术发展迅速，应用日益广泛，是计算机网络中最活跃的领域之一。

局域网通常是私有的，用于连接一个办公室、建筑物或是一个单位内的设备。根据机构的需要和使用的技术不同，一个局域网可以简单到只由家庭、办公室的两台个人计算机和一台打印机组成，也可以衍生到整个公司范围并包括语音、视频等外围设备。当前局域网通常限于较小的地理区域内，一般不超过 10 公里。

局域网组建简单灵活，使用方便，相对其他网络传输速度更快，性能更稳定，框架简易，并且具有封闭性，这也是很多机构选择组建局域网的一个重要原因。

（2）城域网

城域网（Metropolitan Area Network，MAN），是为将网络覆盖范围延伸到整个城市而设计的计算机网络，目标是要满足几十公里范围内的大量企业、机关、公司的多个局域网互联的需求，以实现大量用户之间的数据、语音、图形与视频等多种信息的传输功能。在一个大型城市或都市地区，一个城域网通常连接着多个局域网。由于光纤连接的引入，使城域网中高速的局域网互联成为可能。

城域网的典型应用即为宽带城域网，就是在城市范围内，以 IP 和 ATM 电信技术为基础，以光纤作为传输媒介，集数据、语音、视频服务于一体的高带宽、多功能、多业务接入的多媒体通信网络。例如，连接政府机构的局域网、医院的局域网、电信的局域网和公司企业的局域网等。

（3）广域网

广域网（Wide Area Network，WAN），也称为远程网。广域网提供进行长距离数据、语音、图片和视频传输的功能。它所覆盖的地理范围从几十公里到几千公里，可以是一个国家、地区，或横跨几个洲，甚至是整个世界。广域网分为通信子网与资源子网两部分，主要是由一些节点交换机和连接这些交换机的链路组成。节点交换机执行"将分组存储转发"

的功能。广域网的链路一般分为主干和末端用户线路,根据末端用户线路和广域网类型的不同,有多种接入广域网的技术,并提供各种接口标准。

与覆盖范围较小的局域网相比,广域网的特点在于,覆盖范围广,通常采用网状拓扑结构。广域网通常使用高速光纤作为传输介质,主干带宽大,但提供给单个终端用户的带宽小。由于数据传输距离远,广域网往往要经过多个网络设备转发,延时较长,管理与维护相对困难。以我国为例,广域网包括公用电话网、公用分组交换数据网等。

7.1.3 计算机网络设备

不论是局域网、城域网还是广域网,在物理上通常都是由网卡、网线、路由器、交换机和防火墙等网络连接设备与传输介质组成的。

网卡是一块用来允许计算机在网络上进行通信的硬件,它可以通过电缆或无线相互连接,分别对应有线网卡和无线网卡,如图 7-11a、b 所示。每一个网卡都有一个被称为物理地址的独一无二的 48 位串行号,它被写在卡上的一块存储器中,如图 7-12 所示。物理地址也称为 MAC 地址(Media Access Control Address),在 OSI 模型中,第三层网络层负责 IP 地址,第二层数据链路层则负责 MAC 地址。MAC 地址用于在网络中唯一标示一个网卡,一台设备若有一个或多个网卡,则每个网卡都需要有一个唯一的 MAC 地址,没有任何两块被生产出来的网卡拥有同样的 MAC 地址。

图 7-11 网卡
a) 有线网卡 b) 无线网卡

图 7-12 物理地址

网线,是从一个网络设备(例如计算机)连接到另外一个网络设备传递信息的介质,是网络的基本构件,如图 7-13 所示。在常用的局域网中,使用的网线也有多种类型。在通常情况下,一个典型的局域网不会使用多种不同种类的网线来连接网络设备,而在大型网络或者广域网中为了把不同类型的网络连接在一起就会使用不同种类的网线。在众多种类的网线中,需根据网络拓扑结构、网络结构标准和传输速度,选择具体的网线类型。

图 7-13 网线

路由器(Router)是连接网络中各局域网、广域网的设备,如图 7-14 所示。它会根据信道的情况自动选择和设定路由,以最佳路径按前后顺序发送信号。路由器是互联网络的枢纽,分为有线路由器和无线路由器,或者兼而有之。目前路由器已经广泛应用于各行各业,各种不同档次的产品已成为实现各种骨干网内部连接、骨干网间互联,以及骨干网与互联网互联互通业务的主力军。

交换机(Switch)是一种用于电信号转发的网络设备,如图 7-15

图 7-14 路由器

所示。通过 MAC 地址寻址，它可以为接入交换机的任意两个网络节点提供独享的电信号通路。最常见的交换机是以太网交换机，其他常见的还有电话语音交换机、光纤交换机等。

图 7-15　交换机

防火墙设备，由软件和硬件设备组合而成，位于内部网和外部网之间，帮助计算机网络在内、外网之间构建一道相对隔绝的保护屏障，如图 7-16 所示。安装有防火墙的网络，流入流出的所有网络通信和数据包均要经过此防火墙，从而保护内部网免受非法用户的侵入。防火墙主要由服务访问规则、验证工具、包过滤和应用网关 4 个部分组成。

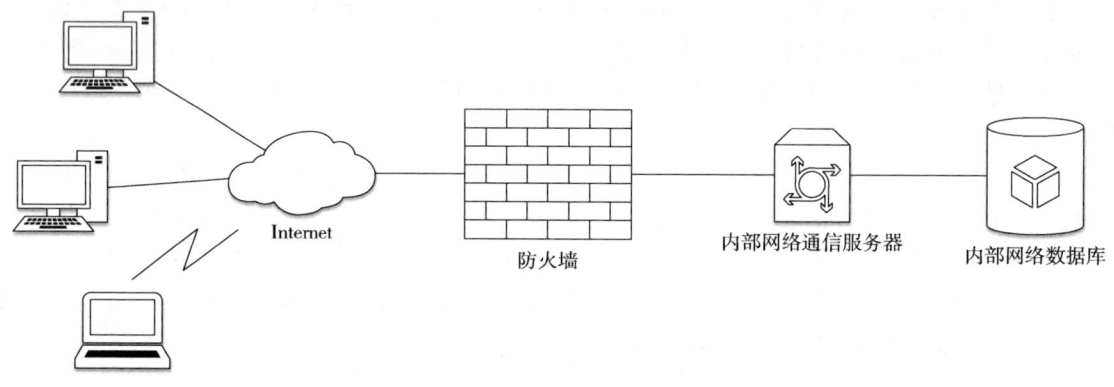

图 7-16　防火墙示意图

7.2　Internet 基础

Internet 是指网络与网络之间所串连成的庞大网络，中文正式译名为因特网，又叫作国际互联网。因特网是利用通信设备和线路，将全世界不同地理位置的功能相对独立的数以千万计的计算机系统互联起来，以功能完善的网络软件（网络通信协议、网络操作系统等）实现网络资源共享和信息交换的数据通信网。因特网是全球网络，一旦计算机连接到它的任何一个节点上，就意味着已经连入因特网。

因特网为用户提供计算机网络资源的同时，还提供了友好的网络访问方式，使计算机工具、网络技术和信息资源不再仅仅限制为科学家和工程师等专业人员所使用。因特网已经成为当今社会最实用的工具之一，改变了人们的工作与生活方式。目前因特网用户已经遍及全球，超过几十亿人。

7.2.1　Internet 的发展

Internet 是在 ARPANET 的基础上经过不断发展变化而形成的，Internet 的起源主要可分为以下几个阶段。

1. Internet 的雏形阶段

在 Internet 正式形成之前，已经建立了以 ARPANET 为主的国际网。因此在发展 Internet 时，沿用了 ARPANET 的技术和协议，人们普遍认为这就是 Internet 的雏形。

2. Internet 的发展阶段

1985 年，美国国家科学基金会（National Science Foundation，NSF）开始建立 NSFNET。NSF 规划建立了 15 个超级计算中心及国家教育科研网，用于支持科研和教育的全国性规模的计算机网络 NSFNET，并以此作为基础，实现同其他网络的连接。NSFNET 成为 Internet 上主要用于科研和教育的主干部分，代替了 ARPANET 的骨干地位。1989 年 MILNET（由 AR-PANET 分离出来）实现和 NSFNET 连接后，就开始采用 Internet 这个名称。自此以后，其他部门的计算机网相继并入 Internet，ARPANET 宣告解散。

3. Internet 的商业化阶段

20 世纪 90 年代初，商业机构开始进入 Internet，使 Internet 开始了商业化的新进程，也成为 Internet 大发展的强大推动力。1995 年，NSFNET 停止运作，Internet 彻底商业化。这种把不同网络连接在一起的技术的出现，使计算机网络的发展进入一个新的时期，形成由网络实体相互连接而构成的超级计算机网络，人们把这种网络形态称为 Internet（互联网络）。

Internet 商业化以后，已经成为人们的日常所需。截至 2021 年年底，全球上网人口达到 49 亿，大约占全球人口的 63%。全球 47 个国家的数字经济增加值规模达到 38.1 万亿美元，同比名义增长 15.6%。中国数字经济规模达到 45.5 万亿元，占 GDP 比重达到 39.8%。

而今，随着计算机和网络技术的快速发展，Internet 正朝着移动化、万物互联和智能化的方向前进。

7.2.2 TCP/IP 协议

计算机网络由许多具有信息交换和处理能力的节点互连而成，要使整个网络有条不紊地工作，则要求每个节点必须遵守一些事先约定好的有关数据格式及时序等规则。协议是通信双方为了实现通信而设计的约定或通话规则。这些为实现网络数据交换而建立的规则、约定或标准就称为网络协议（Network Protocol）。

传输控制协议/网络协议（Transmission Control Protocol / Internet Protocol，TCP/IP），是 Internet 最基本的协议。TCP/IP 定义了电子设备如何连入因特网，以及数据在它们之间传输的标准。不同厂家生产的不同型号计算机，运行不同的操作系统，但通过 TCP/IP 协议族可以实现它们之间互联互通。

TCP/IP 起源于 20 世纪 60 年代末的一个分组交换网络的研究项目，到 20 世纪 90 年代已发展成为计算机之间最常应用的组网形式。它是一个真正的开放系统，被称作 Internet 的基础。

1. TCP/IP 的 4 个层次

网络协议通常分不同层次进行开发，每一层分别负责不同的通信功能。TCP/IP 是一个协议族，是一组不同层次上的多个协议的组合。

传统的开放式系统互联参考模型 OSI，是一种通信协议的 7 层抽象的参考模型，其中每一层执行某一特定任务。该模型的目的是使各种硬件在相同的层次上相互通信。而 TCP/IP 协议并不完全符合 OSI 的 7 层参考模型，TCP/IP 采用了 4 层的层级结构，每一层都呼叫它的下一层所提供的网络来完成自己的需求。TCP/IP 的 4 个层次分别为：网络接口层、网络层、传输层和应用层，对应 OSI 结构见表 7-2。

(1) 网络接口层

网络接口层是实现网卡接口的网络驱动程序，处理数据在物理媒介（以太网、令牌环等）上的传输，常用协议包含地址解析协议（Address Resolution Protocol，ARP），逆地址解析协议（Reverse Address Resolution Protocol，RARP），实现了 IP 地址和物理地址间的相互转换（IP 地址的概念将会在下一小节具体介绍）。网络层使用 IP 地址寻找机器，而数据链路层使用物理地址寻找机器，当网络层需要使用数据链路层提供的服务时，必须把 IP 地址转换为物理地址，这就用到了 ARP 协议。RARP 协议仅用于网络上某些无盘工作站，因为缺乏存储设备，无盘工作站无法记住自己的 IP 地址，需要利用网卡上的物理地址来查询自身的 IP 地址。

表 7-2 TCP/IP 结构对应 OSI 结构

TCP/IP	OSI
应用层	应用层
	表示层
	会话层
传输层	传输层
网络层	网络层
网络接口层	数据链路层
	物理层

(2) 网络层

网络层实现数据包的选路和转发，WAN 使用多级路由器连接分散的主机或 LAN，两台主机一般不是直接相连的，而是通过多个中间节点（路由器）连接。网络层的任务就是选择这些中间节点，确定两台主机之间的通信路径。同时网络层对上层协议隐藏了网络拓扑连接的细节，使得在传输层和网络应用程序来看，通信的双方是直接相连的。

IP 协议是网络层上的主要协议，同时被 TCP 和 UDP 使用。TCP 和 UDP 的每组数据都通过端系统和每个中间路由器中的 IP 层在互联网中进行传输。IP 协议使用逐跳方式确定通信路径，根据数据包的目的 IP 地址来决定如何投递它。如果数据包不能直接发送给目的主机，那么 IP 协议就为它寻找合适的下一跳路由器，并将数据包交付给路由器转发。多次重复该过程最终将数据包送达目的地址，如果发送失败则被丢弃。

因特网控制报文协议（Internet Control Message Protocol，ICMP），是 IP 协议的重要补充，用来与其他主机或路由器交换错误报文和其他重要信息。

(3) 传输层

传输层为两台主机上的应用程序提供端到端的通信，只关心通信的起始端和目的端，不在乎数据包的中转过程。传输层除了 TCP 协议以外，还有一个重要的协议是用户数据报协议（User Datagram Protocol，UDP）。TCP 和 UDP 都使用 IP 作为网络层协议。

虽然 TCP 使用不可靠的 IP 服务，但它却提供一种可靠的传输层服务。TCP 的应用包括 Telnet、Rlogin、FTP 和 SMTP 等。这些应用通常都是用户进程。

UDP 为应用程序发送和接收数据报。一个数据报是指从发送方传输到接收方的一个信息单元（例如，发送方指定的一定字节数的信息）。但是与 TCP 不同的是，UDP 是不可靠的，它不能保证数据报能安全无误地到达最终目的。UCP 的应用包括 DNS、TFTP 和 BOOTP 等。

(4) 应用层

应用层负责处理应用程序的逻辑，数据链路层、网络层和传输层负责处理网络通信细节，这部分必须既稳定又高效，因此它们都在内核空间中实现。而应用层则在用户空间实现，它负责处理众多逻辑，比如文件传输、名称查询和网络管理等。主要协议包含 Telnet、OSPF、DNS 等。

TCP/IP 协议各层功能如图 7-17 所示：

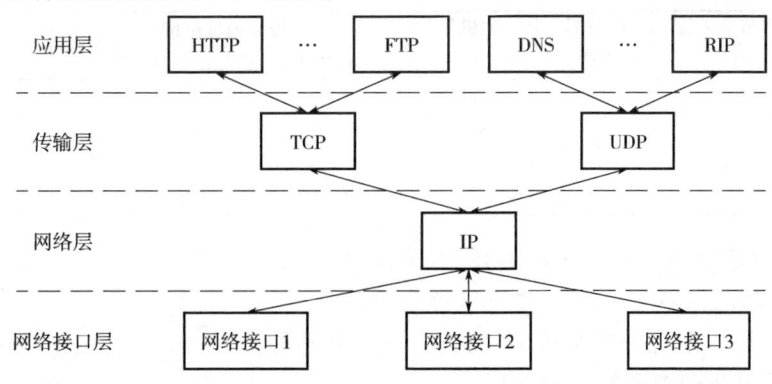

图 7-17　TCP/IP 协议各层功能

2. IP 地址

某个网络上的两台计算机之间在相互通信时，所传送的数据包都会包含某些附加信息，这些附加信息就是发送数据和接收数据的计算机地址。由于不同厂家生产的网络系统（如以太网、分组交换网等）和设备所传送的数据基本单元格式不同，它们之间并不能直接通信。IP 协议是为计算机网络相互连接而设计的协议，规定了计算机在因特网上进行通信时应当遵守的规则。IP 协议实际上是一套由软件程序组成的协议软件，它把各种不同"帧"统一转换成"IP 数据报"格式。这种转换是因特网最重要的特点之一，使得无论什么类型的计算机都能在因特网上实现互联互通。正是因为有了 IP 协议，因特网才得以迅速发展成为世界上最大的、开放的计算机通信网络。因此，IP 协议被称为"因特网协议"。

TCP/IP 协议规定，IP 地址是由 32 位二进制数组成，而且在 Internet 范围内是唯一的。例如，某台连在因特网上的计算机 IP 地址为：

11010010 01001001 10001100 00000010

这些数字显然不太好记忆。为了方便记忆，将组成计算机的 IP 地址的 32 位二进制分成 4 个字节，每个字节 8 位二进制数，中间用圆点隔开，然后将每 8 位二进制转换成十进制数。这样上述 IP 地址就可以用十进制数表示为：

210. 73. 140. 2

这种 IP 地址的表示方法称为"点分十进制"法，每个字节的取值范围是 0～255 之间的十进制整数。

IP 地址由两部分组成，一部分为网络地址（也称为网络号），另一部分为主机地址（也称为主机号）。IP 地址分为 A、B、C、D、E 共 5 类，如图 7-18 所示。它们分别适用于大型网络、中型网络、小型网络、多播（或组播）地址和备用地址。常用的是 B 和 C 两类。

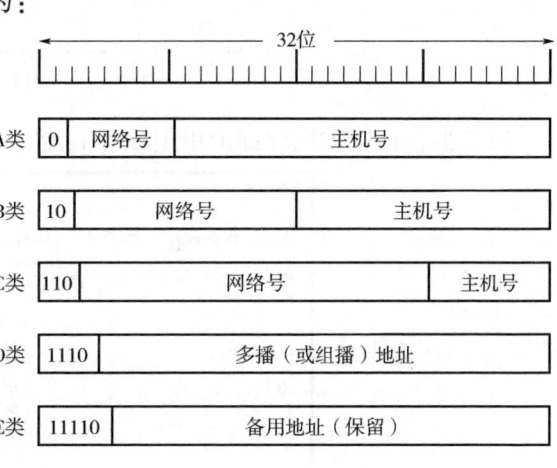

图 7-18　IP 地址的分类

5 类 IP 地址的取值和主机数见表 7-3：

表 7-3 IP 地址的取值和主机数

类别	首字节前 n 位	网络号	主机号	每类地址范围	主机数
A 类	0	7 位	24 位	0.0.0.0 ~ 127.255.255.255	$2^{24} - 2 = 16777214$
B 类	10	14 位	16 位	128.0.0.0 ~ 191.255.255.255	$2^{16} - 2 = 65534$
C 类	110	21 位	8 位	192.0.0.0 ~ 223.255.255.255	$2^{8} - 2 = 254$
D 类	1110	多播地址		224.0.0.0 ~ 239.255.255.255	—
E 类	11110	备用地址		240.0.0.0 ~ 247.255.255.255	—

【提示】表 7-3 中 A、B、C 三类 IP 地址主机数的计算中都有一个减 2 项,是因为全 "0"和全"1"的地址不可分配,作为保留地址。

Windows 10 操作系统查看本机 IP 地址的方法有两种。

方法一:通过命令提示符查看。

第一步,在 Windows 10 系统上,用快捷键"Windows + R"打开"运行"对话框,输入"cmd",如图 7-19 所示。

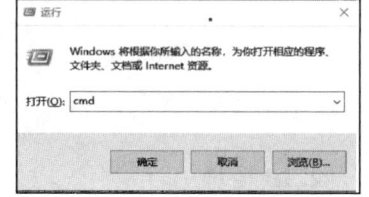

第二步,进去命令提示符之后,输入"ipconfig",按回车键,可以看到计算机的 IP 地址,如图 7-20 所示。

图 7-19 "运行"对话框

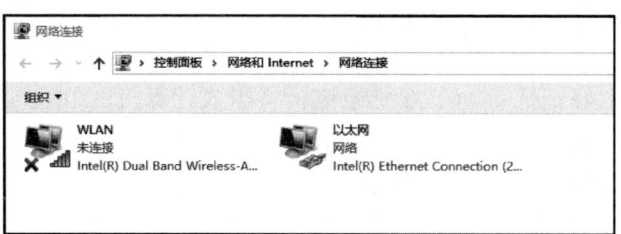

图 7-20 查看 IP 地址

方法二:通过网络状态查看。

第一步,通过 Windows 10 系统的控制面板进入"网络连接"界面,如图 7-21 所示。

图 7-21 "网络连接"界面

第二步,在以太网图标上单击鼠标右键,选择"状态"命令,如图 7-22 所示。

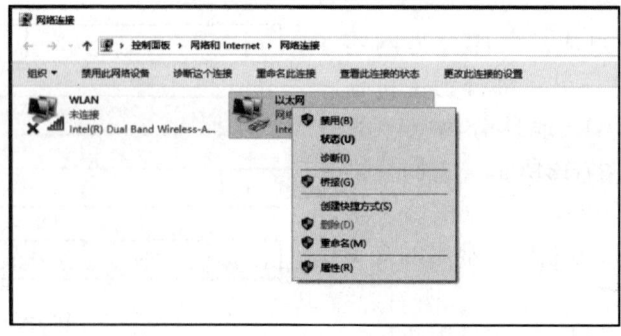

图 7-22 "以太网"快捷菜单

第三步，在"以太网状态"界面，单击"详细信息"，如图 7-23 所示。
第四步，在"网络连接详细信息"界面中查看 IP 地址，如图 7-24 所示。

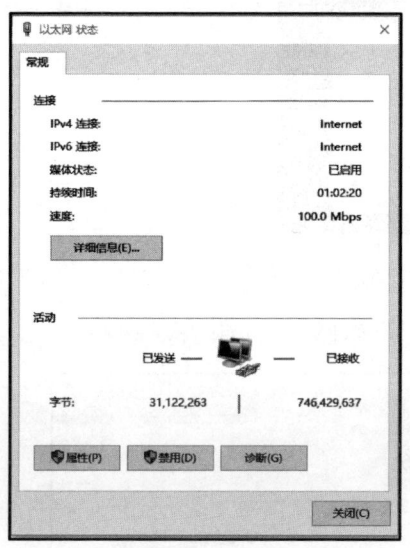

图 7-23　"以太网状态"界面

图 7-24　查看 IP 地址

随着网络技术的不断提高，现在个人计算机一般很少自己设置 IP 地址，而是通过"自动获得 IP 地址"的方式，所以在 Internet 属性里并不能看到具体的 IP 地址，如图 7-25 所示。

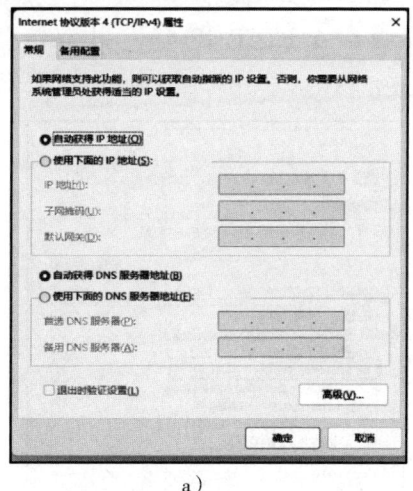

a)

b)

图 7-25　Internet 协议版本 4/6 属性
a）IPv4 属性　b）IPv6 属性

IP 地址的分配，包括手动配置和自动配置两种。
（1）手动配置 IP 地址
手动设置静态 IP 地址可以避免 IP 地址冲突，在计算机数量较少的情况下，可以手动设置静态 IP 地址。下面介绍 Windows 10 环境下手动设置 IP 地址的方法。
步骤一：鼠标右键单击 Windows 10 系统桌面上的"网络"图标，在弹出的快捷菜单上选择"属性",或者双击桌面右下角宽带网络标识,如图7-26所示。

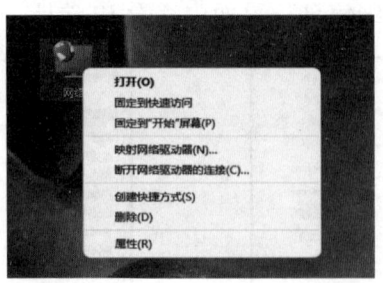

图7-26 桌面"网络"图标鼠标右键菜单

步骤二:单击"网络和共享中心"窗口上的"以太网",如图7-27所示。

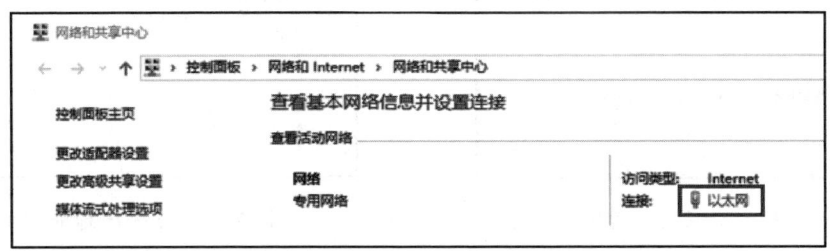

图7-27 "网络和共享中心"窗口

步骤三:单击以太网状态对话框上的"属性",如图7-28所示。

步骤四:在以太网属性上找到"Internet 协议版本 4(TCP/IPv4)"并双击打开,如图7-29所示。

图7-28 以太网状态对话框   图7-29 "以太网 属性"窗口

步骤五:在弹出对话框中勾选"使用下面的 IP 地址"和"使用下面的 DNS 服务器地址"的选项,即设置静态 IP,如图7-30所示。

步骤六:最后根据自己的实际 IP 地址填写,然后单击确定,如图7-31所示。

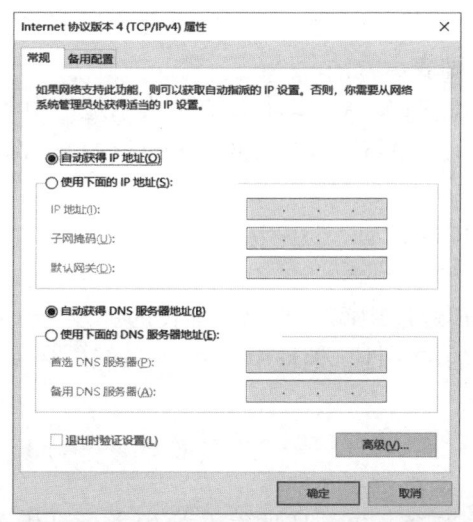 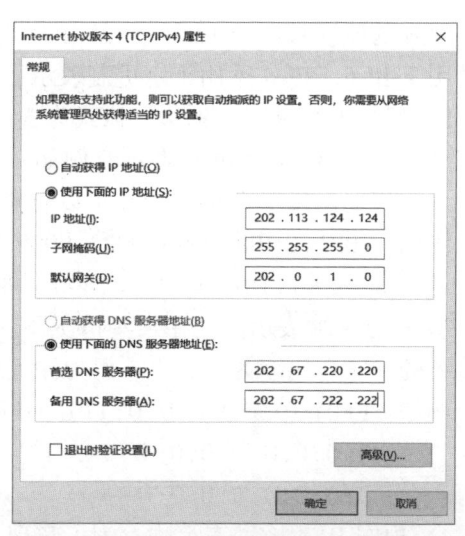

图 7-30　"Internet 协议版本 4（TCP/IPv4）"属性　　　图 7-31　手动配置 IP 地址

（2）自动配置 IP 地址

Windows 10 默认自动配置 IP 地址，如图 7-30 所示。计算机能够自动获取 IP 地址，是因为网络中的动态主机配置协议（Dynamic Host Configuration Protocol，DHCP）服务器进行 IP 地址的自动分配。动态主机配置协议 DHCP 提供了即插即用联网的机制，这种机制允许一台计算机加入新的网络和获取 IP 地址时无须手工参与。需要 IP 地址的主机在启动时就向 DHCP 服务器广播发送发现报文，这时该主机成为 DHCP 客户。本地网络上所有主机都能收到该广播报文，但只有 DHCP 服务器才回答该广播报文。DHCP 服务器首先在其数据库中查找该计算机的配置信息。若找到，则返回找到的信息。若找不到，则从服务器的 IP 地址池中取一个地址分配给该计算机。DHCP 服务器为自动获取 IP 地址的计算机分配 IP 地址的过程，如图 7-32 所示。

目前普遍使用的 IPv4，是网际协议开发过程中的第 4 个修订版本，是互联网的核心，也是第一个被广泛部署的网际协议版本。IPv4 采用 32 位地址长度，理论上有大约 43 亿个地址。然而由于互联网的蓬勃发展，IP 地址的需求量越来越大，IP 地址的发放越来越严格，其数量远远无法满足世界各国对 IP 地址的需求，地址空间的不足必将妨碍互联网的进一步发展。

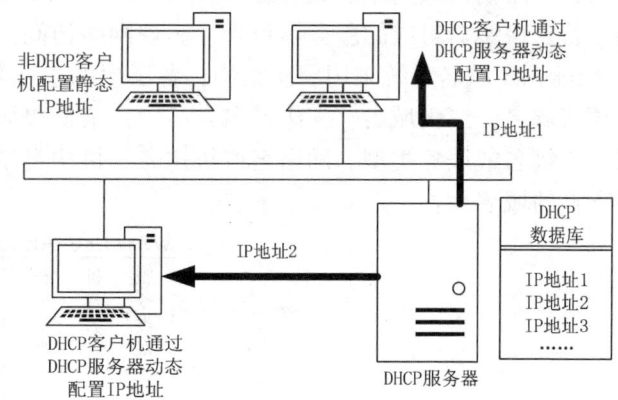

图 7-32　通过 DHCP 服务器获取 IP 地址

IPv6 是下一版本的互联网协议，也被称为下一代互联网协议。它的提出是为了解决 IPv4 定义的有限地址空间即将被耗尽的问题。IPv6 采用 128 位地址长度，几乎可不受限制地提供网络地址。按保守估算，地球上每平方米土地都可分配到 1000 多个 IPv6 地址。除了一劳永逸地解决了地址短缺问题，IPv6 还考虑了 IPv4 中存在的其他问题，主要有端到端 IP 连接、服务质量（Quality of Service，QoS）、安全性、多播和移动性等。

IPv6 的地址长度为 128 位,是 IPv4 地址长度的 4 倍。因此,IPv4 的点分十进制格式不再适用于 IPv6。IPv6 采用十六进制表示,一般有 3 种表示方法。

1) 冒分十六进制表示法。格式为 X:X:X:X:X:X:X:X,其中每个 X 表示地址中的 16 比特(bit),4 位十六进制表示,例如:ABCD:EF01:2345:6789:ABCD:EF01:2345:6789。这种表示法中,每个 X 的前导 0 可以省略。

例如:2001:0DB8:0000:0023:0008:0800:200C:417A
　　　→2001:DB8:0:23:8:800:200C:417A

2) 0 位压缩表示法。在某些情况下,一个 IPv6 地址中间可能包含很长的一段 0,可以把连续的一段 0 压缩为"::"。但为保证地址解析的唯一性,地址中"::"只能出现一次。

例如:FF01:0:0:0:0:0:0:1101→FF01::1101
　　　0:0:0:0:0:0:0:1 → ::1
　　　0:0:0:0:0:0:0:0 → ::

3) 内嵌 IPv4 地址表示法。为了实现 IPv4-IPv6 互通,IPv4 地址嵌入在 IPv6 地址中,此时地址常表示为:X:X:X:X:X:X:d.d.d.d,前 96 位采用冒分十六进制表示,而最后 32 位地址则使用 IPv4 的点分十进制表示,例如::192.168.0.1 与::FFFF:192.168.0.1 就是两个典型的例子,注意在前 96 位中,压缩 0 位的方法依旧适用。

3. DNS 域名系统

域名系统(Domain Name System,DNS)是一种用于 TCP/IP 应用程序的分布式数据库。因特网上的一台主机要访问另外一台主机,首先需获知其地址。虽然因特网上的节点都可以用 IP 地址唯一标识,并可通过 IP 地址被访问,但即使是将 32 位的二进制 IP 地址写成 4 个 0～255 的十位数形式,依然难以记忆。域名与服务器相关,域名系统将一个 IP 地址关联到一组有意义的字符,便于用户记忆,如网站、电子邮件和 FTP 等。当用户访问一个网站的时候,只需输入该网站的域名,计算机网络中的域名服务器会将域名映射到服务器的 IP 地址,找到该域名对应的服务器位置,实现网络访问。

Internet 域名系统采用层次结构,各层次的子域名之间用圆点"."隔开,从右往左分别为顶级域名,二级域名,三级域名,……,最低级域名。典型的域名结构一般由 4 个部分组成:主机名或服务类型.网络名或机构名.机构类型.国家或地区名。例如:北京大学 Web 服务器的域名为:

　　　　　　　　www.pku.edu.cn
　　　　　　　　服　机　机　国
　　　　　　　　务　构　构　家
　　　　　　　　类　名　类　或
　　　　　　　　型　　　型　地
　　　　　　　　　　　　　区
　　　　　　　　　　　　　名

其含义是:Web 服务器.北京大学.教育机构.中国。

域名由因特网域名与地址管理机构(Internet Corporation for Assigned Names and Numbers,ICANN)管理,这是为承担域名系统管理、IP 地址分配、协议参数配置,以及主服务器系统管理等职能而设立的非营利机构。ICANN 为机构类型以及不同的国家或地区设置了相应的域名。

机构类型域名见表 7-4。

表 7-4　机构类型域名

机构类型域名	含义
com	商业组织
edu	教育机构
gov	政府部门
int	国际组织
mil	军事网点
net	网络机构
org	其他组织

国家或地区顶级域名见表 7-5。

表 7-5　国家或地区顶级域名

国家或地区顶级域名	含义	国家或地区顶级域名	含义
cn	中国大陆（内地）	ca	加拿大
au	澳大利亚	es	西班牙
de	德国	hk	中国香港
fr	法国	tw	中国台湾
it	意大利	sg	新加坡
jp	日本	nl	荷兰
uk	英国	us	美国

一个 Web 网站可看作是网络门户，而域名就相当于其门牌地址，通常域名都使用该公司的名称或简称。例如人们常常访问的门户网站，其域名分别是：www.sina.com.cn（新浪）、www.sohu.com（搜狐）、www.163.com（网易）、www.qq.com（腾讯）；再比如某些大学的域名，www.tsinghua.edu.cn（清华大学）、www.bupt.edu.cn（北京邮电大学）。

在 Internet 上只知道某台机器的域名还是不够的，还要有办法去找到域名对应的那台机器。寻找这台机器的任务由网上一种被称为域名服务器的设备来完成，而完成这一任务的过程就称为域名解析。因特网 DNS 采用了层次树状结构，如图 7-33 所示。最上层节点的域名称为顶级域名，第二层节点的域名称为二级域名……，以此类推。

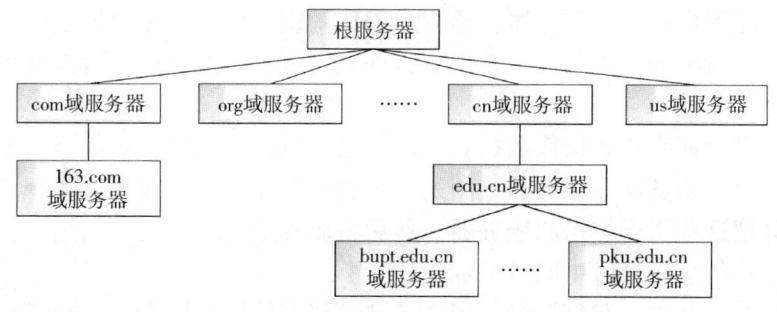

图 7-33　DNS 的层次结构

域名解析就像人们初次拜访一个人一样，要知道被访人家的门牌号，然后按照地址去找。当一台机器 a 向其域名服务器 A 发出域名解析请求时，如果 A 可以解析，则将解析结果发给 a。如果 A 无法解析，A 将向其上级域名服务器 B 发出解析请求。如果 B 能解析，则将解析结果发给 a。如果 B 无法解析，则将请求发给再上一级域名服务器 C……，直至解析到请求域名所对应的机器为止。

7.2.3 网络软件体系结构

虽然软件体系结构已经在软件工程领域中有着广泛的应用，但迄今为止还没有一个被大家所公认的定义。常见的网络软件架构有：C/S、B/S 和 P2P 架构。

1. C/S 架构

客户/服务器架构（Client/Server，C/S），是大家熟知的网络软件体系结构，通过将任务合理分配到服务器端和客户端，降低了系统的通信成本。用户需要安装客户端才可进行管理操作。在 C/S 架构中，服务器端提供数据管理、数据共享、数据及系统维护和并发控制等服务。客户端完成用户的具体的业务，包含一个或多个在用户的计算机上运行的程序。

客户端通过局域网与服务器相连，接受用户的请求，并通过网络向服务器提出请求，对数据库进行操作。

服务器接受客户端的请求，将数据提交给客户端，客户端将数据进行计算并将结果呈现给用户。服务器还要提供完善安全保护及对数据完整性的处理等操作，并允许多个客户端同时访问服务器。

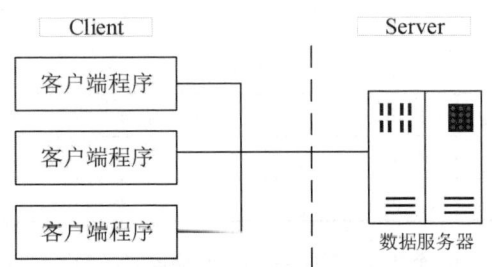

图 7-34　C/S 客户端用户和服务器的交互的工作原理

C/S 架构将需要处理的业务合理地分配到客户端和服务器端，这样可以大大降低通信成本，但是升级维护相对困难。C/S 客户端用户和服务器的交互的工作原理如图 7-34 所示。微信、QQ 的客户端与服务器就都是基于 C/S 架构。

2. B/S 架构

浏览器/服务器架构（Browser/Server，B/S），是当今软件应用的主流模式。在 B/S 架构中，每个节点都分布在网络上，这些网络节点可以分为浏览器端、服务器端和中间件，通过它们之间的链接和交互来完成系统的功能任务。

浏览器端，即用户使用的浏览器，是用户操作系统的接口。用户通过浏览器界面向服务器端提出请求，并对服务器端返回的结果进行处理并展示，通过界面可以将系统的逻辑功能更好地表现出来。

服务器端提供数据服务和操作数据，然后把结果返回中间件，最终显示在系统界面上。

中间件是运行在浏览器和服务器之间的。这层主要完成系统逻辑，实现具体的功能，接受用户的请求并把这些请求传送给服务器，然后将服务器的结果返回给用户，浏览器端和服务器端需要交互的信息是通过中间件完成的。

在 B/S 架构中，用户通过浏览器对许多分布于网络上的服务器进行请求访问，浏览器的请求通过服务器进行处理，并将处理结果以及相应的信息返回给浏览器，其他的数据加工、请求全部都是由 Web Server 完成的，其工作原理如图 7-35 所示。网页版 QQ 就是基于 B/S 架构的。

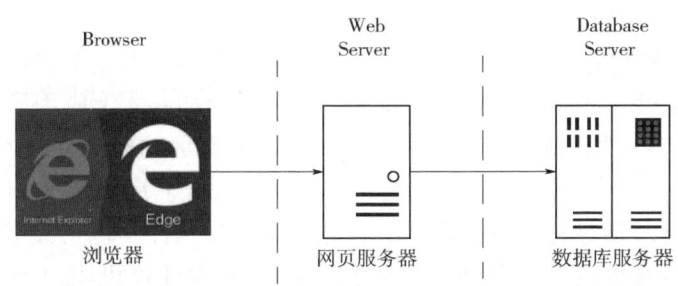

图 7-35　B/S 网络架构

这里需要注意的是，客户端 QQ 和网页版 QQ 的区别。客户端 QQ 是基于 C/S 架构的，因此要先下载好 QQ 客户端，可以在本地处理一些自主问题而无须经过服务器的处理，当用户 A 与用户 B 聊天时，聊天记录经过服务器的指定传送给对方。而网页版 QQ 基于 B/S 架构，直接用浏览器进行网页操作，不需要下载指定登录工具。

3. P2P 架构

无论是 C/S 架构还是 B/S 架构，所有内容与服务都在服务器上，客户向服务器请求内容或服务，客户自己的资源不共享。这种集中式机构面临服务器负载过重、拒绝服务供给、网络带宽限制等难以解决的问题。

P2P 是英文"Peer-to-Peer（对等）"的简称，又被称为"点对点"或者对等连接。"点对点"技术，依赖网络中参与者的计算能力和带宽，而不是把依赖都聚集在较少的几台服务器上。"点对点"连接的方式从本质上看仍然是使用客户服务器方式，只是对等连接中的每一个主机既是客户又同时是服务器。例如主机 C 请求 D 的服务时，C 是客户，D 是服务器。但如果 C 又同时向 F 提供服务，则 C 又同时起着服务器的作用。P2P 架构遵循"我为人人，人人为我"的资源共享思想，可缓解集中式架构的问题，充分利用终端的丰富资源。其工作原理如图 7-36 所示。

应用实例如迅雷下载。用户自己下载的同时，该用户的计算机还要同时做主机上传，这种下载方式，一般来说，同时下载的人越多速度越快。

7.2.4　Internet 应用

Internet 可以提供丰富的信息资源，满足人们的不同需求。进入 Internet 后，人们可以利用其中网络和计算机资源，享受 Internet 提供的各种服务。

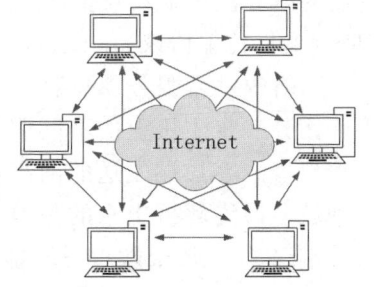

图 7-36　P2P 网络架构

Internet 提供人与人之间进行讨论和交流的渠道。微信、QQ 等即时通信工具，不仅为用户提供聊天、朋友圈、微信支付、公众平台、微信小程序等功能，同时还可以提供生活缴费、直播等服务。Internet 计算机存储的信息则汇成了信息资源的大海洋，信息分布在世界各地的计算机上，以各种可能的形式存在，如文件、数据库、公告牌、目录文档和超文本文档等，而且这些信息还在持续更新和变化中。Internet 还提供计算机系统资源，包括连接在 Internet 上的计算机处理能力、存储空间以及软件工具和软件环境。用户可以通过远程登录到达某台被允许的计算机，像使用自己的计算机一样使用它们。

下面介绍 Internet 的几个常用的应用。

1. 万维网——WWW

万维网（World Wide Web，WWW），简称 Web，是 Internet 上应用最广泛的一种信息发布及查询服务。用户可通过 WWW 实现对其他计算机资源的访问。从技术角度上说，WWW 是 Internet 上支持 WWW 协议和超文本传输协议（HyperText Transfer Protocol，HTTP）的客户端与服务器的集合。通过它可以存取世界各地的超媒体文件，包括文字、图形、声音、动画、资料库及各式各样的内容。现在 WWW 技术已经成为计算机用户不能缺少的一项基本的技术，WWW 的产生对以后的计算机发展有着至关重要的作用。

浏览器是 WWW 服务的客户端浏览程序，万维网和计算机用户主要是通过浏览器来进行"互动"。计算机用户可通过浏览器向万维网（Web）服务器发送各种请求，并对从服务器发来的超文本信息和各种多媒体数据格式进行解释、显示和播放。目前常用的浏览器有 Edge 浏览器、IE 浏览器、360 浏览器和搜狗浏览器等。

统一资源定位器（Uniform Resource Locator，URL）是因特网的万维网服务程序上用于指定信息位置的表示方法。URL 通常被写成如下形式：

应用协议类型://信息资源所在主机名（域名或 IP 地址）:端口号/路径名/…/文件名

应用协议类型告诉浏览器如何处理将要打开的文件。路径部分包含等级结构的路径定义，一般来说不同部分之间以斜线（/）分隔。

HTTP 是一个简单的请求-响应协议，也是 WWW 的支撑协议。它指定了客户端可能发送给服务器什么样的消息以及得到什么样的响应。HTTP 协议使用广泛，但缺少数据的明文传送和消息完整性检测。于是诞生了安全超文本传输协议（HyperText Transfer Protocol Secure，HTTPS）。HTTPS 是以安全为目标的 HTTP 通道，在 HTTP 的基础上加入安全套接层（Secure Socket Layer，SSL），通过传输加密和身份认证保证了传输过程的安全性。如今在大多数浏览器的地址栏只输入网址时，浏览器会自动补上默认的 HTTPS 协议。常用的应用协议还有 FTP（文件传输协议）、Telnet（远程登录）和 FILE（本地文件传输协议）等。

网络中一台服务器只有一个 IP 地址，但一台服务器可提供多个服务，端口号（port）用于区分一个主机上的不同服务。端口号与门牌号码类似，每个 Web 服务都有对应的唯一端口号。客户端发送的网络请求，通过端口号可准确地提交给对应的 Web 服务，进行处理域名最终解析出来的是 IP 地址。常见 HTTP 默认端口 80，HTTPS 默认端口 443，FTP 默认端口 21。每个端口号不能同时被多个 Web 服务占用，在实际应用中，80 端口可以省略。

以 IE 浏览器为例，在浏览器地址栏输入网址：www.baidu.com:443，地址栏自动显示为 https://www.baidu.com//，并登录百度主页，如图 7-37 所示。

注意：Windows 操作系统中，程序在解释 URL 时不区分大小写字母。在浏览器地址栏输入 HTTPS://WWW.BAIDU.COM，浏览器会自动转换显示为 https://www.baidu.com。

图 7-37　使用 IE 浏览器打开网页

2. E-mail——电子邮件

电子邮件（Electronic Mail，E-mail），是一种用电子手段提供信息交换的通信方式，是 Internet 应用最早和最广泛的服务之一。电子邮箱为用户提供交流的电子信息空间，既可以为用户提供发送电子邮件的功能，又能自动地为用户接收电子邮件，同时还能对收发的邮件进行存储。电子邮件可以是文字、图像、声音等多种形式，可以附带文件，还可以获得免费新闻和专题邮件。

电子邮件服务由专门的服务器提供，当用户在电子邮件服务器上申请邮箱时，邮件服务器就会为用户分配一块存储区域，用于对该用户的信件进行处理。这块存储区域就称作信箱。每个信箱都有自己的信箱地址，即 E-mail 地址。用户通过 E-mail 地址访问邮件服务器自己的信箱并处理邮件。以 163 邮箱为例，登录网址：mail.163.com，如图 7-38 所示。

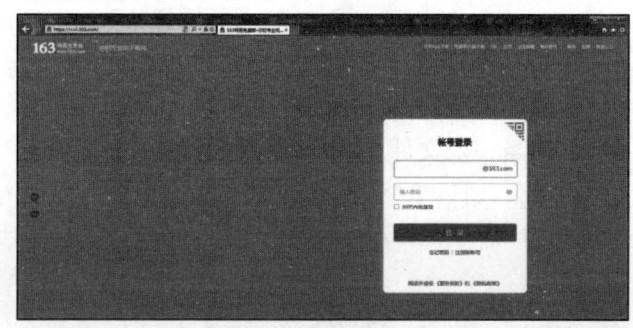

图 7-38　163 邮箱页面

E-mail 格式由 3 部分组成，例如 USER@163.com，第一部分"USER"代表用户信箱的帐号，对于同一个邮件接收服务器来说，这个帐号必须是唯一的；第二部分"@"是分隔符，读作"at"，表示"在"的意思；第三部分"163.com"是用户信箱的邮件接收服务器域名，用以标志其所在的位置。

对于大多数用户来说，一般采用 Web 方式收发邮件，常用的收发邮件操作包括申请邮箱、写邮件和发邮件，以及对收到邮件进行回复、转发和删除处理。

用户打开电子邮箱，单击"收件箱"可查看邮件，单击所选邮件主题即可阅读该电子邮件的内容。单击"收件"按钮，可刷新收件箱，查看最新邮件列表。单击"写信"按钮，打开写邮件界面，如图 7-39 所示。"收件人"处填写对方的 E-mail 地址，如果邮件想发送给多人，可以在收件人处依次写上地址，或通过抄送将邮件抄送给某人。在"主题"和"正

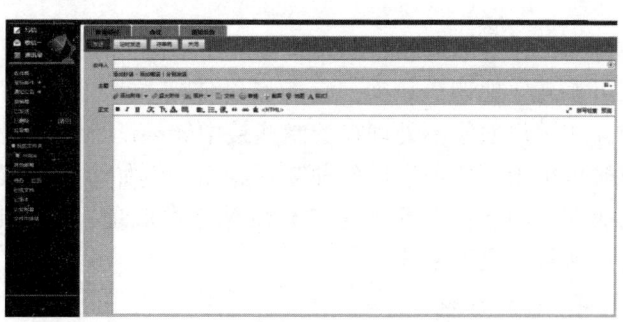

图 7-39　电子邮箱写信界面

文"编辑区可输入编辑邮件的题目和内容。在邮件窗口中单击"添加附件"，可选定需要发送的文件，即可将本地计算机中的文件作为附件插入邮件中。最后单击"发送"按钮，即可将邮件发送到指定收件人的电子邮箱。

3. FTP——文件传输协议

文件传输协议（File Transfer Protocol，FTP）是用于在网络上进行文件传输的一套标准协议。由 FTP 提供的文件传送是将一个完整的文件从一个系统复制到另一个系统中。要使用 FTP，就需要有登录服务器的注册帐号，或者通过允许匿名 FTP 的服务器来使用。

FTP 经常用于"下载"(Download)和"上传"(Upload)网络中的文件。"下载"文件就是从远程主机复制文件至自己的计算机上;"上传"文件就是将文件从自己的计算机中复制至远程主机上。用 Internet 语言来说,用户可通过客户机程序向远程主机上传文件或者从远程主机下载文件。

FTP 采用两个 TCP 链接来传输一个文件。

1)基于客户/服务器(C/S)模型设计。服务器以被动方式等待客户端的连接,客户端则以主动方式建立连接。控制连接始终等待客户端与服务器之间的通信。该连接将命令从客户端传给服务器,并传回服务器的应答。由于命令通常是由用户键入的,所以 IP 对控制连接的服务类型"最大限度地减少延迟"。

2)每当一个文件在客户端与服务器之间传输时,就创建一个数据连接。由于该连接用于传输目的,所以 IP 对数据连接的服务特点是"最大限度提高吞吐量"。

图 7-40 描述了客户端与服务器以及它们之间的连接情况,即文件传输中的处理过程。

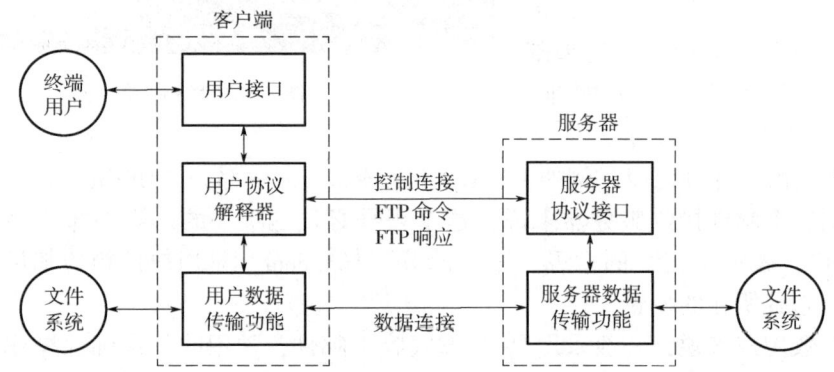

图 7-40 文件传输中的处理过程

FTP 的目标是提高文件的共享性,提供非直接使用远程计算机,使存储介质对用户透明和可靠高效地传送数据。它能操作任何类型的文件而不需要进一步处理。如图 7-40 所示,交互式用户通常不处理在控制连接中转换的命令和应答。这些细节由协议解释器来完成。用户接口按用户所需提供各种交互界面,例如全屏幕菜单选择,逐行输入命令等,并把它们转换成在控制连接上发送的 FTP 命令。类似地,从控制连接上传回的服务器应答也被转换成用户所需的交互格式。

4. 电子商务

电子商务是指利用电子网络进行的商务活动。电子商务包含两个方面的含义:一个是"电子",另一个是"商务",电子商务的核心是"商务","电子"是"商务"的工具和手段,是为了商务的目的而采用的先进手段。电子商务的产生是计算机技术和 Internet 技术发展以及商务应用需求驱动的必然结果。

电商涵盖的范围很广,一般可分为企业对企业(Business-to-Business,B2B)、企业对消费者(Business-to-Consumer,B2C)、消费者对消费者(Consumer-to-Consumer,C2C)三类模式。此外还有消费者对企业(Consumer-to-Business,C2B)、企业对市场营销(Business-to-Marketing,B2M)、生产厂家对消费者(Manufacturers-to-Consumer,M2C)、企业对行政机构(Business-to-Administration,B2A 或 Business-to-Government,B2G)、消费者对行政机构

(Consumer-to-Administration，C2A 或 Consumer-to-Government，C2G)、线上到线下 (Online To Offline，O2O) 等多种电商模式。

电子商务的特点是：
- 高效性：提供给买卖双方进行交易的一种高效的服务方式。
- 方便性：足不出户即可享受到各种消费和服务。
- 安全性：通过技术手段和安全电子交易协议标准来保证。
- 集成性：充分利用原有的信息资源和技术，更加高效地完成企业的生产、销售和客户服务。
- 扩展性：网上的用户数量不断增长，电子商务系统必须要有与其相适应的扩展性。

使用电子商务购物流程如图 7-41 所示：

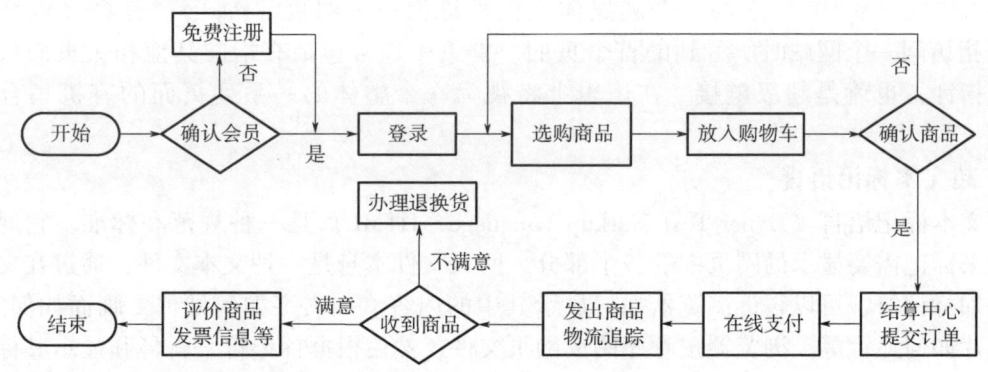

图 7-41　电子商务购物流程

随着国内互联网使用人数的增加，利用互联网进行网络购物并以银行卡付款的消费方式已渐趋流行，市场份额也在迅速增长，各种类型的电商网站也将层出不穷。大部分人都有电子商务购物的体验，大的电商平台如淘宝、京东、拼多多等，小到微信里的微商，无不体现着信息时代的消费模式的变化。

5. 搜索引擎

信息技术的持续发展，特别是互联网应用的迅速普及，改变了人们的生活方式和思维方式，方便了世界信息资源共享，电子信息爆炸似地丰富起来。要在如此浩瀚的海洋里寻找信息，就像"大海捞针"一样。而搜索引擎能够帮助人们在互联网中迅速找到需要的内容，是网络信息海洋中自如冲浪必不可少的利器。

搜索引擎是指根据一定的策略、运用特定的计算机程序从互联网上采集信息，在对信息进行组织和处理后，为用户提供检索服务，将检索的相关信息展示给用户的系统。搜索引擎是工作于互联网上的一门检索技术，旨在提高人们获取收集信息的速度，为人们提供更好的网络使用环境。搜索引擎依托于多种技术，如网络爬虫技术、检索排序技术、网页处理技术、大数据处理技术、自然语言处理技术等，为信息检索用户提供快速、高相关性的信息服务。搜索引擎技术的核心模块一般包括爬虫、索引、检索和排序等，同时可添加其他一系列辅助模块，以为用户创造更好的网络使用环境。

搜索引擎工作步骤如下：

1) 使用网络爬虫技术抓取互联网中的网页信息，送至网页数据库进行处理。

2）将网页数据库里的信息交由计算机进行处理，将网页进行分门别类，建立索引，存放在搜索引擎数据库中。

3）用户通过关键字检索（或图片检索等），搜索引擎将在索引库中查询出结果并按一定规则排序后显示给用户。

现在国内主要搜索引擎网站有百度、搜狗搜索、360 搜索等。目前，用户在使用搜索引擎过程中，所提交的搜索关键词也许并不一定能准确表达他想要搜索的内容，搜索引擎通过人工智能技术合理地分析判断用户的真正意图可以实现更加专业、更加准确有效的信息检索，从而使用户使用搜索引擎更加方便，进而可以极大地提高用户的满意度。

7.2.5 网页与 HTML

在万维网（WWW）上的一个超媒体文档被称为一个网页（Page）。首页（也称为主页）是指访问一个网站时所看到的首个页面，首页中通常包括有指向其他相关页面或其他节点的指针，也就是超级链接。在逻辑上将视为一个整体的一系列页面的有机集合称为网站。

1. 超文本标记语言

超文本标记语言（Hyper Text Markup Language，HTML）是一种规范和标准，它通过标记符号来标记需要显示的网页中的各个部分。网页文件本身是一种文本文件，通过在文本文件中添加标记符，可以告诉浏览器如何显示其中的内容。如文字如何处理，画面如何安排，以及图片如何显示等。浏览器按顺序阅读网页文件，然后根据标记符来解释和显示其标记的内容，对书写出错的标记将不指出其错误，且不停止其解释执行过程，编制者只能通过显示效果来分析出错原因和出错部位。但需要注意的是，对于不同的浏览器，对同一标记符，可能会有不完全相同的解释，因而可能也会有不同的显示效果。

HTML 之所以称为超文本标记语言，是因为文本中包含了所谓"超级链接"点，即一种 URL 指针，通过激活或鼠标单击操作，可使浏览器方便地获取新的网页。这也是 HTML 获得广泛应用的最重要的原因之一。由此可见，网页的本质就是 HTML，通过结合使用其他的 Web 技术（如脚本语言、CGI、组件等），可以创造出功能强大的网页。因而，HTML 是 Web 编程的基础，也就是说万维网是建立在超文本基础之上的。

一个网页对应于一个 HTML 文件，HTML 文件以"htm"或"html"为扩展名。可以使用任何能够生成 TXT 类型源文件的文本编辑器来产生 HTML 文件。标准的 HTML 文件都具有一个基本的整体结构，即 HTML 文件的开头与结尾标识和 HTML 的头部与实体两大部分。有 3 个双标记符用于页面整体结构的确认。

标记符 <html> 和 </html>，说明该文件是用 HTML 来描述的。<html> 是文件的开头，而 </html> 则表示该文件的结尾，它们是 HTML 文件的始标记和尾标记。

头部标记符 <head> 和 </head>，分别表示头部信息的开始和结尾。头部中包含的标记是页面的标题、序言和说明等内容，它本身不作为内容来显示，但影响网页显示的效果。头部中最常用的标记符是标题标记符，它用于定义网页的标题，它的内容显示在网页窗口的标题栏中，网页标题可被浏览器用作书签和收藏清单。

正文标记符 <body> 和 </body>，网页中显示的实际内容均包含在正文标记符之间。正文标记符又称为实体标记。

例如，一个不包含任何内容的基本网页代码及注释见表7-6。

表 7-6　不包含任何内容的基本网页代码及注释

代码	注释
<!DOCTYPE html >	html5 标准网页声明
< html >	标记网页的开始
< head >	标记头部的开始
< meta charset ="utf – 8" >	头部元素描述：HTML 文档的字符编码
< title > 文档标题 </title >	头部元素描述：文档标题等
</head >	标记头部的结束
< body >	标记页面正文开始
< h1 > 正文的标题 </h1 >	页面实体部分：正文的一级标题
< h2 > 正文的标题 </h2 >	页面实体部分：正文的二级标题
< p > 正文的段落 </p >	页面实体部分：正文的段落
< a href ="abc.html" > ABC </a >	超文本链接
</body >	标记正文结束
</html >	标记该网页的结束

运行的结果如图 7-42 所示。

当然，如果不使用以上基本框架结构，而直接使用在实体部分中出现的标记符，在浏览器下也可以解释执行。

关于 HTML 的约定：

1）文本标记语言源程序的文件扩展名默认使用"htm"或"html"。在使用文本编辑器时，注意修改扩展名。

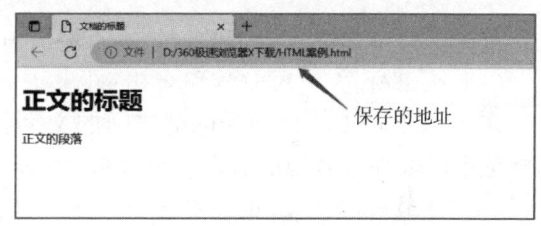

图 7-42　HTML 案例

2）HTML 源程序为文本文件，其列宽可不受限制，即多个标记可写成一行，甚至整个文件可写成一行；若写成多行，浏览器一般忽略文件中的"回车符"；对文件中的空格通常也不按源程序中的效果显示。完整的空格可使用特殊符号" （注意此字母必须小写，方可表示空格）"表示非换行空格，如需换行可以输入 < br >；表示文件路径时使用符号"/"分隔，文件名及路径描述可用双引号也可不用引号括起。

3）标记符号，包括尖括号、标记元素、属性项等必须使用半角的西文字符，而不能使用全角字符。

4）标记符中的标记元素用尖括号括起来，如："<"" >"，带斜杠的元素表示该标记说明结束；大多数标记符须成对使用，以表示作用的起始和结束；标记元素忽略大小写，即大小写作用相同；许多标记元素具有属性说明，可用参数对元素作进一步的限定，多个参数或属性项说明次序不限，其间用空格分隔即可；一个标记元素的内容可以写成多行。

5）HTML 注释由符号"<!--"开始，由符号"-->"结束，例如：<!-- 注释的内容 -->。注释可插入文本中任何位置，但在浏览器中不予显示。

2. 设计个人网页

使用 Windows 自带的记事本,创建介绍故宫博物院的网页,其中包括了介绍文字、超链接和图片。单击超链接"故宫博物院",自动跳转到故宫博物院的官网。

介绍文字如下:

> 故宫博物院,是一座特殊的博物馆。成立于 1925 年的故宫博物院,建立在明清两朝皇宫——紫禁城的基础上。北京故宫以三大殿为中心,占地面积 72 万平方米,建筑面积约 15 万平方米,有大小宫殿七十多座,房屋九千余间。故宫博物院拥有绝无仅有的独特藏品,是世界上规模最大、保存最完整的木结构宫殿建筑群。它是中华民族的骄傲所在,也是全人类的珍贵文化遗产。如今,昔日皇宫禁地、重重宫阙,既是收藏明清皇室珍宝的巨大宝库,也是记载明清宫廷历史的鲜活档案。因此,故宫博物院的生命线,就依附在紫禁城宫殿中,顺着它的文化脉络生长、延伸……

插入故宫景色图片,如图 7-43 所示:

图 7-43　故宫景色图片

首先启动 Windows 自带的记事本,输入 HTML 代码。

(1) 头部标记:< head > 和 </head >

在 < head > 和 </head > 标记之间的文字,是网页的头部,与网页主体区别开来。在头部标记中可以加入其他的标记,如 < title > 等。

(2) 文件标题: < title > 和 </title >

在 < title > 和 </title > 标记之间的文字是网页的题目,将显示在浏览器的标题栏中。输入:
< title > 故宫博物院 </title >

显示结果如图 7-44 所示。

图 7-44　浏览器显示网页标题

(3) 主体标记:< body > 和 </body >

< body > 和 </body > 分别标记网页实际内容的开始和结束,两者之间的部分称为主体部分,将显示在浏览器的页面中。

(4) 标题:< hn > 和 </hn >

在 < hn > 和 </hn > 标记之间是网页内容的 n 级标题,n 可以取 1,2,3,4,5,6,即允许 6 个层次的标题。

一级标题 < h1 > 故宫博物院 </h1 >
二级标题 < h2 > 故宫综述 </h2 >

（5）超链接：＜a＞和＜/a＞

超文本链接是 HTML 文件的一个特点，可以实现不同文件之间的跳转。输入：

＜a href＝″https：//www.dpm.org.cn/″＞故宫博物院＜/a＞

单击故宫博物院如图 7-45a 所示，即可跳转到故宫博物院主页，如图 7-45b 所示。

（6）预格式化标记：＜pre＞和＜/pre＞

＜pre＞和＜/pre＞之间的文字将按原样在浏览器中显示，不改变格式。

（7）段落：＜p＞

＜p＞标记单独出现，表示段落的结束，其后的文字将换行。如果文字中一直没有出现＜p＞标记，则所有的文字都排在一个段落中，直到遇到窗口的边界才会换行。

（8）行中断标记：＜br＞

＜br＞的作用是中断文本中的一行，其后的文字开始新的一行。

图 7-45 超链接

a）网页超链接显示　b）故宫博物院主页

＜p＞标记与＜br＞标记都有换行的功能，不同的是＜p＞标记是大换行（分段），＜br＞标记是小换行。

（9）显示多媒体信息标记

对于图片文件，利用＜img src＝″图片文件名″＞将指定的图片插入到网页中。注意这里将图片文件和网页文件保存在同一个文件夹，如果图片文件在其他文件夹，需要写清楚访问路径。这里的代码如下：

＜img src＝″故宫冬景.jpg″＞

案例完整的 HTML 代码如图 7-46 所示。

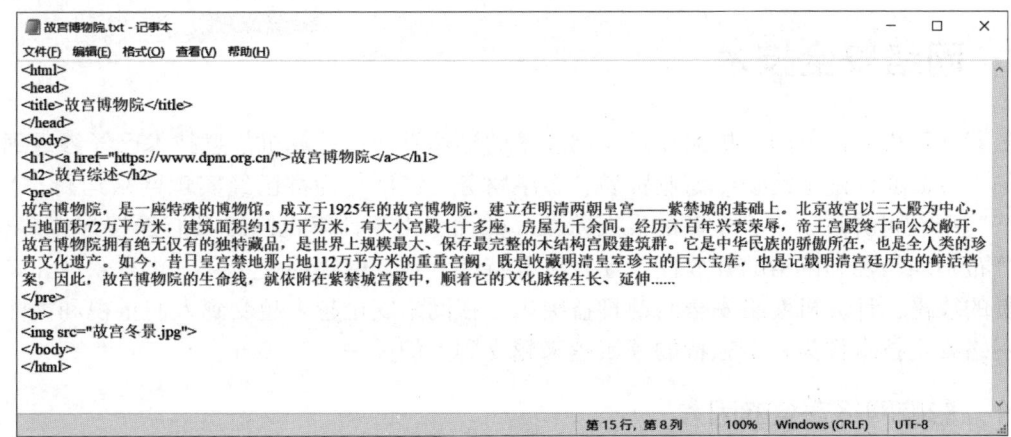

图 7-46　案例完整的 HTML 代码

完成 HTML 代码以后，选择记事本"文件"菜单中的"保存"命令，如图 7-47 所示。保存文件到指定的位置。最后双击"故宫博物院.html"文件，就可打开制作好的网页，效果如图 7-48 所示。

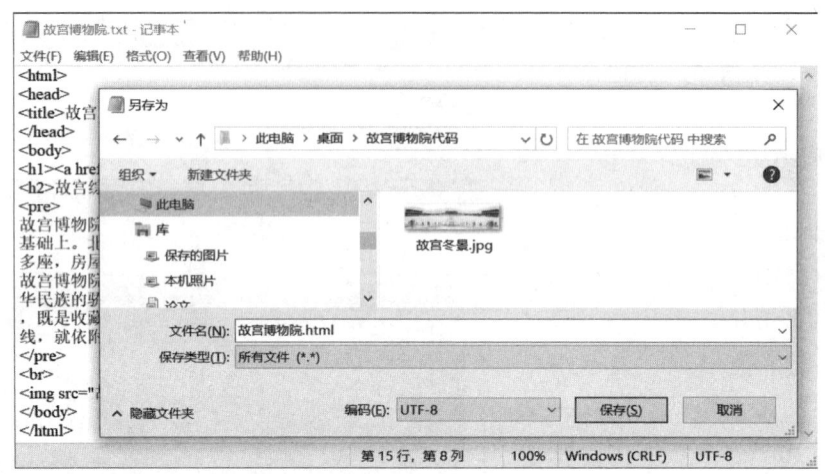

图 7-47　文件保存为网页文件

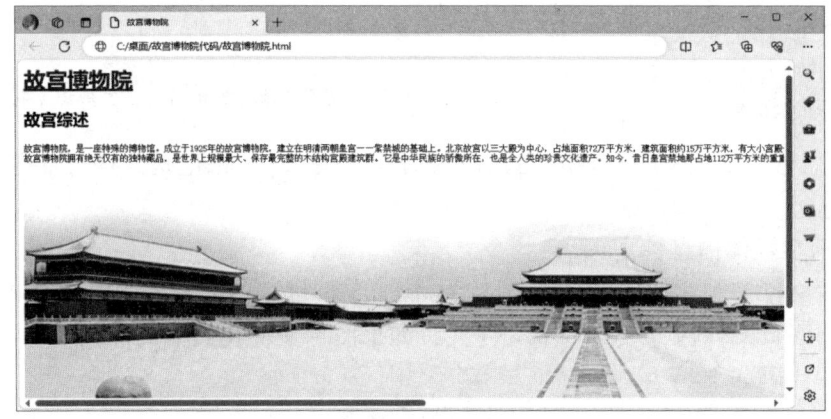

图 7-48　制作的"故宫博物院"网页效果图

7.3　网络安全技术

随着计算机应用范围的扩大和互联网技术的迅速发展，计算机信息技术已经渗透到人们生活的方方面面，网上购物、商业贸易、金融财务等经济行为都已经实现网络运行，"数字化经济"引领世界进入一个全新的发展阶段。然而，由于计算机网络具有连接形式多样性、终端分布不均匀性和网络的开放性、互联性等特征，致使网络易受黑客、恶意软件和其他不轨人员的攻击，计算机网络安全问题日益突出。在网络安全越来越受到人们重视和关注的今天，网络安全技术作为一个独特的领域越来越受到人们关注。

7.3.1　影响网络安全的因素

所谓网络安全是指网络系统的硬件、软件及其系统中的数据受到保护，不受偶然的因素或者恶意的攻击而遭到破坏、更改或泄漏，确保系统能连续、可靠且正常地运行，网络服务不中断。常见的影响网络安全的问题主要有病毒、黑客攻击、系统漏洞及资料篡改等，这就需要建立一套完整的网络安全体系来保障网络安全可靠地运行。

影响网络安全的主要因素包括：

1）信息泄密。主要表现为网络上的信息被窃听，这种仅窃听而不破坏网络中传输信息的网络侵犯者被称为消极侵犯者。

2）信息被篡改。这是纯粹的信息破坏，这样的网络侵犯者被称为积极侵犯者。积极侵犯者截取网上的信息包，并对之进行更改使之失效，或者故意添加一些有利于自己的信息，起到信息误导的作用，其破坏作用最大。

3）传输非法信息流。只允许用户同其他用户进行特定类型的通信，但禁止其他类型的通信，如允许电子邮件传输而禁止文件传送。

4）网络资源的错误使用。如不合理的资源访问控制，一些资源有可能被偶然或故意地破坏。

5）非法使用网络资源。非法用户登录进入系统使用网络资源，造成资源的消耗，损害了合法用户的利益。

6）环境影响。自然环境和社会环境对计算机网络都会产生极大的不良影响，如恶劣的天气、灾害、事故会对网络造成损害和影响。

7）软件漏洞。软件漏洞包括以下几个方面：操作系统、数据库及应用软件、TCP/IP协议、网络软件和服务、密码设置等安全漏洞。这些漏洞一旦遭受计算机病毒攻击，就会带来灾难性的后果。

8）人为安全因素。除了技术层面上的原因外，人为的因素也构成了目前较为突出的安全因素，无论系统的功能是多么强大或者配备了多少安全设施，如果管理人员不按规定正确地使用，甚至人为暴露系统的关键信息，造成的安全后果是难以估量的。这主要表现在管理措施不完善，安全意识薄弱，管理人员的误操作等。

7.3.2 网络安全技术

网络安全技术随着人们网络实践的发展而发展，其涉及的技术面非常广，主要的技术如下：身份认证技术、数据加密技术、防火墙技术和虚拟专用网技术等，这些都是网络安全的重要防线。

1. 身份认证技术

身份认证技术是在计算机网络中确认操作者身份的过程而产生的有效解决方法。对合法用户进行认证可以防止非法用户获得对公司信息系统的访问，使用认证机制还可以防止合法用户访问他们无权查看的信息。

计算机网络世界中一切信息，包括用户的身份信息，都是用一组特定的数据来表示的。计算机只能识别用户的数字身份，所有对用户的授权也是针对用户数字身份的授权。身份认证技术保证以数字身份进行操作的用户是该数字身份的合法拥有者，即保证操作者的物理身份与数字身份相对应。作为防护网络资产的第一道关口，身份认证有着举足轻重的作用。

2. 数据加密技术

数据加密技术是通信双方按约定的法则进行信息特殊变换的一种保密技术，是网络安全技术的基石。根据特定的法则，将明文（Plaintext）转换为密文（Ciphertext）的过程称为加密（Encryption）；由密文恢复出原明文的过程，称为解密（Decryption）。早期仅对文字或数码进行加解密，随着通信技术的发展，对语音、图像、数据等都可实施加解密变换。按加密算法分为对称密码算法和公钥密码算法两种。

(1) 对称密码算法

对称密码算法是最古老的一种加密技术，一般说"密电码"采用的就是对称密钥。对称密码算法加密和解密时使用同一个密钥，即同一个算法。密钥分发非常繁杂，成本高昂。但是对称密钥运算量小、速度快、安全强度高，因而如今仍广泛被采用。常见的对称密码算法有 DES 和 Kerberos 算法。

(2) 公钥密码算法

公钥密码算法又称非对称密码算法。在公钥密码算法中，用户可以得到一对密钥：公钥与私钥。由于算法的复杂性，几乎不可能从公钥推导出私钥。公钥保存在公共区域，可传递与公开；而私钥必须存放在安全保密的地方。数据加密技术一般使用信息接收者的公钥对信息进行加密，接受者使用私钥对信息进行解密；数字签名技术，一般采用私钥对信息进行加密，验证者使用签名者的公开密钥对签名进行解密，以此验证签名的有效性。常见的公钥密码算法有：RSA、背包密码、McEliece 密码、零知识证明、椭圆曲线和 EIGamal 算法等。

3. 防火墙技术

防火墙是网络访问控制设备，只有明确允许的通信数据才能通过。它不同于只会确定网络信息传输方向的简单路由器，而是在网络传输通过相关的访问站点时，对其实施访问控制。大多数防火墙都采用几种功能相结合的形式来保护自己的网络不受恶意传输的攻击，其中最流行的技术有静态分组过滤、动态分组过滤、状态过滤和代理服务器技术。它们的安全级别依次升高，但具体实践中既要考虑体系的性价比，又要考虑安全兼顾网络连接能力。此外，现今良好的防火墙还采用了 VPN、检视和入侵检测技术。

防火墙的安全控制主要基于 IP 地址，难以在防火墙内外提供一致的安全策略。防火墙只实现了粗粒度的访问控制，也不能与企业内部使用的其他安全机制（如访问控制）集成使用；另外，防火墙由多个系统（路由器、过滤器、代理服务器、网关和堡垒主机）组成，使得管理和配置难度较大。

4. 虚拟专用网技术

虚拟专用网（Virtual Private Network, VPN），是指通过公共网络资源建立的私有传输通路，提供安全的数据通信技术。例如某公司在企业内网中架设一台 VPN 服务器，当某外地员工想访问企业内网的服务器资源时，只需在当地连上互联网，通过互联网连接 VPN 服务器，然后通过 VPN 服务器进入企业内网。为了保证数据安全，VPN 服务器和客户机之间的通信数据都进行了加密处理。有了数据加密，就可以认为数据是在一条专用的数据链路上进行安全传输，就如同专门架设了一个专用网络一样。虚拟专用网是对企业内部网的扩展。常见的 VPN 包括了隧道技术（Tunneling）、加/解密技术、密钥管理技术和身份认证技术。

7.3.3 计算机病毒

计算机病毒是人为制造的对计算机数据或系统起破坏作用的程序。计算机病毒与计算机中其他合法程序一样，是一段可执行程序，但它不是一个完整的程序，而是寄生在其他可执行程序上，当执行合法程序时，病毒就起破坏作用。当文件被复制或从一个用户传送到另一个用户时，计算机病毒就随同文件一起蔓延开来，所以传染性是病毒的基本特征。计算机病毒程序有很强的潜伏性，进入系统之后一般不会马上发作，而是潜伏在合法文件中。它们一般可以潜伏很长时间不被人发现。病毒的潜伏性越好，其在系统中的存在时间就会越长，病毒的传染范围就会越大。

常见的计算机病毒类型有木马病毒和蠕虫病毒。

计算机木马病毒是指隐藏在正常程序中的一段具有特殊功能的恶意代码，是具备破坏和删除文件、发送密码、记录键盘和攻击 Dos 等特殊功能的后门程序。计算机黑客将控制程序寄生于感染木马病毒的计算机系统中，一旦时机成熟，就对被控计算机实施非法操作。木马病毒具有很强的隐蔽性，表面不仅无害，甚至颇具吸引力。它们经常隐藏在游戏或图形软件中，诱导没有警戒的用户下载安装。一旦木马病毒程序安装运行后，就可根据黑客的指令发起攻击，进行非法操作，如删除文件或对硬盘格式化。完整的木马程序一般由两部分组成：服务器端与控制器端。"中了木马"就是指安装了木马的服务器端程序，若计算机被安装了服务器端程序，则拥有相应客户端的人就可以通过网络控制这台计算机。这时中了木马病毒的计算机里的各种文件、程序，以及在计算机上使用的账号、密码都毫无安全可言。

蠕虫病毒是一种可以自我复制的代码，通过网络传播，一般无须人为干预即可运行的独立程序。蠕虫病毒的传播途径很广，可以利用操作系统和程序的漏洞主动发起攻击，每种蠕虫都有一个能够扫描到计算机当中的漏洞的模块，一旦发现后立即传播出去。因此蠕虫病毒的危害性更大，它可在感染一台计算机后通过网络感染这个网络内的所有计算机。一旦感染计算机后，蠕虫病毒会发送大量的数据包，所以被感染的网络速度会变慢，也会因为 CPU、内存占用过高而产生或濒临死机的状态。蠕虫病毒入侵并完全控制一台计算机之后，就会把这台机器作为宿主，进而扫描并感染其他计算机。当这些新的被蠕虫病毒入侵的计算机被控制之后，蠕虫病毒会以这些计算机为宿主继续扫描并感染其他计算机，这种行为会一直延续下去。蠕虫病毒使用这种递归的方法进行传播，按照指数增长的规律分布自己，进而及时控制越来越多的计算机。

计算机病毒危害性极大，于是各类杀毒软件应运而生。多数用户的计算机都处于访问网络状态，即使保证有良好的上网习惯，面对计算机病毒也会防不胜防。安装杀毒软件能够有效做好预防及保护，定期使用杀毒软件扫描系统，可帮助及时发现清理系统的病毒。

Windows 安全中心是 Windows 系统的一个安全综合控制面板，包含有防火墙状态提示，在 Windows 10 操作系统下，可查询 Windows 安全中心，对计算机进行实时保护、杀毒软件状态提示、自动更新提示等系统基本安全信息，如图 7-49 所示。

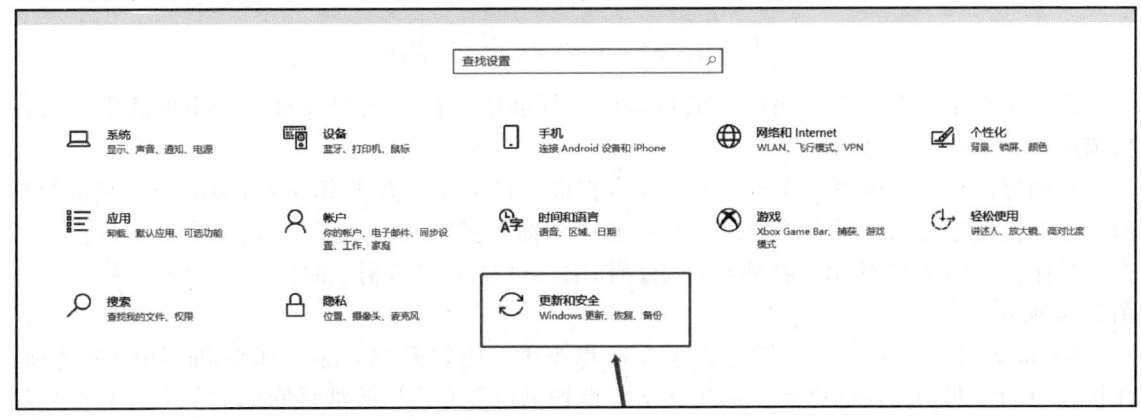

图 7-49　Windows 10 "设置" 界面

手工打开 Windows 安全中心方法：在系统的"设置"界面中，选择"更新和安全"选项，选择 Windows 安全中心，再单击打开 Windows 安全中心，如图 7-50 所示。

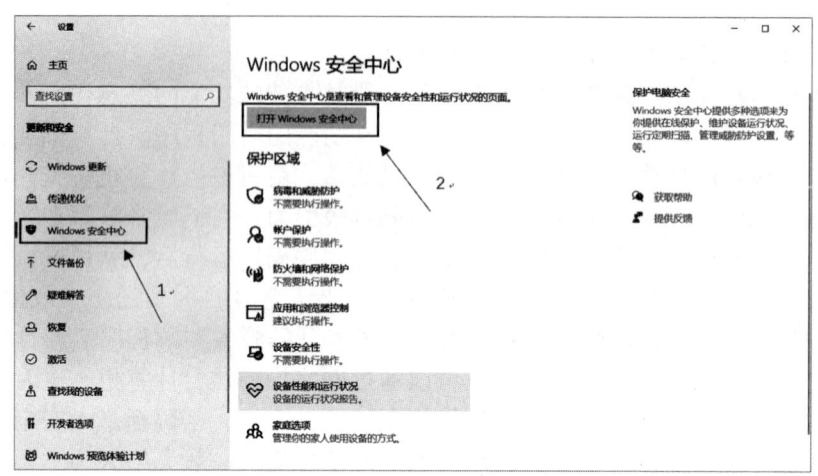

图 7-50　Windows 10"更新和安全"界面

进入 Windows "安全中心"详情界面，如图 7-51 所示。选择"病毒和威胁防护"选项，进入 Windows 安全中心病毒和威胁防护界面。

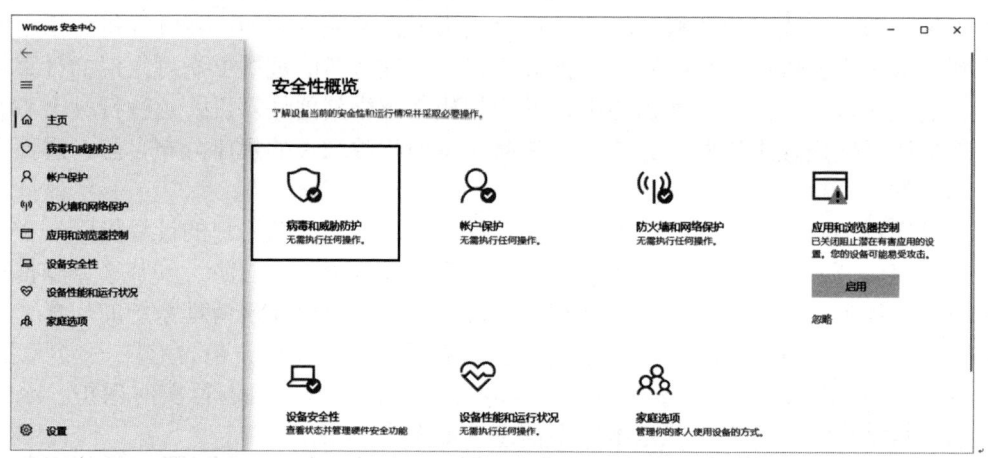

图 7-51　Windows"安全中心"界面

在 Windows 安全中心"病毒和威胁防护"界面中，在"当前威胁"的小模块下，选择扫描选项，如图 7-52 所示。

扫描界面有四个选项：快速扫描、完全扫描、自定义扫描和 Microsoft Defender 脱机版扫描。选择自己想要的病毒查杀模式，并单击"立即扫描"，即可通过系统安全中心进行病毒查杀操作，如图 7-53 所示。在病毒查杀操作中，可显示扫描剩余时间，已扫描文件等，如图 7-54 所示。

Windows 安全中心不仅能够完成手动病毒查杀，当打开 Microsoft Defender 防病毒选项，并将其中的定期扫描勾选之后，系统就会定期扫描可能存在危险或威胁的文件夹，并将其隔离起来。

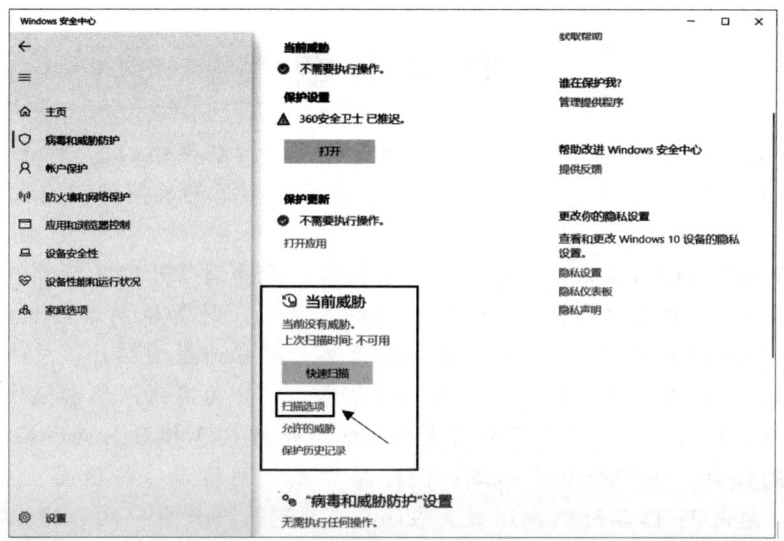

图 7-52　Windows 安全中心"病毒和威胁防护"界面

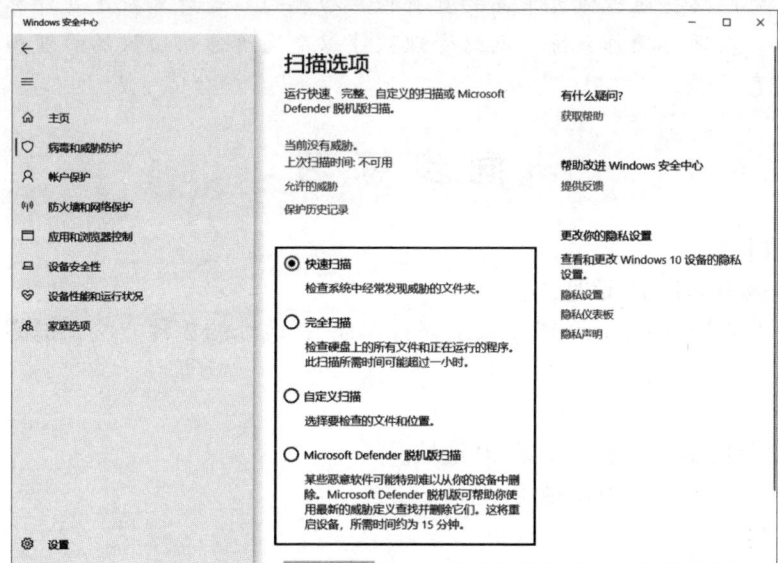

图 7-53　Windows 安全中心扫描选项

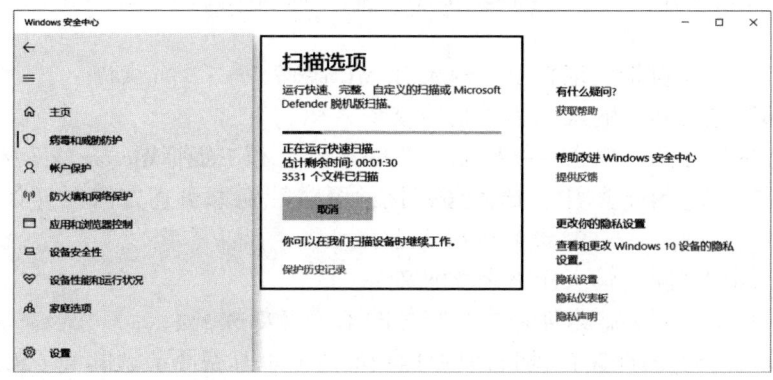

图 7-54　Windows 安全中心正在完成一次病毒扫描

本 章 小 结

本章从计算机网络发展、分类和设备等方面介绍了计算机网络的基础知识,并详细介绍了国际互联网 Internet 的相关协议、架构和应用,最后介绍了影响网络安全的因素与网络安全相关技术。

计算机网络的发展经历了面向终端的计算机网络、面向通信子网的计算机网络、面向标准化的计算机网络、网络互联与高速网络时代这四个阶段。计算机网络按照地域范围分类,可分为局域网、城域网和广域网。按照拓扑结构分类,可分为星型拓扑、总线型拓扑、环型拓扑、树型拓扑和网状拓扑等。按传输介质进行分类,可分为有线网络和无线网络。

Internet 是网络与网络之间所串连成的庞大网络,分为 C/S 和 B/S 两种架构。TCP/IP 是 Internet 最基本的协议,由四个层次组成:网络接口层、网络层、传输层、应用层。其中,IP 地址(IPv4)是由 32 位二进制数组成,在 Internet 范围内是唯一的。域名是一组与某一个 IP 地址关联的有意义的字符串。

总之,计算机网络将地理位置不同的具有独立功能的多台计算机及其外部设备,通过通信线路连接起来,在网络操作系统、网络管理软件以及网络通信协议的管理和协调下,实现了资源共享和信息传递。

同 步 练 习

【实验题目 1】

实验名称:查看本地 IP 地址。

实验目的:掌握 Windows 10 操作系统查看本地 IP 地址的 2 种方法,提高计算机网络实践能力。

实验内容:

(1)通过命令提示符,查看本地 IP 地址。

(2)通过网络状态,查看本地 IP 地址。

【实验题目 2】

实验名称:介绍自己家乡的网页。

实验目的:通过上机实践掌握网页的制作方法,提高制作网页的能力。

实验内容:

(1)启动 Windows 自带的记事本,输入 HTML 代码。

(2)在头部标记之间,输入标题"我的家乡××"。

(3)在主体标记之间,输入一级标题"我的家乡"和二级标题"××"(如北京)。

(4)在二级标题"××"中,插入超链接,可跳转到家乡官方网页(如 www.beijing.gov.cn)。

(5)在主体标记之间,输入介绍家乡的文字。

(6)在主体标记之间,插入体现家乡特色的图片(如故宫)。

(7)将生成的 TXT 文件保存到自己的计算机中(如 D 盘下),并保存文件名为"我的家乡.html"。

后 记

经全国高等教育自学考试指导委员会同意，由全国考委电子、电工与信息类专业委员会负责高等教育自学考试《计算机应用基础》教材的审稿工作。

本教材由北京科技大学姚琳教授担任主编。参加编写的有北京邮电大学樊玲（第1章、第7章）、昆明理工大学潘晟旻（第2章、第3章和第4章）、北京科技大学宋晏（第5章、第6章）。全书由姚琳负责统稿。

全国考委电子、电工与信息类专业委员会组织了本教材的审稿工作。参与本教材审稿的有国防科技大学熊岳山教授和北京理工大学陈朔鹰副教授，谨向他们表示诚挚的谢意。

全国考委电子、电工与信息类专业委员会最后审定通过了本教材。

全国高等教育自学考试指导委员会
电子、电工与信息类专业委员会
2023年5月